谢晖法学论著系列

制度修辞论

谢晖 著

法律出版社
LAW PRESS · CHINA

目　　录

导论：何为制度修辞

一

自2012年以来，笔者陆续发表了有关制度修辞问题的多篇文字，与此同时，也断续接到不少读者对这些文章的询问或肯定。其中询问较多的问题之一是：你讲的制度修辞，究竟是个什么概念，如何给它做定义？它和国内法学界，特别是法律方法研究领域渐趋热闹的法律修辞或司法修辞之间有什么关联？[①] 这些问题，不禁勾起了我对一些往事的回忆。

大约于2002年10月底，在泰山脚下，最高人民法院之《人民法院报》、山东省高级人民法院和泰安市中级人民法院，联袂邀请国内一些法学专家以及知名法官在该市探讨司法改革的问题。众所周知，近二十年来，这是一个受到国内法学界持续关注的话题。彼时司法改革在最高决策层面似乎并无“顶层设计”，反而是上头不急下头急。各地方法院紧锣密鼓，持续地创造各式各样的“司改经验”，而学术界似乎也愿意配合这类不同的经验，与之互动。

在该次会议上，国内某位对司法及司法改革问题研究颇早、颇深、也颇有影响的学者，以其对古典中国

---

① 针对读者们提出的这些问题，笔者在2016年10月22～23日于苏州大学召开的“第十一届全国法律方法论坛”的基调报告中专门做了发言，也在2016年11月30日中南大学法学院“砺锋工作坊”（第11期）上，专门以《何谓“制度修辞”》为题，做了讲演和说明。但迄今为止，仍没有就该问题专门行文予以阐述。本书就权且作为对该问题的初步解答和简要说明。

司法风格的研究为例，强调吾国传统司法和“法官”的基本思维方式是诗化的，而不是理性的，所以，司法裁判的判词每每彰显的是文人风格和文人智慧。其结果是教化有余而说理含混，从而不是以理服人，而是以情感人，情感的力量绑架了理性的力量。但现代司法强调的是裁判智慧，它天然地排斥“葫芦僧判葫芦案”那种尽管情节复杂、结局美妙，但缺乏基本预期的诗性浪漫，而要求以明确肯定、符合逻辑的语言对个案下判。

诚然，如果我们的观察视野就局限于法律内部，局限于“法律之下的司法”的话，则这种见解是无可厚非的。不但如此，其也深刻地揭示了我国传统司法的真正问题所在。对此，笔者也曾有《判断是非与平息矛盾》[①]这样的文章发表，以比较中西司法传统和法律文化之间的差异。但是只要我们进一步打开人类行为的视窗，剥去种种人为的遮蔽，当敞开的世界面对有限的人类认知时，一个人类活动的基本事实就活生生地摆在我们面前：我们的一切活动，其实在本质上都是诗性的——“人类一思考，上帝就发笑”的格言，已然对人类思维和行为的局限予以诗性揭示。所以，隐约记得我是这样回应这位学者的看法的：

情感的、诗性的、修辞的活动，是我们生活的常态，而科学的、理性的、逻辑的活动，不过是在人类情感和诗性夹缝中生成的暂时现象。把暂时的现象，描述并推定为永恒的存在，把例外的情形，训化并推广为一般的事实，这既表现着人类的卓越抱负，也反映着人类的浪漫自负。用定于一律、意义明确、功能普遍的法律来结构天底下所有社会交往关系的举措，正是人类这种卓越抱负和浪漫自负的双重反应。但即便如此，这一选择的前提仍是修辞性的，而非纯粹逻辑性的。之所以是修辞性的，因为一方面，这一选择并没有穷尽其他选择，也不是说它就一定是最佳选择，而只能说它是一种不坏的选择。另一方面，经由这一选择，也遮蔽了其他可欲，并能欲的选择，因此，人们已经选择了的，实质上只是获得了一种修辞性的领先优势。我们所谓的逻辑，就奠定在这一领有了优势的修辞基础上。

也因此，笔者当时曾下决心要写一部书，拟在这部书中努力寻找看似理性的法律、冷静的法官与浪漫的诗性、开放的诗性思维之间能够共存的条件，甚至进一步说明法官或法律家所从事的，在实质上就是诗性活动，也是修辞活动——无论古典中国的“判官”，还是近代以来西方的

---

① 该文原载《法学家茶座》2002 年第 2 期。

法官,皆是如此。这之后,相关问题及其写作计划,就一直萦绕在笔者的脑际,而且笔者还给这部未来的书拟订了一个看似不错的命名:《符号、法律家与诗化(性)思维》。这期间,虽然诸多工作杂乱无章,但在繁杂的工作之余,我还是为这部书的写作草拟过一个明显有些芜杂、凌乱,但又不乏与今天的思考成果一以贯之的提纲。这里不妨通过注释方式照录之(方才翻阅当年的文档,查知该文档的保存时间是 2004 年 12 月 23 日)。[①]

可不无遗憾的是,虽然有了这个粗浅的写作计划,但因为其他教学上、研究上、管理上以及家庭上的原因,这一研究计划一直没有按计划展开。不过尽管如此,笔者在这前后的一些研究,无论是《法律的意义追问》《中国古典法律解释的哲学向度》,还是《法律哲学——法律方法的体系》;无论是《大、小传统的沟通理性》,还是《民间法的视野》;无论是论著体的学术作品,还是讲演体、教材体的学术作品,[②]都对相关问题保持了高度的关注。而近年来以制度修辞为名所发表的几篇文字,事实上是笔者对相关研究计划的初步落实。

但是,这样一份回忆文字,无疑仍不能解决读者们所提出的问题,即什么是制度修辞的话题。对该问题的探讨,需要反思一直以来我们根深蒂固地对法律所秉持的一个观念:法律是或者应当是科学的、理性的,从而也应当是逻辑的。

二

近代以来,随着科学主义的普遍流行,人类无论对对象,还是对自身

---

① 符号、法律家与诗化思维:一、问题的提起:符号与法律符号;二、符号的基本概念解释;三、符号的分类和特征解释——行动、言语、文字、图画;四、另一种分类——逻辑符号(明理)、修辞符号(知情——通过象喻)和语法符号;五、符号的语义、语形和语用向度;六、符号的规范性;七、法律符号及其特征;八、法律符号与事实世界——法律家;九、法律家的一般问题;符号、法律家与诗性思维;十、法律家、法律之治与诗化思维;十一、法律家、法律信仰与诗化思维;十二、法律家、价值衡量与诗化思维;十三、法律家、法律推理(特别是"大前提"的诗化特征)与诗化思维——逻辑行动的起点是修辞,逻辑行动的尽头也是修辞;十四、法律家、法律解释与诗化思维;十五、法律家、证据采信(自由心证、内心确信)与诗化思维;十六、法律家、正当程序与诗化思维;法律家诗性思维的语用学批判:遮蔽——遮蔽于情(执手相看泪眼),遮蔽于身(吾身也有涯);于偏(心底无私天地宽);于物(物质异化);于心、于私、于多、于变。在很大程度上讲,诗性思维问题其实是一个形而上学问题。

② 笔者这期间出版的讲演体的学术作品主要有《法治讲演录》(广西师范大学出版社 2005 年版);《法哲学讲演录》(广西师范大学出版社 2007 年版);《沟通理性与法治》(厦门大学出版社 2012 年版)。教材体的学术作品则有《法理学》(其中第 1 版由笔者和陈金钊合著,由高等教育出版社 2005 年出版;第二版由笔者一人独著,由北京师范大学出版社 2011 年出版)。

的浪漫自负愈益明显。在对象方面,其能够通过精准的设计、科学的规划而上九天揽月、下五洋捉鳖。人类的行程越来越远,不断地打破极限、创造奇迹、实现梦想——既翱翔于浩渺无垠的太空世界,也深入在微末无极的粒子世界。因此,几乎在人类生活的每一个方面,都留有科学的深深印迹。所以,"近代世界与先前各世纪的区别,几乎每一点都能归源于科学,科学在17世纪收到了奇伟壮丽的成功";"科学带来的新概念对近代哲学发生了深刻的影响"。①

因为这种影响,导致人类想方设法、竭尽全力把科学上的成功意欲安排到社会政治领域,安排到对人类自身交往行为的调整和认知方面,安排到人们的经济生活和社会生活中,使人类的社会、经济和政治生活科学化、计量化。其中通过所谓科学的、理性的、逻辑的法律之安排,即通过把法律视为无可怀疑的"公理"来调整社会关系,就是人们借科学(的法律)以安顿其身心、组织其交往、调整其关系的基本举措。这正是人们笃信法治的缘由所在。这种情形,被有些学者称为"法律公理体系之梦":

> "建构概念清晰、位序适当、逻辑一致的法律公理体系,对于所有的法学家都有难以抵御的魅力。道理很简单:假如法学家能够将法律体系的各个原则、规则和概念厘定清晰,像'门捷列夫化学元素表'一样精确、直观,那么他就从根本上解决了千百年来一直困扰专业法律家的诸多法律难题。有了这张'化学元素表',法官按图索骥,就能够确定每个法律原则、规则、概念的位序、构成元素、分量以及它们计量的方法,只要运用形式逻辑的三段论推理来操作适用规则、概念,就可以得出解决一切法律问题的答案。法律的适用变得和数学计算一样精确和简单。"②

与此同时,人们纷纷对作为"公理"的法律理性寄予厚望,对法律与必然性的关系饶有兴趣,对法律作为逻辑自足的体系充满期待。下面仅以斯宾诺莎和孟德斯鸠的论述为例:

> "律这个词,概括地来说,是指个体或一切事物,或属于某类的诸多事物,遵一固定的方式而行。这种方式或是由于物理

① [英]罗素:《西方哲学史》(下卷),商务印书馆1963年版,第43页、44页。

② 舒国滢:《寻访法学的问题立场——兼谈"论题学法学"的思考方式》,载《法学研究》2005年第3期。

之必然,或是由于人事的命令而成的。由于物理之必然而成的律,是物的性质或物的定义的必然结果。由人的命令而成的律,说得更正确一点,应该叫做法令。这种法律是人们为自己或别人立的,为的是生活更安全、更方便,或与此类似的理由。"①

"从最广泛的意义来说,法是由事物的性质产生出来的必然关系。在这个意义上,一切存在物都有它们的法。上帝有他的法;物质世界有它的法;高于人类的'智灵们'有他们的法;兽类有它们的法;人类有他们的法。"

"一般地说,法律,在它支配着地球上所有人民的场合,就是人类的理性;每个国家的政治法规和民事法规应该只是把这种人类理性适用于个别的情况。"②

这种对法律与理性的迷恋,不仅是"自然法学"的代言人们,即便分析实证法学的代表们,在这方面照例如此。例如,作为分析实证主义法学之肇始者,边沁基于其法典理性的理想,强调制定法典,或者要使法律体系具有权威性,就必须符合如下条件:

"第一,它必须是完整的,也就是说,它必须提出十分充分的整套法律,以致无需用注释或判例的形式加以补充。第二,在叙述其包含的法则时,必须使每一句话都达到最大可能的普遍性。换句话说,它必须用最少的法则说明全部的法律。第三,这些法则必须以严格的逻辑顺序叙述出来。最后,第四点是,在叙述这些法则时,必须使用严格一致的术语,给这个作品中可能提到的每件事物以唯一的具有一个准确界定的名词。"③

这种理论在当代的发展,甚至给法学提出了这样的重要使命,即"法必然提出正确性宣称"——尽管我们知道,归根结底,这种"正确性"只能是一种"修辞正确性"或"可接受的正确性"(而不是、也不可能是科学的、公理的、无所疑义的正确性):

"我的理论的命运与这样一个命题休戚相关:法必然提出正确性宣称。这个命题的表述非常抽象。如果想要将其特定

① [荷兰]斯宾诺莎:《神学政治论》,温锡增译,商务印书馆1963年版,第65页。

② [法]孟德斯鸠:《论法的精神》(上册),张雁深译,商务印书馆1961年版,第1页、6页。

③ [英]边沁:《政府片论》(编者导言),沈叔平译,商务印书馆1995年版,第51页。引文中笔者对明显有逻辑矛盾的词汇搭配("必须可以")根据上下文做了修改,删除其中"可以"二字。

化,那么就需要回答三个问题:(1)法提出宣称意味着什么?(2)如何来理解这一宣称的必然性?(3)这一宣称的内容是什么,什么是正确性?”①

无论是上述边沁对立法理性的要求,还是阿列克西对其理论追求的阐述,都说明,分析实证主义的法学研究路径,更倾向于法律本身对人的理性的依赖,对人类逻辑理想的服膺。严格来说,这种对理性、逻辑以及格物致知的科学精神的追求,在另一个意义上,必然意味着对情感、诗性和修辞在一定意义上的排斥。此种情形,在中国古典的法律智慧中并不突出,甚至如前所述,诗性精神和情感智慧,还是吾国古代司法中常见的情形。② 但在西方学术传统中,特别是以柏拉图为正统的理念世界,对修辞理论则怀有深深戒心:

“柏拉图……从道德和认识论等角度对哲辩师所讲授的言说艺术进行了尖锐的批判。他认为后者事实上主张言说者应通过操纵语言文字蛊惑受众,产生虚假的说服力,他们所提倡的因而是一种极不道德的诡辩术。这一诡辩术否认是非、真假的绝对标准,放弃了所有言说者应该遵守的基本道德底线,即不得使用似是而非的观点或者自己并不确切了解的情况糊弄和误导受众。如果听任这种‘艺术’泛滥,势必对公共生活和社会运行造成极大危害……

---

① [德]罗伯特·阿列克西:《法:作为理性的制度化》,雷磊译,中国法制出版社2012年版,第2页。笔者特别感兴趣作者在这里提出的“什么是正确性”的这一设问,因为在这一设问中,已经意味着正确性概念本身的“正确段位”、“正确基点”甚至“正确立场”被提起,从而正确性是一个可质疑、可推演的话题,而不是只能相信、不许怀疑,只能认可、不许保留的命题。

② 参见谢晖:《中国古典法律解释的哲学向度》,中国政法大学出版社2005年版,第135~170页。但这并不表明在古代中国就放任修辞的“泛滥”。孔子强调言说活动必须讲究对象和语境:“可与言而不与之言,失人;不可与言而与之言,失言。知者不失人亦不失言。”[《论语·卫灵公》,载宋元人注:《四书五经》(上)之(宋)朱熹:《论语章句集注》,中国书店1985年版,第66页]。这种情形,更可从邓析的遭遇中明显看出。众所周知,对于“不法先王,不是礼义;而好治怪说,玩绮辞。甚察而不惠,辩而无用,多事而寡功,不可以为治纲纪。然而其持之有故,其言之成理,足以欺惑愚众……”[(战国)荀况:《荀子·非十二子》,载(清)王先谦撰:《荀子集解》(上),中华书局1988年版;第93~94页。]的邓析,那位似乎笃信法律,推行法制的子产,为了其理想的法律之推行,所能给出的最好处理方式,就是将其“杀……而戮之”。在这一掌故中,不难发现,虽然子产和邓析二位都是法律和法制的推崇者,都或者铸刑鼎,公开颁布成文法,或者刻竹刑,主张制定成文法,但后者更偏好在司法中坚持修辞论辩的立场,而前者则更强调人们在实践中的法律,只能定于一尊、逻辑一统,不能经由言辞蛊惑,而影响法律的肯定、明确与普遍。否则,法律的根基就会受到挑战。显然,这一故事所表现的是先哲们在法制建设中对逻辑工具和修辞手法的不同态度。可惜后世的思想家们,并没有借此而开发出对我国古代多样化法学理论的研究成果。

……他们‘通过言辞的力量使渺小的事物显得伟大，伟大的事物变得渺小，使新事物看上去陈旧，旧事物显得新颖’……”①

正是柏拉图对修辞的这种负面评价，以及其本身在西方哲学史上的“正统”地位和巨大影响，使得在西方学术史上，追求分析、理性和逻辑的力量始终十分强大。即便是绘画，也要特别讲究事物的比例关系，讲究人体解剖的根据等，从而寻求绘画的客观根据；即便是音乐，也要寻求节拍、声调、把握音域的合理范围，从而把艺术活动科学化。西方的这种分析传统，到了近代科学知识兴隆以来，更被发扬光大，极大地促进了人们认识的深化以及对世界的态度，也激发了人的卓越抱负与浪漫自负。因此，寻求明晰、肯定、科学和逻辑的人类交往，就理所当然，势所必然。并且这种追求，不但无可厚非，而且理应倡导——尽管完全按照科学、理性和逻辑的原则安排人类生活、人类交往和规范秩序，往往近乎一种法律乌托邦，但乌托邦并非虚无缥缈。在一定意义上，人类文明的进化行程，正是不断地在乌托邦理想中向前推进的：既开发出其目的指向，也开发出其现实的路径。因此，没有乌托邦理想，现实就是静止的、停顿的，生活就是一潭死水，缺乏活力，人类只能安于现状，止步不前。

三

或许在这里，人们已经不难看出，科学、理性和逻辑本身与情感、诗性及修辞的内在关联。逻辑从来不是自然天成的，而是人类智虑的结果。无论何种逻辑，无不烙着人类思维的印迹。我们知道，任何伟大的神灵，都不曾教导人们如何运用逻辑思维。教导人们像法官那样思考、像律师那样思考的老师们，仍然是肉眼凡胎的人类。所以，所有人造的对象，总留有人类思维的缺陷。有时，甚至人类越是强调的东西，就越是人类造作的产物。例如，被法学家们所刻意强调的、作为法律权威重要来源的国家，在另一些法学家的笔下，不过是人的一种虚拟，是人类虚拟活动的产物，是“作为虚拟主体的国家”，是一种“虚假的实体”：

“在宗教神学中，主要的虚拟主体(artificial person)或许就是教会；而在法理学中，主要的虚拟主体便是国家(state)。创

① 刘亚猛：《西方修辞学史》，外语教学与研究出版社2008年版，第21～22页，并参见该书第45～49页。

造国家这一虚拟主体的目的在于,将国家设定为一实体,其机构(organ)由多人组成,旨在保护人类大众免受来自外部或内部的欺诈与暴力,并由这些机构统一管理国家。”①

如果顺着这一思维而推论,既然国家是虚拟主体,自然,经由国家所制定的法律,即便它是一个逻辑自足的体系,也是虚拟的逻辑自足。因之,法律照例是一种虚拟的规范体系,它只是人们按照总体上有利于人类,甚至有利于人类的某一部分(多数或少数)、某一利益集团而创设的一个逻辑体系。面对这一逻辑体系,人们完全可以提出不同的见解、不同的主张,并对其见解和主张作出自圆其说的论证,因此,它不是唯一的逻辑体系,而只是一种被选择,并被人们承认了的逻辑体系。即使这种被选择了的逻辑体系,也必须面对证明的拷问。故在法理学上,一个法律命题的意义及其决定它的真值条件的特点各是什么,就争论不休:

> “德沃金和实证主义共享的前提是:关于真理特性的争论就是关于‘法律真实根据的正确理解’的争论。这也是一个我试图否定的前提。我认为,法律命题的真理性完全不依赖于条件、事实或其他东西的存在,法律命题的真理问题不是命题和使得命题真的某物(如某一社会事实)之间关系的问题。相反,法律命题的真理是通过法律论证形式的运用而体现出来的,正是通过这些论证形式的运用,即法律论证的语法的使用,才使得法律命题的真或假被显示出来。”②

论者的如上观点,已然揭示了法律命题的真假,实际上取决于人们的论证。但众所周知,对于参与论证的人而言,其言说能力、论证水平、社会历练以及执业经验等总是大相径庭的,但即便如此,在法律的制定以及运行过程中,论证充分、说理透彻、表达精彩、逻辑周延更容易获得人们的赞同和支持,而论证马马虎虎、粗枝大叶,说理不充分,逻辑不周延,总容易遭受人们的否定和反对。这样一来,法律的真理性及其实践效应,每每取决于人们的论证能力、论证水平甚至论证态度,从而法律的制度修辞特征更是不言自明。

然而,问题在于即便我们明知国家及其法律是虚拟的逻辑体系,是

---

① [美]约翰·奇普曼·格雷:《法律的性质与渊源》,马驰译,中国政法大学出版社2012年版,第55页。

② [美]丹尼斯·M.帕特森:《法律与真理》,陈锐译,中国法制出版社2007年版,第27页。

经由修辞论证而形成的一套逻辑体系,但是我们仍然要相信并服从这一逻辑体系,从而在日常交往行为中尊重法律权威和国家机构出面的纠纷决断,在司法活动中必须尊重法官或遵循先例裁判,或依成文法裁判。即便我们已经明白了国家及其法律的如下事实,还是要如此尊重国家、法律及法官:

> “……运用人格化的抽象体而使得统治者的努力得以连贯和持续,即便不是完全,也几乎是人类之必然;然而如同其他必然之物一样,它亦毁誉参半。一方面,它在爱国精神的旗帜下极大地巩固了利他主义。如果说人们为了最多数人的最大利益而牺牲自己的生命这种说法于身于心都是蹩脚的,但在很多人看来,为人格化的国家(patria)而死则是甜蜜的。然而另一方面,国家的观念无非是某些人的工具——国王、州长、选举人、法官、税务官、刽子手——依靠这一观念,他们为了人们的利益而统一行动;如若有观点认为,国家具备一种价值,该价值独立于组成或将要组成国家的男男女女,这种说法完全是痴人说梦。”①

这表明,所谓人类对逻辑的依赖,归根结底是种对修辞选择的依赖。无论人们虚拟了国家,还是虚拟了法律,都是为逻辑地、有秩序地展开它而奠定修辞前提,当然,也可以说是逻辑前提。因此,无论法律,还是国家,都是制度修辞,或者都是依赖修辞而展开的逻辑行动。对此,不妨从如下两方面略微展开:

就修辞而言,无论法律的权威运用、国家的权威力量,也无论相关的逻辑论证遵循的是演绎的、归纳的还是类比的方式,在实质上,都无法逃离修辞的约定。

第一,就法律中的演绎推理而言,所有据以演绎的逻辑前提是修辞的——因为法律是虚拟的产物,保障法律的权威主体——国家也是虚拟的产物。法律本身的合法性、正当性还需要接受论证的检验,并且在一定意义上,这一论证检验活动是无解的。笔者认为,神学自然法的聪明之处,就在于确定了一个终极的无须证明的前提:法律是神的意志和要求。分析实证主义法学的可取之处也在于他们设计了一种不能再往前逾越的界限:主权者的命令,因此,无论这种命令是善是恶。如果人们一

---

① [美]约翰·奇普曼·格雷:《法律的性质与渊源》,马驰译,中国政法大学出版社2012年版,第58~59页。

定要打破砂锅问到底，那么，所有的人类秩序都将岌岌可危，有坍塌之虞。因为所有的前提都可被证伪。判例制度下的先例是如此，法典制度下的成文法也是如此。所以：

“司法审查‘难题’的关键在于合法性和正当性（justifica-tion）之间的关系……所有那些试图从法律论证传统之外发现一个规范性基础的努力都误解了法律中的合法性特征。宪法、传统的法律论证理论以及司法审查等都没有要求合法性。当法律论证的传统被坚持的时候，法律的合法性就得到了。一个支持宪法命题真理的宪法论证是合法的，仅当它使用了某种模态，如果它不是这样的话，则它就是不合法的。”①

当人们把法律的合法性不是交付给社会—物质事实，交付给交往行为中的主体，而是交付给以既有的规范为前提的形式化的论证方式时，不正说明作为大前提的法律规范及其论证方式的人为假定特征吗？不正说明法律演绎推理的大前提只能是一种修辞预设和假定吗？

第二，就法律中的归纳推理而言，所有被人们所归纳的事实，其完备性都是修辞的，因此，其结论必然是大概的、修辞的，因为人们不可能把一切事实搜罗无遗后制定法律，而只是在人类有限的认知基础之上，根据事实的大概率、大方向而制定法律；人们也不可能复原案件发生后的所有事实，而只能根据所收集到的更有证明力的证据事实而认定案件。无论在立法上还是司法中，针对规范的制定及其制定根据，或者针对案件事实的认定及其认定根据，归纳推理都是不可避免的。不但如此，归纳推理的结论或者作用于立法并被制定为法律，成为法律中演绎推理的大前提，或者作用于司法并被作为司法中逻辑三段论的小前提。但无论如何，它都无法逃脱修辞性。因为它一旦被证伪，结论便不攻自破。如下事实很有说服力：

湖南某地某公安人员曾有小偷小摸行为，被所在公安部门开除。后以蹬三轮车往返于该地和长沙间送货谋生。后来，其和一暗娼有染，此后两人间维持半嫖、半怜，半营生、半情侣的暧昧关系。某次两人苟且后，女方因另有营生，急忙催该男快离开其住处。是夜，该男再打女方电话，一直不接。遂亲往女方住处。一到所在，发现房门半掩，心想她真胆大！及至进入

① ［美］丹尼斯·M.帕特森：《法律与真理》，陈锐译，中国法制出版社2007年版，第175页。

屋内,才发现女方已被弑身亡。该男干过公安,反侦查经验丰富。想女方体内还有自己遗留物,故从容用清水清洗干净,并毁灭了其他所有证据,方离开。后侦查人员经由女方手机,查知该男当天从长沙给该女打过多次电话;此外,该女手机还显示当天有一次座机来电。该男很快被抓。公安要求该男承认电话是其在长沙所打,该男虽承认给被害人打过电话,但坚决否认是在长沙打的电话。殊不知公安从电信部门早已查知,该男就是从长沙打的电话。其拒绝承认,这让公安坚信该男就是凶手。于是办案人员发扬不怕疲劳、连续作战的精神,轮流不间断地审理该男达整整七天七夜。到第七天时,该男已然神情恍惚,跪爬于地,形瘫意痪,叫他说什么,他就顺从地说什么;叫他写什么,他就顺从地写什么。这样,这例案子已然被办成是铁板钉钉的"铁案"了,公安也该圆满、顺利地交差了。可过了不久,广东韶关发生一起凶杀案。审讯中,嫌疑人交代了其还在长沙有一起凶杀案。韶关方面电话问及长沙公安,长沙公安接信大惊:这不正是他们前不久"办结"的案件吗!办案警察们一听,开始简直不敢相信!继而镇定一想,不禁后背发凉!幸亏这小子命大,还没被起诉到法院……①

在这起案子中,侦查人员们看似做的有理有据、"天衣无缝"、对证据事实的收集及认定都很扎实,但其却百密一疏、"挂万漏一"!明显忽略了看起来无关紧要、也较难追究的座机来电,因此差点酿成无法收拾的冤案。这也足以说明归纳推理的结论只要被证伪,它和演绎推理的前提被证伪一样,都会变成无效的。这不正说明法律中归纳推理的修辞特征吗?

第三,就法律中的类比推理而言,其类比的根据、情境或场域,来自不同事物之间的相似(同)或不相似(同)性,而不是其同一性或不相关性,因此,尽管在形式上它是一种逻辑化的推理类型,但其实它的根据、情境和场域都是修辞性的。只要我们不能全然肯定两种事物之间在性质上是完全相同的或者完全不同的,就不得不面对人们对类比事物之间相同或不相同之程度的反思与疑问。但即便如此,类比推理在法律中,

---

① 如上内容,是根据笔者和两位长沙市某公安局的工作人员在2016年12月14日于列车上的随意交谈所得。事后,笔者整理并经由微信发出。有位律师看到后留言说:当年该案已有长沙本地的一位律师介入。这也从侧面证明两位公安工作人员所叙述的是真实案件。

特别在判例法中不但是必要的,而且是不可或缺的。“判例法学说下的推理主要是通过类比进行的,其基本要求是同样案件同样判决”;但与此同时,“类比推理高度依赖场合”。① 因此,比较异同,进而在不同事物之间类推,是类比推理的基本特点。没有异同比较,类比推理就没有必要。这正如一位学者所言,

> “……任何两个人、两个行为和两个事物都不会在所有的方面相同。宣称两个人、两个行为或两个事物相同,并非宣称它们同一,假如同一,它们就不成其为二,就根本无法进行比较和对比。也永远不会有任何两个人、两个行为和两个事物在所有事实方面都不相同,假如在所有事实方面都不相同,它们就不会两个都是人、行为和事物;对它们进行比较或对比,就毫无意义。因此,类比推理对于两种情况的相同点和不同点都需要仔细地考虑。关键之处在于判断是相同点还是不同点更为重要”。②

可见,受制于类比推理的根据、情境和场域,类比推理和演绎推理、归纳推理相比,更具有修辞的属性。在实质上,它就是比较或对比修辞,因此,对类比推理,可径直称为类比修辞。类比推理技术也就是类比修辞手法。不了解比较、对比的修辞手法,不尊重类比的修辞根据、情境和场域,那么,对类比推理的理解也是肤浅的。企图通过类比推理而全然达到逻辑上的无缝与圆满,本身与类比的性质是背道而驰的。类比本身意味着逻辑缝隙的存在。这种逻辑缝隙恰恰需要修辞手段来救济。此种情形,在法律上的类比推理中,照例适用。可见,类比推理(修辞)更彰显了修辞在逻辑作业中的不可或缺。

综上所述,之所以法律制度是一个修辞体系,乃是因为法律所依赖的逻辑推理方式皆需修辞来支持,法律的演绎推理在大前提,甚至小前提上是修辞性的;法律的归纳推理在归纳内容以及归纳的结论上是修辞性的;法律的类比推理在类比的根据、情境、场域以及结论上,也是修辞性的。因此,没有修辞支撑和修辞约定,一切逻辑推理都无从谈起,也不会准确。

---

① [美]史蒂文·J.伯顿:《法律和法律推理导论》,张志铭等译,中国政法大学出版社1998年版,第31页、32页。

② [美]史蒂文·J.伯顿:《法律和法律推理导论》,张志铭等译,中国政法大学出版社1998年版,第32页。

就制度修辞而言，这里主要涉及法律制度乃是一个包含了规范、理念、主体、行为和反馈的制度结构体系，因此，用“法律修辞”一词并不能足以表明法律制度在整体上的修辞特征，而只能表明法律规范的修辞特征。只有把上述法律制度结构的诸要素都置于修辞观察的视野中，才能更进一步领略人类作为精神现象，是如何在自生自发秩序的基础上，以其能动性和创造性，修辞性地为逻辑化的法律制度之建立提供前提、条件、结论、情境和场域的，从而筚路蓝缕，开辟法治之路的。对此，在本书的有些篇章中已有涉及，①这里不再赘述。

一言以蔽之，所谓“制度修辞”，乃是人们基于法律规范的修辞预设或规范虚拟而建制的具有逻辑关联的制度化的秩序体系。这一秩序体系作为一种制度结构，包含了规范要素、理念要素、主体要素、行为要素和反馈要素。其作为制度修辞，既表现在前提的修辞预设和规范虚拟上，也表现在其所有的内容上。在论理上，都是属于“可以”反思、辩驳和人为改造的范畴，而不是定于一尊、天不变、道亦不变的范畴。

四

简略阐述了本书中“制度修辞”一词的一般含义，不妨再回过头来看看本书的论述范围。严格说来，本书对制度修辞的论述，仅仅是在立法层面的论述，因此，前文中提到的“符号、法律家与诗化（性）思维”这一问题，只展开了一半，而另一半，法律运行——包括法律运用和遵守、行政和司法以及法律监督中的诗性思维及修辞推理问题，并没有展开。应当说，和立法的制度修辞相比较，这一领域中的制度修辞问题是一个更为具体和复杂的话题，它需要更加细腻可靠的经验观察手段和更为切实有效的修辞论证手段加以展开。因此，这也是笔者对这一选题在未来的研究中必须予以特别关注的。好在在这一研究领域，国内法学界已经有了相当的自主意识。以法律诠释学、法律沟通理论、法律论证理论、法律语言学，特别是法律语用学以及法律修辞学为代表的学术研究，已然展开并得以蓬勃发展。就狭义的法律修辞学而言，舒国滢教授、焦宝乾教授和孙光宁博士、彭中礼博士等的研究，已经具体地深入法律中修辞论

① 可参见本书中《论法律信仰、制度修辞与诗性思维》和《论社会契约、可接受性与制度修辞》两文的论述。

证(不仅仅是修辞格的运用)的堂奥。①

不过尽管如此,在这部《制度修辞论》的基础上,继续对制度修辞理论在法律运行方面加以探讨,完善笔者关于"符号、法律家与诗化(性)思维"这一选题的研究,是笔者愿意在未来付出劳作的科研领域。但愿能以此为奠基,在未来某个时间,笔者能为读者们奉献在此问题上更进的研究成果。

本书是法律出版社正在陆续出版的"谢晖法学论著系列"之一种。这套丛书的出版,有幸得到法律出版社、特别是周丽君编辑的热情支持,借本书出版之际,特致谢忱!本书收入的10篇论文,分别在《文史哲》《政法论坛》《法律科学》《现代法学》《法学评论》《河南大学学报》《甘肃社会科学》《北方法学》《中国政法大学学报》9家刊物发表,感谢刘京希、王人博、孙国栋、韩松、马治选、许明月、龙大轩、秦前红、徐亚文、蔡军、杨文德、王艳慧、陈夏红等友人一如既往的支持。本书中收入的所有论文的第一位读者,是笔者在山东大学工作时,曾经指导过的硕士和博士生,现任教于天津师范大学的尚海涛副教授。多年来,他为笔者义务劳动,在各篇论文投往不同刊物时,根据不同刊物之要求,在诸如注释等细节上进行认真的修葺和整理,因此,我必须对他长期以来的帮助,表示感谢!当然,作为一种探索,我更愿意把本书交由它的读者,任由他们批评并辩证。

① 这些研究可参见舒国滢:《寻访法学的问题立场——兼谈"论题学法学"的思考方式》,载《法学研究》2005年第3期;《论题学:从亚里士多德到西塞罗》,载《研究生法学》2011年第6期;《走近论题学法学》,载《现代法学》2011年第3期;《论题学:修辞学抑或辩证法》,载《政法论丛》2013年第2期;《亚里士多德论题学之考辨》,载《中国政法大学学报》2013年第2期(与此同时,舒国滢还翻译出版了[德]特奥多尔·菲韦格:《论题学与法学》,法律出版社2012年版)。焦宝乾等:《法律修辞学导论——司法视角的探讨》,山东人民出版社2012年版;《法律修辞学:理论与应用研究》,法律出版社2015年版等。孙光宁:《可接受性:法律方法的一个分析视角》,北京大学出版社2012年版(与此同时,孙光宁与程朝阳合作,翻译了麦考密克:《修辞与法治——一种法律推理理论》,程朝阳、孙光宁译,北京大学出版社2014年版),以及彭中礼:《法律修辞论证方法研究——以司法为视野》,厦门大学出版社2017年版。此外,陈金钊倡导召开的"全国法律修辞学会议"已连续召开七届,并编辑出版了连续出版物《法律修辞学研究》(目前已出版两卷,由中国法制出版社分别于2015年、2016年出版发行);熊明辉主编的《法律论证与修辞 第三届全国法律修辞学术研讨会论文集》,也由法律出版社于2014年出版。由此可大致窥知法律修辞学在我国目下研究的概况。

论法律制度的修辞之维

一般认为,以法律为核心的制度体系,是一个理性逻辑的建构,从而在研究法律制度问题时,更需要关注逻辑的强大效力,而无须把感性的修辞问题牵扯进来。夸张、排比、比喻、对比、比拟、反复、移情等修辞手法,不过是人们在经验世界中用来征服人心、说服他人,取得交往先机或优势地位的基本方式,把它一旦运用到理性的法律世界,或许会冲淡法律的理性特征,让法律臣服于某种经验诱惑或者修辞鼓动,对保障法律的严谨严明是一种威胁。但本文却试图展开对如下命题的作业:逻辑的起点是修辞;法律作为一套逻辑体系,其逻辑起点也是修辞;法治其实是一个在修辞前提下的宏大叙事;无罪推定是修辞的制度展开样本。在展开如上问题的论述之前,简略地交代一下本文对"制度性修辞"的理解:所谓制度性修辞,就是指在制度选择和博弈过程中,人们通过比较手段,把业已选择的内容安排为法律制度,并以此为基础,通过种种修辞方式,强调该制度的合理、理性、正义、利益……终然叫人信以为真、服膺制度,且按照制度规定行动的情形。

一、形式逻辑的起点是修辞

传统的以形式逻辑为核心的逻辑,乃是包含了从概念到判断,再从判断到推理的一个系统的认知工具体系,所以,无论亚里士多德的演绎逻辑,还是培根的归纳逻辑,都被借“工具”而命名之。[①] 迄今为止的形式逻辑,在概念层面依然是界定词和物的关系,从而以此来命名对象的作业。概念及其所涉及的物,都是静态的,尽管除了单称概念之外,几乎所有的概念,都集合了不特定的一系列对象。因此,每每是集合概念,但是,毕竟这些集合的对象由于特征的相像性,一般不会令人们节外生枝,把概念位移到其他对象上去。例如,作为集合概念的树木,其指涉的对象尽管千奇百怪、形形色色,但无论如何,人们不会把作为对象的土地认作树木,缘由无他,树木和土地是通过词,通过概念人们就大体能够确定的对象。[②]

即使在概念和对象、词与物的关系上,也无不呈现着修辞的前置,从而概念逻辑的起点就是修辞。词,要么通过声音现象表达,要么通过书写文字表达。无论以声音现象表达的词还是以书写文字表达的词,都不过是对对象的一种象征性表达。在古代,有所谓象形文字,今天不少民族的文字,仍延续了这种象形文字。汉语世界通行的方块汉字,尽管具有拼音文字的特征,但在主要形态上,是一种象形文字。所谓象形,只能是对词所要表达和概括的对象的一种形象说明,或者说修辞方式。任何词汇都不可能复写所要表达的社会事实,象形词或者象形文字,就是把词作为修辞工具,来概括、隐含、涵摄和说明指称对象的意义的,就是把形象的对象世界,纳入抽象的、概括的、喻设的文字—符号世界的修辞过程。

如果说象形文字是有关符号的象形,从而是直接从对象的外形特征来概括性、抽象性地喻指相关对象的话,那么,拼音文字则是通过人们对对象的声音概括、抽象和加工,用以表征对象的符号系统。例如,人们根据婴儿普遍面对自己母亲时“mama”的发音,拼出对妈妈的一般性称呼这一拼音文字。人类对对象世界的认知,经过大脑神经系统的加工后,在外在表现上,首先通过声音说出来,所以,在实践中,声音现象比文字现象更具有优先性,这也决定了拼音文字的客观地位。但无论如何,拼

---

① 亚里士多德把他的逻辑学论著起名为《工具论》([古希腊]亚里士多德:《工具论》,余纪元译,中国人民大学出版社2003年版);而培根把他的逻辑学论著命名为《新工具》([英]培根:《新工具》,许宝骙译,商务印书馆1984年版)。这突出地表达了逻辑学的认知意义和工具价值。

② 当然,这并不意味着人们在日常交往中不会就词(概念)与物(对象)的关系产生歧见,并因此产生争议。笔者小时候曾抓到一只小斑鸠,并给小伙伴说它是鸟,引致一位小伙伴的坚决反对。在他看来,“鸟”这个概念在鸟类中有专指,它所指向的就是家乡司空见惯的麻雀。因此,只有麻雀才是“鸟”,斑鸠、喜鹊、乌鸦、老鹰等在他看来都不属于鸟。这种争论,显然是对“鸟”这个概念的所指分歧所致。

音文字和象形文字一样,都是对所要表达的对象的抽象概括、总结和象喻。如果把人们对某件事或某件物的声音表达看成其对对象的第一重抽象、总结和概括的话,那么,把声音现象拼写为符号(文字)现象,则是对对象的第二重抽象、总结和概括,或者是把声音现象更加固定化的抽象、概括和总结。

如此耗费笔墨地陈述词对物、概念对对象的抽象、总结和概括,是要继续说明,无论词对对象的抽象、概括和总结多么用心、多么精确,但有限的语词世界和概念定位,与无限并多变的对象世界相比较,与人们交往行为的意义世界相比较,都永远只能是一种修辞,而不可能是一种确指。正因如此,才有"词不达意"、"言有尽而意无穷"这样的说法;才有"因言害意"、"因词害物"这样的感慨。所以,所谓词,永远是并且只能首先是修辞意义上的词,任何词和词汇,都不过是对丰富多彩的物质世界、行为世界、精神世界和规范世界的概括性修辞。明了这一层结论,则对人类精神现象的了解,就可以从词、从概念这种修辞出发去思考了。并且自从以文字表达的概念产生以来,尽管词和概念不过是对象或物的一种象喻性表达,但有趣的是,从此往后,人类便越来越生活在由语言词汇所规范的意义世界,无论这些词汇是否真正表达了其所指的客观世界的全部意义,人们都宁可从词、从概念出发理解问题,而无暇、甚至不愿意继续深入客观真实的事实世界、物质世界。

所以,词或者概念既提供给人类以理解的方便,也提供给人类以误解和偏见的可能。这一切,都使词或概念的意义世界,归根结底是一个修辞的意义世界,而不是写真的意义世界。虽然,因为词或概念所代表的修辞常常出现问题,故古人感叹"尽信书,则不如无书",[①]教诲人们"纸上得来终觉浅,绝知此事要躬行";[②]今人则批判"党八股"、"教条主义"、"本本主义"[③]等。可一旦人类被诱导到这种概念或词的意义世界,词或概念本身就替代甚至遮蔽了物、行为和意义。我们生活的意义世界,就主要是由词或概念的修辞导生的意义世界,而未必一定是事实所

---

① (战国)孟轲:《孟子·尽心下》,载宋元人注:《四书五经》(上)之(宋)朱熹:《孟子集注》,中国书店1985年版,第110页。

② (宋)陆游:《冬夜读书示子聿》,载刘乃昌选注:《宋诗三百首评注》,齐鲁书社2004年版,第218页。

③ 毛泽东著名的论文《反对本本主义》[毛泽东:《反对本本主义》,载《毛泽东选集》(第1卷),人民出版社1966年版]和《反对党八股》[毛泽东:《反对党八股》,载《毛泽东选集》(第3卷),人民出版社1966年版]等,至今仍在相关问题上,是深刻的洞见。

呈现的意义世界。面对此情此景,即使你进行现象学还原,[1]也无法彻底抛开词或概念的意义羁绊而直入事实的意义堂奥。从此,我们不得不依赖词、概念或修辞所规范、编织的意义之网,并信以为真地观察、理解和解释词或概念所指向的对象世界。无论这种情形是词或概念对人的异化也罢,还是词或概念对人的提升也罢,人们摆脱不了逻辑概念的约定,也就意味着人无可奈何地变成了"符号的动物"、"文化的动物"[2]或"修辞的动物"。而词或概念的修辞反倒成了人类交往行为的基本规范约定。

但即便如此,即便词或概念在客观对象、社会事实面前总体看是一种象喻、一种修辞,但毕竟它有一定的意义确定性;否则,人们的交往行为就无所适从了。与逻辑概念的这种相对确定性相比较,在逻辑世界,判断的意义确定性一般要更弱一些。因为在形式上,一切判断,都必须借助词或概念的修辞前提所作出。无论是事实性判断还是价值性判断,归根结底,都无可例外地需要借助词或概念的意义约定。任何人在判断中都无法悬置词或概念,无法把词或概念彻底打入括弧,让他们和判断所要彰显的意义世界相脱钩。从而在一定意义上讲,没有词或概念,就没有逻辑判断。如"权利是人类自由的法律界定"这一判断,其中涉及权利、人类、自由、法律等名词和概念,也涉及是、的、界定等助词或动词。如果没有这些既有词汇的约定,面对相关事实作出如上的判断,而把上述概念和词汇悬置起来,再找新词,重新界定权利、人类、自由、法律等所指的事实问题,那岂不是一种词或概念的浪费?岂不是对人类文化积累的一种鄙弃?岂不是对词或概念基本作用的抹杀?

然而,当逻辑判断无法逃离词或概念的制约时,也就意味着判断的逻辑思维过程,往往是从概念到概念,从而从某一主观规定性到另一主观规定性的过程。判断无法绕过词或概念的纠缠,也就无法绕过词或概

---

① "现象学还原"这个胡塞尔现象学的核心概念,突出表达了胡塞尔的方法论,它强调只有摆脱任何经验和假设,凭直觉深入"纯粹的自我意识"世界,强调利用括号,把一切历史观点和存在观点悬置起来,并进而发现"自我意识"的真我。他指出:"现象学的还原就是说,所有超越之物(没有内在地给予我的东西)都必须给以无效的标志,即它们的存在,它们的有效性不能作为存在和有效性本身,至多只能作为有效性现象。"([德]胡塞尔:《现象学的观念》,倪梁康译,上海译文出版社 1986 年版,第 11 页。)

② 人是"符号的动物",乃是哲学家卡西尔对人本质的基本界定,参见[德]卡西尔:《人论》,甘阳译,上海译文出版社 1985 年版,第 37 页。而"人是文化的动物",则是梁治平在卡西尔学说基础上的引申。参见梁治平编:《法律的文化解释》,三联书店 1994 年版,第 10 页。

念约定的主观规定性。判断对客观规定性的逼近，端在于词或概念所表达的客观规定性的程度。词或者概念越逼近事物的客观规定性，运用这些词或概念所作出的判断也就越能彰显相关事物的客观规定性；相反，词或者概念越远离事物的客观规定性，运用相关词或概念作出的判断也就越遮蔽事物的客观规定性。在这里已经预示着判断对词或概念的依赖，事实上所依赖的是一种修辞。概念修辞的确当与否，或者概念对事物的命名确当与否，直接关涉依赖这些概念所作出的判断之确当与否。这也意味着，人类文明发展到如此程度，虽然离不开通过"尝梨子"以品"梨子的味道"这种直接经验获取知识的途径，但即使这种经由直接经验获取的知识，也一定要被带入既有的语言、文字、公式等框架中进行表达。不然，直接经验就无法转化并积累为知识。如果对这些直接经验另辟蹊径，寻找新词来表达，重新命名，其结果无非是狗熊掰包谷，掰了一穗，丢了一穗，人类文化将无所积累、无所作为、原地踏步。所以，逻辑判断须依赖逻辑概念，乃是人类文化积累和认识深化的必然要求，也是人类知识进化的一种事实写照。

应说明的是，逻辑判断对逻辑概念的这种依赖，不仅说明词和概念提供给人们一种作出判断的符号方便，而且也说明概念对于其所指涉的事实的概括力、涵摄力和命名力。或者在于词和概念本身所领有的客观性。如果没有这种客观性，判断对词或概念的依赖，就只能视为盲目了。

当然，还需要指出的是：判断绝不是概念的意义叠加，绝不是一加一等于二的数学等式，判断往往会在既有的概念基础上，生成新的意义，从而产生一加一大于二的逻辑效果。这就说明，判断尽管依赖于既有的概念，但这种依赖不是对相关概念的复写，因此人类知识无所增量、保持常量，相反，它应是在相关概念基础上的创造，它肩负着在概念基础上增量人类知识的使命。这一切，既意味着逻辑判断对概念修辞的依赖，也意味着判断本身领有了修辞的属性。这是因为，一方面，判断所依赖的词和概念，正如前述，只能是对物或事实的象喻性、比较性描述，词或概念本身的这一修辞特征，势必反转来影响以概念为基础的判断的修辞特征。另一方面，判断本身也只是对所描述事实的一种符号模拟，而不是复写。既然如此，对事实本身而言，一切判断不过是对它的修辞。这种修辞，以判断者认知的限度为界，框定了人们对某一事物或某类事物的普遍印象。如果某一判断广获人们接受，则会定格人们对某一事物的认知。把这一结论运用到法律领域，则以法律为前提的一系列判断的形成,恰恰是对其他判断的封堵,从而树立了一种法律权威性的架构,让人们在“信法为真”①的前提下,拓展法律秩序。

那么,这是不是意味着按照上述逻辑,就只存在修辞,不存在逻辑?或者即便有逻辑,逻辑也变成了修辞?回答当然是否定的!如上论述仅仅是说修辞的力量让人在情感上,甚至信仰上接受词或概念为真,进而接受判断为真。有了这种对逻辑概念、逻辑判断心悦诚服地服从的精神和意识,也就有了逻辑进一步展开,实行逻辑推理的前提。

众所周知,在逻辑关系体系中概念是基础,判断是概念基础上的延伸。概念和判断,一般都是对已知事物的命名或确定。但逻辑不能停留于此,不能止步于对已知事物的命名或确定。逻辑还必须面对未知世界,并从已知世界——对已知事物的命名和判断中——推论或综合得出未知的事物。这时候,就必须在概念和判断基础上,引入推理这个逻辑工具。而推理又分为演绎推理和归纳推理。无论哪种推理,只要推理的前提或基础是概念基础上的判断,那么,作为修辞的概念和判断就必然是推理的基本前提,从而,逻辑推理以修辞为前提。

先看演绎推理。演绎推理是一种运用历史悠久、空间广泛的逻辑工具。在所谓“轴心时代”,无论古希腊的亚里士多德,还是古代中国的墨子、惠施、公孙龙等,都对演绎逻辑的基本理念有巧妙而深入的论述。在演绎逻辑中,大前提由一个判断构成,小前提也由一个判断构成,结论仍然是一个判断。所以,一个演绎推理,其实由三个判断所结构。但这三个判断与修辞的关系却各有不同。严格来说,所有演绎推理的大前提,都是一个修辞。从表面上看,这好像是一个过于绝对化的结论,但只要大前提能被证伪,就表明大前提未必必然是对对象的恰如其分的、没有瑕疵的判断。在很多情形下,特别是在社会交往领域、社会价值领域,大前提之所以是大前提,并不在于它一定是正确的,或者并不在于它一定是真理,而在于人们对它的接受或确信;并不在于它一定就是真的,而在于我们一定要假定它是真的。

既然假定作为大前提的某一判断是真的,就已经表明大前提和修辞

---

① 自从韩非提出“故明主之国,无书简之文,以法为教;无先王之语,以吏为师”[(战国)韩非:《韩非子·五蠹》,载梁启雄:《韩子浅解》(下册),中华书局1960年版,第482页]以来,秦朝李斯给秦始皇的重要策论之一就是“以法为教,以吏为师”(参见《史记》卷6《秦始皇本纪》,线装书局2006年版,第29页)。范忠信则把他的一部随笔集命名为《信法为真》(范忠信:《信法为真》,中国法制出版社2000年版)。这些说法或命题,对理解笔者正文中提出的问题,或许会有帮助。

的关联。大前提的真,或者是确切表达事物之规定性意义上的真,或者是人们接受、服从意义上的真,或者是假设意义上的真。只有在第一种情形下,大前提作为判断,才不受修辞的制约,而在第二、三种情形下,大前提都不过是因获得了人们的内心确信而服从,这种内心确信是修辞的结果,而非实证的结果。大前提的如上修辞特征,必然决定着演绎逻辑的起点——大前提是修辞。它只是某一判断通过修辞说服,获得了人们的接受,因此,它并不意味着一定与所描述的事实间能达到严丝合缝、无所冲突的境地。正因如此,随着时过境迁,随着人们认识的深化等,它往往会被事实所证伪,从而大前提修辞的失效,也导致演绎推理的坍塌。

所以,逻辑大前提的功用,尽管在于表达事物的真相,但并不总是寻求表达事物的真相,有时首先寻求的是获得人们的接受。特别是在社会领域中,人们理解和认识中“前见”①的在场,人们交往行为中“主体间性”②的复杂,都让绝对真实反倒变得不真实,让所谓真相,反倒常常不过是虚构。真正的真实,在于人们的理解和接受,在于通过对话、商谈而达成的“视域交融”般的理解,即所谓“同情的理解”。所以,大前提得以成立的重要基础,是修辞的说服,而不是逻辑的说服;是雄辩巧辩的力量,而不是“事实”的力量。当绝对真实只是海市蜃楼时,人们的接受和服从,不靠修辞,还能靠什么呢?

至于小前提和结论,因为是在已经得到确信和接受基础上的大前提下的推论条件,因此,至少在演绎推理的逻辑框架内,它们属于逻辑事实范畴,而不属于修辞范畴。

而归纳推理,只能是一种无法穷尽事实基础上的推理形式。所以,如果说演绎推理的大前提往往是一个和判断相关的修辞的话,那么,也同样可以说,归纳推理的最终结论,往往是一种修辞结果或者和判断相

---

① “前见”或“前理解”这个概念,是伽达默尔解释学的基础性概念之一,它强调,只要有理解,理解便会有不同。为什么如此?因为每个人的理解都是带有“前见”因素的,即打上了理解者的烙印的。前见是人们理解的条件。参见[德]伽达默尔:《真理与方法》,洪汉鼎译,上海译文出版社1999年版,第355页。

② “主体间性”是哈贝马斯商谈或交往行为学说的基础性概念之一,它涉及主体社会交往间的关系及价值观念的统一性问题。参见哈贝马斯:《交往与社会进化》,张博树译,重庆出版社1992年版。当然,这个概念在胡塞尔、梅洛·庞蒂、海德格尔、马丁·布伯、雅斯贝尔斯等学者那里,都获得了青睐,不过已不是社会哲学意义上的主体间性了。这个概念对规范研究是如此重要,以致童世骏的一篇论文用了这样的标题《没有“主体间性”,就没有“规则”——论哈贝马斯的规则观》(童世骏:《没有“主体间性”,就没有“规则”——论哈贝马斯的规则观》,载《复旦学报》2002年第5期)。

关的修辞。原因无它,就在于任何归纳推理,都毫不无例外地是在对对象的有限归纳基础上的结论,而不是穷尽了所有对象基础上的结论。既然如此,被选择的归纳样本也罢,在既选项基础上所形成的归纳结论也罢,实质上是用以说服人的一种修辞,是借助逻辑形式所表达的修辞。其目的也仅仅是取得人们的确信和接受,而不是打破沙锅问到底,从而对真相的追寻和追求。

综上所述,在逻辑体系中,无论概念、判断还是推理,都与修辞息息相关,甚至可以说形式逻辑的起点(特别对三段论而言)就是修辞。这种对逻辑和修辞之关系的陈述,是为了进一步论证如下的命题:作为逻辑体系的法律,本身是种制度性修辞。

二、法律与制度修辞

法律自来被称为理性的产物,无论是神的理性,还是人的理性,无论是国家理性,还是民众理性,①都不过是法律被纳入理性视界的不同表达。而法律的理性,在工具视角体现为法律是一套严谨的逻辑规范体系。无论法律概念、法律判断还是法律推理,都以逻辑形式展示着法律异于其他事物的严谨特征。不但如此,因为法律自身的理性和逻辑性,导致法律的展开——行政、司法和公民日常交往,只要纳入权利义务、权力责任的法律规范体系,就释放出其理性和逻辑性的特征。法律及法律思维的理性和逻辑性,使国家机关,乃至普通公民都沾染了理性行动和逻辑思考的特征。例如,法律要求行车在红灯亮时必须停车,一位再没文化的司机只要其遇见红灯就刹车停车,就表明其行为受到了法律的理性和逻辑规训;同理,法律赋予选举是公民权利,当几位公民面对某一候选人,或投赞同票,或投弃权票,或投反对票时,也表明权利人的行为选择受到了法律的理性和逻辑规训。所以,在法律主治的时代,至少表面上也是一个理性和逻辑主治的时代,从而在一定意义上是排斥激情的时代。

但事实果真如此吗?法律主治就必然意味着激情的偃旗息鼓吗?进言之,法律对理性、对逻辑的青睐,是否意味着激情以及修辞在法律的世界就没有再发挥作用的余地?是否意味着理性就是唯一的行为选择,逻辑就是唯一的思维交往工具?本文的思考将要得出的结论,只能是对

---

① 有关法律与理性、实践理性关系的解读,参见葛洪义:《法律与理性——法的现代性问题解读》,法律出版社 2011 年版;葛洪义:《法与实践理性》,中国政法大学出版社 2002 年版;颜厥安:《法与实践理性》,中国政法大学出版社 2003 年版等。

上述质疑的否定式回答。深入的阐述,必须从法律制度的修辞特征谈起。

首先拟设计的问题是:说法律是理性的产物,它究竟是一种修辞性判断,还是一种逻辑性判断?一般所谓理性,在分类上有二,即前述神的理性和人的理性。如果把法律界定为神的理性,那么,神究竟是什么?在实践中如何实证?如果在实践中根本就无法实证,那么,在逻辑上又如何证成?这些问题,一下子就把"神的理性"这一先决性的问题推向了另一种理性——理性怀疑的视域,使法律本身面临怀疑的考验。如果人们能够圆满地证实神究竟是什么,神又是如何达到理性境地,并以理性规范命令人类的,那么,说法律是神的理性,在逻辑上便能够自圆其说;反之,如果人们无法证实神的身份,说明神如何理性地给人类布道,并规范人类的行为,那么,说法律是神的理性,无疑不过是一种修辞性判断,其目的是借助信仰的力量,使人们对法律信以为真,并服膺其下罢了。

在人类历史上,有无数的智慧投入对神灵的探索和论证中。在古代中国,"君权神授"说的思想导师们,积终身力量论证并维护神授的事实,其结果不过是虚拟的宣教,而非实证的结论。[①] 而企图让人长生不老的炼丹术,也可以视为一种在神灵信仰之下的求证行为。尤其这种行为和道教的结合,更彰显了先人们对神灵的求证过程。尽管在这个过程中阴差阳错地产生了很多科学成果,[②]但神灵究竟是什么,始终未能借助这些求证而作出令人心悦诚服的回答。中世纪西方的学术大家们,如奥古斯丁、如阿奎那等,耗用终身的智慧,为上帝的理性铺设道路,但中世纪末期的怀疑精神,却把上帝和神灵推下了神坛,觉醒了的西欧民众,打出了人权的旗号,以颠覆似乎颠扑不破的神权。其后尽管卢梭仍强调"天赋人权",牛顿等科学家仍然在强烈的宗教信仰情怀下求证"上帝的第一次推动",并因此阴差阳错地获得了一系列震撼世界、颠覆既有思维、撬动全球发展的科学成果,但上帝的第一次推动和对上帝本身的证明,仍不

---

① 如董仲舒就强调"唯天子受命于天"(《春秋繁露·为人者天》);"王道之三纲,可求于天"(《春秋繁露·基义》)但这种强调不过是虚拟的宣教,而非实证的结论,因此,根本不具有逻辑说服力,而只具有某种修辞说服力。

② 参见[英]李约瑟:《中国科学技术史》(第2卷),何兆武等译,科学出版社、上海古籍出版社1990年版,第35~180页;姜生等主编:《中国道教科学技术史》(汉魏两晋卷),科学出版社2002年版;《中国道教科学技术史》(南北朝隋唐五代卷),科学出版社2010年版;盖建民:《道教科学思想发凡》,社会科学文献出版社2005年版等。

过是有心者的梦呓。此情此景,让笔者不禁想到了伊斯兰教义的率真和伟大:真主不是偶像,而是无形无象,因此,对真主的崇拜,只能非偶像崇拜,而不是偶像崇拜。求证真主是愚蠢的,或者让真主(神灵)偶像化,是人类理性的佞妄。

既然神本身是不可实证的,那么,所谓神的理性又如何能够实证呢?这在客观上只能提示人们一个事实,人们对法律的遵从,在很大情形下,并不是因为法律是理性的,也不是因为法律符合逻辑,而是一方面,法律符合人们的某种精神信仰。"神的理性论"正是通过编排一套有关神的理性的修辞,让人们借助信仰吸纳规范,并使其深入人心,进而推导人根据规范交往行为。因此,人们服从法律的前提首先是信仰,是情感,是修辞,而不是实证,不是理性,不是逻辑。另一方面,是人们服从法律能够带给其方便、利益甚至快乐,并因为这种方便、利益和快乐,让人们最终接受法律。这些都说明,在"法律是神的理性"这一判断下,人们对法律的信任和接受,并不完全是理性逻辑证成的结果,反而更是信仰修辞的结果,是情感经验的结果。人们遵循法律,不仅是遵循一种逻辑,在更多的时候,反倒是遵循一种修辞。这说明,法律不只是一种理性逻辑,而且是一种制度修辞。

如果把法律界定为"人的理性",那么,相关的问题也会产生:说法律是"人的理性",那么,这里的人究竟是什么样的人?是所有人,还是部分人?如果是所有的人,为什么有些人能够直接起草法律,而有些人只能接受法律?如果是部分人,那这部分人又是什么样的人?这些质疑和问题,在更深的层面上拷问着"法律是人的理性"这一结论究竟是一种理性逻辑还是一种教化修辞的问题,拷问着人们遵守法律的基础问题究竟是因为理性、因为逻辑,还是因为权衡、因为利益、因为修辞。

什么是法律的问题,是个和法律的制定息息相关的问题。在人的理性前提下,有关法律的制定,大体有三种说法或制度:一是君权立法说(制度):"夫生法者君也,守法者臣也,法于法者民也"。[①] 可谓典型写照。二是代议立法说(制度),即先由人民选出代表,再由代表替人民立法。众所周知,这是近代以来民治社会和大型社会通行的立法理念和制

① (春秋)管仲:《管子·任法》,载(清)黎翔凤撰:《管子校注》(下),梁运华整理,中华书局2004年版,第900页。

度①。三是全民公决说(制度),即由一个国家的全体选民公投某种法律是否通过。这是最近数十年来,在有些国家渐受青睐的一种立法模式。②

如果置诸“法律是人的理性”这一判断下,那么,无论上述哪种模式,都会受到进一步的质疑。在君主立法背景下,所谓“法律是人的理性”这一结论,必须接受君主为何是理性的这一质疑和拷问。而一旦接受这一拷问,则只能把问题再次推向“神的理性”的视角,只能用所谓“天之骄子”、“君权神授”一类的修饰,让人们在信仰层面上获得接受,这就又回到了前文对“神的理性”的质疑上了,因此,不去进一步追究它也罢。所以,君主是理性的这一结论,每每既不能靠演绎推理获得逻辑实证,也不能靠归纳推理获得经验实证,而只能借助超验的信仰,从而只能借助修辞来解决问题。

在代议制立法背景下,所谓“法律是人的理性”这一结论,也要接受议会和议员为何是理性的这一质疑和拷问,或者需要接受议会和议员会不会是非理性的质疑和拷问。如果不能妥帖地、令人信服地说明或回答议会和议员为何是理性的而不是非理性的这样的问题,那么,代议制立法下所谓“法律是人的理性”的结论,就会沦为一种说教。不过事实上,它本来就是一种说教,而不是真理,不是理性和逻辑!众所周知,在近代代议制中,所有议员都是代表一定的区域、阶层或利益集团说话、议政的,所谓“人民代表为人民”,所谓议员振臂一呼、大笔一挥,代万民说话,替天下立言的情形,也不过是一种美妙的虚构。代议制的立法裁断,归根结底是议员们代表不同利益集团所进行的博弈、商谈或者投票表决的结果。博弈、商谈说明过程,而投票表决则直奔结果。其中对投票表决而言,最关键的是在每次投票中,必须“少数服从多数”。这“少数服从多数”本身,就是一种对正义的修辞性预设和宣告。由此所决定的一切立法和法律,毫无例外,都受这条有关正义的修辞性预设的影响。我们信以为真的法律制度,就是这样在一种修辞的氛围中形成并发挥多用的。“大多数人的拥护”,成为人们服膺一种制度制约的基本前提,也成为人

---

① 相关学术论证,参见[英]密尔:《代议制政府》,汪瑄译,商务印书馆 1982 年版,第 37 ~ 100 页。

② 例如,俄罗斯的《叶利钦宪法》、白俄罗斯的《卢卡申科宪法》、北爱尔兰的《堕胎法》、欧盟的《马斯特里赫特条约》、《里斯本条约》等法律,就是全民公决的;与此同时,独联体国家的独立、魁北克要否独立、澳大利亚要否实行共和制等,都是通过一定范围内的全民公投所决定的。这一系列全民公决的事实,也极大地推动了全民公决在当代政治和法律中的独特地位。

们承认和肯定制度合法性的最好修辞。代议制立法和君主制立法相比较的进步特征,就体现在这种修辞的变化中。不过法律因此依然是受修辞约束的法律,而不是摆脱了修辞约束的法律。“法律是人的理性”这个修辞性结论,在此可以更改为法律是“议会中多数人的理性”。就议员和全民的数量比较而言,“法律是人的理性”的修辞,甚至可更改为“法律是作为议员的少数人的理性”这一修辞。

不过这种对“法律是人的理性”的修订,或许会遭到读者的质疑和批评。可以想见的批评来自两个方面:一是作为“少数人”的议员,乃是接受了一个国家不同利益集团的成员授权的产物,因此,他们尽管人数少,但他们所代表的人数并不是少数。因此,不能把法律修辞为“议会中多数人的理性”,更不能修辞为“法律是作为议员的少数人的理性”。笔者承认,这一批评,所说的确实是一种事实,不过值得进一步申论的是:尽管每位议员都获得了一定选民的信任和授权,代表选民进行投票。但一方面,再严格的代议制,也无法促成议员一定代表选民,而不代表自己;另一方面,再广泛的授权,都不能自动说明被授权者及其行为一定就是理性的,而不是非理性的。这些,都只能让人符合逻辑地把“法律是人的理性”这一修辞,进一步定位为“法律是议会中多数人的理性”,甚至“法律是作为议员的少数人的理性”。二是“少数服从多数”规则本身是获得了全体议员(或选民)同意的规范,因此,在议会投票中出现多数对少数的胜出,按照大家都同意的“少数服从多数”的原则,法律就不能被描述成是“议会中多数人的理性”,少数人的服从本身表明了相关法律也体现了少数人的理性。笔者也承认,这是一个在逻辑上完全可以自圆其说的批评意见。然而当少数人服从了这一规则时,服从的原因不是因为它揭示了真理,从而是一个逻辑上自足的规定,而仅仅是因为它表达了一种修辞。这种修辞让人们懂得了“多数的力量”,从而也懂得了对这种“多数的力量”之服从。所以,在修辞上,它仍然不是所谓一般意义上“法律是人的理性”,而是“法律是议会中多数议员的理性”,甚至是“法律是作为议员的少数人的理性”。

全民公决制立法模式,作为直接民主的一种试验,尽管被人们运用和看重不过是新近的事,但它是迄今为止最能全面地表达“法律是人的理性”这一结论的制度机制,因为它绕过了代议制框架下的民意间接性特征,而直接让选民进行投票,并决定一个法律草案能否变成全体国民交往行为的规范指南。因此,这是一个重大的立法机制的转型,这一方式也有条件在外延上进一步扩展“法律是人的理性”这一修辞,把法律是“议会中多数人的理性”进一步变成“法律是投票中多数选民的理性”,从而至少可以在主体数量上对“法律是人的理性”这一修辞进行圆润,使其更符合事实,更能作为逻辑推演的根据和前提。但即使如此,也仍不能说明“法律是人的理性”就从修辞状态完全脱离出来,变成铁定的逻辑结论,从而也有继续反思和证明“法律是人的理性”不过是一个修辞的必要。

全民公决法律的基本目的,是寻求所谓“全民意志”,并把全民意志表达在法律中。但这种目的首先面临一个无法克服的难题,那就是投票中的选民,其投票意志是自由的,因此,其投不投票,如何投票,投何种票,给谁投票等,往往是冲突的。面对冲突的选民意向和投票结果,如何证成某些选民的投票是理性的,而另一些选民的投票是非理性的?这既是一个重大的难题,也是一个必须考量的重要因素。所以,在这种情形下,在任何一个国家,也只能无可奈何地选择“少数服从多数”的修辞,这就让“法律是人的理性”这一命题或判断,面临着与在代议制立法背景下,议员们投票时也需要尊重“少数服从多数”原则一样的难题和尴尬。既然如此,这种共识和选择,只能被置于“流动着的少数—多数关系”[①]中时,才可能是真理,在既定的选择面前,不过是一种修辞。少数人的服从,就是受这条修辞的制约。所以,在这里唯一“正确的”,是修辞,而不是“理性”和逻辑。

与此相关的进一层问题是,即便一部法律是投票人中大多数人的选择,就一定能说该“法律是人的理性”吗?大多数人表决通过的法律就必然能代表“人的理性”吗?如果这样,我们如何理解被广泛运用的那句名言:“真理往往掌握在少数人手中”?[②] 如果不能合理地解释这些问题,则只能说即使在全民公决的背景下所通过的法律,当人们说它是“人的理性”的时候,仍然是站在修辞立场所进行的陈述,而不构成铁板钉钉、

---

① 这里所讲的“流动着的少数—多数关系”的含义,乃是指就某次投票而言,哪些人代表了多数,哪些人代表了少数,是一个定量;但是就过程中无数次的投票而言,曾经代表多数的,时过境迁或许会变成少数,曾经代表少数的,时过境迁则可能会变成多数。现代法治政治(宪政)的价值,就在于对过程设置了一种流动性的观察、认知和调控态度,从而避免“天不变,道亦不变”一类的僵化。

② 一般认为,这是列宁的一句名言(但柏拉图也曾表达过类似的意思:“真理可能在少数人一边”),也是被国人广泛运用的一句名言。这句名言深刻地寓意了多数人决定的民主制度,不过是无可奈何的修辞选择,而未必一定是坚守真理的逻辑选择。

不可被证伪的真理或逻辑大前提。即使人们运用这样的结论作为大前提进行推论,也不过是把“法律是人的理性”这种修辞当作了逻辑大前提而已。它给人的效力,是一种使人信以为真,并予以服膺的修辞效力,而不是人们面对事实和真理,不得不服、不得不然的理性效力和逻辑效力。

如上所论,一言以蔽之,要证明法律制度作为一种逻辑体系,其建立的前提,是一系列假设。这些假设固然因为其逻辑性而获得人们的遵从,从而获得效力,但更重要的是,在终极层面,它不过是人们对作为逻辑大前提的修辞之“交涉性认可”和遵从,从而任何法律制度,不过是一种作为制度的修辞。在此基础上,下文笔者将进一步说明法治这一概念的诗性预设特征和制度修辞特征。

三、法治的诗性与修辞——制度性修辞的宏观解读

法治是法律制度的近现代时态,是“君臣上下贵贱皆从法”的规范至上主义修辞。按照富勒的对法律和法治的经典说法,“法律是使人类的行为服从于规则之治”。[①] 在这里,法治传达着一种人们对规范的充分自信,传达着一种人类对规范的具有诗性浪漫主义意味的追求——天底下形形色色、奇奇怪怪的交往事件,人世间纷繁复杂、揪心牵魂的交往行为,都要被编织进横竖交错的规范之网中,从而实现人间交往杂而不乱、繁而有序、自由有保、秩序有度的情形。但就是在这种诗性的追求中,相应的问题也产生了:为什么人们的行为要服从规则治理?(法律)规则果真能治理人们的行为吗?如果能,法律又是在何种意义上使人们的行为服从规则治理的?对这一类的问题,如果从纯粹逻辑的视角来看,或许很难立得住脚,因为再严密的法律及其法治,也会有对事实的调整不及或逻辑漏洞。因此,如果不从修辞意义上入手,法治的很多问题就难以得到妥善的理解和回应。

数年前,因为北大法学院招收博士生中出现了轰动一时的“甘德怀事件”。为此,院长朱苏力在接受采访时说了一句捅了马蜂窝的“狂言”:“制度给了我这样的权力”,且不管言者能否找出相关的制度规定。但抛开该言论的具体语境,把其升华到一般意义上理解,则当人的行为一旦满足了某种制度的规定或约定时,任何人都必须服从该制度;否则,制度不过是美好的虚设,有名无实,甚至因名害实!无论该制度的规定是否符合客观真理,它都以修辞的方式成为人们逻辑思维的大前提。如果一

---

① [美]富勒:《法律的道德性》,郑戈译,商务印书馆2005年版,第124~125页。

个国家的人们在实践中放弃了这一修辞性逻辑前提，就意味着法将不法，混乱无序；反之，如果一个国家的人们在交往实践中遵循了这一修辞性逻辑前提，则意味着人们的交往井然有序。例如，在我国，人们对涉法上访[①]问题议论颇多，其中站在法律立场的更多的是非议之声，站在同情上访者立场的则更多的是肯定之声。非议之声强调上访不能突破制度规范和法律规定，而肯定之声则在“大制度”之外，设立“小制度”。在国家诉讼法律之外，设立所谓信访条例，在实际效果上，“小制度”的效力盖过了“大制度”。援诸法理，则凡是已经生效的司法裁判，除非在审判监督程序中被认为是错判或错案，则当事人必须服从。到了这份田地，司法的生效判决就是最后的理性、最终的逻辑，即使当事人认为其既不理性，也非逻辑，但至少它是一种值得依赖的修辞。倘若一个国家连这种修辞都摒弃了，则剩下的只能是“公说公有理，婆说婆有理，两造都有理，只有法无理”了。果真如此，法律与司法，就失去了基本的逻辑前提，尽管这一逻辑前提的本质是修辞。可以认为，目前我国法律越多秩序越糟、裁判越多权威越差的情形，恰恰凸显了一个基本事实：法律并未被确立为人们交往行为的逻辑大前提，或者即便它应是逻辑大前提，但仍未获得征服人心的修辞效果，因此，“制度给了我这样的权力”，在这种制度语境下，就听起来格外武断、刺耳。

进而分析，所谓“制度给了我这样的权力”，不只是一种逻辑，更是一种修辞。它以人们对制度的坚信为基础，强调制度所确定的内容，是人们交往行为中所无法抗拒的。[②] 当“制度就是这样规定的”作为一种信念、一种坚守和一种承诺，并进而成为社会管理、公民交往中之所以如此，而不是如彼的基本理由时，制度的规定就以一种修辞的强大力量，保障着人们的确信。这种修辞甚至在一定意义上成为一种信仰、一种道德坚守——守法的道德！

---

① 所谓“涉法上访”的说法，主要是一个和司法审判相关联的概念，所以，有时候在法院内部又被称为“涉讼上访”。其所指的就是当事人因对法院已经生效的判决不服而引发的上访行为。

② 行文至此，笔者不禁想起一位曾赴日访学学者的经历。作为一位烟民，他赴日时在国内捎了四条烟，在日本入关时，为了避免走私的嫌疑，他事先做了申报。但申报后，日本海关人员强调只能带两条（以根计算），剩下的两条要么扣留，要么按照日本相关法律缴纳一定的费用才能入关。他以烟民有特别需要为理由进行抗辩，对方则强调这是制度，任何人也无法更改。经权衡再三，他按规定缴纳了日元现金，海关才放他入关。他由此深感日本人对法律规则的尊重，也感叹国人对规则的权变和蔑视！

学界很多人曾煞费心思地探讨过“法律为什么有力量（或有效力）”这样的话题：有些人强调因为法律是人民的意志，所以有力量；另有些人则强调因为法律是利益、规律和理性，所以有力量；还有些人强调法律借助于国家的强制，所以有力量；更有人强调，法律是“理与力的结合”，所以有力量。如此等等，真可谓众说纷纭，不一而足。[①] 但在笔者看来，法律的事实有效性，往往并不是基于某种理——不论这种理是正义、理性、规律、利益还是力量，而是基于某种信念，基于人们对法律是正义的、理性的、符合规律的、反映人们权益的以及具有强制力后盾保障的等修辞的依赖。至于如何证明汗牛充栋、多如牛毛的法律一定是正义的、理性的、合乎规律的、合乎人们的利益要求的，在实践中被国家强制力量强制执行的等，反倒在理论是多此一举。谁如果一定要执拗地证明法律的正义、理性、规律等属性与特征，不过被人们视为是钻牛角尖。因之，所谓法律有力量，就是靠种种修辞带给人们的基本信念甚至信仰来维系的。逻辑的力量，只是修辞之后的附带产物。

由此进一步反思的是，法治这个人们服从规则治理的事业，之所以把千千万万的男女所进行的形形色色的交往行为，都能构织到法定的蛛网世界，既在于法律规范对它所调整的对象（主体交往的社会关系，以及与此相关的主体与对象的关系）之规定性的尽力模拟、描述和接近，也在于人们因循法律而为时的利益获取和行为方便，更在于人们对法律所抱有的坚定信念甚至信仰。所以，法治的有效性，或者芸芸众生能够服膺法治，既在于理性逻辑，也在于情感修辞。有人在谈到法律对香港居民的日常影响时说：对香港人而言，法律就如同阳光、空气和水一样不可或缺，没有了法律，人们反倒无所适从。这种对法律的依赖，既是一种事实，同时还夹杂了对法律的深刻情感，从而既是一种理性，也是一种修辞。

反之，如果一个社会中的主体对法律抱着无所谓的态度，任何人都借口说法律不是人民的，而排斥法律对自己的管辖，或为逃避法律的规

---

① 相关观点，参见张根大：《法律效力论》，法律出版社1999年版；梁中前：《法效力的逻辑探寻——法律效力的文化辨析》，载《法律科学》1998年第1期；陈世荣：《法律效力论》，载《法学研究》1994年第4期；李琦：《法律效力：合法行为发生法律上效果之保障力》，载《法学研究》1995年第2期；李琦：《论法律效力——关于法律上的力的一般原理》，载《中外法学》1998年第4期；刘瀚、谢鹏程：《法律为什么有力量——从知识和经验角度对法律内在力量的若干分析》，载《中国社会科学院研究生院学报》1992年第6期；孙国华、许旭：《法是“理”与“力”的结合》，载《法学家》2001年第3期；谢晖：《法理学》，北京师范大学出版社2000年版，第236～256页等。

制而找冠冕堂皇的借口，那么，即使法律制定的再科学、再符合规律，制定过程再民主、再符合程序正义，权利义务分配再合理、再尊重每个人的利益……法律仍不过是一堆写满权利义务分配的废纸，因为在人们的借口中，在人们对法律的规避中，已经放弃了对法治的修辞依赖，转而寻求关系依赖、权势依赖等。可见，一旦在理念上抛弃对法律的修辞依赖，再正义、理性、民主、科学……的法律，都会被人们弃之如撇履，更遑论把人们的交往行为置诸法治框架中。

法治的诗性精神和修辞特征，意味着法治首先是一种价值性的预设。任何价值性的问题，都是在价值权衡和博弈中的产物，而不是所谓价值"普世"或"普适"的产物。所谓价值"普世"或"普适"，在笔者看来，至少有两个层面：第一个层面是被人们在心理层面上认同并接受；第二个层面是一种价值在人们交往层面一视同仁地得到贯彻落实。就这两个层面的具体关系而言，心理层面的认同是决定性的，行为层面的接受是附随性的。倘若某种价值，没有人们在心理层面的普遍认同，而仅仅在行为层面被普遍推行，说明它并不是一种"普世"或"普适"价值，而最多只是一种在价值博弈结束后有关价值普适（世）性的修辞。

那么，究竟有没有什么"普世"或"普适"的价值呢？近代以来，在政法社会领域，自由、平等、民主、人权、博爱、法治构成了最基础的六大价值，[①]同时也被很多人宣传并认同为是"普世"或"普适"价值。事实果真如此吗？众所周知，这六大价值都是在历史博弈和对抗中产生的，是历史对抗和博弈的结果，而不是"普世"或"普适"的结果。自由对抗奴役、平等对抗特权、民主对抗君主、人权对抗神权、博爱对抗偏爱、法治对抗人治……这种价值对抗，恰恰是对上述价值普适说的一种否证。进言之，凡是有价值对抗的所在，必然意味着对价值普适说的否证。退言之，价值"普世"或"普适"，只是价值博弈后取得优胜的一方所做的人为布道或修辞。

既然法治及其价值不是普适的，而是博弈的结果，与此同时又要求人们信服法治，信服与法治相关的一系列价值，这是不是一种价值的暴政？在笔者看来，用"暴政"这个词或许有些言过其实，笔者更喜欢用权衡这个词，它只不过是人们利弊权衡的结果，既不存在高尚，也不存在卑

① 对相关问题的具体阐述，参见谢晖：《法治讲演录》，广西师范大学出版社 2005 年版，第 292 ~ 306 页。

下,只是人们在无法获取最优方案的前提下,选择了一种次优方案。[①] 而人们对这种次优方案的选择和接受,也意味着在价值上接受了一种修辞。无论这种修辞把法治说成是高尚的、最符合人类价值的选择,还是描述为被迫的、无可奈何的接受,人们都在这种价值修辞的引导下,成为受法律支配的"客体",法律反而成为法治的"主体"。[②] 不但如此,因修辞产生的法律及法治因之也成为人们信以为真的事物,并顺理成章成为逻辑推理的前提。原来人们对法治的接受,法律对人的统治,不过是修辞征服人心的后果!

对法治作为一种诗性存在和价值选择的上述总结,只能在价值层面上说明法治这种诗性设想的修辞效果。然而,法治从来不仅仅是一种理想设计,不仅仅是一种价值选择,在一定价值选择基础上,法治从来以其技术特征实现着法律对社会的规则治理。法治的经纬,把杂乱无章的社会关系和社会事实,给出了清晰的脉络,从而法治变成一种经由技术化处理而实现的社会秩序状态。这种技术化处理的基本特征,就在于法治处处显现着逻辑的力量和特征。立法要讲求体系,讲求一部法律或者一个国家法律体系内部的逻辑和谐;否则,只能变成法律和法律打架,法律否定法律。这对法治而言,是一种来自内部的损耗;因之,在逻辑上避免法律自相矛盾、相互打架,就是立法在技术上必须掌握的基本尺度。然而,这一技术尺度在表面上看是逻辑的,是技术的,但其前提是价值在先的,是诗性的和修辞的。没有诗性和修辞的价值在先,逻辑技术上的删削、圆润就失去了基本的逻辑前提。所以,立法上对法律内部和谐技术的讲究,离不开价值预设和诗性修辞。

完成了如上立法上的技术处理,对法治而言,仅仅是完成了一个产出法治的规范前提。法治作为制度,尽管以法律规范为前提,但法律只是法治的最重要的必要条件,而不是充要条件。法治的充要条件,必须是法律规范、法律观念、法律组织(主体)、法律行为和法律监督(反馈)的统一体。如果法律制定后,不能在技术上确保把法律规范化为人们的法律观念,根据法律规范整合主体及其行为,不用法律要求检阅法律的

---

① 这在柏拉图从《理想国》的理想设计到《法律篇》的现实选择中已可看出。参见[古希腊]柏拉图:《理想国》,郭斌和等译,商务印书馆1986年版,第177~227页;[古希腊]柏拉图:《法律篇》,张智仁等译,上海人民出版社1992年版。

② 这是一种典型的法治对人的"异化",不过在价值上,这或许是一种"良性异化"。相关论述参见谢晖:《法学范畴的矛盾辨思》,山东人民出版社1999年版,第478~485页。

运行效果,那么,无论法律的价值预设多么高尚,技术手段多么合理,法律仍不过是口惠而实不至的宣告、甚至炫耀,对社会秩序的法律治理而言,不但不利,反而有弊。① 但是,如果说立法是一个必须突出技术手段,使法律能够产生实效的活动的话,那么,从立法到法律观念、法律组织(主体)、法律行为和法律监督的过程,更是一个以精细的技术力量支持的过程;否则,法律徒有其名。

以司法为例,作为最典型地运用技术手段,实现法律治理的活动,司法最能彰显法律的运用过程及其技术要求。这是因为司法所处理的问题,不是法律运行中的日常问题,而是"反日常"问题,是由于人们在交往行为中权利义务发生了纠纷,从而引致社会关系和社会秩序发生紊乱时的救济措施。如果说日常生活中人们对法律的运用和遵守太显日常,反而不能突出法治的技术性,并引起人们对法律和法治的关注的话,那么,司法所面对的"反日常"问题,本身就能唤起人们对法治的好奇,并凸显法律秩序恢复中的技术手段。司法中案件当事人的诉讼主张对立、所持证据对立、事实描述对立,从而如何把这种对立的主张、证据、"事实"代入既定的法律框架,以判断是非、恢复秩序、弘扬正义?毫无疑问,这必须建立在法官的技术能力和水平上,必须法官拥有一套逻辑智慧和技巧,法官也必须学会施展说服论证技术。所以,它首先是一个借助逻辑技术以征服人心,使人不得不接受的过程。

但即使如此,笔者仍然要说它不仅仅是一个逻辑技术过程,同时也是一个诗性的价值修辞活动。因为一方面,法官在司法裁判中据以推理的大前提——法律规定,本身是人们交涉、权衡和博弈的其中一种结果,这种结果仅仅在规范视角上具有真实性,而在价值视角上,只是人们博弈的一个结果;另一方面,法官在司法裁判中据以推理的小前提——案件事实,不过是法官所采信和认定的证据事实,未必一定是"客观真实"。在迫不得已的情形下,法官甚至拿"自由心证"的结果作为司法推理的逻辑小前提,可见这一前提本身的修辞特征;再一方面,即便法官运用了如上具有价值预设的、事实裁选的诗性修辞完成了司法推理,要真正让司法裁判获俘人心,取得两造、利益相关人以及其他社会主体的接受,还需

---

① 对此,董必武认为:法律得不到执行等于没有法律;而吴家麟在此基础上更进一步,强调法律制定后得不到执行,"甚至还不如无法"。因为没有法律,人们还有指望和盼头;有了法律而得不到执行,人们的希望和盼头就像肥皂泡般破灭了!参见吴家麟:《吴家麟自选集》,宁夏人民出版社 1996 年版,第 252 页。

要点缀修辞于其间,[①]实现修辞与逻辑的双修、情感与理性的并用。

从立法逻辑对修辞的依赖和司法逻辑同样对修辞的依赖中,读者更不难看出作为一种诗性预设的法治,在关注逻辑的同时,无法逃避与修辞的关联。在这个意义上,当我们强调法治是一套严密的逻辑体系时,几乎也可以说法治是一种诗性的修辞预设。法之治,既需要逻辑般铜墙铁壁的刚性展现,也需要修辞般诗情画意的柔性进入。

四、无罪推定的浪漫与修辞——制度性修辞的微观解读

在当今各国的刑事诉讼法律中,有一个几乎公认的原则,那就是无罪推定原则。对这一原则,人们一般是这样表述的:"未经审判证明有罪确定前,推定被控告者无罪。"[②]这一来自贝卡利亚的原则,[③]如今不但被《英国证据法》《美国联邦宪法》《中华人民共和国刑事诉讼法》等内国法确定为基本的人权保障原则,而且被《联合国刑事司法准则》《公民权利与政治权利国际公约》规定为一项国际人权保障原则。这一原则,曾经是在人权问题上不同意识形态的国家间展开斗争的一个"晴雨表",尤其在我国,主张这一原则,曾经被激烈地批评为鼓吹资产阶级自由化。但只要人们对之稍加分析,就不难发现,它照例是一条价值上的修辞假定。

曾经在我国的法学理论中,谈及这一原则,与有罪推定原则一道,被称为"唯心主义"的奇谈怪论。原因不在于其他,就在于它不能全面地假定某种未知事物存在的多种可能性。从逻辑周延性上来看,一位作为犯罪嫌疑人的被告,在法院宣判之前,既不能做无罪推定,也不能做有罪推定,或者无论做有罪推定,还是做无罪推定,都涉嫌以主观替代客观,以假定代替事实,从而或者导致冤枉无辜,或者导致放纵罪犯。在我们熟知的历史上,曾出现过"宁可枉杀千人,不可使一人漏网"的腥风血雨,也出现过明明知道他犯罪,但证据不足不能裁判他犯罪(如"辛普森案")

---

① 对此,我国法学界已经展开了相关研究,如杨贝:《法律论证的修辞学传统》,载《法律方法与法律思维》(第4辑),法律出版社2007年版;苏力:《修辞学的政法家门》,载《开放时代》2011年第2期;彭中礼:《论法律事实的修辞论证——以"崔英杰案"为例》,载《西部法律评论》2010年第1期;彭中礼:《中国古代判词中的修辞论证》,载《时代法学》2010年第6期;徐亚文等:《法律修辞、语言游戏与判决合法化》,载《河南政法管理干部学院学报》2011年第1期等。特别是后两位作者对判决书中修辞的研究,对说明这里的问题更有帮助。

② 参见《无罪推定原则》,戴维基百科2011年1月1日,http://zh.wikipedia.org/wiki/%E6%97%A0%E7%BD%AA%E6%8E%A8%E5%AE%9A,2011年10月16日访问。

③ [意]贝卡利亚:《论犯罪与刑罚》,黄风译,中国大百科全书出版社1993年版,第19~21页。

的无可奈何。显然,从表面来看,这两种情形都是对“实事求是”的悖反和不尊,但人类刑事追诉的事实,恰恰就违背了这种滴水不漏、在逻辑和事实上都无比正确的“实事求是”原则,要么选择有罪推定,要么选择无罪推定。为什么?

如果依从“实事求是”的原则,当犯罪嫌疑人有无数犯罪疑点,但就是找不到最关键的证据证明其犯罪时,究竟该如何处理?仍然坚持既不能推定其有罪,又不能推定其无罪吗?这种周延的逻辑却给案件处理的实践带来了无尽的麻烦:一起案件受理了,总要在法定的期限内给当事人,也给全体公民一个最终的结论吧?如果不能给出最后的结论,意味着司法的无能,也意味着司法必然堕落为非法。但司法要作出最后的结论,总不能说本院判决如下:在没有证据充分说明被告×××有罪的情形下,既不能说明其有罪,也不能说明其无罪吧?如果法院真能作出这种完全符合“唯物辩证法”的判决,或许这个法院将被永远记载在人类审判之史册。所以,在认识论上讲,“唯物辩证法”的深刻自不待言,但在实践论上看,它有时候很有利于推进人们的实践,但并不总是能推进人们的实践。前述面对犯罪嫌疑人既不能证其有罪,也不能证其无罪的困顿,就是典型例证。

当“唯物辩证法”不能有效地解决上述问题时,法院总要选择一种能说服人的方式,把案件解决在权威的法律裁判中,而不是停留、困顿在如上骑墙式的说教中。司法必须是“循法取效”的活动,如果人们申告到法院,法院不但不能得出当事人间是非曲直的结论,反倒“乔太守乱点鸳鸯谱”,虽然会产生某种喜剧效果,但更多的时候只能给人间带来悲剧。如在我国,曾出现对同一个案件,法院判决原告胜诉,被告也胜诉,这也意味着针对同一案件,法院煞费苦心地作出了两份完全相反的判决书![①]这恐怕是人类司法史上绝无仅有的奇闻吧?它背后的动机,除了我们没有材料实证的猜测之外,是否还有法官为了另一种“取效”,不得不作出这种令人啼笑皆非的骑墙裁判?与此同时,当人们嘲笑这种典型的骑墙裁判时,那种非典型的骑墙裁判,或者那种刻意强调调解的“低级司法”,又在客观上制造者多少骑墙裁判?这种骑墙裁判给司法权威所带来的危害,在根子上和上述唯物辩证法脱不了干系。

所以,司法在面对两难时的取效,不是亦此亦彼或非此非彼的骑墙,

---

① 参见《同案同文同日期,同时判处两结果》,载《齐鲁晚报》1998年5月12日。

而必须是是非分明、不容混淆的决断。在面临既不能说明嫌疑人有罪，又不能说明嫌疑人无罪的时候，是非分明的逻辑前提，不是亦此亦彼或非此非彼，而只能是要么此，要么彼，要么无罪推定，要么有罪推定。所以，在实质上讲，无论选择有罪推定或者无罪推定，只是法律提供给司法裁判以方便，使法律具有可操作性，并确保通过司法能够取效，避免陷于亦此亦彼之类的泥潭中。即便无罪推定的选择，在所谓“人权保障”的意识形态说教之外（当然，这也是一种事实），更重要的是有了它，法院和法官就能手足有措，不至于左右不得，动辄得咎。

可见，无罪推定原则的确定，在效力上是为了司法取效的考量，是为了方便司法的考虑。但是，问题也在这里产生了：诚如前述，按照逻辑或实事求是的客观精神，在无法肯定犯罪嫌疑人究竟有罪还是无罪时，以无罪推定论处显然偏于一端，未必符合实情。以这种偏于一端、未尽实情的规定，作为司法推论的逻辑大前提，是否明知大前提可能有错，而故意运用可能有错的大前提？这种质疑自然是深刻的。但是，和本文的主题相关的是，在这时，司法所垂注的，已经不是严格的客观事实和逻辑，而仅仅是一种制度事实，即法定事实。这种法定事实，以假定为前提，它规定无罪推定，本身是一种制度性修辞。

这种制度性修辞，首先选取了一种价值的维度，以表明该规定的合法性。这一价值维度就是所谓人权保障。特别是它的独特视野是以弱者的名义（一旦某人被怀疑为犯罪嫌疑人，就陷入弱者的境地）强调人权保护之价值的。这一价值维度，显然运用了对弱者的修辞和同情，成为人们首肯的法律规定。当然，对这一规定，人们完全可以站在受害人的立场上发出质疑：通过无罪推定，犯罪嫌疑人的人权是保障了，但受害人的冤屈和人权又如何得以伸张？在这种质疑面前，貌似无罪推定的价值，不过是一种选择性价值，甚至是一种选择性失明，因为它保障了一方面，而忽略了另一方面，因此，甚至是一种“过度的修辞”。但认真思考后，人们必须认真面对的是：这里的人权保障基础是在尚未证明犯罪嫌疑人就是罪犯的前提下。倘若能够证明犯罪嫌疑人构成犯罪，则即便对其仍然有其他人权保障的规定，也不适用这里的无罪推定原则。不过这种对无罪推定原则合理性的说明和价值回护，仍不能避免它不过是一种修辞的定论，不能避免面对这种修辞，在价值视角上更能获取人们对相关规定的同情的理解，并进一步获得行动的支持。甚至正是这种价值上的修辞性说明，使其获得了越来越多的理解和支持。由此足见无罪推定作为一个原则,对制度性修辞的典型表达,进而也足见价值预设的修辞表达,对于人们接受一种制度的客观功效。

无罪推定作为一种制度性修辞,不仅在价值上获得了人们的同情、理解和支持,而且在技术上给司法提供了可操作的方便,从而使这一规定在技术维度上为司法取效提供了可能。正如前文所述,在罪疑既不能存有,也不能存无的假定下,虽然符合了辩证法的客观追求,但无法获得司法必须取效的功利追求。如果一个案件因此而久拖不决,得不到权威裁判,不仅是对当事人人权的无视,也无助于社会秩序的恢复,更无助于司法权威的树立。而司法权威的荡然无存,也意味着法治预设(修辞)的岌岌可危。[①] 在这个意义上。无罪推定给司法所提供的可操作性,至少可以防止司法久拖不决、左右失据所可能带来的司法权威的流失。但当我们关注无罪推定对司法所提供的可操作的技术之维时,不可不关注的是这种技术之维乃是在舍弃了其他价值选项(如"有罪推定","既不能无罪推定,也不能有罪推定"等)而所作出的一种独断性、修辞性价值选择基础上得以实现的。这进一步说明,在法律世界,即使操作技术性地获得,也与价值取舍的修辞选择之间具有不可分离的关联关系。因为正是价值取舍和修辞选择,让人们不再在价值冲突面前左右摇摆,让人们在技术处理上有了主心骨,让人们以既定的价值选择为根据,不仅获得某种价值上的满足,而且也能果断地、明晰地获得"以法取效"的社会实效,获得自由秩序、权利义务的事实归属。

在如上论述中,我们也不难发现无罪推定作为一种制度性修辞,其价值维度和技术维度,或者修辞维度与逻辑维度之间的内在关系。首先须说明的是:无罪推定的价值维度也就是其修辞维度,无罪推定的技术维度也就是其逻辑维度。这层关系,在前文的相关论述中读者理应能够体味。之所以无罪推定的价值维度就是其修辞维度,因为在诸多冲突的价值之间进行选择,很难借助真理的名义从事,而只能强调选择是"正确的"和"理性的"。在这里,无论"正确的"还是"理性的",都只是一个比较的结论,而不是唯一正确、唯一理性的结论。这正如贝卡利亚所说,

---

① 这一点,在目前我国司法所面临的困顿中也不难深刻体悟。尽管目前我国司法权威的不彰主要是一个体制性问题,但也与司法内部的种种问题不无关联。司法官员频频成为阶下囚,已经全面地威胁着法治理念的存亡。所以,在制度设计上既确保司法独立,又严格制约司法,使司法权威因制度而得以保障,对重树法治观念,并把法治预设化为交往实践,弥为关键,也格外重要。

“伦理的确实性,严格地说,只不过是一种被称为确实性的或然性……”①只要没被选取的其他价值也有一定存在的理由,就只能把无罪推定的选择是“正确的”、“理性的”这类评价置于比较的语境中。换言之,当人们的某种价值选择被推演为普遍遵循的法律规范时,这种规范的表达方式只能以比较的修辞力量征服人心、获得认同。

之所以无罪推定的技术维度就是其逻辑维度,在于无罪推定的实现方式,不是机械地在案件事实和无罪推定的原则之间的目光流盼,而是把法律规定和案件事实有机地代入逻辑推理过程的活动。所以,无罪推定的实践运用,必然是一个逻辑过程。这一过程就是一种方法、一种推理技巧。众所周知,法律制定后的实现样式,既可以通过人们自觉的守法和用法,也可以通过行政,还可以通过司法。其中其他方式之与法律的实现关系,可以无须过度关注逻辑和技术,而只是一个习惯成自然的过程。它们虽然也存在技术问题,但即使不遵循相关技术规程,也无损于法律的落实。但司法活动却完全不同,它作为法律的实现样式,必须特别强调其技术之维或逻辑之维。引出司法在技术上的这一特征,是要进一步说明:几乎所有有关嫌疑人是否构成犯罪的案件,②必须经过司法审判,这也意味着几乎所有的刑事案件,都需要司法经过技术加工或逻辑论证才能得出嫌疑人是否有罪的结论。这种情形,必然把无罪推定原则代入司法的逻辑技术视界。甚至可以说,不经过司法的技术处理或逻辑论证,无罪推定原则就显得多余,难以取效,无罪推定原则就是为司法而准备的。因此,强调无罪推定的技术维度,并进一步说明这一技术维度就体现为逻辑维度就尤显必要和重要。

另需说明的是,尽管无罪推定的逻辑技术维度如此重要,但在无罪推定之价值(修辞)维度和技术(逻辑)维度的关系上,价值(修辞)维度总是前提,而技术(逻辑)维度总是围绕着价值(修辞)维度展开。何以有这一结论?基本原因在于无罪推定原则这一价值性选择,厘定了无罪推定之逻辑技术的大前提。法官在所有有关案件中,只要遇到无法确定有罪还是无罪的案件,都须依照无罪推定的原则作为逻辑大前提,展开其逻辑推论。即便一位法官对无罪推定原则抱有异议,但在司法活动中,遇到上述情形时不得违背这一原则而以其私见来推论,不得把有罪

---

① [意]贝卡利亚:《论犯罪与刑罚》,黄风译,中国大百科全书出版社1993年版,第19页。

② 在我国,除了符合法定或检察院酌定条件,认为不予起诉,从而无须法院审判定罪者外,其余刑事案件都要经过法院审判的技术处理和论证,说明被告人(犯罪嫌疑人)是否有罪。

推定作为大前提,展开逻辑推理,也不得把“既不能说有罪,也不能说无罪”这种模棱两可的结论作为逻辑大前提(其本身也不能作为逻辑大前提)展开逻辑推理。可见,离开无罪推定原则的价值(修辞)维度,无罪推定的逻辑技术就无法展开。在这个意义上完全可以说,无罪推定作为一个制度性修辞,直接决定着无罪推定逻辑技术的展开,也决定着司法根据这一规定推理时的实际成效。

当然,这并不意味着无罪推定原则的逻辑技术维度无关紧要,事实上,如果仅仅强调无罪推定原则的价值(修辞)维度,而不能通过丝丝入扣的技术方式或逻辑推理,把无罪推定原则代入司法的技术操作中,那么,无罪推定原则也就不过是一个中听不中用的宣告,无罪推定本身的价值(修辞)维度也只能停留在法律规定层面,无法演化为法律实践。在这个意义上,无罪推定原则的价值(修辞)维度必须推导到技术(逻辑)维度时,才能真正把作为原则宣告的价值(修辞)转化为实践运用的价值(修辞)。

无论如何,无罪推定原则作为在诸多冲突的价值中人们的一种浪漫选择,以其独特的修辞效果打动着人们的情感,并被人们所接受,在此基础上。无罪推定原则还以其独特的价值(修辞)效果,作为相关司法在推理中必须遵循的逻辑大前提。然而,这一逻辑大前提仅仅基于无罪推定的制度事实,而不是在该问题上多元价值并存的“客观事实”。这就使无罪推定原则更加凸显了作为制度性修辞的禀性。

本文通过如上四个问题的论述,说明人类的法律制度,即使必须遵循“事物关系的规定性”,但只要它不是对事物关系规定性的复写,只要它还须表达人类在冲突事实面前的价值选择,那么,它就只能首先是一种制度性修辞,它在体系上的逻辑规则也罢,在执行上的逻辑技术也罢,都需要以其修辞所给定的大前提出发才能展开。正因如此,故可以得出这样的结论:法律及其制度——法治,既是一套严谨的逻辑体系,也是一套在修辞前提下展开的逻辑体系。因此,法律及其制度既是逻辑,也是修辞。规范法学的研究,既要关注法律及其制度的逻辑技术之维,也不应忽视法律及其制度的修辞价值之维。

(本文原载《政法论坛》2012年第5期)

论法律的逻辑命题与修辞命题

命题是表达在判断中的语义，是人们借助陈述句式——“主项—联项—谓项”的关系句式，所表达的对一定对象的界定。尽管命题并不完全是概念，也不完全是命名，但它具有概念的特征，从而也具有对对象命名的功能。在这个视角来看，命题似乎只属逻辑范畴，而不属修辞范畴。但只要把预设（设问）引入逻辑大前提的建构，则会发现，其实大前提常常是修辞，是借助设问修辞所引发的判断。在这种判断中，必然表达着一定的语义。因此，命题不仅适用于逻辑世界，也适用于修辞世界。严格来说，逻辑和修辞，都是言语行为理论所谓“言内行为”的具体表现，尽管它们的实施都可能会产生“言外行为”或“言后行为”，①但只有在“言内行为”的视角观察，才能更好地把握逻辑命题和修辞命题。当然，命题在不同语境下，可能会表达不同的意义。例如，在法治国家，“法律是至上的”这一判断，表达的大体上是一逻辑命题，而在非法治国家，它仅仅是一修辞命题。逻辑命题和修辞命题的分界，在法律和法学领域格外有意义，因为法律既是关联主体期待性的一套价值体系和修辞表达，也是关联客观规定性的一套事实体系和逻辑架构。前者需要修辞命题，后者关联逻辑命题。

一、法律的逻辑命题及特征

公认为法律是一套逻辑体系。尽管霍姆斯强调

---

① 参见［英］J. L. 奥斯汀：《如何以言行事——1955年哈佛大学威廉·詹姆斯讲座》，杨玉成译，商务印书馆2012年版，第1～162页。

"法律的生命不是逻辑,而是经验",①但即使笃信经验的法官,也必须把经验带入强有力的逻辑体系或逻辑说理中时才能把个体经验普遍化,使个案裁判升华为判例法。因此,说法律是经验,乃是在事实层面的说法,而不是在规范或逻辑层面的结论。既然法律是一套逻辑体系,就意味它主要是借助法律的逻辑命题来构筑的。例如,我国《宪法》第5条"中华人民共和国实行依法治国,建设社会主义法治国家"的规定,这既是法律之规定,也是一个对中国治国方略的判断和命题。它具体包含了两个逻辑判断和命题:一是经由"中华人民共和国实行依法治国"的判断而展现的依法治国的语义和命题;二是经由中国"建设社会主义法治国家"的判断而展现的法治国家的语义和命题。再如,我国《物权法》第3条第3款"国家实行社会主义市场经济,保障一切市场主体的平等法律地位和发展权利"。在这条规定中,蕴涵着多个判断和多个命题,如经由"国家实行社会主义市场经济"引发"社会主义市场经济"核心语义和命题;经由国家"保障市场主体的平等法律地位和发展权利"引出"市场主体"、"市场平等权利"和"市场主体平等发展权利"等多个语义和命题。法学如果不详析这些判断和命题,就无以构筑一种被称为法教义学②的学术体系,也无法支撑并实践"使人类的行为服从于规则之治的事业"③这一去人格化的法治。

那么,究竟什么是法律的逻辑命题?可以认为,它是指人们在法律上或者职业法律行为中,以法律为准据而通过语词判断所表现的对一定事物(或个案事实)的语义,并经由此可深入对事物的命名、了解相关事物的概念或特征。可见,法律的逻辑命题不仅包括了法律上所表达的逻

---

① Olive Wendell Holmes, Jr., Review of C. C. Langdell, Summary of The Law of Contract, *American Law Review* 14, 1880.

② 拉伦茨基于功能强调说:"当而且仅当法律教义能够更成功地发展并应用价值导向的思考形式(诸如法的类型、功能性思考的法概念、'可变'及'开放'的体系),以及不是单向进行而是对流思考的方法(诸如'具体化'及'类型化'、'类推适用'及'目的论的限缩'等方法,才能维持其地位并实现其作用"([德]拉伦次:《法学方法论》,陈爱娥译,五南图书出版公司1996年版,第124页);而佩岑尼克笔下的法教义学则是:"在专业法律著作之中,有一种法学研究占据了中心的地位,它将私法、刑法、公法等法律实体系统化,并做分析性的评价阐述。它的核心组成是对有效法律的解释和系统化。更准确地说,是对于法条、先例等的字面含义的描述,并混合有许多道德和其他的实质理由。这种对法律的阐述就可以被称为'法律教义学'。"{[瑞]佩岑尼克:《哲学有助于教义学吗》,柳承旭译,载葛洪义主编:《法律方法与法律思维》(第4辑),法律出版社2007版,第301~312页。}

③ [美]富勒:《法律的道德性》,郑戈译,商务印书馆2005年版,第124~125页。

辑命题,而且还包括了职业活动——如司法活动、行政执法活动、律师论辩活动及其他法律职业活动中借用语词判断及其语义而呈现出来的逻辑命题。这就意味着在人们日常生活中所表述的判断,即使和法律相关,也构不成法律的逻辑命题。如老师教育儿子说:"浪费是极大的犯罪",这看上去是一个和法律相关的判断,但它构不成法律的逻辑命题,它具有教化和"言外行事"的效果,但不具有说明、定义或命名犯罪的效果,因此,它最多只是修辞命题,而非逻辑命题。

在立法和法律中,法律的逻辑命题通常体现在法律条文的陈述和判断中,如"危害社会的行为,依照法律应当受刑罚处罚的,都是犯罪",就既是一个判断,也是一个命题。尽管这一命题或许作为完整的犯罪定义或概念,还有瑕疵,但它业已引出了"犯罪"的语义,人们也可借此进一步深化对"危害社会、应受刑罚处罚"的理解。当然,法律因成文法和判例法的区别而有所不同,但无论哪类法律,都借由语词判断表达法律对是非曲直、正义非正义及合法与违法的界定和态度。立法或法律中的逻辑命题,因为要对所有受法律调整的主体和对象都发挥效力。因此,必须是"正式命题"、权威命题和有效命题。前者意味着当其他相关判断或命题与法律的逻辑命题抵牾时,应以法律的逻辑命题为"正式命题";中者意味着和其他一切判断或命题相较,法律的逻辑命题具有最高的应然效力;后者则意味着无论合法行为抑或违法行为,在法律面前都须产生有效或无效、肯定或否定的必然逻辑效果。这显然不同于法律在其他领域中的逻辑命题。

与立法相比较,法律职业活动中的逻辑命题,虽然也经由判断产生,但它一般是在立法和法律活动前提下的个别判断或个别命题,即它是在对法律之普遍逻辑命题的个别适用中派生出来的命题。如一位检察官根据其掌握的事实得出结论:"嫌疑人已经构成徇私枉法罪";相反,一位辩护律师也可以根据其掌握的证据得出这样的结论:"嫌疑人不构成徇私枉法罪"。这两个相反的判断,都分别构成对特定嫌疑人之行为定性的命题,但这两个命题都只能立基于法律对徇私枉法罪的界定基础上。因此,它们作为逻辑命题的共同权威基础是法律。一旦离开法律,其自身不构成权威的逻辑命题。

而法官适用法律的活动,更须借助判断所表达的逻辑命题,把个案事实和普遍法律连接起来。一般来说,在成文法世界,法官对法律的适用形成法律下的裁判;在判例法国家,法官经由裁判创制新的判例,并为新的判例法添砖加瓦。展开而言,在成文法世界,更强调法官对成文法律的严格遵循,除非在自由裁量权范围或者法律出现意义冲突与意义模糊时,才可通过自由裁量、事实替代、法律发现或法律续造等手段,以司法裁判的方式填补法律的不足。① 但即使如此,司法裁判必须合乎法律的一般精神。而在判例法世界,法官和陪审团②一道,尽管要受"遵循先例原则"的严格制约,但同时在汗牛充栋的先例面前,法官也需要掌握"先例识别技术",以便确定与当下案件最相符合的先例。不仅如此,事实上,真正对判例法有贡献的司法裁判,必然意味着法官不仅要遵循先例,要学会先例识别,还需要在裁判中具有一定创造性,笔者把这种情形命名为"先例创造"。③ 无论成文法国家和判例法国家的法官及其司法活动区别有多大,它们都无非是通过司法裁判,把个案事实键入法律规定,或者在个案事实中寻求普遍规则,从而对个案事实给出个别化、但又可普遍化的逻辑命题。

可见,司法裁判中的逻辑命题,须根据法律的逻辑而展开的,是法律(立法)的逻辑命题结合案件事实的"再命题",或者是把法律的普遍命题、一般命题在个案中的具体化、个别化(尽管在判例法中,还有个如何把具体、个别命题进一步升华为普遍、一般命题的问题),它的权威一般源自法律的权威。同时,司法裁判中的逻辑命题,也须在个案事实基础上产生,是对个案事实根据法律规定所作的定性和命名。以刑事裁判为例,面对一例诉讼,对嫌疑人的行为事实依法作出罪与非罪、此罪或彼罪的定性,并在这种定性基础上作出是否对其刑事惩罚、如何进行刑事惩罚的决定,是司法的基本作业。司法活动就是通过把立法的普遍逻辑命题具体化为司法的个别逻辑命题而具体地落实法律规定、构造法律秩序的。

或问:在非法律职业活动,或者人们的日常交往行为中,难道就不涉及法律的逻辑命题吗?毫无疑问,在一个健全的法治社会中,只要把人们的日常生活看做以权利与义务的分配为内容的交往关系,就意味着对人们的日常交往行为总会有一个合法或非法的评判问题,在这个意义上,人们的日常交往行为确实关联着法律的逻辑命题。但日常交往行为

---

① 谢晖:《法律哲学》,湖南人民出版社2009年版,第241~403页。

② "jury"一词在我国法学界被普遍翻译为"陪审团",但也有学者对此提出异议,并强调应翻译为"民决团",以便更深刻地揭示在司法裁判中"民决"的实际地位和作用(参见陈泰和:《最普通的权利》,人民出版社2010年版,第21~82页)。

③ 谢晖:《法理学》,北京师范大学出版社2010年版,第103~122页。

毕竟是经验活动，它无以表明和法律的逻辑命题必然相关的意蕴。人们的日常交往是否和法律的逻辑命题必然相关，还须涉及法律、司法、法学家精神对社会的影响等。这正如托克维尔在考察了美国的民主后所强调的，在美国，

> “司法的语言差不多成了普通语言；法学家精神本来产生自学校和法院，但已逐渐走出学校和法院的大墙，扩展到整个社会，深入到最低阶层，使全体人民都沾染上了司法官的部分习性和爱好”。①

这说明，像美国这样的国家，国民的日常交往行为更注重法律的逻辑，更符合法律的逻辑命题。由此可以想见，在一个人们对其法律、司法和法律运作十分陌生的国度，国民的日常交往行为即便符合法律的逻辑命题，也是一种道德自发的结果，而不是公民理性权衡和依法选择的结果。这也表明，法律的逻辑命题主要是针对职业活动的理性命题，而不是日常交往行为的经验命题。

这或许和人们把法律规范二分为“裁判规则”和“行为规则”有所不睦。埃利希指出：

> “人类行为的规则和法官据以裁决法律争议的规则可能是大不相同的两回事，因为人类确实并不总是依照使用于其纠纷裁决的规则来行为的”；“裁判规范像所有的社会规范一样是一种行为规则，但确实只为法院适用，它至少主要不是一种为在日常生活中活动的人设定的规则，而是为对他人的行为进行裁判的人设定的规则。因此，就裁判规范是一种法律规范而言，它表现为一种特殊种类的法律规范，区别于包含一般行为规则的法律规范。”②

埃利希的这种两分，既表明裁判规范的更加严谨，也表明在人们的日常交往行为中，也应当有独特的法律规范，即一般行为规则。既然如此，则人们的日常交往行为就不可能不关联法律的逻辑命题。所以，前述质疑虽不无道理，但有行为规则并不意味着人们的行为就一定符合法律的逻辑命题。判断人们的行为是否符合法律的逻辑命题，须和自觉的法律意识相勾连。当公民具有自觉的法律意识时，其行为与法律的逻辑

---

① ［法］托克维尔：《论美国的民主》（上卷），董果良译，商务印书馆1988年版，第310页。

② ［奥］欧根·埃利希：《法社会学原理》，舒国滢译，中国大百科全书出版社2009年版，第9页、127页。

命题契合度更高;反之,则契合度就更低。这至少说明:公民的日常交往行为与法律逻辑命题的关联不是必然的,而法律职业行为和法律逻辑命题的相关乃是必然的。

如上对法律的逻辑命题之界定和解释,只是认识法律逻辑命题的一个方面。对其拓展的认识还需涉及法律逻辑命题的分类问题。法律的逻辑命题和其他命题一样,也可从不同视角进行分类。按照康德借助亚里士多德对命题(判断)分类标准的进一步分类,[①]则从量的视角,法律逻辑命题可通过单称判断、特称判断和全称判断分别表达,相应地形成单称命题、特称命题和全称命题。从质的角度来说,法律逻辑命题可以经由肯定判断、否定判断和无限判断分别表达,相应地形成肯定命题、否定命题和无限命题。从关系视角,法律的逻辑命题可借助直言判断、选言判断和假言判断分别表达,相应地形成直言命题、选言命题和假言命题。而从模态(认识程度)视角,法律的逻辑命题可依赖或然判断、实然判断和确然判断分别表达,相应地形成或然命题、实然命题和确然命题。

上述分类虽然标准各异,但在不同标准下法律逻辑命题的有些分类具有交叉性,甚至包含性。例如,无论在量与质视角所作的分类,都可以被纳入直言判断或命题之下和直言命题之间形成属种关系。尽管法律逻辑命题的上述分类对认识这一概念并无实质性的帮助,或者它只是提供了人们在外延上理解法律逻辑命题的渠道,不过分类研究对于法律逻辑命题的运用而言,不但可以提供对该命题的宽泛理解,而且进一步夯实法律逻辑命题实践运用的形式标准和语义标准。正因如此,对法律逻辑命题的分类认知,可进一步把这个抽象的概念导入社会实践和应用的关切中。

在上述的分类中,值得进一步探究的是,就量、质的标准而言,在法律(立法)的相关逻辑命题中均有存在;而从关系视角来看,由直言判断引致的直言命题在法律(立法)上经常可见;由假言判断引致的假言命题更在我们所熟知的法律规范的逻辑结构理论中可见一斑——无论“假设”抑或“条件预设”,[②]其实都预示着法律规范在实质上往往是一种假言判断或假言命题;而由选言判断引致的选言命题在法律规定中的运用

---

① 参见[德]康德:《纯粹理性批判》,邓晓芒译,人民出版社2004年版,第69~112页。

② 关于法律规范的逻辑结构,传统的表述为假定、处理、制裁三要素说;也有人改为“假定、行为模式和法律后果”(参见李龙主编:《法理学》人民法院出版社、中国社会科学出版社2003年版,第62页);笔者则强调用条件预设、行为导向和处置措施这三要素表达,更能说明之(参见谢晖:《法理学》,北京师范大学出版社2010年版,第93~97页)。

并不常见。至于在模态角度的分类中，可以发现法律中更常运用的是实然判断（实然命题）和确然判断（确然命题），或然判断出场的机会很小，为什么？因为毕竟"法律是理性的命令"，它必须以明确的、肯定的规范表现其效力。它反对模棱两可，也反对亦此亦彼。

但是，无论上述哪种分类，在法律职业行为中都能够被运用到。因为法律职业行为毕竟是把法律规定代入社会交往事实或者纠纷事实中的活动。因此，人们对判断和命题的运用尽管要以法律为准绳，但也不可避免地会涉及对事实判定不明或理解不同时，各种命题出场的必要性和可能性。前述在法律规定中难得一见的选言命题和或然命题，在法律职业行为中会经常呈现，哪怕是在司法裁判中，也可能存在。或以为，司法裁判在判例法国家，是判例法的来源，在制定法国家，生效的司法裁判至少也给双方当事人在"立法"，在这个意义上，它们与法律（立法）无别，既然如此，前述说法或者结论与判例的功能是否存在矛盾？

其实，判例作为判例法，提取的是判例中规范化地处理案件事实的那部分内容，即判决结论。但一份判例，除了判决结论，还有事实与法律的论证过程。尽管在判决结论中选言命题和或然命题不宜出现，但并不意味着在论证过程中不能出现。如果说制定法国家的司法裁判是给双方当事人"立法"的话，那么，对当事人直接发生效力的、具有法的规范性的部分，照例是对案件事实规范化地处理的内容，即判决结论。至于判决过程，则仅仅是说明判决结论合法性与合理性的理由，它并不构成对当事人的直接规范效力。正因如此，司法裁判中的论证活动对不同逻辑命题的运用，并不受制约。只要有利于说明裁判结论，皆可用之。库恩就认为，就理性说服来说，论证理论的核心取决于逻辑学、论辩术与修辞术三者。①

总之，法律的逻辑命题是用以表达法律之客观规定性和规定性需要的命题，它不同于用来表达主观情感、价值需要和模糊判断的法律修辞命题。这需继续从法律修辞命题展开去。

二、法律的修辞命题及特征

修辞作为一种表达和论辩手段，是为了增加言说的说服力。通过不同修辞手段所表达的修辞格，如对比、比较、排比、夸张、拟人、拟物、顶格等，都是强化言说效力的基本工具。但问题正如前述，在一般人的理解

---

① See Daniel H. Cohen. Evaluating Arguments and Making Meta - arguments. Informal Logic, Vol. 21, No. 2 (2001), pp. 73 - 84.

中，与判断相关的命题属于逻辑范畴，修辞本身不是严谨的学问，反倒是论战中投机取巧的一系列方式。因之，修辞能否形成判断，并带来命题效果，诚然是值得思考的问题。笔者认为，修辞不但具有判断和命题效果，而且还具有逻辑判断和命题在功能上无以取代的作用——尽管修辞命题并不追求严谨，但它追求实践有效性。例如，“罪犯是狡猾的”这一判断及命题，作为一个全称肯定判断并不是严谨的逻辑判断，因为在实践中傻乎乎的罪犯不时可见，因此，这一判断也很容易被证伪。但它的效果比起“犯罪是危害社会、违反刑法、应受刑罚的行为”、“罪犯是违反了刑法的规定，并受刑事处罚的自然人或法人”这类符合逻辑的判断和命题来，它更能形象、有效、直观地获得听者或读者的接受，因此，更能够实现“以言取效”的实践效果。①

那么，究竟什么是修辞命题？什么是法律的修辞命题？法律的修辞命题在法律和法律执业活动中的表现何在？这些都是拟继续探讨的问题。对这些问题，法学界很少涉及，只是舒国滢在探究西方古代修辞学时通过“修辞式三段论”给人们提供了修辞作为命题可能成立的合法性基础。他指出：

> “修辞学和辩证法之所以在辩证推理中同等重要，乃是由辩证推理的特点所决定的。辩证推理实际上承认人类思辨(deliberation)的本质及其合法性：人们在实际的推理和论证的过程中，并非处处像明证推理(Apodeixis)那样有‘真实的和原初的前提(普遍真实、无可置疑的原理)’，毋宁说相反，人们在推理和论证时常常对任何见解并非必然了解，也不是对任何见解都必然接受，即有时候，推理和论证的前提并不具有必然性和自证性。这样，‘辩证推理把社会意义域中具有思想法权的确然论说引回到思想自由、平等的或然论说的知识状态’。我们也可以说，辩证推理从形式上限制了某种信念性‘知识’未经辩难的在先的性质，同时也就承认人们的‘意见’(δσξα，Doxa)作为推理起点的可能性和必要性，承认‘从意见或常识开始、逐

① “以言取效”、“以言行事”、“以言表意”等概念，是言语行为理论的基础性概念(参见[美]约翰·R.塞尔：《意向性：论心灵哲学》，刘叶涛译，世纪出版集团、上海人民出版社2007年版)，也影响到逻辑学界。如在我国逻辑学界，就有些学者在认真探讨“探效逻辑”问题(参见柯华庆：《论实效主义的探效逻辑》，载《哲学研究》2010年第7期)。这说明，无论修辞还是逻辑，都把“取效”作为其重要的追求。因为言语行为的世界，既离不开严谨的逻辑技术，也离不开有效有力的修辞技术。

步有节制地上升到确定性知识'的正当性及合理性。"①

根据此种可能,能否这样界定修辞命题?所谓修辞命题,就是在陈述句中人们运用修辞的方式判断事物的命题形式。它照例是表达在判断中的语义,不过这种语义常常具有明显的诗性思维并带有明显的情感形式、模糊状态。这样,我们对修辞命题可以如下的分解:

第一,修辞命题和逻辑命题一样,应通过陈述句体现出来。陈述句是表达判断的最佳句式,在陈述句之外很难表达判断,更难以用其他句式表述命题。这样一来,修辞命题就排除了诸如感叹句、疑问句和祈使句等表现命题的可能。感叹句如"啊,法律,你是正义的使者"尽管运用了拟人的修辞,并且表达了对法律的强烈的感情色彩,但它无法形成一个命题。因为这种过分浓烈的情感表达,无以肯定地、规范地说明法律与正义的关联方式。疑问句如"法律果真是正义的使者吗?"这个句式中也用了拟人的修辞,但如果设问的人对它不作出进一步的回答,也无法形成一个命题,因为这个疑问句是有待进一步回答的问题。在人们作出确切有效的证明之前,它仅仅提出了一个问题,从中不能得到一份判断。该疑问能否成立并形成判断和命题,尚有待进一步证明和检验。祈使句如"法律啊,你带给我正义、带给我光明吧!"这也是把法律拟人化的说法,但它只是通过祈使对法律正义的主观期待,并不是对"法律能够带来正义、光明"的一般判断,因此,也不能构成命题。但陈述句如"法典就是人民自由的圣经"②就完全不一样。在这条陈述句中,作者运用比喻的修辞方法表达了一个判断和命题,无论这一判断和命题是应然的还是实然的。显然,它不但可以构成对"法典"的判断,而且借此还能产生一个一般的命题。

第二,修辞命题总会运用修辞方式表达事物,如"此案中罪犯的犯罪手段残忍恶劣,犯罪行为罪大恶极、犯罪结果人神共愤"显然是运用了排比兼夸张的修辞手法,但它能够产生对该案中罪犯的判断效果和命题功能。但这种命题显然不是逻辑的,而是修辞的。在此需要继续探讨的是:是不是所有的修辞格都可以构成修辞命题?如果不是,则究竟哪些修辞格能够形成修辞命题?而哪些修辞格不能形成修辞命题?这既是一个困难的问题,但同时也是一个饶有兴味的话题。

众所周知,修辞方式很多,按唐钺先生的意见,修辞格只是修辞方式

① 舒国滢:《西方古代修辞学:辞源、主旨与技术》,载《中国政法大学学报》2011 年第 4 期。

② [德]马克思、恩格斯:《马克思恩格斯全集》(第 1 卷),人民出版社 1995 年版,第 176 页。

的部分内容,[①]但修辞格在认识修辞和日常修辞运用中毕竟是最基本的修辞方式。不过修辞格也是多种多样的。举其要者如比喻、比拟、夸张、对比、对偶、对仗、借代、反复、互文、排比、顶真、双关、设问等。我们不妨把这些修辞手法一一带入某一内容的句子中进行辨别,以回答上文提及的问题。

(1)比喻:"法典是人民自由的圣经。"前文已分析,它能构成修辞命题。

(2)比拟:"法典是人民行动的灯塔。"这也可作为一个修辞命题。

(3)夸张:"法典至上,比天还高。"笔者认为,这不能作为一个修辞命题。

(4)对比:"如果空气和水对人们日常生活须臾不可或缺的话,那么,法典对人们日常交往也不可或缺。"这例通过对比的判断,显然可以作为修辞命题。

(5)对偶和对仗:"法典天下、序存世间。"它也是一个修辞命题,但作为命题,不具有典型性,毋宁说这是一种完全诗性化的表达手法。

(6)借代:"作为一位法律人,要熟悉经纬,伦序天下。"句子中的经纬,即代指法律,这也可以作为一个修辞命题。不过是借代词隐去了"法律"这个词罢了。

(7)反复:"法典、法典,法典了这么长时间,还没见真正的法典!"这是以感叹的方式陈述一种事实,甚至对事实发泄一通牢骚,笔者认为,它本身不具有修辞命题的性质。

(8)互文:"盛世法典衰世兵。"这是一例单句表达的互文修辞,说明盛世靠法典来治理,衰世不靠法典来治理。"心存法典,行续经纬。"这是一例双句表达的互文修辞,说明对法律的内心信仰和行为遵从。作为修辞尽管表达得很得体,而作为命题虽无不可,但不够典型。

(9)排比:"法典赋予人们权利,法典限制政府权力,法典经纬社会秩序……"这种具有抒情性的排比,尽管不是典型的修辞命题,但完全可以作为修辞命题看待。

(10)顶真:"国家需要法典,法典保护人权。"看似顶真修辞无以作为修辞命题,但通过这里的列举,可以判定它不但能作为修辞命题,而且还是很好的修辞命题。

---

① 参见唐钺:《修辞格》,商务印书馆1923年版,第2页。

(11)双关:双关有音双关和意双关两个方面,前者如"在本质上,宪政即是限政";后者如"宪法顶个球"。前者是典型的修辞命题,甚至也具有逻辑命题的特征,而后者作为双关修辞,是对宪法虚置的一种评价,它更多体现感情色彩,能否作为命题,尚可继续考量。

(12)设问:"什么是法律?法律就是主权者的命令。"在这里,设问修辞本身尽管不是命题,但它引出了一个命题,对设问的回答就是一个典型的命题。或问:前文不是说疑问句不能形成修辞命题吗?事实上,前文笔者只是讲一个整体的疑问句本身不可能构成修辞命题,但设问及对疑问的回答,和疑问句衔接在一起时既可以构成修辞命题,也可以产生逻辑命题。

如上笔者对于一些具体修辞格和修辞命题之间关系的举例论述是想说明:一方面,我们所熟知的绝大多数修辞格在陈述句式中被运用后,可以形成修辞命题。所以,修辞格和修辞命题之间具有紧密关联。只有极个别的修辞格的运用,如夸张等要作为命题看待有些困难。另一方面,修辞格运用中所形成的命题,尽管可径称为修辞命题,但在很多情形下,它同时也是逻辑命题。因此,修辞命题和逻辑命题之间虽然有质的差异,但也不能排除相互支持的因素,因为毕竟逻辑也罢,修辞也罢,其共同载体都是人类的言语行为。

第三,修辞命题更多地具有诗性精神、情感色彩和模糊性质。前文已经表明,法律是人们主观期待和事物客观规定的规范表达。所以,法律中不可避免地有两样内容:一是规范化的人们的主观期待;二是规定性的事物的客观规律。这是由于法律既要调整人与人之间的交往关系,也要透过这种交往关系调整人与人之间的物理关系、人与物之间的互动关系(如生态保护关系)以及物与物之间的相互影响(如农药施用标准)等。对于客观规定性的内容,更适合于通过逻辑命题来表达,而对于主观期待性(在很多时候也具有模糊性)的内容,更适合借助修辞命题来表达。虽然逻辑和修辞在很大程度上是言语行为中一对相辅相成、互补余缺的"兄弟",但它们适用的领域、表意的方式以及表达的效果,毕竟有明显区别。

厘清了修辞命题的内容和上述特征,则有关法律的修辞命题问题应当迎刃而解。因为法律的修辞命题不过是修辞命题在法律和法律职业行为中的具体运用而已。前文在论述修辞命题的时候,笔者所列举的内容,皆紧紧围绕有关法律命题而展开。因此,这里如果对法律的修辞命题进一步展开论述,就显得有些累赘。与其如此,不如省却这些“论证的烦恼”。不过需要继续追问的是:修辞命题仅适用于法律的职业活动中,还是同时也适用于立法(法律)中?如果是后者,那么,法律的修辞命题在立法(法律)中具体表现为什么?法律的修辞命题为什么在法律职业活动中表现更为丰富?

先来看第一个问题。从表面来看,法律是理性思维的结果,它必须由一套严谨、严格的逻辑命题构成,因此,容不得任何以诗性思维和抒情为特征的修辞命题在其中起作用。何为诗性思维?维柯在其《新科学》中不遗余力地探讨了诗性以及诗性思维问题,他甚至提出了“诗性逻辑”的观念。他强调:

> “现在我们也把同样的诗当做诗性的逻辑来看待,诗凭这种诗性逻辑来指明神的实体意义”;“人类的最新创建者都致力于感性主题,他们用这种主题把个体或物种的可以说是具体的特征,属性或关系结合在一起,从而创造出他们的诗性的类。”

不仅如此,而且维柯还把诗性思维和早期的法律连接起来,在人类早期的诗性思维中,常常把法律归结为一位神或伟大人物的智慧:

> “就由于‘认识你自己’这种反思,在雅典就产生了一切形成一种民主政体的制度和法律,并且由于各原始民族都惯于用诗性人物性格来进行思考,雅典人就把这些制度和法律都归到梭伦身上,正如埃及人把一切对人类民政生活有利的发明创造都归到最伟大的霍弥斯一样。”①

这种诗性思维,如果给出一个理性的说明,可以概括如下:

> “诗性思维,又称原始思维,意指人类儿童时期所具有的特殊思考方式。其特征为主客不分,运用想象力将主观情感过渡到客观事物上,使客观事物成为主观情感的载体,从而创造出一个心物合融的主体境界。”②

然而把诗性思维界定为“原始思维”,一方面,并不意味着它在现代思维中已经绝迹,反之,它仍然活跃在现代思维中,甚至也活跃在作为理性的法律世界中;另一方面,也并不意味着诗性思维就是一种落后的智慧。反之,在人类面对日益复杂的社会情境时,理性的科学思维固然能

---

① [意]维柯:《新科学》,朱光潜译,人民文学出版社1986年版,第177页、230页、186页。

② 林雪铃:《以“启发诗性思维”为导向的新诗教学设计及其实作成果分析》,载《文传学报》2009年第8期。

引人入胜，确切有效地分析、解决我们所面临的一些问题，但也仅仅是部分地解决，且在解决过程中，人们也不难发现其中捉襟见肘的重大问题。这势必需要一种综合性的考量方案，这一方案离不开诗性思维的作用。在此意义上，康德的“先天综合判断”、伽达默尔的“前理解”以及拉康、哈贝马斯等的“主体间性”概念，都可以在诗性思维的视角下得到关照，是诗性思维参与现代理性社会构建的方式。正因如此，现代法律作为主观期待性和客观规定性的统一，不能不在立法上关注诗性思维，即至少它并不放逐诗性思维，从而不忽视修辞命题。

之所以如此，是因为在法律规范下的人类交往生活本身仍然存在的诗性内容。例如，在中国这个古代文明高度发展了数千年的国度，至今在一些偏远山寨，人们“行动中”的法律仍然不是白纸黑字的国家法，而是人们唱出来的、充满奇思异想、声情并茂、威严有致的歌声。[①] 但问题还不仅于此，即使在现代的立法中，修辞命题及其诗性思维仍然积极参与到立法活动，从而它不是现代立法的旁观者，而是参与者和效力者。

这样，笔者的行文将要进入对前述第二个问题的回答：法律的修辞命题在立法（法律）中具体表现为什么？笔者认为，这主要体现在如下三方面：

其一，法律中的一些原则性规定。例如，“法治”、“代议制”、“人民主权”、“天赋人权”、“社会契约”、“无罪推定”、“自由心证”、“意思自治”等宪法或法律的原则，究其实质，都是一种制度性修辞，是修辞命题。如果纯粹靠概念、判断和推理这样的逻辑程序来验证，它们根本上无法得到科学意义上的验证。它们本身是修辞的预设，或者是法治、法律及其实践在亚里士多德意义上的开题方式，[②]从而它不是什么逻辑的证明结果。尽管这些原则或概念产生后，必然会规制人们的行动和思维，也能够作为逻辑大前提展开推理，但它们本身是难以证明，甚至是不可证的。所以，在立法和法律中，修辞命题参与其中的第一种表现就是原则规定和价值预设。

其二，法律权利的规定。每种法律权利尽管是明确的法律概念，明

---

① 例如，在我国苗族地区的一些村寨，法律就以这种歌唱的方式表达。我们现在能做的工作，就是把这种声音现象（歌声）转化为文字现象（歌词），以更好地复制和保存这些歌唱的法律［参见谢晖等主编：《民间法》（第8卷），山东人民出版社2009年版，第394～401页］。

② 对亚里士多德修辞开题术的论述，可参见舒国滢：《亚里士多德论题学考辨》，载《中国政法大学学报》2013年第2期。

显属于逻辑的范畴,但因其实践指向明显具有可选择性和可推定性,因此,法律权利在一定意义上也具有修辞性预设的特征。有了这种预设,人们可以名正言顺地追求或享受权利,政府也可以顺理成章地宣示并保护权利。这就决定了一方面,权利是一个规范内容开放的体系,具有开放的性格。因之,无论对它的理解还是运用,人们都可以抱有某种诗性的立场,并运用修辞命题对待它。但这并不否定权力规范本身的确定性和可以在科学意义上的检验性,因此,还不能足以说明修辞命题和法定权利间的必然关联。这样,就更有必要说明另一方面:法律权利尽管预设了人们的权利,但并没有限定人们的权利。反之,在现代法治理念中,义务规范之外,权利的空间是无限延展的,因之,是可以推定的。这一推定未必是理性的逻辑考量,而仅仅是一种修辞的考量。这正是笔者认为在法律中修辞命题和法律权利息息相关的原因。

其三,法律中的一些情节、动机性的规定。众所周知,动机乃是人们的内心活动,情节则是人们对行为的一种评价活动。让内心活动和评价活动参与到立法或法律的建构中,似乎缺乏客观的标准,因之,常让人怀疑法律的公正性。但如果拒绝动机和情节这些具有内心活动和评价因素的内容参与立法和法律中,那么,法律可能更失却公正。毕竟对一位处心积虑地犯罪的人与一位不小心跌入法网的人不能等量齐观;对一位用残忍手段加害的人和一位仅仅用拳脚相加而加害的人在评判上也不能同日而语,即便两者造成的客观危害相当。但是在法律规定中,对这些问题很难给出一个概念明晰、判断清楚的逻辑命题,而只能通过诸如“情节严重”、“危害后果极其严重”、“造成重大危害后果”等诗性语言和具有修辞命题特征的预设来表述。

上述前两个方面,都表明修辞命题不是现代立法和法律的旁观者;反之,它们是现代立法和法律的积极参与者,尽管其参与的程度、内容等和逻辑命题不能相提并论。

紧接着再来回答前文提出的第三个问题,即法律的修辞命题为什么在法律执业活动中表现更为丰富?诚然,如果说立法和法律主要是由一套逻辑命题构造的规范体系的话,那么,在法律执业活动中,逻辑命题和修辞命题的运用完全可谓旗鼓相当。为什么会如此?因为法律执业活动就是把法律的逻辑命题代入诗性的日常生活行为的活动,是法律规定和案件事实之间的对接活动,是在种种不确定中寻求确定的活动。在一定意义上讲,这种对接本身就用的是诗性思维。所谓司法在法律和事实间的"目光流盼",就是一种诗性思维的表达。如果借用罗尔斯的说法,面对纷然芜杂、茫无头绪的案件事实,面对诉求各异、证据相反的当事人请求及理由,法官总是处在一种"无知之幕"①中。因此,法官的思维过程首先是良知的直观反映,至于这种直观反映能否得以证成,那是逻辑需要解决的问题,而直观反映本身却是一个诗性的、修辞的问题,也是司法活动的开题内容之一。这或许是霍姆斯作为一位大法官,何以强调"法律的生命不是逻辑,而是经验"的缘由了,尽管霍姆斯实际上反对的不过是"逻辑乃是推动法律发展的唯一动力这种观念",②而并不反对司法活动中对逻辑关注。

在其他法律执业活动——律师代理和辩护、检察官侦察和支持公诉以及行政官员的专业行政执法中,都会面临前述法官所面临的问题。甚至和法官相较,他们面临的案件事实和相关法律调整的问题更原始、更芜杂、更须首先置于诗性和修辞的视角进行权衡。这正是人们不时在辩护词、公诉词中可以见到通过优美的修辞,以强化说理效果、打动并影响法官的缘由所在。此类情形,实属多见,这里不再展开论证。

三、法律两种命题的比较

对法律的逻辑命题和法律的修辞命题分别考量之后,需要继续探讨的问题是:法律的这两种命题之间有何联系,又有何区别?这种比较研究,是继续深化理解法律的两种命题的必要。如下笔者将分两部分对此予以探讨。

(一)法律两种命题间的关联

法律逻辑命题和法律修辞命题之间的关联,首先,体现在它们对法律作为一种言语现象的依赖上。如前所述,逻辑和修辞都是言语行为的技术形式,不过前者是理性技术,后者是诗性技术或者情感技术。尽管人们生活在纷繁复杂的事实世界和对象世界,但自从言语主导人们的日常交往行为以来,言语本身就变成了人们日常交往行为中的主要内容。

---

① 参见[美]约翰·罗尔斯:《正义论》,何怀宏译,中国社会科学出版社1988年版,第131~136页。本文对于"无知之幕"的引用,只是一种借用,未必完全在罗尔斯意义上运用。但尽管如此,毕竟司法活动是要尽量依法公平地处理两造纠纷的,因此,法官要做到对案件的公平处理,首先不能先入为主,或"吃了原告吃被告",或让当事人陪吃陪住陪调查,从而对双方当事人区别对待,而只能一视同仁地对待。同样,当事人任何一方不能事先和法官之间有纠葛,不能因为更"保险"、更"有把握"而利诱法官。这其实就是要在制度上保持一种类似"无知之幕"的状态。现代法庭对当事人诉求和纠纷的公平裁判,大多因为这个"无知之幕"而成就。

② 参见[美]霍姆斯:《法律之道》,许章润译,载《环球法律评论》2001年秋季号。

换言之，人们日益生活在一个由言语构筑的世界中。这个世界，显然是"人造的世界"，但人又不得不服从言语的规则。不但如此，服从这种规则，意味着人的文明和进化，而不服从相关规则，则意味着人的野蛮和粗鲁——因为言语本身是人来到世上被规训，并对每个人人文化成的基本工具。但万事万物，往往利弊参半。是人创造了言语方式，发明、总结和发展了逻辑和修辞，但人又不得不陷入这种言语的"异化"①中。这其实是人类文明发展中所无法摆脱的一种"作茧自缚"效应。主体创造了对象，对象却以异己的形态制约主体、调控主体，甚至压制主体，从而主体及其自由只能在自设的笼子里舞蹈。这种情形，实在是不得已而为之的事体。法律的逻辑命题和修辞命题，正是随着人类行为不得不从自然行为迈向言语行为后，支配人们交往行为的最重要的两种言语交往行为之工具。因此，两者的首要关联点，在于它们共同对言语本身的依赖。言语之外，人们也可以通过肢体行为表达某种严谨有致的"逻辑"或扩张形象的"修辞"，但毕竟它们只能被归类于某种"行为艺术"的行列，与言语的表达规范及其技术并无必然关联，因此，既不是逻辑，也不是修辞。

其次，作为言语运用的工具，两者都可以帮助人们对对象的理解。众所周知，任何言语不过是主体借助声音（语言）或象形（文字）对对象的命名或表达，本质上是词对物的概括和总结。它不但让人们在事物跟前可以更好地理解之，而且即便脱离事物所处的环境，也能够通过语言勾起人们对事物的联想，并举一反三地理解事物。言语对事物的命名、表意和界定，虽然已经是言语的运用，但言语更进一步的运用，常常纯粹置身于言语世界，即字与字或词与词的组合。这一组合摆脱了单个的字或词可能导致的只见树木、不见森林的窘境，而开拓了言语表意的广泛、深邃领域。言语的这种运用，客观上催生了言语运用的工具，其中逻辑

---

① 作为哲学概念的"异化"是由卢梭最早提出{参见[法]卢梭：《爱弥儿》（上卷），李平沤译，商务印书馆1978年版，第6~79页}；由黑格尔较早系统地论述{参见[德]黑格尔：《精神现象学》（下卷），贺麟译，商务印书馆1979年版，第38~69页}、被马克思、恩格斯接过继续讨论{参见[德]《马克思恩格斯全集》（第3卷），人民出版社1960年版，第11~672页；马克思：《1844年经济学哲学手稿》，人民出版社1985年版，第46~61页}；并由哲学家海德格尔{参见[德]海德格尔：《存在与时间》，陈嘉映等译，三联书店1987年版，第219~319页}、萨特{参见[法]萨特：《存在与虚无》，陈宣良译，三联书店1987年版，第297~799页}、卢卡奇{参见[匈]卢卡奇：《历史与阶级意识——关于马克思主义辩证法的研究》，杜章智等译，商务印书馆1992年版，第143~304页}、沙夫{参见[波]亚当·沙夫：《马克思异化理论的概念系统》（上），载《哲学译丛》1979年第1期}等从不同视角系统论述过的概念。在我国，不少学者，特别是哲学家王若水也专门对此进行过认真探讨（参见王若水：《为人道主义辩护》，三联书店1986年版，第186~199页）。

和修辞是两种最基本的工具。尽管逻辑在理性、确定的视角帮助言语运用,而修辞在诗性、形象的视角帮助言语运用,但两者对理解言语而言,能获得异曲同工的效果。例如,通过"床前明月光,疑是地上霜"的修辞效果,人们可以进一步理解月光在视觉和感觉上的皎洁和美好,而通过"月亮本身是不发光的"逻辑判断,我们在理性上体认到原来月亮是借光而发的;通过"蔚蓝色的海水"这种修辞,我们了解了视觉中海水的颜色,而通过"水是无色无味的"这个判断,我们知道理性上海水的颜色原来也是"借来"的;通过"司法是社会正义的最后一道防波堤"这个比喻,人们形象地理解了司法的最终性和重要性,而通过"司法是法官依法定职权和程序,运用法律处理社会纠纷的活动"这一定义,更理性准确地知悉了司法的主体、根据和功能。显然,逻辑命题和修辞命题以各自特有的功能,作用于人们对事物的认知和思考,两者共同推进了言语的运用,不但使言语在人们的思维世界浮想联翩、展翅翱翔,而且让人们的言语行为世界妙笔生花、字字珠玑。

再次,无论法律的逻辑命题,还是法律的修辞命题,在言语交往行为特别是论辩活动中,都是一种论辩技术。工欲善其事,必先利其器,这不仅适用于通过一般行为获取利益的活动,而且也适用于通过言语交往行为获取论辩效果的活动。在笔者看来,"以言取效",既是言语交往行为的重要目标,也是进一步实现言语交往行为其他目标,如"以言行事"的重要前提。言语行为不仅是一个陈述过程、训话活动,如果把言语行为仅限制在陈述和训话领域,意味着和它牵连的不过是主体性沦没的一个专制体制;同时也意味着言语行为并没有和主体平等的"交往"这个因素紧密相关。但在一个民治社会,言语行为的功能除了陈述和训话,更是主体间的对话、交涉、博弈或商谈。因此,言语行为更突出地表现为它是主体间的交往行为,应当呈现为"主体间性"。[①] 特别是在意见分歧明显、共识难以遽然达成时,言语论辩——无论激烈的还是缓和的,都是进一步商谈和交流的重要渠道。因此,言语论辩是言语行为最典型,也最有吸引力的表现领域。这在戏曲作品中人们经常可见。言语论辩越是激烈,越需要辩者或以理性,或以情感征服人心。这时,语调、语气、语节等纯粹语言学的工具尽管很重要,所谓"有理不在声高"就表述的是语言学工具在论辩中的价值,但除了语言学工具外,逻辑工具和修辞工具借

① 关于"主体间性"的系统论述,参见王晓东:《西方哲学主体间性理论批判——一种形态学视野》,中国社会科学出版社 2004 年版。

助对逻辑命题和修辞命题的表达,分别可以从理性和情感两端强化论辩效果,从而强化"以言表意"、"以言取效"或"以言行事"的结果。逻辑命题的论辩效果应是有理有节;修辞命题的论辩效果应是声情并茂。它们在不同层面、不同视角既影响论辩对方的同情理解甚至说服对方接受,也影响第三人——观众、听众或读者的理解和接受。尤其在司法活动中,庭审过程除了有关证据的展示,就基本上是一个语言论辩的场所,因此,法律的逻辑命题和法律的修辞命题作为言语论辩技术在这一领域的交叠使用更频繁、更明显,也更有效。

最后,两种命题在言语交往中经常是互补的。人是理性的动物,但同时也是情感的动物。理性的动物属性需要借助逻辑命题以理服人;情感的动物属性需要借助修辞命题以情感人。在言语行为和言语论辩中要能够征服人心、使人接受,言语者就必须既关注人的理性维度,也关注人的情感维度。这或许正是在西方至少从亚里士多德以来特别关注修辞,也关注逻辑的缘由所在。[①] 在中国,纵横家、道家(特别是庄周)及文学家对修辞的青睐,名家墨家对逻辑的钟情,孟轲、荀况、韩非等对逻辑修辞的兼顾,都给后世留下了深刻的影响。法律以及和法律相关的言语行为,尽管主要是一个以理性逻辑为主的世界,但正如前述,无论在立法、执法、司法还是守法用法上,借助修辞命题以获得读者、听众或论辩对方的接受,并进一步圆润立法,始终是法律需要考量的重要问题,因之,喜闻乐见的修辞手法及修辞命题在法律运行中决非可有可无,而是不能或缺。以合同为例,人们通过法律修辞命题,可以深刻认识一诺重千金的合同情感——诚信有效性,也可以通过法律逻辑命题认知违约有责的合同理性和有效性。因此,两种命题尽管用词形式有所不同,但两者的互补效果显而易见。

(二)法律两种命题间的区别

在探析了法律的逻辑命题和修辞命题之共性的前提下,进一步的问题是,它们两者之间又有什么区别?笔者认为,其间区别主要如下:

第一,两者的表现形式——运用的语词不同。法律逻辑命题的主项和谓项主要借助名词和动词表达,而修辞命题的谓项尽管可以用名词和

---

① 在亚里士多德的传世作品中,就有《范畴篇》《解释篇》《前分析篇》《后分析篇》《论题篇》和《辩谬篇》《修辞学》《亚历山大修辞学》{分别参见[古希腊]亚里士多德:《亚里士多德全集》(第1卷、第9卷),苗力田主编,中国人民大学出版社1990年版、2009年版}等逻辑学和修辞学著作。

动词表达，但也可以并常常借助形容词表达。例如，“法律是议会制定的”这一逻辑命题，主、谓项分别是名词和动词，而“法律是铁面无私的”这一修辞命题，作为谓项的“铁面无私”就是一个形容词。再如，“契约是双方当事人间的协定”这一逻辑命题，主、谓项也是名词和动词，而“契约是当事人间的法律”这一比喻，却在主、谓项都用了名词。这样一来，法律逻辑命题的用词更加严格、刻板，这是因为逻辑命题要寻求理性、明晰和肯定的内容，以表达事物的规定性。一旦逻辑命题运用诸如形容词一类的实词，其严谨、严格和理性的成分要大打折扣；相反，法律修辞命题的用词却要宽松、宽泛并活泼得多。这是因为修辞命题往往要（尽管非总是要）调动起人们对事物或言说的情感，以达到以情感人的目的。两者的这种区别，也可以在逻辑规则的相对单调和修辞手法的丰富多样中看出。逻辑规则如果变化无常，则逻辑的理性有效性会大打折扣；同样，修辞手法如果刻板保守，则修辞的情感有效性也会大打折扣。法律逻辑命题和修辞命题在用词上的这种不同，是区别两种命题的重要形式标准。

第二，两者的适用场域——命题的对象不同。法律逻辑命题一般指向法律的事实领域，而法律的修辞命题一般指向法律的价值领域。前文有言：法律既是一个事实范畴，也是一个价值范畴。法律作为事实范畴，表现在立法和法律上主要强调法律是事物规定性的表达。法律不能表达事物规定性，就意味着它的效力根据有问题。例如，法律对蔬菜中农药残留标准定得过高，严重影响主体的身体健康，它自身的事实效力根据就要更改。表现在司法等法律实践中，法律作为事实范畴即意味着它是案件事实或其他法律关系事实判定的客观标准。无论如何，作为事实范畴的法律，要以事物关系的规定性为标准。这意味着它更需要运用逻辑命题的方式表达。因为只有用逻辑命题表达出来，才能有效地克服表意的不准，并克服由此可能带来的法律效力流失和法律秩序败坏。法律作为价值范畴，一方面，它总是以人的需要为标准制定的，即使事物的客观规定性，也要以人的价值需要为标准进行取舍。特别是当不同事物的客观规定性之间本身遇到了难解的问题时，更须如此。例如，紫荆泽兰这种外来植物，引进我国西南地区后长势很好，但它的疯长严重影响了该地区的生物多样性。① 这时候在紫荆泽兰长势良好、利于绿化这种客观规定性和它的过于疯长破坏生物多样性这种客观规定性之间，立法上

① 参见王晋锋：《紫茎泽兰及其相关品种的地理分布与危害》，载《四川草原》2002 年第 2 期。

究竟如何取舍？我们知道，法律上选择了有利于生物多样性，且从长久看，也有利于人类生态保护和生态利用的立法方向。另一方面，法律中的一些内容，直接表达的就是人的价值需要，如公平正义、自由人权、无罪推定、法律面前人人平等等法律原则，可谓人类价值追求的直接表达。在一定意义上，法律之所以对它们作出这样的表达，是因为它们构成了价值需要的规定性，对此，仍需要逻辑命题加以概括。但问题是，仅有逻辑命题，尚不能完全概括相关内容，这正是法律中为何还需要修辞命题的缘由，即价值性事项的处理，在法律中不可能完全由逻辑命题包办，这时候修辞命题的出场，正是对逻辑命题不足的补救。上述情形也可说明在司法论辩、行政活动和日常法律运用中对具体修辞格的采纳上。

第三，两者的思维方式——采取的手段不同。法律的逻辑命题运用理性思维方式以使杂乱的事物清晰化，而法律的逻辑命题运用诗性思维方式以使模糊的事物形象化。在这个意义上来看，两者似乎都肩负着一样的使命，即让法律参与者准确、清晰、形象地了解法律。但准确、清晰和形象地了解尚不是一码事。形象地了解可以做到清晰，但未必准确，而准确的理解必须做到既清晰又准确，但未必形象。法律总会面临一系列的模糊，法律逻辑命题就是设法清晰而准确地解决法律的模糊性问题，而法律修辞命题则是要设法清晰而形象地解决法律的模糊性问题。在这里，虽然清晰是两者的一个公约，但清晰准确地解决和清晰形象地解决完全是两码事。前者表明，一个人只要掌握了法律的逻辑命题，就不但能理解其含义，而且能通过语言逻辑工具予以准确、理性地表达；后者则表明，即使一个人掌握了法律的修辞命题，也可能仍处于“只可意会而无以言传”的状态，即使要表达，也只有借助诗性的思维方式，才更有效。原因何在？因为客观上“可清晰准确”的事物即便一时模糊，总是能够运用语言厘清并描述的，而“可清晰形象”的事物只要处于模糊状态，其本身未必能运用语言准确描述。例如，一例犯罪对受害人造成的客观损失，完全可以用数字、文字以及逻辑手法和逻辑命题等予以明晰且准确的表达，而其对受害人造成的精神损害，尽管可以通过文字作出描述，但要作出准确、清晰的描述往往很难。因此，在这样的领域——法律及法律实践的模糊领域，运用清晰、形象但未必准确的修辞手法，更能取得论辩的效果，也能获得理解的功能。

第四，两者的结构效力——对法律的功能不同。法律的逻辑命题对法律及其实践而言，既是结构性的，也是功能性的，而法律的修辞命题对法律及其实践而言,不具有结构性,仅具有功能性。结构性是指对法律及其实践而言能起决定性因素的内容。正是在这个意义上,人们经常讲:法律是一套经纬有序的逻辑体系。这意味着如果不借助一整套逻辑命题,法律本身就不可能存在。由于逻辑命题表达的是准确明晰的信息,因此,逻辑命题更能指点人们行为的预期。法律如果不能依赖以逻辑命题结构的规则,就意味着它在表述形式及其结构上存在预期危机或合法性危机。结构决定功能。预期危机的存在,也意味着法律功能的不尽如人意。正因为法律逻辑命题决定着法律的结构,因此,在功能上,无论法律,抑或法律实践,逻辑命题和逻辑手法始终是法律最重要的工具。但是,逻辑命题和手法虽然在形式上结构着法律,且法律结构决定法律功能,这并不意味着它能够独立担纲法律的全部功能。如前所述,一方面,法律及其实践本身具有价值性的一面,而价值性因素在命题和表达上不可能由逻辑完全包办;另一方面,法律及其实践还有模糊性的一面,对模糊性问题,运用逻辑命题和逻辑手法表达,会捉襟见肘、凿枘不投、颟顸不通。可见,寻求一种能够在功能上替补出场,以补救逻辑命题不足的方法,以全面展示法律的功能就格外必要。法律实践证明,这种工具就是法律的修辞命题和修辞手法。因此,尽管修辞命题不能决定法律的结构,或者不能作为法律的结构之维,但可以影响法律的功能,可以参与法律的功能之维。至于在法律的实践运用中,法律的逻辑命题和修辞命题对法律功能而言,更是各有千秋,各领风骚。

通过前述对法律逻辑命题和修辞命题异同关系之比较,在对两者进一步把握的同时,还提醒我们值得进一步探讨的问题——法律的这两种命题对构建现代法治而言,特别对我国这个以诗性思维见长的国家,究竟意味着什么?这是笔者在下文中要尝试探讨的问题。

四、法律两种命题与法律之治

(一)法治、法律缺陷与修辞救治

所谓法律即法律之治,它要求"君臣上下贵贱皆从法",[①]因此,也会导致法律是治理主体,人反倒在法律面前异化为它的客体。[②] 这确实是一个令人遽然难以接受的结论,但法律这种"冰冷的理性"业已整体地成为人类组织化治理的基本方式。问题是法律究竟是一个逻辑闭合系统

---

① (春秋)管仲:《管子·任法》,载(清)黎翔凤撰:《管子校注》(下),梁运华整理,中华书局2004年版,第906页。

② 参见谢晖:《法学范畴的矛盾辨思》,山东人民出版社1999年版,第561~521页。

还是一个开放系统，对此人们说法不一。众所周知，在吴经熊的笔下，法律就是一个规则的逻辑闭合系统，但这一逻辑闭合系统或用强制力量推行自由道德（在传统中国），或过分以形式理性宰制人们日常生活和心灵世界（在现代西方），因此，有很多缺憾（这种缺憾，笔者把它称为法律的结构性，同时也是功能性缺憾），故法律需要外部力量的救济，其救济方式可以是道德、习惯、风俗等，但更应引入信仰的因素。这被有些人称为"吴经熊命题"。① 而在哈特看来，法律虽然是一个逻辑系统，但它又是一个开放结构②（形式上的开放性）。这意味着人们可以对法律按照开放结构的事实填充材料，进行解释。不过在哈特视角对法律开放结构的救济，依然遵循的是法律的路数，而不是或主要不是在法律之外寻求救济方式——因为法律推理和救济，需要围绕法律的中心意义展开。

无论吴经熊在结构功能视角对法律闭合的反思，还是哈特在逻辑形式视角对法律开放结构的揭示，其目的都是寻求对法律的进一步周圆和救济。但以往的救济路数要么像吴经熊那样，寻求法律之外诸如道德、习惯、风俗特别是信仰一类的救济。虽然在这些救济方式中，有些和法律的目的和范围并无不睦，如法律对道德、习惯、风俗的开放、借鉴乃至通过立法或司法的吸收，其实与法律作为规范控制的内在要求息息相关。但当借助宗教信仰以补救法律逻辑闭合所带来的不足时，其实已逃离了法律控制的范围，进入宗教控制的领域。因此，在一定意义上，它不是对法律逻辑闭合缺陷的救济，而是对因为法律逻辑闭合缺陷所导致的社会僵化的救济，从而是和法律共济社会治理，分享社会治道。要么像哈特等实证主义法学家那样，强调填充或救济法律开放结构的基本方法是法律推理和法律解释。而法律推理和法律解释的基本根据，仍然围绕着确定的、不能变更的法律的意义中心。虽然这种对法律逻辑缺陷的救济方式符合逻辑的理路，但我们能否在这些救济方式之外，另辟蹊径，寻

---

① 参见吴经熊：《法律哲学研究》，清华大学出版社2005年版，第5~14页以及第20~83页。另参见周伟驰：《宗教包容论的信念模式——以吴经熊〈超越东西方〉为例》，载章开沅等主编：《基督教与中国文化丛刊》（第6辑），湖北教育出版社2004年版。

② 参见［英］哈特：《实证主义和法律与道德的分离》，翟小波译，载《环球法律评论》2001年夏季号。应予说明的是：正如前述，吴经熊的法律闭合系统论所谓法律的缺陷，指涉的是法律结构和功能上的缺陷，而哈特法律开放结构所指涉的法律缺陷，是法律和法律规则在形式（逻辑）上的缺陷。即在哈特眼中，不像吴经熊那样认为法律是一个逻辑闭合系统，而毋宁在法律的意义边缘是一个逻辑开放系统——尽管"法律是逻辑闭合系统"和"法律的开放结构"这两个判断都是基于逻辑立场。

求法律逻辑呆板和僵滞的其他救济之路?

笔者认为,引入法律修辞命题,就是对法律作为逻辑闭合系统这一观念的纠偏,也是在法律的开放结构中救济法律缺陷的重要渠道,同时,还是在法律规范整体(权利义务)中把握法律,并完善法律逻辑体系的重要手段。

首先,当法律作为逻辑闭合系统桎梏社会活力、影响社会生机时,能否用法律修辞命题予以补救?法律是否完全是一个逻辑闭合系统,尚是可进一步讨论的话题。① 但无论如何,面对社会发展,法律一般是一种保守的社会机制。因此,法律具有时滞性、机械性、僵硬性等属性也是公认的常识,即使人们把权利规范作为最重要的法律规范,毕竟法定权利、推定权利和日常生活中的权利相比较,仍是刻板而僵硬的。尽管法治论者无不主张借助法律全面地调整社会关系,但法律调整因其优点所同时带来的缺陷绝不应被人为忽略。法律帝国主义带给人们的行为困境、思想困境乃至精神困境,是一个无可争议的事实。对此,寻求法律之外的救济手段固无不可,但笔者认为,在立法和法律运行中设法嵌入法律修辞命题,或许是救济法律如上弊症的可能方法。立法上对法律修辞命题的运用,本身开启了法律的开放性。例如,和权力神授相对立的主权在民这一法律原则,在本质上仍不是一个逻辑的证成,而是一个修辞的预设。但恰恰是这一预设,开启了法律的开放领域,使得相关话题历久弥新。正如前文所说的那样,法律中的原则部分,大体上是由修辞命题构成的,尽管它开启了法律逻辑的大前提,但大前提本身常常是修辞。② 这正是法律原则润滑法律规则,解决法律时滞、保守、僵化、呆板、机械的缘由,同时也为法律修辞命题的发挥开拓了场域。

其次,在法律的逻辑体系、特别是法律规则内部出现开放裂缝时,能否用法律修辞命题予以补救?在此情形下,人们既可运用逻辑方法补救这一开放裂缝,并尽量让法律保持逻辑闭合、严丝合缝的状态;但与此同时,对于法律逻辑实在难以缝合,难以自圆其说,但又必须进行价值权衡

---

① 笔者认为应检讨的是:法律是逻辑闭合系统这一见解具有致命缺陷。理由是其一,尽管法律确实是一套逻辑体系,但它作为逻辑体系并不是闭合的,进言之,逻辑本身要求严谨,但未必逻辑的就一定是闭合的,从而无开放缝隙。逻辑只在给定的前提下,才可能实现逻辑闭合,给定的前提稍有变化时,逻辑闭合也会开裂,而法律的前提恰恰是可变动的。其二,在法律逻辑体系中,有两种最基本的规范:一是作为强行推进的义务规范;二是作为可选择落实的权利规范。说法律是逻辑闭合系统,主要根据强制性的义务规范,而忽视或至少没有“认真对待”可选择的权利规范。

② 参见谢晖:《论法律制度的修辞之维》,载《政法论坛》2012 年第 5 期。

的领域,采用修辞命题以解决,不失为有效途径。例如,前文多次提及的“无罪推定”这一命题,在逻辑的周延上实在不值一驳。因此,它尽管在实践上可以视为逻辑命题,但在学理上,它很难作为逻辑命题,最多只是预设性的修辞命题。恰恰是这一修辞命题,解决了严格依照逻辑闭合原则所无法解决的实践问题。再如,在司法中,按照法律规定完全可以施以死刑的罪犯,却要对其轻判,判决书是用这样的修辞表述的:“被告人的犯罪手段危险、犯罪性质恶劣、危害后果严重,本该依法处以死刑立即执行,但考虑到被告人积极检举有功、真诚认罪悔罪、主动交代余罪等情节,判处死刑缓期执行”。在这里,裁判文书运用了两个排比,强调了两种不同的逻辑关系——犯罪事实与判处死刑立即执行之间的逻辑关系和犯罪后悔罪情节与判处死刑缓期执行之间的逻辑关系。虽然这两对逻辑关系本身表明裁判的逻辑关系间出现裂缝,但法官借用修辞方式进一步缝合了这种逻辑关系。可见,法律修辞命题对法律逻辑开放裂隙的补救功能。

最后,认真对待法律权利的修辞视野。前文已述,权利在规则属性上自来是一个开放系统,无论其内涵还是外延都是如此,因为权利不但是主体可以自主选择的领域,而且也规范了现代性的基本特征:每个主体自己是自己的救世主,每个主体就是一位主权者。正因如此,没有系统的权利规范,也就意味着没有现代法律可言。尽管权利规范在法律上也构成一套逻辑体系,但权利自身的选择属性和开放性格,决定了对权利的表达和行使,更具有诗性的伸缩余地。因此,它不像义务规范一样,在一套严谨的逻辑体系、程序预设和效力范围内,一就是一,二就是二,来不得半点的增减。我们能否把权利的这种特质称为权利的诗性精神?德沃金所谓“认真对待权利”,①是不是在如下意义上也能够说明:没有权利的法律,就不可能构造一个以主体性为特征的现代世界。那么,关注权利和修辞之间有何关联?既然如一条格言所讲的那样,“凡法律不禁止者皆可推定为权利”,从而权利是开放的,则意味着对权利的理解、运用和行使,有着广阔的空间,也有着完全不同的手段。尽管权利行使者需要关注权利和义务的必然关联,但和义务的严格、严明与严谨相比较,权利更是一个“诠释性概念”,也是需要诠释的概念。例如,受人青睐的自由权,被人描绘为人之为人的第一权利:“生命诚可贵,爱情价更高,

---

① 参见[美]德沃金:《认真对待权利》,信春鹰等译,中国大百科全书出版社1998年版,第243~270页。

若为自由故,两者皆可抛";"不自由,毋宁死"。但就是这一权利,要么伴有"自由、自由,多少恶行假汝以行",要么却是"人天生是自由的,但又无往不在枷锁中"。这些充满诗性智慧和修辞特征的名言,恰切地表明法律权利的开放特征,也表明修辞命题对权利作为开放性规范的可能意义。在一定意义上,法定的每一项权利,都是一个修辞预设,而每一项义务,都是一个逻辑前提。前者一方面是指作为可选择地行使的权利,在人们的交往行为中可以多样地展示它自身,甚至对有些人而言还可以不予理睬,如结社权,有些人终其一生都未曾结社,也不妨碍权利对其有效性,尽管仅仅是预设的有效。另一方面也指权利主体究竟如何行使权利,仍是一个开放的可选择的结构。后者是指作为必行的义务,人们在交往行为中只能按照法律或依法订立的契约(协议)的规定和要求履行它,而不能根据自己随心所欲的意念对待之。这也表明,前者是一种可以发挥主体诗性想象和修辞润饰的规范系统,而后者只能是根据枯燥的逻辑程式运行的规范系统。这就是笔者对权利、诗性和修辞关系的一般理解。

如上探讨说明:法治——人类交往服从规则治理的秩序体系,在总体上讲必须是一个毫无争议的逻辑体系。不严格按照逻辑要求构筑法律,就无法形成严谨理性的法律治理。但法律无论从结构功能上讲,还是在逻辑形式上讲,作为人的理性,都无可避免地会存有缺陷。这些缺陷,往往既是逻辑本身的缺陷,也是逻辑和生活相勾连时必然遭遇的缺陷。对这些缺陷应主要借助逻辑予以补救,但也可以借助修辞予以补救。因此,法律的逻辑命题和修辞命题对于法治而言,都是不可或缺的。

(二)诗性思维与法治的修辞之维

中国自来号称诗性思维的国度,其司法实践也向来带有诗性思维之特征。为什么会如此?这首先取决于中国古代判案的根据上。在中国古代的司法活动中,判官不仅以读律为要,更须练达人情、通晓风俗,才能得心应手地办好案件。正如汪辉祖所言,"幕之为学,读律尚已。其运用之妙,尤在善体人情。盖各处风俗往往不同,必须虚心体问,就其俗尚所宜,随时调剂,然后傅以律文,则官声得著、幕望自隆。若一味地我行我法,或且怨极谤生"。[①] 所以,在这个把情、理、法共同视为裁处案件根据、平息两造矛盾的国度,判官运用修辞命题以裁判案件者,屡见不鲜。

---

① (清)汪辉祖:《佐治药言·须体俗情》,中华书局1985年版,第15页。

只要翻开今存的判词,几乎随处可见。尤其唐代的张鷟的《龙筋凤髓判》,更以风格绮丽、用词考究的骈体文,陈述案情、表达判理、宣布判决,[①]不仅成为判例编纂的独特体例,也典型地表现了中国古代判词的修辞特色,说明彼时在司法实践中人们借助修辞对纠纷也能作出有效的处理。甚至在一定意义上,古代中国的判官大都是由文学造诣宏富、文章水平颇佳的文人担当,如彪炳史册的白居易,不但是文学家,而且是杰出的政治家和优秀的"判官"。他流传至今的著名判词——《百道判》,也以骈体文写就,其中就闪烁着修辞的光辉,其作为范文指导时人借修辞的诗性思维处理案件是不难想见的。[②]

其次,也取决于中国古代裁判的目的。中国自古而然的裁判,并不强调"判断是非",只要能解决两造纠纷,并在实质上不影响两造日后的交往关系,就是最好的判决。笔者把这种情形称为"平息矛盾",[③]其目的是实现对个案之"实质正义"的裁判。这显然不同于近现代西方的司法更多地专注于程序正义和形式合理的裁判模式。因此,在中国古代,判官常常以人情打动人心,借风俗表达常理,借法律晓以大义,并杂糅精美、诗性的修辞技巧,更能实现这种以平息矛盾为目的的司法效果。甚至为了达致这一效果,判官可以变着种种花样,在司法过程中让两造用情屈理,以俗代法。不仅如此,判官最终还在判词上张扬这类判决的社会效果——一例良好的裁判,不仅可以规范两造,而且能够模范后昆。

最后,除了上述因素之外,还值得注意的是:我国古代判官大率出身于受儒家文化耳濡目染的文人,因此,他们并不擅长法律的逻辑理性;反之,判官们的文人情结对诗性智慧和修辞命题运用于司法实践格外青睐,从而也让中国古代司法远离逻辑,并深深地打上了诗性智慧和修辞命题的烙印。对相关问题的分析,国内不少学者已有专论,[④]本文不再赘述。

然而,自清末以来,我国的法律已然借鉴甚至大规模移植了近现代

---

① 参见(唐)张鷟:《龙筋凤髓判》,田涛等校注,中国政法大学出版社1996年版,第1~180页。

② 参见(唐)白居易:《白居易集·卷67,判》(第4卷),中华书局1979年版,第1378~1423页。

③ 参见谢晖:《判断是非与平息矛盾》,载《法制日报》2002年12月16日。

④ 例如,贺卫方:《中国古代司法的三大传统及其对当代的影响》,载《河南省政法管理干部学院学报》2005年第3期;汪世荣:《中国古代判词研究》,中国政法大学出版社1997年版;胡平仁:《中国古代判词艺术的形态学分析》,载《湘潭大学学报》2013年第1期等。

西方的法律,特别是大陆法系的法律。因此,从法律规范、法律观念、法律组织等方面来讲,法律已然西化,从而也逻辑化——这虽然是自古至今法律的共同特点,但在近现代西方法律中表现尤甚。那么,这是否意味着中国固有的诗性思维及在它影响下表现在法律,特别是司法中的诗性智慧就风吹雨打去,不会再现于法律与司法之中,从而也不会增益于当代中国的法治建设?谈及这一话题,令笔者不禁想起在21世纪初于山东泰安举行的一次有关司法的学术会议上,有位长期研究司法改革的知名学者特别强调中国古已有之的诗性智慧对于法治和司法的负面影响。笔者在原则上同意这一观点的同时,对之也持保留态度。所谓原则上同意,是指如果浸淫于诗性智慧、修辞修饰而不关注法律主要是一个逻辑系统,则毫无疑问,它不利于对法律作为逻辑智慧的贯彻。但是,在坚持法律和法治是理性智慧,从而是由一系列逻辑命题构成的规范体系和规范治理体系的前提下,兼顾诗性智慧和修辞命题在现代法律和法治中的作用,无论对于立法、司法还是其他法律实践,都会有所增益。修辞命题在立法和司法中的一般作用笔者在前文已述,下文特别但又简略地结合中国诗性文化的一般精神和当代中国司法的要求说明诗性思维和修辞命题之于中国法治的价值。

如果把司法分为以裁判为目的的高次司法和以调解为目的的低次司法的话,那么,诗性思维和修辞命题对前者的作用尽管要小得多(因为裁判活动最终要以理服人,要以事实根据和法律准绳裁判案件)。因此,无论在概念界定、命题(判断)确立还是在推理进程中,遵循形式逻辑的一般规则,对法官而言理所当然,对两造而言,更能收到说服效果,毕竟国人还是信奉"有理走遍天下,无理寸步难行"的。但即使如此,把诗性智慧和修辞命题运用于司法裁判,仍然在很多条件下会打动人心,并更进一步实现司法裁判的效果,如各地法院试行的"法官寄语",就较为典型地表达了情感力量、诗性智慧和修辞命题对司法的功效。

至于低次司法,尽管从逻辑思维上讲和裁判相比是低次的,但从适用范围及更广泛的社会效果、司法效益上讲,其绝对不是低次的。在目的上,调解的运用恰如中国古代的司法一样,主要是用来平息矛盾,而判断是非退居其次。这意味着中国古已有之的那一套诗性思维方式和侧重于运用修辞命题以情感人的举措,在当今中国的低次司法中不但适用,而且具有广泛用途;也意味着修辞命题在中国法治建设中,无论在立法中还是在司法等法律实践中,都绝非可有可无的因素。反之,是必须予以关注的因素。

综上所述,当代中国的法治建设,固然主要靠理性智慧和逻辑命题的发达,但对诗性智慧和修辞命题的关注,照例可以增益于我国以逻辑构筑的法治建设。

(本文原载《法学评论》2014 年第 3 期)

论法治预设与设问修辞

法治这个近代以来足以勾人心魂特别是法律人心魂的词汇，和自由、平等、民主、人权、博爱一起，被作为最主要的普世价值和政治追求。但当人们进而追问究竟法治所指为何时，习惯了西方叙事模式的法学者自觉不自觉地会从亚里士多德叙述起："法治应当优于一人之治"；并强调他的法治两要素："法治应当包含两重含义：已成立的法律获得普遍的服从，而大家所服从的法律又应该本身是制定得良好的法律"。[①] 当然，人们也不会忘记当代法学巨擘富勒的名言："法律是使人类的行为服从于规则之治的事业"，[②] 进而动情地阐述他的"法治八原则"……而那些钟情于中国法律传统的学者，或许还会谈到商鞅，谈到其"国之所以治者三：一曰法，二曰信，三曰权……"[③]谈到韩非，谈到其"赏善不避大臣刑过不遗匹夫"；[④]谈到

---

① [古希腊]亚里士多德：《政治学》，吴寿彭译，商务印书馆1965年版，第167页、199页。

② [美]富勒：《法律的道德性》，郑戈译，商务印书馆2005年版，第124～125页。其法律(治)八原则或合法性的八项标准是：一般性或普遍性、公开性(颁布)、有限的(不)溯及既往、明确性、非矛盾性、可行性(法律不能要求人们为不可能之事)稳定性以及公权行为与法律的一致性(相关论述，参见前引书第55～106页)。有些内容的论述，还可参见如下英文文献：Adjudication and the Rule of Law，54 *American Society for International Law Proceedings* (1960)。

③ (战国)商鞅：《商君书·修权》，载高亨注译：《商君书注译》(第3册)，中华书局1974年版，第291页。

④ (战国)韩非：《韩非子·有度》，载梁启雄：《韩子浅解》(上册)，中华书局1960年版，第41页。

管仲,谈到其"君臣上下贵贱皆从法",[①]"明君不为亲戚危其社稷,社稷戚于亲;不为君欲变其令、令尊于君;不为重宝分其威,威贵于宝;不为爱民亏其法,法爱于民"[②]……但当我们继续追问这些观念所赖以成立的逻辑根据时,却遗憾地发现:它根本不是一个逻辑上的推论;反之,在逻辑上它还存在明显的瑕疵和不足。因此,究其实质,这些说法不过是一种修辞的展开。为什么会有这样的结论?笔者在本文中将围绕上述论点,并结合美中两国宪法的一些规定,展开对法治不过是一种制度性修辞这一命题的论述——具体来说,它不过是一种设问修辞。

一、亚氏法治观的选择性预设与设问修辞

亚氏的法治理论,在人类学术史上最早地对法治政体给出了基本界定,并强调在政治治理(政体)的选项中,法治是一种优越于人治的选项。这一界定及其优劣判断,对后世,特别是近代以来的历史影响甚大,乃至于成为法学和法治史上的经典理论。今天要对法治理论进行梳理,亚氏的法治学说自然是绕不开的话题。尽管亚氏极为重视各类政体的实践,并且据云其把一生的重要精力投注到对希腊各城邦政体形式的考证上,曾经研究过150多个希腊城邦的政治和政体,撰写了大量的相关著作。[③]今天流传下来的《雅典政制》,就是他相关考察和研究的典范之作。可见,其结论和主张,应当建立在对当时实践命题的分析之上。但只要对前述亚氏关于法治的经典论述进行评判和剖析,就不难发现其不过是一种设问修辞。例如,在他论述中对"应当"一词的不断运用中,在他于考据基础上选择性地肯定法治政体上,在他对法治命题及要素的界定上,都可以发现这一命题和回答该命题的设问性质。

(一)亚氏命题中"应当"一词的设问修辞特征

在前文所引用的亚氏关于法治的经典论述中,他运用了三个应当(该):既在法治与一人之治的优劣比较意义上谈到法治优越的应然性,也在法律被遵守、法律应良善视角上反复强调"应当"(该)一词。只要

---

① (春秋)管仲:《管子·任法》,载(清)黎翔凤撰:《管子校注》(下),梁运华整理,中华书局2004年版,第906页。

② (春秋)管仲:《管子·法法》,载(清)黎翔凤撰:《管子校注》(下),梁运华整理,中华书局2004年版,第316页。作者在该篇中还强调:"令重于宝,社稷先于亲戚,法重于民,威权贵于爵禄。故不为重宝轻号令,不为亲戚后社稷,不为爱民枉法律,不为爵禄分威权"(第306页),于今而言,皆有现实意义。

③ 参见吴恩裕:《论亚里士多德的〈政治学〉》,载[古希腊]亚里士多德:《政治学》,吴寿彭译,商务印书馆1965年版,第i~xvi页。

读者考诸于词的研究，则不难发现“应当”（该）一词本身是对应然事物的一种期待性预设，①它虽然含有人们对事物确定性的认知（通过应当的指示功能体现出来），但同时也明显含有论者或期待者毋庸回避的主观价值判断（通过应当的预设功能体现出来）。也正是在这里，人们或许才能进一步追问：同样是对希腊各城邦的治理问题关怀备至的学术家、思想家，为什么亚氏之师柏拉图选择了人治——哲学王的统治这种社会治理的最高方式，而把法治作为第二等好的社会治理和统治方式，②而亚氏却不顾一切地与乃师在基本观念上分道扬镳，以“我爱我师，我更爱真理”的豪迈气概，拓出了法治这个直接启迪来者、影响后世的千古命题？他们在作出这种方向各异的选择时，仅仅是基于对事实的判断，还是在此提出设问，表达其价值理念和判断，并借此设问进一步进行回答？

众所周知，无论何种法律，作为一种政治治理和社会治理的宏观方案和规范设计，在本质上说是一种应然性方案。这种方案预设了法律就应当如此的法律效力。但法律是否真有效力？还要看法律能否经由行政、司法以及用法、守法实践，从应然性方案（规范效力）进入实然性实践，从规范预设导向公民交往行为，从法律效力定格为法律实效。正因如此，法学家们不遗余力地阐述“活法”的价值，强调“行动中的法”对法治实践的真正命意。③ 甚至在这种阐释和认知过程中，有人极端地扩大并强调法律之应然的范围和价值，把法律之实然世界限缩到一个相当逼仄的境地：“就任何具体情况而论，法律或者是：（1）实际的法律，即关于这一情况的特定判决；或者是（2）可能的法律，即关于一个特定未来判决

---

① “应当”一词自然是一个多义词，可以在多视角上进行剖析。对此，周赟博士曾在其博士学位论文中进行过精彩的研究。参见周赟：《“应当”一词的法哲学研究》，山东人民出版社 2008 年版，第 126～135 页。

② 其实，当柏氏借色拉叙马霍斯的话说“不管在什么地方，正义就是强者的利益”（[古希腊]柏拉图：《理想国》，郭斌和等译，商务印书馆 1986 年版，第 19 页）这个具有一定实证色彩的结论，而又借用苏格拉底的话强调“除非哲学家成为我们这些国家的国王……否则的话……对国家甚至我想对全人类都将祸害无穷、永无宁日。我们前面描述的那种法律体制，都只能是海客谈瀛，永远只能是空中楼阁而已”（参见《理想国》第 214～215 页）的时候，他其实对两种观点已经做了刻意的选择，这种选择本身未必一定遵循弱肉强食的现实法则，反而含有柏氏个人价值判断的明显内容。这也从另一侧面证明当亚氏一反乃师哲学王统治的命题，而推崇法治这一命题和治国方式时，不仅是事实比较的结果，而且是含有主观价值判断的选择结果。

③ “活法”概念更受埃里希的推崇，是埃里希法社会学的核心概念；而“行动中的法”概念，更受庞德的青睐，是庞德“法律社会工程学”的重要概念。两者的关联与区别，参见王斐：《“活法”与“行动中的法”——简论民间法研究的两条进路》，载《甘肃政法学院学报》2007 年第 3 期。

的预测。”[①]这样，所谓应然的法律，就是针对一例案件，律师和当事人对法官将做何种裁判的预测；而实然的法律，则是法院就一例案件所作的具体裁判。

这种对法律和法治之应然与实然的两分处理，为读者提供了一份分析亚氏法治论在事实上是个应然性命题的参考视界。他对“应当”一词的运用，正是对法治命题应然性的规范表达。尽管在亚氏的笔下，这里的应当含有“就应当是”这样的肯定判断，但毋庸置疑，这里的“应当”也是在亚氏价值预设和约定条件下的“应当”。倘若把相关价值预设更改为乃师柏氏的价值预设和约定条件，则“应当”更加优越的就不是法治，而是“哲学王”之治。

在笔者看来，一切预设在本质上就是一种设问，即便论者在行文书写中，一个预设并没有运用设问的句式结构来表达，但当论者把其置诸论证过程，当做待证明的一个判断、一个命题或者一个预设时，它自身会开放出一系列设问来：法治真的优于一人之治吗？我们如何证立法治优于一人之治这一判断呢？征诸史实，难道还能找到比法治更优越的治理方式吗？法治是不是太过僵硬，遏制人的创造性和积极性？如果法治（应然）遭遇恶法，还能法治（实然）吗？如果法律未被遵守，还能法治吗……对如上设问（自然也是论证过程中的逻辑追问）有理有节的回答，正是在理论上把法治的应然价值判断，移位到法治的实然事实判断的过程，是法治的“应当预设命题”（设问）转换为法治的“只能行动命题”（回答）的过程。

（二）亚氏法治命题的选择性预设和设问

前文已经提到亚氏一生对希腊各城邦政体笃力考察、潜心论证的事实，但是，在如此广泛、深入的考证之后，为什么亚氏没有选择在希腊同样影响甚大的那些城邦，如斯巴达、阿提卡、科林斯……的政体，而偏偏选择了雅典的政体形式，并以之作为参照，阐述其法治的理想命题？在亚氏看来，法治就是一种非人格化的治理方式，因此，它对人治那种随处张扬人格化的治理方式可以起到攻错效果。但问题是法治的非人格化

---

① 这是被称为“极端现实主义法学家”的弗兰克的重要观点（参见［美］弗兰克：《法律与现代精神》，载沈宗灵：《现代西方法理学》，北京大学出版社 1996 年版，第 328 页），但在我们看来如此极端的观点，却在美国实用主义逻辑体系下，得到了格外的关注。直到今天为止，相关观点还深刻地影响着美国法律和司法的运作。特别是判例法体制，更容易支持并证立弗兰克的相关学术主张。

依赖于法律自身的非人格化。亚氏可以预设一种非人格化的良法出来支持法治,但作为人类理性的法律,它自身只能是人格化的产物,自身印有谁也无法抹去的人格胎记。即便被亚氏特别称道推崇的梭伦立法,绝不是梭伦作为改革者无情寡义的产物,不是对立法者去人格化的结果;相反,在梭伦改革及其立法中,先入的主题不过是亚氏钟情的"最好的立法者"——中等阶级的人。当其把固有偏见(前见)代入他的理想命题中时,所谓法律的去人格化,只是去掉了他所不喜欢、欣赏的那些人的人格,而把参与立法者的人格、情感人为地泛化为所有人的人格、情感而已。

难怪有人质疑亚氏有关"法律是没有感情的智慧"这种对法律非人格化的预设和处理:"奇怪的是,亚里士多德曾研究过一百五十多个希腊国家的政制,在今天残存的《雅典政制》一书中,他也记述过许多富人当政立法,穷人起而反对的事实:难道在那当政的富人所立的法中就没有他们压迫和盘剥穷人的'感情'和'意志'在内了吗?"[①]尽管这样的质疑口吻受了特定时期意识形态的明显影响,又尽管这一质疑并未站在亚氏对法治的理想设计层面("法律是没有感情的智慧",就是把法律去人格化,让它成为良好的理想的法律之条件)看待问题,而把这种理想设计看成是亚氏对实在法律的总结,[②]这是令笔者所不能苟同的。但既然涉及亚氏的法治设计不过是其理想模式,法律的非人格化、去感情化是亚氏的一种预设,而未必是一种历史事实,我们就只能判定亚氏不过是基于其价值理想提出了一个有关法治的设问:对这样一种设问,亚氏固然可以在其一部书中作出回答,但对其更持久的回答,则可以看做在人类法治实践之历史长河中才得以解决的问题。借此亦可说:人类法治实践的事实,就是对亚氏法治设问的不断回应或回答,无论这种回答是正面的、负面的,还是肯定的、否定的。

既然亚氏的法治学说是其在希腊各城邦之政体模式比较基础上选择的结果,也是糅合了其个人之价值追求和选择的结果,那么,至少有如下数个问题需留待读者继续思索:为什么亚氏在对希腊众多城邦政制考

---

① 吴恩裕:《论亚里士多德的〈政治学〉》,载[古希腊]亚里士多德:《政治学》,吴寿彭译,商务印书馆1965年版,第xii页。

② 值得关注和思考的是,即使法律表达了特定时期某一当权阶层的感情和意志,但只要这种感情表达或意志形式得到了其他主体的接受,富有感情的立法就获得了超越于任何个人之上的非人格化、非感情化的属性。所以,对法律表达中的感情化、人格化和法律接受、运用中的非感情化、非人格化应当有所区分。

察之后要选择法治这种治理模式或政体模式？是因为他当时就明显地发现了法治优越于其他一切治理的社会经验事实，还是他基于其先入之见——对法治的格外青睐——而一相情愿地作出的选择？这一选择是否得到了人类政治—社会治理的有效回应？人类政治—社会治理对法治的依赖，是否意味着相关的法律，就一定是好的或者良善的法律……这些设问，是亚氏法治论作为一个理想选项，作为一个选择性命题理应遭遇的设问或问题；否则，法治命题就会变成应景之虚设，而非实践之取效。

亚氏法治学说遭遇的这些设问，其实并非学者好事而刻意为难一位作古数千年的先哲，而是因为他的选择性主张或价值性设想，本身就是设问，或者必然蕴涵着这些设问或追问。只要一个命题不能直观地、直接地与社会实践对接，那么，命题的正确与否就既有赖于借用设问修辞的方式进行检验，也有赖于通过理论回答或实践回应的方式予以对勘。无论在学理上还是在实践上，经得住这样的检验和对勘，就意味着相关选择和理想预设取得了设问的修辞效果；反之，就没有获得设问的修辞效果。能否获得修辞效果倒不打紧，要紧的是这种修辞效果的获得，是进一步使法治的理论预设或理论命题，获得交往行为中主体们接受，从而取得法治的实际效果的重要前提和基本保障。

可见，如果说亚氏的法治学说不过是亚氏在考察希腊诸城邦政体经验的基础上，所做的带有个人感情和好恶的治理模式选择和理想预设的话，又如果说亚氏的学说归根结底是其在价值好恶基础上提出的一种理想政制设计的话，那么，也就必然意味着亚氏的法治学说，同时也是一种设问修辞。如何回答这一设问，或许需要多侧面、多方位的视角，但如果不能代入设问修辞加以考辨、梳理和论析，不能借此获得法治命题的理论认可与实践接受，就不可能借着这一命题或口号，证立法治命题，并让世间一切公民，把自己的交往行为自觉地投注到对法治政体的参与中来。在此意义上，强调法治命题与设问修辞间的关系，并以设问修辞的犀利追问迫使理论家和实践家回答法治命题的合法性来源，就是深化法治命题，并最终让法治这个选择性命题和理想性命题能俘获人心，获得法治治理之实践效果的必然——要知道，毕竟法治是诸多选项中的一项，并且就彼时而言，法治只是一种例外的治理模式！①

① 就本质而言，人都是善于和倾向于支配他人他事的动物，因此，具有天然的专制倾向。对人类行为的民主化、法治化处理，一方面是对人的这种天然倾向的制度节制；当然，另一方面也是对人人都有这种天然倾向的制度回应。

(三)亚氏的法治命题及要素与设问修辞

在亚氏有关法治命题的要素中,他一连提出了两个应当(该):法治应当包含两重含义,人们服从的法律应该是良法。其实,从一般文法视角分析,前一个应当就已经分别修饰了人们普遍守法和所守法律须是良法这两个判断,所以,后一个"应该"在文中出现与否,都无关紧要。笔者想在此进一步申述的是,对这两个要素稍加剖析就不难发现:无论人们普遍守法的要求和预设也罢,人们所守的法律是良法的要求和预设也罢,在实质上都是一种应然性和理想性的预设。这里又自然地涉及对前述应当一词的必要回味。有应当所在的地方,必然会有应然和实然的逻辑分殊和事实分野。应然只是一种预设,有预设就有问题在,就包含设问的可能性在。诚如前述,尽管预设本身并不必然是设问,或者法治的理想预设者并没有在行文书写中直接以设问的修辞方式来圆润、周全其逻辑判断,但读者看到这样的预设命题,自然不仅仅是对命题的接受。人们既可以在接受意义上阅读相关制度预设,也可以在继续周圆意义上阅读相关制度预设,当然,还可以在反思和批判意义上阅读相关制度预设。

在接受意义上的阅读,意味着读者对相关命题和预设不再持有保留条件和态度,从而把相关预设作为指示和命令看待。只要这一预设的思想成果能折射到实然的制度体系中,该预设本身就成了这些读者检验现实法律和法治合法与否的基本标准,从而相关预设成为法治的构成性要素或结构性内容。这个预设本身就是法治的指导思想。在此,接受的结果让设问本身似乎隐遁无形了。但一方面,即便接受本身,是建立在论者对相关命题深入论证基础上的,这一论证过程,不可避免地会引入设问。例如,亚氏在谈到法治与个人智虑的关系时,就这样设问并回答:

> "'应该力求一个(完备的)最好的法律,还是让那最好的一个人来统治?'法律确实不能完备无遗,不能写定一切细节,这些原可留待人们去审议。主张法治的人并不想抹杀人们的智虑,他们就认为这样的审议与其寄托一人,毋宁交给众人。"①

另一方面,当接受者接受一种理论成果,并和自己的交往行为实践勾连起来时,要么接受者业已经过了理论上的思量和考问,接受者的设问被包含于接受行为中,要么接受行为本身就是接受者在不同的选项中

① [古希腊]亚里士多德:《政治学》,吴寿彭译,商务印书馆1965年版,第171页。

选择了其中一种。这种选择足以被看做接受者和预设者之间达成了一种默契,形成了一种默会的"弱契约",一旦预设成果摄入或结构在制度成果中,则必然意味着接受者成为契约之一方主体,他的一切设问和追问,都涵摄在其行为选择中。

在周圆相关预设的意义上阅读,则意味着读者须对相关预设和命题直接、继续地设问,不断提出问题并予以自圆其说的回答,以期让该预设具有更强的可接受性。例如,为什么人们必须遵循非人格化的、冰冷的法律,并由此通向法治呢?守法究竟是人们的一项权利,还是一项义务?如果人们不能普遍服从,甚至普遍不服从法律,又该怎么办?如何推进法治的进程?如何确定一种法律是良法或者恶法?它是一个道德价值标准还是规范事实标准?如果按照一定标准,人们面对的法律不是良法,还有普遍服从的必要吗?如果有必要,是为什么?如果没有必要,又是为什么?如果人们所面对的是恶法,那么,有没有反抗恶法的权利?恶法和良法究竟交由谁去判断?人们对法律的普遍服从如果和良法产生龃龉抵牾又该怎么办?如何周全两者的关系?舍弃法律还是舍弃人们对法律的必要服从?

显然,对如上这一系列问题的对照回答,是对法治及其要素命题的进一步圆润。通过对这一类问题有理有节的回答,不但让命题本身在读者的论述中得到圆润,而且让读者深入法治命题的认同中,并成为法治运作的主体基础或主体结构要素。事实上,如今蔚为大观业已成为"全球意识形态"的法治理念和法治实践,就是读者针对古老的法治预设和命题,不断追问、不断比较、不断完善的结果,是一个修辞诠释的结果,是人们对法治不断设问和不断回答从而也使人们逐渐理解并认真接受的过程。

反思和批判意义上的阅读,则立意于对既有法治预设的超越,或者至少意味着对亚氏两要素论的法治旨趣予以超越,并在动态演进意义和静态比较意义上,建立适切于不同时代、不同背景、不同文化区域的法治理念。如果把亚氏法治论作为人类探究法治问题的学术起点,则可见从古至今西方的法治学说,虽一以贯之地跟随亚氏的法治理论踽踽前行,但在人类法律学术史上对法治问题稍有建树的学术家,都不是以述而不作流传于世的;反之,如何超越亚氏的法治思想,形成独树一帜、突出己见的学术思想,是其能登堂入室的关键所在。没有这种批判精神、反思能力和超越意识,就不能指望法律学术和法治共同前行。

进而不得不令人思考的是,所谓反思能力和批判精神,常常奠基于对既有的学术思想的设问和回答,不过这样的设问与回答不是对亚氏经典法制理论的亦步亦趋,其目的也不是借此使这一理论变得更为周全。反之,它是要借追问、反思和批判,另辟蹊径,寻求超越既往、革故鼎新、开拓新境的法治理论。

亚氏理论留给读者在如上三个向度上的阅读境界,无不表明即使亚氏本身不是或主要不是在设问意义上阐述其法治见解的,但他的法治主张,留给读者设问并进一步回答的空间,从而留给读者将其带入设问修辞的空间。正因如此,笔者更乐意把亚氏的法治学说看做一种设问修辞。在其导引下的制度构建和陈设,也毋宁被视为预设的制度性修辞更为妥要。

二、富勒法治观的前提性预设与设问修辞

众所周知,富勒借由《法律的道德性》一书奠定了其法律的基本命题(他称为"唯一称得上是一个法律定义的表述"):"法律是使人类的行为服从于规则之治的事业",当他如此界定法律时,其实也可以引申到其对法治的界定。那么,人类的行为如何能够服从规则治理?这既涉及人类对法律治理的接受性问题,也涉及法律自身的可接受性问题。由此出发,至少会产生如下的设问:人类行为为什么要服从规则治理?什么样的规则才能被人类在交往行为中心悦诚服地接受?在阐述这样的设问之前,我们不妨回顾一下富勒所假想的两则疑难案例,在笔者看来,这也是富勒借假想的案例展开其设问的重要方式。

(一)由两例疑难案件所诱致的设问修辞

在富勒的一些论著中,他喜欢借助于一些假想的疑难案例铺陈其设问,并由这些设问展开其独特的论述。其中最著名的有他所假设两例案件:一是所谓"食人者案件";二是所谓"告密者案件"。每例案件,都展现了一个难题。前一案件假设了5名探险者困于山洞数十天,既无法脱身,也无任何食物后援,在只能依靠无线电与外界联系的情形下,其代表询问倘若牺牲一位同伴,以保全其他4人性命可否得到法律的宽恕时,被问者谁也未敢担保。后来,无线电也中断了!直到他们获救后人们才发现,在迫不得已时他们已经杀死了其中一位同伴分而食之。这样,对4位食人者究竟如何判罪?或者判不判罪?这就成了一个棘手的问题。富勒所预设的5位法官,就分别作出了5种不同的回答。

而后一案例则假设了如下场景:有个曾存有宪政和法律秩序的国

家，经过一次选举让不择手段地对政权垂涎欲滴、志在必得的“紫衫党”获得了执政地位。掌权后，他们在形式上保全了此前的法律，但在实质上，为了掩盖其不光彩的获权经过，并维护其政权稳固，无所不用其极地运用暴力手段。特别令人发指的是他们颁布了不少溯及既往的法令，以对付异见者。在此高压统治下，有些人见风使舵，给“紫衫党”当局告密，不少被告密者因此受到“紫衫党”的制裁、镇压甚至处决。后来，“紫衫党”政权垮台，在涉及对告密者究竟如何处理的问题时，又面临着一系列难题。富勒借用他人之口提供了五种解决方案，并在文末设问：“作为司法部长，你会采纳这些建议中的哪一项？”[①]

上述两个案例，虽然是富勒的假想，但假想这种疑难案例的目的，就是进一步提出设问，追问案件的解决中的合法性问题。从中不难发现，面对疑难案件，简直可谓有 5 位裁判者，就有 5 种裁判方案；有 10 位裁判者，就有 10 种裁判方案，这明显有点类似于中国古人所谓“一人则一义，二人则二义，十人则十义”[②]的味道了。显然，尽管每位不同的主张者可以强调其主张的逻辑性，但各种主张在前提上的大相径庭，在逻辑上绝不可能推出相同的结论，因为它违背了逻辑的同一律。然而，当人们倾听不同代表分别陈述其解决方案时，还是会分别留下其逻辑严谨、说理得当的印象。为什么会如此？为什么在整体上不能同真的相互冲突的裁判主张，各自拆开来看，又显得很有理？原因就在于不同的代表对同一设问所采取的立场不同、所提供的材料不同，进而所得出的结论也就自然不同。这还进一步说明，不同代表各自对其解决方案的陈述，不过是对一种设问的不同回答，其所持论和回答的基本技巧不是逻辑，而是修辞。为什么这么说呢？

先看看不同回答并不是逻辑。逻辑及其推论，无论是演绎推论，还是归纳推论，要么要求大、小前提的可靠，要么要求归纳事实的周备。在富勒所设计的案件中，不同代表所运用的基本上是演绎推理，但读者不难从中发现，不同的代表之所以提出各异的裁判意见，端在于对法律大前提的理解各异。以“告密者案件”的处理方案为例，第一位代表强调要

---

① [美]富勒：《怨毒告密者的难题》，载[美]富勒：《法律的道德性》，郑戈译，商务印书馆 2009 年版，第 290 页。富勒所设想的全部案件的内容及不同代表的不同解决方案，参见该书第 282 ~ 291 页。

② (战国)墨翟：《墨子·尚同上》，载(民国)吴毓江撰：《墨子校注》(上)，孙启治点校，中华书局 1993 年版，第 109 页。

遵循告密者告密时的法律，而不能以现下的法律处理当年的告密非法。第二位代表虽然同意不予追究告密者，但不予追究的原因不是依当年标准确认其行为合法，而是遥想当年，在“紫衫党”政权创造的无法无天、恐怖可怕的无政府状态下，告密者的行为既无关合法，亦无关违法。第三位代表则强调即使对“紫衫党”统治时期的法律秩序，也要进行一分为二、一分为多的分析——在有些领域，法律秩序依然故我，而在有些领域，法律秩序受了“紫衫党”的蛊惑。而告密者们告密的宗旨，也各有不同，故不能对所有案件一概而论，除非对那些是非分明的告密案件。第四位代表则反对即以其人之道，还治其人之身，强调要通过恰当程序，制定一部专门针对相关事件的法律来处理相关问题。这部法律不回避溯及既往。第五位代表则对这种企图以溯及既往的法律来终结“紫衫主义”流毒的举措不以为然，强调不能借助溯及既往的法律来对待这些问题，政府和法律也不必介入解决这样的问题。

上述意见歧丛的处理方案，从表面上看上去似乎是一种逻辑推论，但其基本的大前提是每位代表各自预设的。[①] 因此，即使其形式上符合逻辑，但只要把几个对立、龃龉的推论放置一起，就不难发现这种以自设的冠冕堂皇的理由为大前提的推论，即便表面上显得洋洋大观、信马由缰，但只要继续追究，在这样的大前提下，其推论都难以丝丝入扣、尽显真谛。再看不同回答只是一种修辞。对上述处理方案在逻辑意义上的否定，并不意味着它们没有论证力量；反之，它们还有很强的论证力。这种论证力来自何处？就来自不同代表所作的设问修辞。我们可以顺着五位代表对告密者案件的处理方案分别做如下设问：(1)对既往的行为，究竟要适用既往的法律还是现下的法律？(2)一种在专制的、独裁的、人人自危的秩序体系下所为的行为，具有法律上的可追究性吗？(3)对“紫衫党”人的专制秩序能否一分为二，实事求是地予以评论？从而对相关告密者责任，能否区别情况，分别对待？(4)旧的法律对处理告密者案件能否胜任愉快？如不能，能否颁布新法以处理旧事？(5)新法能否溯及既往？让人类复仇本能解决这些问题是不是比借用法律形式干预更经济？这样一来，几乎每种方案，都可以被置诸修辞框架中来。在这里，我

① 我们知道，富勒所假设的这些疑难案件，在人类法律和司法实践中常有发生。特别是“二战”后纽伦堡法庭和东京法庭按照人类自然法原则，对“二战”罪犯所适用的“法律”，基本上是以自然正义原则来推翻希特勒曾一意推行的纳粹法律，从而新法明显地溯及既往了。

们再一次看到“逻辑”的起点往往是修辞。[①] 恰恰是修辞的力量,让不同的推论形成推论竞争的场面,读者也能从中体验到争论的快感、诠释的美感和修辞、对话的优雅感。

(二)人类行为为什么要服从规则治理

与亚里士多德类似,富勒在阐述其法律和法治理念时,也提出了一个去人格化的、动态实践中的法律命题,那便是法律必然意味着人们对它治理的服从,当人们不服从现下法律所设定的治理方案要求,则意味着法律秩序不过是虚设。法律秩序一旦虚设,不但会给笃信法治的人们当头泼了一桶冰水,而且规则之治就根本无由展开和落实。任何规则之治,不论是对人与人关系的规制,对人与物关系的规制还是对物与物关系的规制,归根结底,都要最终落实到人对规则的服从和接受上。人一旦不服从法律规制,法律就只能形同虚设。

但进一步的追问和探究是:人为什么必须服从法律,接受规则治理?按照一般的学说,“人天生是自由的”,这一理念已经被牢牢地嵌入人们的脑海。但自由的基本前提是人人自由,而不是某个人自由。假设世间只有一人孑然孤立,则所谓自由,无须从社会政治意义上来论证,最多只能把它置诸人和对象的关系中。只要把人人自由的理念代入自由的论域中,则这一命题诚如孟德斯鸠所言,“自由是做法律所许可的一切事情的权利;如果一个公民能够做法律所禁止的事情,他就不再有自由了,因为其他的人也同样会有这个权利”。[②] 这样,人为何必须服从法律就是必要的设问和追问。

对此,富勒通过对法律之外在道德与内在道德关系的设问,作出了自己的回答。究竟为什么人类的行为必须服从规则治理?他不是在法律实证主义意义上阐释这一问题的,因为他主张法律的道德性,而法律实证主义则要剥离法律与道德的关系,把法律的问题交给法学,把道德的问题交给伦理学,在一定意义上强调法学研究中法律与道德的“分离命题”。[③] 他也公开批评凯尔森、哈特等法律实证主义的学术观点。他不是在法律现实主义立场上阐释该命题的,因为他对霍姆斯的“法律预测观”进行了批驳,因为他的预测观无法用来对一部可操作性极差的法律进行预测。他不是在制度法学意义上阐释该问题的,它引用了弗里德曼

① 有关“逻辑的起点是修辞”的具体论述,参见本书《论法律制度的修辞之维》部分。

② [法]孟德斯鸠:《论法的精神》(上册),张雁深译,商务印书馆1961年版,第154页。

③ 参见范立波:《分离命题与法律实证主义》,载《法律科学》2009年第2期。

的如下结论:“法治仅仅意味着‘公共秩序之存在’,它意味着有组织的政府借助各种合法支配……的工具和渠道来运作。从这个意义上说,所有的现代社会都存在于法治之下,不论它是法西斯国家、社会主义国家还是自由国家。”他对这种不论法律价值好坏,一概视之为法治的论调进行了尖锐的批驳,并强调与他所主张的命题“格格不入”。他也不是在法律人类学意义上阐释自己的主张的,他批驳了霍贝尔如下的观念:“为着实用的目的,法律可以被定义为:一种社会规范是一种法律规范,如果对它的忽视或违反会常规性地导致社会上掌握着如此行为之特权的一个人或一个群体威胁使用或实际使用身体性的暴力。”①

最后,通过相关的反驳和评论,他最终回到自己设问的那个问题上来:“真正的难题在于界定这两者之间的恰当关系:一方面是一套已经明显确立并持续运转的法律系统,另一方面是一般性的道德准则……”“我认为法律的外在道德与内在道德之分可以提供一项有用的澄清。”②富勒笔下是如何澄清这些问题的,可以在所不论,但他左右开弓、自我圆润其法律(法治)命题的过程,就是对一系列设问的回答。在这一过程中,他甚至把法律的治理比作一项需要不断完善和圆润的事业,强调“……在我们提出这样一项设问的时候:当我们面对一套规则的时候,我们应当如何来确定这个规则系统是一个法律系统还是一个道德系统。对于这个问题,我们的唯一答案包含在‘事业’这个词里面,而这个词的意思包含在我的这项主张当中:如果把法律理解成有目的的人类努力的一个方向,那么它便存在于‘使人类行为服从于规则之治的事业’当中。”③

可见,尽管富勒想通过严谨的逻辑来圆润其法律和法治观点,回应来自各方面的批评和挑战,但他论述的逻辑起点,不过是他的预设和设问:如他把法律不仅预设为一套规则系统,还预设为一套目的系统,因此,是一份事业,是一个过程。再如,他预设并设问“道德使法律(法治——笔者注)成为可能”等。显然,其在圆润法律和法治理论的大前提时,还是无可奈何地借用一系列设问,或者用设问修辞方式提出并回答了他的见解。在这个意义上说富勒的法律和法治观,不过是尽心竭力地

---

① 如上引文及富勒的批驳意见,均参见[美]富勒:《法律的道德性》,郑戈译,商务印书馆2009年版,第124~169页。

② [美]富勒:《法律的道德性》,郑戈译,商务印书馆2009年版,第153页。

③ [美]富勒:《法律的道德性》,郑戈译,商务印书馆2009年版,第152页。

回答为什么人们要服从法律?人们所服从的法律又必须是什么样的法律等一系列设问的修辞论证。他的所谓法律的道德性,也不过是对法律和法治的一种修辞论证和润饰。如果这种理论能够折射在制度建设上,那理应是现实的法律和法治采纳了一种以修辞为前提的制度建设理念,并成功地把学术修辞型变为制度修辞。

(三)何种法律才能在人类交往行为中被接受

前述富勒法律理论的修辞特色,业已昭示着一个基本事实:富勒并不认为一切实然的法律都值得人们去遵守。对此,富勒通过所谓"造法失败的八种形式及其后果"加以阐明。在他看来,缺乏规范性、不公开、滥用溯及既往、不明晰、矛盾、超出人们交往能力范围、不稳定以及法律规范与交往事实特别是公权主体的行事不一致的八种情形及其后果,都是导致法律在人们交往行为中不能被接受的具体原因。① 这样的法律,实质上缺乏法律内在道德的维度。他明确引用沃恩法官的话表明这一立场:"一部不可能服从或无法依循的法律是无效的,并且不算是法律,因为人们不可能服从前后矛盾(的规则)或以其行事。"②

既然如此,也就必然预制了一个设问:什么样的法律值得人们在交往行为中接受?换言之,什么样的法律才能通往人们服从"规则之治"的事业?其实,这也正是富勒的设问。在富勒看来,一言以蔽之,只有具备道德性的法律,才能通达此境,因为"道德使法律成为可能"。这种"成为可能"的法律,显然不是现实主义者笔下的,不是分析实证主义者笔下的,不是法律社会学者笔下的,也不是法律人类学者笔下的,而就是富勒自己笔下的。所以,富勒自己设置一个关于法律的理想模态,或者有关法律的一个设问,然后不遗余力地给这一设问填充说明意见,寻找论证途径。其中最典型的是他关于法律(法治)八原则的论述。

严格来说,法律或法治的八原则按照富勒的本来意图,毋宁说是法律内在道德的8个向度。这8个向度大体上是对前述八种造法失败情形的反动。在本文开头的注释中,笔者已经交代了富勒的法律(或法治)8个原则。这里需要进而探讨的是这8个原则,或者法律内在道德的8个向度,归根结底,是富勒对法律内在道德的一种预设,尽管其也表达了人们对一种法治秩序的一般期望,但以此来反对人类事实上存在的有悖于这八项原则的法律,并在道德上说明其非法,明显是一种先入之见。

① 参见[美]富勒:《法律的道德性》,郑戈译,商务印书馆2009年版,第40~46页。

② [美]富勒:《法律的道德性》,郑戈译,商务印书馆2009年版,第40页。

或者只是对自己设问内容的一种刻意圆润，但是这样的圆润有时也不能表达他的向往，甚至还会损害他向往的“事业”。

例如，他对法律能否溯及既往的设问，做了一分为二的处理：在民事领域中，溯及既往是可以接受的一项举措，但在刑事领域中，溯及既往的法律是非法的。富勒认为：面对一例现有法律规则不能为其提供明确裁判标准、但相关的法律原则存在于该法律中的案件，如果法官不予判决，有违法定义务；如果法官“对这个案件作出了判决，他又不可避免地从事了一项回塑性立法活动”。[①] 可见，仅仅从法官不得拒绝裁判的义务出发，溯及既往在民事裁判领域往往不能避免。但在刑事领域，“适用于刑事案件的考虑因素则有相当的不同。”因为这种不同，他对希特勒刑事法律中的溯及既往也罢，斯大林刑事法律中的溯及既往也罢，还是对美国自身法律中的一些溯及既往也罢，都作出了否定性评论。[②]

但是，读者知道，富勒是在涉及法律的合法性标准问题时，把它作为一项重要的合法性原则而提出来的，但是(1)富勒在这里对溯及既往与合法性关系的论述，明显是模糊的，这有违其关于清晰性的合法性标准，尽管他不过是在阐述一种学术主张，但如此模糊的溯及既往论，一旦被运用到法律和司法实践中，必然致使法律和司法实践本身的模糊。(2)即使在民事领域，是否就一定能够适用溯及既往？一项民事立法或民事司法如果给公民(哪怕是一方当事人)在既有法律秩序之外带来了额外的负担，能否导致公民对新立法(裁判判例)的接受？在笔者看来，按照人类好利恶害的本性，只有一般性地增益于公民权利的领域，适用溯及既往才可被接受；反之，对那些只能增加公民负担(义务)的领域，适用溯及既往只能导致公民的拒绝或不接受，强行如此，还只能导致公民的怨恨和反抗。(3)对刑事领域法律溯及既往的否定，很难唤起人们对“二战”纽伦堡法庭、东京法庭按溯及既往原则审判战犯的支持，这又和富勒行文中一以贯之地对希特勒法律的否定性评价明显不睦。(4)富勒因为在民事审判中，法官面对疑难案件，因秉有不得拒绝裁判的义务而必须裁判，必然意味着法官的裁判回溯了一项立法活动；但在刑事司法中面对疑难案件，法官难道就不涉及不得拒绝裁判的义务了吗？或曰：在刑事法律中有罪刑法定的原则，这可以让法官面对疑难案件，理所当然地作出无罪判决。然而，笔者不得不再次提及前述(3)所提到的话题，

① [美]富勒：《法律的道德性》，郑戈译，商务印书馆2009年版，第68页。
② 参见[美]富勒：《法律的道德性》，郑戈译，商务印书馆2009年版，第69~75页。

如果这样,能否说对“二战”战犯溯及既往的审判,不符合法律的一般标准?对这些问题,富勒不是不清楚,只是他已经把“溯及既往问题”(含溯及和不溯及)作为法律合法性的一项重要标准或者设问,不得不作出这种左支右绌、立意不明的阐述。尽管他也无可奈何地说:“在这段溯及既往型法律的讨论中,我们十分强调分析上的困难。”①

上述事实证明,富勒的法律(法治)及其原则(要素)理论,虽然被不少学者推为经典的法治论说之一,但在理论阐述上,它不过是富勒基于其修辞性设问所作的回答。在回答和阐释过程中,有些能够自圆其说,并且也是法理学的常理,有些则无不龃龉抵牾。这也意味着借设问修辞虽然可以提升论证的力度,不过一旦遇到设问和回应之间不睦的情形,反倒会降低设问修辞的论证效力。当然,笔者借此检讨想进一步说的是:尽管法治一旦通过具体的法律来经纬,它就是一套逻辑体系,但在对根本问题的追问中——如为什么人们要服从法律?什么样的法律才值得人们服从等——修辞确定了法律得以逻辑性地展开的基础。特别是作为修辞格的设问,更是令法律(法治)得以逻辑地展开的前提条件。所以,每遇到终极性的追问,连一些分析实证主义法学者,也不得不拿出那些叫人无限遐想的概念和假设来,如凯尔森的“基础规范”、哈特的“承认规则”等。②

三、从宪法出发分析法治预设与设问修辞

现在,我们可以把讨论的向度由学理的追问转向制度的剖析。众所周知,宪法是现代国家的母法、根本法,也是奠定现代国家法治的基础。在现代宪法中,美国宪法及其与法治的关系,被人们赋予了经典意义。因此,以它的相关规定作为分析样本,以说明法治与设问修辞之间的关系,或有代表性。从我国现行宪法出发,是能够发现宪法秩序的修辞之维。特别是设问修辞,在宪法秩序的规定中更显其要。

(一)借美国宪法序言剖析其所蕴涵的设问修辞问题

美国宪法开宗明义就借简短序言这样写道:“我们美利坚合众国的人民,为了组织一个更完善的联邦,树立正义,保障国内的安宁,建立共同的国防,增进全民福利和确保我们自己及我们后代能安享自由带来的

① [美]富勒:《法律的道德性》,郑戈译,商务印书馆2009年版,第74页。

② 参见[奥]凯尔森:《论基础规范》,张元元译,载 http://ishare.iask.sina.com.cn/f/10873210.html?retcode=0,2012年6月15日访问;[英]哈特:《法律的概念》,张文显等译,中国大百科全书出版社1996年版,第101~110页。

幸福,乃为美利坚合众国制定和确立这一部宪法。”这条序言,可谓言简意赅,它规定了宪法的基本宗旨,也指明了宪法的基本价值——如民主、合作、正义、安全、自由、幸福、法治等。但是,宪法究竟不过是纸面的规定,尽管它是白纸黑字的规定,但这样的规定只有置入更精致的装置中时,才能有效落实;否则,即使落入君子之手,也可能时好时坏,未必能胜任愉快地通达上述价值。因为宪法规定毕竟不是自然法则,人们违背它必然会遭到规律的惩罚。这不禁让宪法的运行究竟能否取得如上的价值成为一种悬疑:不能因为宪法的宣告,就以为宪法必然带来上述价值。因之而对这些价值宣告从“是什么”、“为什么”、“干什么”、“如何能”等视角提出设问并进行阐释,对于宪法及其法治宗旨的明晰而言,尤为必要,从而设问修辞在阐述宪法宗旨方面格外有意义。

首先,美国宪法究竟规定了什么样的价值?对此,或许需要把美国宪法序言拆开来剖析。在“我们美利坚合众国的人民”这个主体性断语中,是否可以推出宪法所推举的是民主的价值?毕竟它与“大清皇帝……万世一系,永永尊戴”南辕北辙。从“为了组织一个更完善的联邦”这一宗旨中,能否推出宪法所崇尚的合作价值?尤其对于一个之前各地方单元各自为政、互不隶属的新兴联盟而言,这或许尤为重要。美国数百年的政治实践也阐释了这一价值对这个国家成长的格外意义。从“树立正义”这一表述中,能否推出宪法对正义价值的张扬?尽管在复杂的现实面前,正义有张普罗透斯似的脸,但站在人类历史长河中观察,宪法中有关于正义的约定,总比干脆宣扬赤裸裸的专政要强。在“保障国内的安宁,建立共同的国防”的宣告中,能否得出宪法对安全价值的关注?毕竟安全是人类生活的基本条件,也是日常生活不可或缺的前提条件。安全不在,其他价值还能自处吗?从“增进全民福利和确保我们自己及我们后代能安享自由带来的幸福”这一语境中,能否得出宪法对自由价值和幸福价值的特别垂注?并且发现自由乃为实现幸福的工具,幸福乃为自由运作的基本目的?而从“乃为美利坚合众国制定和确立这一部宪法”这一最终指向性阐述中,能否推出宪法对宪政和法治的关怀?并且前述所有价值,都最终被装置在具有契约性的宪法框架之中?从而宪政和法治乃是实现所有前述宪法价值的工具维度?

如上所有的追问和解读,似乎有些寻章摘句、探幽寻隐的意味,但它也说明,宪法以宣告的句式所表达的理念,是值得进一步追问和设问的,是值得进一步解释的。在这个意义上,用德沃金的话说:宪法、宪政、法治就是一个“诠释性概念”。[①] 由于诠释(诠释学)和修辞(修辞学)之间尤为紧密的关联,[②]故对宪法、宪政和法治的诠释,便不可避免地要借用修辞特别是设问修辞的方式才能更进一步说明。这不仅会增益于论证的力量,也更能够强化论证的效果,从而实现对宪法、宪政和法治的更深入的理解。

其次,美国宪法为什么要规定这样的价值?民主、合作、正义、安全、自由、幸福、法治等,是近代以来思想家们不遗余力的价值追求,当然,也在一定程度上契合了普通民众的价值期望。但是,当回答为什么这些价值就一定优于专制、散漫、偏激、困扰、奴役、愁闷、人治等人类生存的状态时,经典作家们并没有给出一个逻辑圆满的回答,并且事实上他们也无法给出一个逻辑圆满地回答。因为这些价值,本来在逻辑上是难以圆满地证立的,毋宁说它们本身都是些设证,有待社会实践不断地加以证明。因此,我们所见的最有力(当然也可以说最无力)的回答不过是一个需要进一步回答和验证的答案:这些价值,乃是天赋人权。

当人们把为什么如此规定的追问置于这一答案中时,其情其景不禁令中文读者想起熟知的“王道之三纲,可求于天”[③]这样雷人的答案中,也不禁想起在萨满教的世界,把一切现象都归于天灵灵、地灵灵、禽兽草木皆灵灵的混沌境界中。从而这些经典作家们告诉我们的,最终只是一种诗性的修辞和信仰,而不是理性的逻辑和验证。这种情形,在当下中国公民有关普世价值和阶级价值的论辩中常可见到,也在有关世界主义和民族主义的争论中不时呈现。

普世价值论和世界主义者尽管能以高调的说教吸引听众或读者的关注,但一旦放在逻辑的框架中不断追问,总能被一只白鸦证伪“天下乌鸦一般黑”一类的证明模式所打断,因为迄今为止,尚没有见到任何一种普世论的价值得到完美的贯彻。既然普世价值是天赋的,是人类所无法抗拒的,又为何在人类交往行为中实行起来如此困难?只要这样一追问,我们就宁可把普世价值作为一种修辞,作为一种精神性事实和追求,

---

① 参见[美]德沃金:《法律帝国》,李常青译,中国大百科全书出版社 1996 年版,第 42~79 页。

② 两者的紧密关联,参见洪汉鼎:《诠释学与修辞学》,载《山东大学学报》(人文社会科学版)2003 年第 4 期;张鼎国:《经典诠释与修辞:一个西方诠释学争论的意义探讨》,载《山东大学学报》(人文社会科学版)2003 年第 2 期。

③ (汉)董仲舒:《春秋繁露·基义》,载闫丽:《春秋繁露译注》,黑龙江人民出版社 2003 年版,第 223 页。

而无法把它作为一种逻辑,作为一种现实随处可见的交往行动。因为在人们交往行动的世界,反倒是弱肉强食、充满偏见、你死我活的宗派主义、种族主义、阶级主义大行其道,并因此经常呈现为经验事实。

当然,笔者在这里的阐述不是要对美国宪法所规定的如上普世价值作否定回答,更不是对宗派主义、种族主义和阶级主义的赞美,因为笔者对这些主义本来就持保留态度。在这里的论述仅仅是想说明:当宪法上中对为什么要规定这些价值并未给出通透的回答,而作为宪法的读者又迫不得已必须追问的时候,不要企望人们对设问的回答都是符合逻辑的,只要能够通过修辞导致人们对相关理念深信不疑——哪怕它是一种人们知其然,不知其所以然的信仰,也就能够取得对设问的有效回答。这既说明对宪法序言运用设问修辞加以追问的必要,也说明宪法及其导向的宪政和法治本身既是“诠释性概念”,也是“修辞性概念”。

再次,美国宪法规定这些价值究竟用来干什么?显然,这是一个颇具实用主义色彩的设问。但是这一设问却直接涉及宪法的功能问题。所有价值性的概念及其规定,都往往给人以空喊口号、大而无当的印象。宪法所规定的这些价值乍看起来也是如此。但是,这些价值绝不仅仅是一种意识形态的宣告,而且必须和社会交往的基本行为结构相牵连。否则,这些规定就变成空泛抽象的文字标签,失去规范并促动人类交往行为的功能,并进而也失去了构织人类交往行为之秩序的功能了。那么,具体来说,这些价值性规定之于法治、之于人们交往行为的意义究竟何在?

一方面,这些价值性规定,既是宪法的具体规定得以展开的思想基础和原则根据,也是以宪法作为母法的其他法律得以展开的核心理念。法治的建构,必须首先从法律规范开始,没有法律规范的前提预设,就没有法治。笔者愿意借用形式法治和实质法治①的说法,对这两个概念作出善意的改造:纯粹展现在纸面上的法治,可谓形式法治;按纸面上的规定落实为交往行为中的法治,可谓实质法治。由此看来,笔者这里所谓实质法治,是以形式法治为图纸而展开的法治。从这个意义上讲,宪法和法律本身就构成法治的图纸,就是法治的“行动路线图”,必须首先把

---

① 一般认为,形式法治是法律实证主义所倡导的法治,它力争在社会秩序构造中,以法律至上为逻辑起点。形式法治的流弊导致诸如利益法学、自由法学等对它的纠偏,而强调实质法治。最近,在我国有些学者公开强调实质法治,参见何海波:《实质法治:寻求行政判决的合法性》,法律出版社2009年版。

法治落实在纸上,才有可能进一步落实在交往行为中。所以,纸面上的、形式的法治,乃是行动中的、实质法治的基础。可见,实质法治不存在"摸着石头过河"的问题,它必须是事先设计好的、建构好的。在这一方面,无论英美经验主义,还是欧陆建构主义,大致都采取同一的立场,运用类似的措施。迄今为止,兴许没有人能够找出一个国家有宪政和法治,而不事先搭架宪法和法律框架的。在此意义上,作为规范形式的宪法和法律,就是为实质的宪政和法治进行设问,而宪政和法治的实践(实质法治),就是对它的作答。另一方面,这些价值性规定,是形式法治导向实质法治、纸面法律导向法律实践的指导思想。人类作为精神性存在,其一切交往行为,皆因其精神性的诱导而具有人类本体性的特征。在这个意义上,所谓交往行为,不过是一种表现为行为的精神现象。交往行为倘若不能明确地展现出某种精神现象的特征来,毋宁说是一种梦游,甚至是一种动物的本能。由宪法和法律作为形式框架或者规范预设的宪政与法治,本来就以宪法和法律作为精神前提。其中宪法所规定的上述价值,则可谓纲领。人们的交往行为能够提纲挈领,也就意味着可以纲举目张;否则,如果人们的交往行为实践不能提纲挈领,则只能"胡子眉毛一把抓",实践行为乱做麻。目前我国法制进程中所呈现的种种怪现状,其基本因由恰恰是不能以宪法设定的价值作为人们交往行为的纲领(当然,宪法自身规定的不当是更重要的缘由),而在宪法之外另起炉灶,耗散并消弭宪法价值及其功能。

总之,宪法规定的价值在功能上就是宪法的精神,从而也是宪政和法治的精神。它们作为人们交往行为的精神性约定,是使人们行为服从规则治理的价值设问。如何回答这一价值设问?这不仅是个理论问题,而且最终只能是个交由法治实践(实质法治)去回应的问题。

最后,美国宪法规定的价值如何能实现?工欲善其事,必先利其器。虽然宪法是根本法,但宪法绝不仅仅是宣告性法律,而且还必须是可操作性法律。[①] 哪怕是宪法序言规定的原则性和价值性的内容,也理应具有可操作性的特点。这种可操作性集中体现在宪法的可诉性上。所谓

---

① 法律具有宣告性法律和操作性法律之分。在笔者看来,所谓宣告性法律,就是颁布一种原则和规则,这种原则和规则只具有意识形态的宣告性功能,而不具有司法的可诉性和可操作性功能。而可操作性法律尽管可能有很多不同的衡量标准,但法律能否被运用于司法解决纠纷的过程中,是衡量其可操作性的关键所在。

可诉性,是指围绕宪法所产生的争议,能够通过诉讼的方式交由司法处理。[1] 只有宪法具有可诉性,才能从宪法导向宪政;否则,一个国家的宪法不具有可诉性,则意味着这个国家虽有宪法,但无宪政。[2] 所以,对于宪法规定的价值如何实现的设问,只能自其可操作性入手进行解读。

宪法的可操作性要求,不仅是对宪法具体规定(规则)的要求,而且也是对宪法原则和价值的要求。这一要求能够使宪法较好地免予因可操作性障碍而功亏一篑。众所周知,在美国为了前述宪法价值的实现,强调司法独立。但司法独立的典范意义不是体现在对普通民事案件和刑事案件的依法裁决上(尽管这些领域中的司法独立也殊为必要),而是体现在对违宪行为的司法审查上来。其中马伯里诉麦迪逊案,以判例的形式确立并最终赋予联邦最高法院对违宪行为的司法审查权,从而司法独立由形式法治转化为实质法治,由纸面法律转化为司法实践。美国司法的实践有效地回答了宪法规定的价值如何才能实现的设问。

然而,更进一步的问题还在于,司法审查及司法独立制度所导致的宪法的可操作性,虽然能够维护宪法的尊严,但能否把宪法的价值转化为对全体公民带来自由、带来福祉、带来安全,并使社会治理导向民主、导向法治、导向正义的后果?事实上,司法审查从根本上讲就是对权力行为违宪的审查,这一内容和宗旨,客观上标明司法审查一般会导致对权力扩张的制约。众所周知,人类尽管不能没有政府,尤其是复杂的社会交往系统,更需要政府出面协调公民间不能自处的交往,但不无吊诡的是,对自由、福祉、安全、民主、法治和正义的最大威胁,恰恰是没有制约的权力。违宪审查既然在司法独立的保障下控制了权力恣意的通道,就意味着在根本上解决了权力对上述价值的侵犯。进而公民能否享有宪法规定的价值,就需要同时和公民的意愿相结合。在美国历史上,黑人运动、女权运动以及最近发生的占领华尔街运动等,都是在公权有约的前提下,公民通过集体行动,来捍卫宪法价值,增益公民权利和自由,增进公民福利和幸福,进而维护民主、法治、人权和正义。这本身就是对前述设问的实践回应。

---

① 关于法律可诉性的具体论述,参见谢晖:《独立的司法与可诉的法》,载《法律科学》1999年第1期。

② 龚祥瑞先生生前强调我国虽有宪法,但没有宪政(参见龚祥瑞:《盲人奥里翁:龚祥瑞自传》,北京大学出版社2011年版)就是从此意义上讲的。迄今为止,我国不但没能建立宪政诉讼制度,甚至连最基本的违宪审查机制都没有,从而使宪法成为纯粹宣告性法律,而非可操作性法律。

（二）借我国《宪法》第1条简析其所蕴涵的设问修辞问题

在此，笔者将抛开前面以宪法序言作为分析对象的路数，利用人所熟知的我国现行《宪法》第1条的部分规定作为分析对象。相关规定是："中华人民共和国是工人阶级领导的、以工农联盟为基础的人民民主专政的社会主义国家……"从规定本身来看，它和美国宪法的序言一样，是具有宣示性的陈述句，但所陈述的内容，站在继续解释的立场上，必须经过追问和论证才能获得合理与否的判断。或以为，宪法的规定就是规定，不能经过设问及论证对之作出否定性质疑。在笔者看来，这仍是一个意识形态的宣教，无以表达学术固有的质疑精神。

言归正传，在上述简短的宣告中，读者能读出丰富的含义：这个国家的领导力量——工人阶级；立国基础——工农联盟；国家管理方式——人民民主专政；国家根本制度——社会主义。循着这种字面意义和解释路径，人们不由不进一步追问和设问的是：何为工人阶级？他在什么意义上是领导阶级？什么是工农联盟？工农真的联盟了吗？人民民主专政可能吗？它对法治意味着什么？为何不实行人民民主参政？何为社会主义？这个国家真的在实行社会主义吗？如下笔者将简略地分析并回答在宪法阅读中的这些设问，并进而说明这样的宪法规定，自身预设了人们对它的进一步设问——这一点和美国宪法序言无异。

工人阶级的含义，在意识形态视界，似乎是个铁板钉钉的问题，但(1)在我国对知识生产者（知识分子）究竟应如何定位的问题上，长期以来存在分化。只是改开以来，为调动知识生产者的政治热情，并给其所谓崇高的政治地位，才在"科学是第一生产力"的感召下，让知识生产者获得嗟来之食。然而，这种把知识生产者结构在政治意识形态中的明显作秀，未必深受他们的欢迎。(2)三十多年来，我国经济结构的变化，让近3亿位农民或转为市民，或在城市"打工"，已经或正在成为"工人阶级"，从而明显影响着工人阶级的既有概念。(3)大量工人因为改制而失业，他们不得不去自谋职业，走向工人阶级的对立面——"资本家"的路子。(4)工人阶级被赋予特殊的意义，是因为它和剥削阶级——资产阶级的对立。而长期以来，以至于如今我国还是公有制国家，工人阶级命题在这种经济结构中，消失了其固有的内涵。因此，强调所谓工人阶级，不过是意识形态说教的惯性使然。这样，所谓工人阶级就既是一个不确定的概念，也是一个功能不明的概念。至于工人阶级的"领导"地位，就更是一个模糊性规定。

工农联盟这个在战争年代曾行之有效的做法，如今作为国家的基础，尽管反映了执政者的怀旧意识和感恩情结，但一方面，工农之间、他们与小作坊主之间身份的不断变化，让这个概念失去了昔年的参照；另一方面，长期以来，共和国偏重城市、忽略乡村的做法，已然在城乡之间筑起了铜墙铁壁，导致了严重的城乡隔离[1]和差距。这种差距，不仅是经济、教育、医疗卫生意义上的，还是身份、心理乃至政治等制度意义上的。在此情形下，还何谈工农联盟现实？

人民民主专政究其实质，是残酷的战争年代对待敌人的手段。“专政”是使中国国民之间嫌隙加深、裂纹凸显的重要诱因，哪怕宪法用人民民主专政这样颇具迷惑的词汇，也难以消除人们对这一词汇的深深疑虑，难以打消人们面对相关规定的毛骨悚然、胆战心惊。更重要的是，这种“人民民主专政”的宪法预设，不但无助于宪政和法治；反之，对宪政和法治而言，只能谓之“黑夜给了我黑色的眼睛，我却用它寻找光明！”[2]记得当年陈鼓应先生曾有一建言：把人民民主专政改为“人民民主参政”。鄙以为，这一字之改，可谓神来之笔。果能如此，由宪法通往宪政、法治的路才可能敞开。

至于社会主义制度，尽管被宪法标举为根本制度，并且在意识形态上一直强调坚持“社会主义制度毫不动摇”，可一直以来，这只是一个“摸着石头过河”的概念。我国当下“社会主义”的实践，被人径称为“权贵资本主义”，这绝不是没有来由的。以往的社会主义实践，也可谓官僚资本主义。所以，直到目前，社会主义制度的设计，不过是较好地阻挡了人们对自我安排其生计的追求，并为恩典型政治提供了一种可能，而并未在实质上促进社会主义这个自从“大同”理想或“理想国”以来就存在的高贵理念[3]在实践上的进展。

笔者的上述设问及其回答是想进一步表明：即使我国的宪法与法治理念之间还只能隔岸遥望，但这一宪法还是作出了它的一些制度预设。其中涉及根本性、基础性的制度预设，都是在逻辑上无法圆满地予以证立和检验的。因此，人们要更深入地理解它，就只能把它置于修辞的视

① 相关论述，参见俞德鹏：《城乡社会：从隔离走向开放——中国户籍制度与户籍法研究》，山东人民出版社2002年版；《城乡居民身份平等化》，中国社会科学出版社2009年版。

② 顾城：《一代人》，载顾工编：《顾城诗全编》，三联书店上海分店1995年版，第113页。

③ 笔者认为，中国古已有之的“大同理想”和柏拉图的“理想国”，都含有明显的社会主义理念。

野下才有可能。这也表明,宪法有关根本性制度和基础性制度的设计,严格地讲就是一种制性度修辞,而展开来讲,则是一种必须通过设问而予以回答的修辞——无论这种修辞是否关联宪政和法治。

(本文原载《文史哲》2014 年第 2 期)

论诗性、修辞与法律价值预设

法治作为一种制度预设，虽然源于人们的日常生活，是日常生活最终决定了法治，而不是法治最终决定了人们的日常生活。但近代以来循着严格立法路径推衍的法治模式，决然不仅是对日常生活的亦步亦趋。“法令改变不了社会”①的说法即便在终极意义上是一个确凿无疑的事实，但在过程意义上或是一句十分正确的废话。因为我们在短短十多年来，中国加入世界贸易组织，并答应遵从其相关规则所带来的社会的巨大变化中，明显可见法令对社会发展到某个阶段的强力推动和决定性影响。但问题是，既然法律在改变着社会，改变着我们的交往行为方式，甚至也改变着我们的心理结构，②，那么，必然意味着它本身不是

---

① 参见[法]克罗齐耶：《法令不能改变社会》，张月译，格致出版社 2008 年版。

② 说法律在改变着人们的心理结构，在有些人看来或许言过其实、夸大其词。但我们所面对的日常生活事实业已表明，法律权利观念的深入人心，已经让人们在交往中以主体身份进行参与，因此，权利不仅壮大利益，而且也壮大精神。经由现代法律的规划所展开的现代企业组织和管理方式，让所有人以主体的身份结构在企业生产、管理和交易过程中。一旦这种主体关系被破坏，则任何一位主体皆可以法为据，诉讼于公堂，争辩于法庭。这正是法律对人们心理结构以及由此决定的行为结构的重要影响。这在最近围绕一起造谣事件，范冰冰、章子怡等都自觉地选择司法诉讼的方式解决纠纷的行为中明显可见（参见《范冰冰……起诉网站及影评人索偿》，载 http://ent. qq. com/a/20120611/000074. htm? pgv_ref = aio2012；《章子怡向香港法院递诉状》，载 http://ent. qq. com/a/20120611/000579. htm? pgv_ref = aio2012&ptlang = 2052，2012 年 6 月 26 日访问）。它表明，有纠纷而寻找权力庇护的情形正在改变，寻找法律帮助的情形正在形成。

我们日常生活导生的结果;反之,它在改变并导生着我们的日常生活。进而需要追问的是:以有限的法律规定(原则、规则),如何能调整或规范如此复杂多样的社会交往关系?这种规范是一种科学的规范还是人文的规范?是理性的安排还是诗性的安排?是逻辑的诱导还是修辞的诱导?特别是法律和法治中的价值预设,又是根据诗性思维和修辞的原理,还是根据理性思维和逻辑的原理所得出的?这些问题,也是本文所拟展开讨论的一些话题。

一、法律价值预设作为一个诗性话题

(一)法律与诗性思维

一般认为,法律是人类理性的产物,其目的是实现社会和人类交往的善良公正,但其自身是实现善良公正的技术或手段。① 任何技术手段,都必须置于理性权衡之下;否则,就不可能带来人们期望通过它获益(无论是精神的,还是物质的)的效果。尽管法律有其价值之维,但一般来说,法律的价值之维,存乎法律规定之外,即便法律原则的规定,在法律之内或许是价值问题,但逃出法律之外,它也是实现价值、追求目的的一种技术手段。在这个意义上,把法律及其价值归于诗性话题之下,似乎不无浪猛、无比唐突。

是的,法律总是理性权衡的产物,即便是人们在交往行为中自发地选择和形成的习惯法,也是人们在自发的行为中博弈选择的结果。这种博弈,有时候还不仅仅产生在自发的行为之间,而且自发行为还会面临与强大的国家组织行为的博弈。例如,春节、清明、端午、中秋等节日,曾被国家大传统宣布为落后习俗,而要求人们“腊月三十不停工,正月初一照样干”,要求人们丢弃祖先崇拜、革除亡灵祭祀……可数十年过来了,上述习惯不但没有被国家大传统的禁令所销蚀,反而成为国家大传统必须尊重的习惯。如今,上述节日皆被规定为法定假日。再如,一度在各地推行的燃放烟花爆竹禁令,在人们日常生活习惯的坚韧制约下,终于松开其禁止性规定,由禁放改为限放。这些都足以表明,国家法也罢,民间法也罢,都是在行为博弈和规则博弈过程中人们权衡选择的结果。这一过程,使法律似乎天然连接着理性,关联着逻辑,从而在一定意义上排斥着诗性、规避着修辞。

---

① 乌尔比安引用杰尔苏斯的话说:“法乃公平正义之术”(参见[意]斯奇巴尼选编:《民法大全选译/正义和法》,黄风译,中国政法大学出版社 1992 年版,第 38 页),就典型地表达了对法律的这种见解。

然而,即使法律必然存在理性之维,但也并不意味着它能摆脱诗性之维。在笔者看来,法律之于诗性,不是其拒绝与否的问题,而是其根本就无法摆脱的问题。这意在表明,诗性是法律的必要向度,尤其是当我们把法律连接到法治这个宏大而又不无自负的命题的时候,既显示了人类选择的一种抱负,也表达了人类行为的一种浪漫。经由这个词汇,可以把人们带入法治之瑰丽而生动的诗性世界。

行文至此,须要交代一下究竟什么是诗性,以及什么是诗性智慧和诗性思维。意大利人维柯在其《新科学》中,描绘了一个独特的智慧世界。这种智慧是原始智慧,因此也是一种粗糙的智慧。这种智慧世界不同于理性的逻辑世界,而更接近于一种诗性的修辞世界。所谓“新科学”的命名,就是基于作者对以理性逻辑为特点的科学世界的反思。“新科学”的领域,毋宁说是艺术和美学的领域。在这个领域,具有完全不同于科学世界的思维特征和智慧内容,这便是诗性智慧。且看他是如何样描述诗性智慧的:

> “……古代人的智慧就是神学诗人们的智慧,神学诗人们无疑就是异教世界的最初的哲人们,又因为一切事物在起源时一定都是粗糙的,因为这一切理由,我们就必须把诗性智慧的起源追溯到一种粗糙的玄学。”
>
> “诗性的智慧,这种异教世界的最初的智慧,一开始就要用的玄学就不是现在学者们所用的那种理性的抽象的玄学,而是一种感觉到的想象出的玄学……”
>
> “……正是人类推理能力的欠缺才产生了崇高的诗,崇高到使后来的哲学家们尽管写了些诗论和文学批评的著作,却没有创造出比得上神学诗人们更好的作品来,甚至妨碍了崇高的诗出现。”①

或许维柯这种对诗性智慧的发散性描述,尚不能满足中文读者喜欢准确地把握该词的习惯和嗜好(这已经流露出一种理性思维的特征),为此,笔者把我国台湾地区学者林雪玲对诗性智慧或诗性思维的定义性描述引证于此:

> “诗性思维,又称原始思维,意指人类儿童时期所具有的特殊思考方式。其特征为主客不分,运用想象力将主观情感过渡

---

① [意]维柯:《新科学》,朱光潜译,人民文学出版社1986年版,第155页、161页、167页。

到客观事物上，使客观事物成为主观情感的载体，从而创造出一个心物合融的主体境界。”①

尽管诗性思维在上述作家笔下，皆被认定为是一种原始思维，但这并不意味着人类进入文明状态后该思维方式便销声匿迹；反之，即使在今天科学如此昌明、理性如此受捧、逻辑如此发达的时代，诗性思维依然是人类追问价值、寻求美感、面对未知时必须倚重的思维方式。在这个意义上能否这样说：人类文明的发展，虽然越来越远离其儿童时代，但并未因此而丢弃其原始思维。为什么会如此？其基本缘由是人类文明和理性本身的相对性。

常言道：人类一思考，上帝就发笑。这句广为流传的格言告知人们：在终极意义上，世界永远是不可知的，人类思维面对浩瀚的宇宙和无限的未来，无法清晰地运用数目字全盘处理，于是，插上想象的翅膀，在诗性思维的视角衡度宇宙、考量人生、把握未来，是克服并补救人类理性思维有限性的重要思维方式。人类思维不仅在面对自然界时是如此，而且在面对人文—精神领域的问题时，更是如此。

人类从本质上讲，是一种精神现象。这是何以“万物皆备于我”②的思维前提，也是为何“我思故我在”“存在就是被感知”“语言是存在之家”③的存在基础。近代以来的西方哲学，就是依循精神现象而展开和深入的，甚至连牛顿在科学（力学）之后寻求上帝第一次推动的努力，也可看做其从自然领域位移到精神领域的努力——尽管这种努力在结果上是无效的。为何牛顿的努力在自然领域会取得穿透历史、影响人类的成就，而在精神领域却寂寂无闻，甚至成为一些科学团体为圣人讳的缘由？④ 原因可能很多，但不能不思考的是人类精神领域和自然物质领域相比较有更复杂、更深沉，甚至纯粹靠理性、逻辑和科学所无法解释和验证的内容。即使把精神世界限缩在人们日常交往的领域，也明显存在和

① 林雪铃：《以“启发诗性思维”为导向的新诗教学设计及其实作成果分析》，载《文传学报》2009 年第 8 期。

② （战国）孟轲：《孟子·尽心上》，载宋元人注：《四书五经》（上）之（宋）朱熹：《孟子集注》，中国书店 1985 年版，第 101 页。

③ 分别为笛卡尔、贝克莱和海德格尔的重要哲学命题。也曾是一种“唯物史观”不遗余力地批判的靶子和对象。参见［法］笛卡尔：《笛卡尔：我思故我在》，王阿玲译，中国画报出版社 2012 年版；［英］贝克莱：《人类知识原理》，关文运译，商务印书馆 1973 年版；［德］海德格尔：《诗、语言、思》，彭富春译，文化艺术出版社 1990 年版等。

④ 参见《牛顿》，载 http://baike.baidu.com/view/1511.htm，2012 年 6 月 26 日访问。

自然世界完全不同的样态——恰恰是这种样态，让科学、理性和逻辑在精神领域的运用大打折扣。

在和自然世界比较的意义上，笔者把精神世界描述为"双重动态"的世界，而把自然世界描述为"单向动态"的世界。后者是指自然世界的运动，是机械的、内在的、可测的、可控的，而前者的运动，却是有机的、内外双重的、不可测的和不可控的。[①] 所以，对已知的自然物质世界，完全可以代入公式、依循逻辑而在理论上解决，在实践中验证。但即使对已知的精神世界，人们很难在一个公式所约定的框架和条件内进行解释。这正是精神领域完全有别于并且明显复杂于自然领域的缘由所在，也正是对精神领域的认识完全有别于并且明显复杂于对自然领域的认识之缘由所在。许苏民曾指出：

> "民族的生存条件至少应该包括五重现实的对象性关系：人与自然，人与作为个体而存在的他人，人与社会群体，人与现存的传统文化氛围，人与动态发展着的历史进程等。"[②]

如果许苏民的这种设证成立，则可以看出，在人（民族）所面对的5种"对象性关系"中，只有人和自然的关系才涉及物质自然领域，其他4种关系，无一例外地都属于精神领域的"对象性关系"，或者把精神现象对象化后生成的人与对象的关系。这更进一步彰显了人类精神现象的独特性、复杂性和在很多情形下的非逻辑性。

正是这些因素，使如何把精神领域的研究和自然领域的研究分开来，以方便地寻求精神领域问题的独特之处和规定之处，有效地阐释人类精神现象自有的问题，成为必要。这也迫使人们在科学（自然科学）之外，寻求精神领域研究的定位。这一定位，有些人称为精神现象学，如黑格尔；有些人称为精神科学，如狄尔泰；有些人称为文化科学，如李凯尔特；有些人称为美学或道德科学，如齐美尔；有些人称为新科学，如维柯；有些人称为诠释学，如伽达默尔；有些人称为交往行为理论；还有些人称为人文社会科学，如当今中国学人……[③]凡此种种，都照应了一个无可回

---

① 参见谢晖：《法哲学讲演录》，广西师范大学出版社2007年版。

② 许苏民：《文化哲学》，上海人民出版社1990年版，第125页。

③ 分别参见[德]黑格尔：《精神现象学》，贺麟等译，商务印书馆1979年版；[德]狄尔泰：《精神科学引论》，童奇志等译，中国城市出版社2002年版；[德]李凯尔特：《文化科学与自然科学》，涂纪亮译，商务印书馆1986年版；[意]维柯：《新科学》，朱光潜译，人民文学出版社1986年版；[德]伽达默尔：《真理与方法——哲学诠释学的基本特征》，洪汉鼎译，上海译文出版社1999年版；[德]哈贝马斯：《交往行为理论》，洪佩郁等译，重庆出版社1994年版等。

避的事实:精神领域不同于自然领域。精神领域具有更加复杂的特征,因此,要完全借用科学、理性和逻辑的思维,无法胜任愉快地揭示精神领域的本质。于是,诗性思维在精神领域的研究上,理应出场、必须出场,并作为最重要的思维方式贯穿其中。

可见,诗性思维和理性思维一样,是人类必须面对的两种思维向度。只要人类无法一劳永逸地解决自然领域的问题,同样,只要人类无法按部就班地解决社会—精神领域的问题,那么,也就无法摆脱对诗性思维的必然依赖。事实也证明,诗性思维是克服理性的机械枯燥,把人们带进那种"诗意地生活"境界的基本方式。这种思维方式,对法律价值预设而言究竟意味着什么?笔者将通过如下问题的解决予以阐述。

(二)为何选择法律价值预设

何以在本文中要撷取法律价值预设来说明诗性思维与它的关系,并进一步说明其和法治的关系?法律价值是一个表征主体需要与法律供应之间关系的概念,是法律满足主体交往行为需要的状态。显然,它是介乎主—客体间的一个"关系性"概念。[①] 这样看来,法律价值未必等同于法律价值预设。前者跨越法律这一客体和人这一价值享有者(主体),从而是由法律内部而及于外部的概念,但法律价值预设却不同,它自始至终就是一个法律上的或者说法律内部的概念。因此,它类似于法律的价值这一概念(应特别注意,法律价值不同于法律的价值[②]),但又不同于法律的价值。因为法律的价值在法律内部视角,是一个倾向于应然性和实然性同在的概念,而法律价值预设在法律内部基本上属于应然范畴。

法律价值预设在规范实证意义上,经常体现在法律原则的规定上。众所周知,对一部法律而言,原则既属于提纲挈领、纲举目张的内容,也属于高屋建瓴、总览全局的价值。它在表现形式上是高度抽象的,但在涵摄内容上又是广泛全面的。在多数条件下,这些规定只能是一种假定、一种预设。因此,它虽然具有现实的一面,但在更多情形下,它代表了人们对法律的憧憬和理想。这种憧憬和理想,就提供了诗性思维和法律价值预设之间的连接通道。

---

① 笔者对法律价值问题的意见和看法,参见谢晖:《法律信仰的理念和基础》,山东人民出版社1997年版,第138~231页。

② 相关论述,参见谢晖:《法律信仰的理念和基础》,山东人民出版社1997年版,第162~175页。

以婚姻自由这一婚姻法的基本原则(价值)为例,对任何一位青年男女而言,这是一个能把相互的爱情化作婚姻的原则保障。但究竟什么是婚姻自由?婚姻自由法律预设的实践场景是否只存在于自由状态下?没有爱情的自由结婚能否算作婚姻自由?类似如下的婚姻选择是否属于婚姻自由的范畴:

一对生活在北京且十分恩爱的男女,各自因为无房无车,在北京实在"无法"生活,决定分手。不久,两人各奔前程,建立了自己有房有车的幸福之家。谈到以往的爱情,两人都表示那是人生的巅峰感受,可能此生不会有二。但谈到婚姻生活,两人都主张爱情不能当饭吃,婚姻还是要现实点。

在"婚姻的基础是爱情"这一浪漫主义理念下,按理只有这两人之间才最适合建立婚姻,他/她们的婚姻,才符合婚姻自由的真谛,可吊诡的是两人都为了眼下实利,放弃了"价不低"的爱情,选择了"价更低"的房子、车子……

这一例证提醒人们的是,究竟应把婚姻法原则中的婚姻自由看做心灵归宿的自由,还是行为选择的自由?如果从心灵归宿意义上讲,或许前述这对恋人之间更能够心心相印,他/她们之间选择结婚成家,或许更符合婚姻自由的价值真谛。但从行为选择的自由视角来看,两人都没有选择自己的心上人作为婚姻伴侣,反而因为利益的自由而选择了爱情的不自由。那么,这种行为选择是否属于婚姻自由的价值预设范畴?倘若按照恩格斯有关"如果说只有以爱情为基础的婚姻才是合乎道德的,那么也只有继续保持爱情的婚姻才会合乎道德"①的说法,那么,这种为了物质利益的自由行为选择,显然是对爱情和心灵自由的背叛。如果支持这种背叛,强调只要是当事人自主自愿的行为选择,则婚姻自由仅仅是结婚或离婚之行为选择的自由,不应当包含珍重爱情的心灵自由;如果反对这种背叛,则必须在婚姻自由的内容中嵌入爱的心灵自由这一因素;否则,所谓婚姻的基础是爱情也就是某种意识形态说教,而不具有法律规范乃至法律价值预设的条件。

以上讨论说明,作为价值预设的婚姻自由,究竟应表现为何种情形,人们既可以运用逻辑的、科学的手段予以说明,所谓婚姻自由应包含结婚自由和离婚自由的陈述,就是这种科学意义上的逻辑归结。但借助这

① [德]恩格斯:《家庭、私有制和国家的起源》,载《马克思恩格斯选集》(第4卷),人民出版社1995年版,第78~79页。

一原则，人们也可以想象自由缔结的婚姻该是以爱情为前提的结合，该是必然能够带给人们幸福和惬意的结果，该是两个相爱的人甘苦共尝、忧乐共担的人生过程。婚姻自由不应当有爱情之外的附加因素，一旦有这样的附加因素，婚姻自由便牺牲在物质世界供应的不自由中，从而婚姻自由这一目的屈从于外在的物质条件。

这样的分析使婚姻自由这一价值原则即使有逻辑的归结和解释，但也不能排除人们对这一原则更高级的诗性想象：把人间男女的一切美好，都归置在婚姻自由原则的名下，让美好的想象借婚姻自由原则而驰骋飞翔——我们所见到的一切婚姻自由的美好故事，一定是打破了父母之命、媒妁之言、门当户对的婚姻，一定是西/范牵手、文/司私奔、终成眷属之类动人肝肠的婚姻。除此之外，一切斤斤于小利，蓁蓁于权术的婚姻，都不过是对婚姻自由的讽刺。这正是诗性思维在婚姻自由这一原则上的映照，也隐含法律价值预设与诗性思维的关系。这也是在本文中笔者为何选取法律价值预设来说明诗性思维和法治关系的基本缘由。

（三）诗性思维与法律价值预设

前已述及，法律价值预设的内容大致上规定在法律原则之中。众所周知，在法律不同要素中，原则是最富抽象性、概括性和价值性的内容，如主权在民、人人平等、人权保障等这类原则，尽管内涵具有一定确定性，但对其本身又可以作出多样的解释。[①] 尤其当这些原则和实践交汇的时候，人们考诸逻辑可以进行种种追问：主权在民究竟是如何体现的？既然主权在民，为什么在日常生活中，不断呈现的是公民权利因为权力的染指而被侵害？公民通过什么方式表达或体现其主权在民的事实？除了一人一票的普选制之外，还有其他方式以表达主权在民吗？代议制民主是否真正实现了主权在民的要求？人人平等指的是什么样的平等？是机会平等还是结果平等？如果是机会平等，为何在一个社会失业的总是底层人士，而一个国家的权力拥有者为何鲜有失业者？如果是结果平等，为什么随处可见富者连田阡陌，贫者无立锥之地的情形？人权究竟是什么样的权利？最重要的人权是生存权、发展权还是自由权？究竟自由权高于生存权，还是相反，生存权高于自由权？如何确立基本人权的内容？为什么都声称要保障人权，可东、西方在人权问题上的对立如此

---

① 这或许最能表明法律和法学既有科学、逻辑的一面，更有人文、诠释的另一面。参见谢晖：《科学与诠释：法哲学研究的两种进路》，载《法律科学》2003 年第 1 期。

明显，乃至成为和平时代东、西方意识形态领域最明显的对立之一？[①]

对上述追问，人们或许能够给出一种逻辑上清晰圆满的说明，但更多的时候，却给不了逻辑圆满的说明。这一方面取决于原则及其价值预设本身的抽象性、主观性和模糊性；另一方面取决于原则及其价值预设与实践结合时的复杂多样性。

一个事物的抽象性来自两种情形，一是该事物表达了最一般的原理或者定理，并能通过数学的方式得到精确的验证。这种抽象，乃是科学的抽象。二是该事物表达了人们最一般的关切和追求，但这种一般关切和追求只能借助经验验证，而无法完全获得数学上精确的科学验证。对后者的验证，在逻辑上可以通过经验归纳的方式进行，而无法运用演绎推理的方式从事。因为一旦诉诸演绎推理，需要首先把该原则及其价值预设代入三段论之大前提中。而要作为大前提，又需要进一步证明该原则及其价值预设本身的合理性与合法性。这里合理与合法的唯一表现方式就是相关原则及其价值预设所表达的内容是真的。

但实践证明，法律原则及其价值预设，并不能被经验完全证实，即便在号称真正民主自由的美国，诉诸其历史，人们依然能发现宪法原则中的平等内容被种族歧视、性别歧视、身份歧视等深深困扰的情形。直到如今，失业、贫富差距这个最基本的事实，让法律上平等的宣告和努力在实践中总是显得捉襟见肘。再进一步，当我们把这种事实放大到国际交往领域时不难看出，所谓平等，不过是发达国家的内部事务，在发达国家和发展中国家之间、不发达国家之间，即便存在所谓票决的平等，也存在事实的不平等。倘若再把国与国之间的这种不平等位移到不同国家之间个人与个人的关系上，则不平等反倒是一种日常的、绝对的、普在的事实，而平等反倒成为反常的、相对的、偶在的事实。这表明，在逻辑上很难周全类似平等、自由这样抽象的法律价值预设，不但如此，它们反而很容易被逻辑所撕裂和证伪。

不能被实践完全证实的基本原因在于法律原则所预设的价值具有

---

① 众所周知，以中国为代表的东方世界与以美国为代表的西方世界近二十年来最大的意识形态冲突，就表现在人权领域。在西方强大的意识形态攻势下，一方面，中国逐渐接受了人权观念，并两度确定了《人权行动计划》[分别是《国家人权行动计划》(2009～2010 年) http://www.gov.cn/jrzg/2009－04/13/content_1283983.htm，2012 年 6 月 26 日访问；《国家人权行动计划》(2012～2015 年) http://news.cn.yahoo.com/ypen/20120611/1104801.html，2012 年 6 月 26 日访问]，但另一方面，人权的主导内容究竟是自由权还是生存权，至今依然是中国和西方针锋相对的重大话题。

主观性、模糊性以及它与实践遭遇后的复杂多样性。价值预设是根据人的好恶作出的。即使那种被宣布为人类一般价值或普世价值的法律预设,依然受一定利益关切的掣制。这正是任何一个国家无不从其利益关切出发,对国内外类似事情采取截然不同的态度、运用截然不同的手段来处理的原因所在。① 因此,法律价值预设本身的主观性、模糊性以及它在遭遇实践之后更进一步呈现的主观性、模糊性、利益支配性和复杂多样性,更不能将其仅仅置于逻辑的框架中进行推论。

可是,尽管这些抽象的价值不能完全置于逻辑框架下进行考量和推论,但这些价值本身却是现代法律所不能或缺的。那么,经由逻辑无法完美证立的情形应如何补救?应如何周全法律上这种抽象的价值预设?笔者认为,一种无法弃置、必须重视的方式就是通过诗性思维,通过理想陈述来周全法律的价值预设。这种诗性思维就是把法律的价值预设放在信仰的维度上。自由、民主、平等、人权、博爱、法治等法律预设的价值,不仅是法律的宣告,也不仅是法律的一种抽象陈述,而且是人们在心理上和行动中必须承诺并予以践行的信仰。② 一旦把信仰因素纳入理解并遵从法律的框架下,则意味着诗性思维和法律价值预设之间,就天然地有了勾连、贯通的管道。那么,诗性思维在手法上如何具体呈现出来?如何通过诗性思维的具体手法说明并理解法律的价值预设?这必须与诗性思维的表达手段或技巧——修辞相勾连。

二、法律价值预设的修辞证明

诗性思维的技术之维就是修辞。诗性思维作为一种和理性思维相对的思维类型,是人们对类似思维方式的一般表达和概括。严格来说,诗性思维和理性思维都是人类思维的内在规定。这种内在规定只有具体地表现为某种外在行为或者技术手段时,才能发挥交往行为中理解和

---

① 最典型的如美国对待塞尔维亚阿族分离主义运动和土耳其、伊拉克、伊朗等库尔德分离主义运动的截然相反的态度。为了支持和保护阿族分离势力,美国等西方国家不惜采取一场战争,颠覆一个国家的政权;为了保护土耳其这一盟国的领土完整,美国则态度分明地站在土耳其当局一边,并把捕获的土耳其工人党领袖亲手交给土耳其处理。如此反差,不正表明利益对普世价值的左右和冲决吗?不正表明在实际行动选择中利益和价值的一般关系吗?

② 尽管笔者所倡导的法律信仰理论(参见谢晖:《法律信仰的理念与基础》,山东人民出版社 1997 年版)受到一些学者,如魏敦友(参见魏敦友:《法理论述的三重话语》,载《法制日报》2000 年 5 月 28 日;《再评"法律信仰"》,载《福建政法管理干部学院学报》2006 年第 1 期);范愉(参见范愉:《法律信仰批判》,载《当代法学》2008 年第 1 期);张永和(参见张永和:《法律不能被信仰的理由》,载《政法论坛》2006 年第 3 期)等的批评,但站在诗性思维的立场上理解法律,尤其是法律原则的价值预设,我认为法律信仰问题是不能回避,也无法回避的。

交流的效果。那么,诗性思维在人们的陈述、写作、讲演、交谈、对话、辩论……过程中究竟通过什么方式才能表现出来?如何把诗性思维的内心激情表现为外在的"煽情",以便激起读者、听众们的共鸣,取得经由语言交往行为的实际效果?事实上,这种手段无外乎修辞。所以,修辞是诗性思维的外在表现方式。

(一)修辞的两个理解维度

修辞作为一种对事物认知的表达方式,既是抒发人们情感的主要的技术手段,也是支持论辩成功的重要的工具形式。所以,对修辞问题,既有人们在传统修辞意义上所作的理解,即把修辞主要作为润饰言语交往行为的一种手段,即技术视角的理解。这里的言语交往,既包括说话、讲演、对谈等语言性的言语交往,也包括书信、论著、辞赋等文字性的言语交往。可以认为,人类社会和交往的发展,就是说和写的博弈史,或者说就是语言和文字两种交际工具的博弈史——口耳相传的语言史,给世人留下了很多非物质文化遗产,而中规中矩的书写史,则把人类文明推进到经由记忆、拓向未来的创造性时代。直至今日,人类借助高科技手段的竞争,无非还是争取语言或文字两种表达手段的竞争。如书写出版的通行及其便利,就是对口耳相传语言交往的一次胜出;而录音、录像以及电视技术的发展,又是对文字书写交往方式的一次超越;至于现代互联网技术,更是将两者兼而融之、巧妙圆润地结合在一起的重要方式。[①] 它成功地把以声音表达的语言交往和以象形表达的文字交往结合起来,使人类文明从此由铅与火的时代,进入电与光的时代。可以说,离开语言和文字的纯粹行为交往,在人类的交往行为中早已退居其次,且其意义和言语行为交往相比较,要大为逊色。

言语交往行为的这种事实,本质上是把人们面对的对象世界——自然、个人、群体、文化、历史甚至语言文字本身等等构织在符号形式下的活动,是用符号形式给一切对象命名的活动。有些命名,就在两种符号——声音和象形之间交替进行。例如汉语拼音,在一定意义上就是对汉字的声音命名;而汉字作为声形兼备的符号类型,又是对声音现象的一种命名。这些命名活动,一般来说属于概念的逻辑范畴。但当人们运用这些命名开始交往行为时,词的多义性、模糊性和多变性,必然投射给人们交往的世界以模糊性的内容。对这样的内容,人们既不能规避,也

① 参见谢晖:《游走在声音与象形之间》,载谢晖:《法治讲演录》,广西师范大学出版社 2005 年版。

不能作出清晰的逻辑回答，唯一的办法，就是把它们诉诸诗性思维，诉诸修辞，以修辞的手段表明人们对它的基本印象——哪怕是模糊的印象。这种情形，具体地表现为所谓修辞格，如拟人、拟物、夸张、排比、比喻、比较、对仗、设问、双关、摹状等。它们使诗性思维的混沌美、抽象美、价值美具体化、形象化为修辞格下的生动美、具象美和事实美，从而使诗性思维由内在的规定外溢为外在的具体表达。所谓"飞流直下三千尺，疑是银河落九天"的扩张，把人面对庐山瀑布、陶情其中、物我两忘的诗性思维淋漓尽致地诉诸笔端，形成想象世界中庐山瀑布银练千尺、恣肆泄流的美好印象。

当然，对修辞的理解，还有在增益于论辩、有助于逻辑推论和批评实践，并增进目的实现意义上所做的理解，即本体视角的理解。常昌富曾就此指出：

> "如果我们采用亚里士多德的定义，将修辞这一概念界定在'在每一件事上发现可用的说服的手段的能力'的话，那么，修辞批评的对象主要局限在传统的演讲形式中；如果我们采用新修辞学和后现代主义修辞学的定义，将修辞这一概念界定在运用话语和象征来达到某种目的的话，那么，其对象则包罗万象，几乎涵盖了我们社会生活中的一切文化现象。我们会发现我们的生活环境从本质上说就是一个象征环境，也就是一个修辞环境。"①

在如上这段引文中，似乎能够得出如下的结论：如果说前种意义上的修辞，诚然是一种技术手段的话，那么，后种意义上的修辞，已然变成人类的一种本体追求，或者修辞就是精神存在的基本方式，人类的交往行为就是一个修辞本体性问题。这样，人们就开始对修辞做某种本体化的努力。笔者认为，这种对修辞活动的本体化努力，与卡西尔所言的"人是符号的动物"，②从而把符号本体化的做法可谓一脉相承，也与存在哲学、诠释学、交往行为理论把人类的语言、理解和解释活动视为人的精神本体性生存的观点具有内在沟通性。在这个意义上，人类借着主观理解给对象世界命名的一切言语行为活动，归根结底是人运用诗性想象，把自己的主观意欲加诸客观世界或对象世界的活动。虽然在某个环节上，

---

① [美]大卫·宁等：《当代西方修辞学：批评模式与方法》，常昌富等译，中国社会科学出版社1998年版，第1~2页。

② 参见[德]卡西尔：《人论》，甘阳等译，上海译文出版社1985年版，第33页以下。

人类的这种命名能够逻辑地、清晰地表达和说明对象世界，但在整全意义上讲，人类对对象理解和命名的冲突、矛盾，人类对对象世界认识的相对、有限等，都决定了言有尽而意无穷的混沌世界之不可避免，也决定了一切命名，归根结底是修辞；一切理解，归根结底是修辞；一切存在（精神现象），归根结底是修辞。这或许正是20世纪以来，特别是20世纪60年代以来，在科学理性的强光照应下，被湮没并沉积了许久的修辞学之所以重新焕发生机，并被本体化的缘由所在。

显然，上述两种不同的修辞观对于法律价值预设而言，会有完全不同的意义。前种修辞对法律价值预设而言，可以增加法律价值理解和说服的技术力量，而后种修辞对法律价值预设而言，则决定着人们对法律价值预设的一种态度。因此，在此对两者分别叙述就有必要。

（二）修辞的技术之维与法律价值预设的论证力量

法律价值预设作为法律中主要运用原则所规定的内容，既是人们对对象世界特别是对人类社会长期观察的结果，但同时也是人们在诸多观察结果中进行筛选和抉择的结果。以当代世界绝大多数国家在宪法中都明令的民主原则为例，尽管在一般理念上讲，民主总是胜于专制的，但只要诉诸经济效益的考量，这种一般的理念会常常被证伪，如苏联曾实行高度的中央集权统治，为什么在短短数十年间迅速地成长为世界经济、军事和政治强国？为何中国并没有普选的民主事实，甚至在政治上一直推行“党国体制”，但在近三十年来经济异军突起，从一个GDP总量排名世界靠后的国家，一跃而成为GDP排名世界第二的国家？为何菲律宾、墨西哥等国都实行民主，但长期以来，在经济上不但停滞不前，反而不进则退？

这样的质问，显然使民主普世性的价值预设和约定，陷入一种模糊不明的状态。对它要作出逻辑的、清晰的说明，当然不是不可能，但只要在人类制度和管理实践中存在民主反而利之所失、专断反而利之所得的具体个例，就必然存在人们对民主价值预设的质疑或不信任。在此情此景下，应对质疑和不信任的手法自然不是“武器的批判”，而只能是“批判的武器”。其中作为技术之维的修辞是充实批判之武器的重要支持力量。

既然法律预设了民主的价值，既然人们要依据法律来构织人间交往行为的秩序，并因之而摒弃人治，实现法治，既然民主的价值预设充分相信“众人拾柴火焰高”，相信“三个臭皮匠，顶一个诸葛亮”，那么，当民主的实践遇到与上述预设背道而驰、龃龉抵牾的情形时，对上述理念给出修辞性说明,以坚定人们对于民主价值的信念,强化人们对民主价值的追求,补救民主价值可能存在的缺陷等,自然是一种必要的选择。

例如,一位论者可以通过比喻的修辞手法,说明如下的观察结论:虽然专制体制有时能够实现经济上的高效益和高效率,但专制的本质必然使利益大河主要流经国库,最终流入个别人腰包,只有那潺潺小溪才可能润泽公民个人的钱袋。它形象地表明专制即使能带来效益,也不会是对公民普惠的效益,而只能是惠施于个别有权势者的效益。而另一位作者可以借助排比的修辞手法,说明专制体制在价值上劣于民主体制的事实:君不见苏联当年虽飞速前进,但公民生活却每况愈下的事实吗?君不见苏联当年虽经济指标高涨,但政治—社会腐败现象层出不穷的事实吗?君不见苏联当年虽国库殷实,但国民经济体系严重失衡,农、轻、重比例严重失调带来的灾难吗?君不见苏联当年虽然在经济上一跃而成为世界二、三号角色,但对外穷兵黩武,挥霍纳税人钱财而争取一己霸权的事实吗……上述排比,一气呵成,以排山倒海的气势,不但增加了修辞对于民主的法律价值预设进行论证之力度,而且由此提供了对民主的法律价值预设进一步进行逻辑论证之可能。

技术性修辞作为一种工具,对法律价值预设既可能有正面的作用,也可能有负面的作用。究竟起正面作用,还是负面作用,一是要看运用修辞的人在行文言语中针对法律价值预设想说明什么样的主题,在这个意义上可以认为主题选择决定着修辞技术对法律价值预设的作用。倘若一位行文语言者的主题就是对法律价值预设进行贬抑,他可以运用修辞更有力地编排法律价值预设本身的种种不当和不足,强化修辞对法律价值预设的非议效果;反之,倘若一位行文语言者的主题就是对法律价值预设进行褒扬,他照例可以运用修辞技术,罗列并声援法律价值预设的种种好处,强化对法律价值预设的赞美、支持效果。

二是即便一位行文语言者选择了修辞技术以肯定法律价值预设的主题,但在字里行间能否妥当地运用修辞技术,是能否取得正面地支持、宣传并弘扬法律价值预设的关键所在。运用修辞技术说明法律价值预设,其实是对它的一种诠释。我们知道,有诠释,就可能有过度诠释。[①] 诠释是对对象(文本、事实、思想等)的恰当说明,过度诠释则不但不能恰当说明对象,可能还会掩盖和遮蔽对象。以之为分析范例,作为诠释工

① 参见[意]艾克:《诠释与过度诠释》,王宇根译,三联书店1987年版。

具的修辞，当然在运用过程中也可能存在“有修辞，就有过度修辞”的情形。对法律价值预设的说明、宣传、弘扬而言，修辞固然是必要的，但过度修辞可能会弄巧成拙，不但难以支持、回护和圆润人们对法律价值预设的理解，而且还会有损于法律价值预设。在这个意义上讲，行文语言者在回护法律价值预设时，不但要勇于运用修辞，而且要善于运用修辞。

修辞技术对法律价值预设的正面作用，或许主要体现在赞美、修饰、论证、慨叹、憧憬等方面。倘有人这样形容权利和人权：如果说权利是国王头上的王冠，那么，人权则是那王冠上的明珠。显然，这样的修辞技术对法律预设的人权保护价值而言，起着赞美作用。倘有人这样比喻：正义是法律永恒的追求，它犹如朗朗天空中日行有常、周而不怠的太阳……不难发现，这是对法律正义价值预设的一种修饰。倘有人这样设问：何以法治优于一人之治？因为法治是众人智慧的结晶，它借助刚性的规则约定，可以尽量地摒弃一人之治的偏见、独断或者优柔寡断。这样的设问修辞，显然对法治这个法律价值预设而言，起着论证作用。至于在具体的修辞技术（修辞格）中，究竟哪些对法律价值预设可以起到赞美作用？哪些对法律价值预设可以起到修饰作用？哪些对法律价值预设可以起到论证作用……这是个需要把具体修辞技术（修辞格）运用到法律价值预设中时，才能拨云见日、豁然开朗的问题。显然，这是需要专文论述的话题。

总之，无论具体的修辞技术给法律价值预设以何种修辞效果，就修辞的技术之维与法律价值预设的具体关系而言，所有修辞技术对法律价值预设，只要运用得当，都在技术层面强化人们对法律价值预设的认识、认同、恪守和追寻。通过上述论证读者不难看出，修辞技术与法律价值预设之间，有时是直接的、内在的关联，即法律价值预设本身即修辞；也可能是间接的、外在的圆润它的手段，即通过修辞强化对法律价值预设的论证。

（三）修辞的本体之维与法律价值预设的姿态定位

把修辞的本体之维运用到法律价值预设上来，则完全可以说，以符号表达的法律就是修辞，或者法律是一种制度性修辞。可以认为，法律是人类符号的高级形式，是符号的符号，或者是以符号为基础，修饰、加工而成的高级符号。笔者曾把人类历史上的法律根据符号的难易程度类分为三：行动符号的法律、语言符号的法律和文字符号的法律。[①] 行动

---

① 参见谢晖：《法哲学讲演录》，广西师范大学出版社2007年版，第59～148页。

符号的法律乃是依据习得原则,根据"老辈子怎么做,后人们怎么做"的行为传承而展示其规范性的;语言符号的法律则通过人们的口耳相传、通过歌唱训话等方式传达给受众,①并进而展示其规范性的。这两种符号形式的法律,都存在于初民社会或文字文明欠发达的地区。

自人类进入文明时代以来,作为文明标志的基本符号就是文字。一方面,人类的立法,就是经由文字符号而加工的一套行为规范系统;另一方面,如果放大规范的视界,完全可以将所有文字符号都纳入规范系统,因为文字既是人类主观世界对对象客观世界的命名,同时也是人类对自己行为的理解和约束标准。在这个意义上讲,一切文字及其成果,都对人具有规范性,都可以被结构在修辞本体论所展示的境界中。而文字符号的法律,则是在文字符号基础上加工而成的专门规范人们交往行为的规则系统。在一定意义上,它是符号的符号。②

任何符号面对浩瀚无垠、变幻多端、复杂多样的对象世界,都只能是近似的模拟,或最多只是仿真,而不可能是对对象世界的全盘复制。所以,文字符号自身就是对人类诗性思维的修辞表达,极言之,它本身就是修辞,就被结构在修辞体系中。法律作为精致的文字符号,作为文字符号在加工后的行为规范系统,它企图用有限的文字规范,把无限的人们交往行为的内容悉数囊括在它的规制下,这本身就凸显了人类诗性思维的特质。尽管所有法律规范必须模拟人的行为类别而作出,在这个意义上法律理应符合逻辑,符合理性思维,但在笔者看来,这里的理性思维、逻辑论证只能是诗性思维框架下的一种客观化的努力,它不可能取代人类法律的诗性维度,从而也无法取代法律自身作为一种修辞而模拟人类千变万化、纷繁复杂的行为。不但如此,符号及法律符号本身作为修辞,已预示着它被结构在人类精神本体世界,因之,我们应对这种修辞进行本体化的理解。这正是笔者强调制度修辞的缘由所在。③

可见,由修辞的本体之维投射到法律中时,把法律也结构为一个修

---

① 在我国贵州苗族地区的一些村寨中,至今仍存在把村落或山寨习惯法唱出来情形。歌唱者在唱诵中往往能通过"表情修辞""语气修辞""肢体修辞",而将法律的严肃性、权威性和不容侵犯性表达得淋漓尽致。笔者曾收集到翻译为汉语的法律唱词《议榔词》,由唐德海唱诵,唐千武等释译,刊于谢晖等主编:《民间法》(第8卷),山东人民出版社2009年版,第394页以下。

② 参见谢晖:《法律的意义追问——诠释学视野中的法哲学》,商务印书馆2003年版,第36页以下。

③ 参见谢晖:《法律制度的修辞之维》,载《第二届全国法律修辞学论坛论文集》(天津/未正式出版)。

辞成果这一结论中,可以进一步讨论它对于法律价值预设的意义。如果说法律在整全意义上,就是一个制度性修辞的话,那么,在法律构成要素的规范部分,应更多地表达规范和行为事实之间的契合;否则,规范对事实的调整就会陷入无休止的模糊之境,法律欲寻求一般调整的期许就只能落空。倘是这样,还不如一事一议、个别调整好了——既能实现实体公证,又能尽可能地在个别案件中得出个别的规范,实现规范符号世界和交往行为世界的真正契合。

与法律规则相比较,作为法律的另一构成要素,也是体现法律价值预设的一个要素——法律原则与主体交往行为间的具体关系就要疏离的多,给人的基本感觉是这样的规定,似乎和所有交往行为都相关,但又与任何具体的交往行为都不直接相关。从而法律原则及其价值预设,和人们具体的交往行为、社会关系之间呈现为若即若离的状态。这种情形,很容易导致人们对法律规范的重视,对法律原则及其价值预设的相对忽视。

但作为法律人必须清楚:一般的原则及其价值,对人类交往行为具有普遍的规范性,因其投射幅度和范围更加广泛和深入。而具体的规范及其调整,只对某一类交往行为具有投射能力和逻辑效力。当这种理念被树立的时候,事实上意味着人们对于法律价值预设的一种基本态度或者姿态。虽然法律原则及其价值预设在日常实践中不能让人生发出须臾不可或缺的那种迫切感、紧密感,但无论如何,保持对法律原则及其价值的温情和敬畏,并捍卫法律价值在法律体系中统领全局、居纲守要的地位,是法治社会人们对待法律价值预设的一种基本姿态。

其实这种姿态就内涵在对法律的有关修辞本体化的处理中。法律的修辞本体化表明:法律作为人类交往行为的一般规范体系,不仅是一种文字的组合形式,也是人类作为精神现象的本体存在形式。在修辞意义上,人们借此可以将人类精神现象界定为符号修辞现象,从而"人是符号的动物";从规范意义上,人们借此可以将人类精神现象界定为制度规范现象,从而"人是规范的动物"。[①] 这样,修辞的本体之维就把法律、特别是法律的价值预设结构在修辞本体中。既然修辞是人们理解世界、认

① "人是规范的动物"和"人是符号的动物"这两个有关人类精神本质的命题,笔者认为事实上有异曲同工的效果。不过前一命题更适合对法律和法治做本体性的说明,而后一命题更适合对人类交往符号——语言、文字、修辞、逻辑等做本体性的说明。对前一命题的论述,参见谢晖:《法哲学讲演录》,广西师范大学出版社 1997 年版,第 92 页以下。

识世界、行进在世界,并因此被世界所结构的本体规定,那么,被结构在修辞本体之维的法律、特别是法律价值预设也就必然是人类精神本质的构成性因素。对它的遵从,乃是对人类自身精神存在价值的遵从;对它的蔑视,同样也是对人类精神存在价值的蔑视。法律的价值预设与修辞本体的人类理解同在,与人的精神本体存在同源。显然,从修辞本体视角来看,遵从法律价值,就是遵从人自身的价值。这样,在修辞本体维度上就赋予给人们一种认识和理解法律价值预设的基本姿态。

三、法律价值预设作为制度性修辞

(一)制度性修辞中的法律价值预设

制度性修辞是笔者对人类制度,特别是作为大传统的正式制度所作的一种修辞处理和概括。这本来是个和诗性思维紧密相关的概念。如果说诗性思维是人类童年时代面对模糊性的世界所禀有的一种思维方式的话,那么,完全可以继续说,不论人类文明行进到什么阶段,模糊性是永远存在的。人类文明,特别是科技文明已经发展到今天这样的程度:既上九天揽月、也下五洋捉鳖,[①]但人们在深切感受生活世界的规范性、秩序性、确定性和可预期性的时候,同时也在深刻地体验现实世界的模糊性、无序性、不确定性和不可预期性。甚至这两种情形,就如同一枚硬币的两面。此情此景,必然导致诗性思维作为人类思维的重要基因,是人类理解世界、认知世界的永恒思维方式之一。这也说明,诗性思维与主体作为精神存在方式的休戚相关。

但诚如前述,诗性思维的表达手段就是修辞。因为表达手段对人类交往行为具有如此重要的意义——失却了表达手段,人的存在就无法展现——因此,修辞手段既被结构在作为精神存在的人本质之中,同时又是令人异化的一个重要条件。前者说明修辞支配着、结构着作为精神主体的人。人的精神结构中失去修辞的面向,就意味着精神主体本身出现了缺损。修辞是充实精神主体的重要途径,也是精神主体的构成内容。后者说明人类精神的进化,在本质上是对人类精神的异化和超越。如今提及异化,我们总是从负面意义——使人不成为人——这个视角去理解。这种理解在政治批判意义上是有效的,但在符号—文化批判意义上是无效的。因为在符号—文化意义上,异化不但是必然的,而且异化致

---

① 这一点,或许当下中国公民更能感同身受。最近“神九”和“天宫一号”在万里浩瀚太空中的对接与游弋,蛟龙号潜水器在7000米浩渺海底中的成功下潜和试验,让当年“可上九天揽月,可下五洋捉鳖”的奇思妙想、豪迈追求,已经不是遥远的梦,而庶几就是我们所面对的现实。

人成长:异化缺位,也就进化不能。所以,笔者曾经把异化分为良性异化和恶性异化两种。[①] 从人类精神发展的视角来看,借由符号所带来的异化,庶几可作为进化的代名词。

以法律为规范前提的制度作为人们交往行为的符号系统,从表面来看它是外在的,是社会或国家对人的一种外在强加,是对人的自由精神结构的一种不当牵绊,因此,庄周在两千多年前,就著文反思这种情形,并提出了著名的"法律虚无主义"。[②] 但在实质上,所有法律总是根据人性制定的,无论是导向法治与民治的法律,还是导向擅断与暴政的法律,都是如此。只是前者面对人性恶的预设,采取了一种疏导人性,并把实在规范和人对规范的天然需求倾向结合起来,才创造了蔚为大观的法治文化。而后者面对人性恶的预设,采取了与人性相疏离的法律规范手段,因此,实在规范与人的利益取向,从而也与人的本性无法产生同构的效果,其结果是法律变成非法的工具,而不是依循人性的符号构造内容。

这种情形,其实反映了法律作为修辞的两面性:一方面是法律作为修辞可以帮助我们理解,并增强理解的效果,放大论证的力量;另一方面是法律作为修辞也夸大人们误解,损耗主体交往的效果,缩减人们求证的力量。这样,在把法律视为修辞的时候,如何竭力扩大法律修辞的积极效应,让人们把法律自觉地作为主体交往结构的内在精神因素,就首先是立法者的基本使命,同时也是被结构在法律交往中的每位精神主体——公民的基本使命;否则,再完备无遗的法律,就只能作为外在于人们需要和精神存在本质的方式而被束之高阁,人们宁可在自觉的交往行为中选择一种自发的规范秩序。

如果把所有以规范(法律)为前提的制度统称为制度性修辞的话,那么,可以进一步讲,法律价值预设乃是制度修辞的核心所在。其原因既在于法律价值预设是统领法律全局的制度内容,一切法律问题皆可因价值预设的提纲挈领、总揽全局而获得纲举目张的效果,也在于和规则相比,原则在法律中是更抽象、从而也显得略为模糊的内容。这使对法律原则及其价值预设的解释余地更大、理解向度更多、提供给人们诗性地理解的内容更广,进而提供给人们运用修辞技术手段以描述的可能性也更宏阔。正因如此,如果说法律本身是制度性修辞,那么,法律价值预设

---

① 参见谢晖:《法学范畴的矛盾辨思》,山东人民出版社1999年版,第468页以下。

② 参见(战国)庄周:《庄子·马蹄》,载(清)郭庆藩辑:《庄子集释》(第2册),中华书局1961年版,第336~342页。

就更能彰显制度性修辞的特征。

（二）技术性修辞与法律价值预设作为修辞

具体来说，制度修辞在技术意义上是指把一些修辞格运用在立法和制度运行过程中，以圆润制度设计，建立制度运行的理由，强化人们对制度的论证力量，如运用摹状修辞、设问修辞、比喻修辞、对比修辞、排比修辞等手段，让人们对法律有更为真切、形象和丰满的印象。一般来说，修辞不宜运用在立法中，因为立法本身必须以严谨的、逻辑的、明细的语言表达出来。一切立法安排的结果——法律都要具有预测性，即根据法律规定，必然能够预测在未来的交往行为中人们具体行为的一般逻辑后果。如果没有这种必然预期，则意味着立法所致的法律，纯粹是一种浪费。

但在立法中，以原则方式表达出来的价值预设，可以直接表现为某种意义上的修辞。例如，前面提到的主权在民、社会正义、人权保障等原则规定，在一定意义上，就是一种修辞预设。[①] 但技术性修辞与法律价值预设之间的关系，还体现在制度这一命题的各个要素中。

笔者把制度要素具体分为如下 5 个方面，即规范要素、理念要素、主体要素、行为要素和反馈要素。所谓规范要素，在正式制度中就是指国家立法。前面已有交代，它不宜过分诉诸修辞的方式来表达，尽管法律原则及其价值预设本身即可视做修辞。

制度的理念要素预示着人们的思想观念能够契合于法律的一般预设，显然，这是一个把人们复杂的精神世界和观念世界带入法律图式的过程。不难理解，这本身就是一个极富诗性意蕴、张扬修辞风格的过程。这犹如大自然把奔腾的江河，规范在河床和堤岸一般，也犹如大自然把汹涌的大海，规范在海床和海岸一般。要把云谲波诡、变动不居的人类思想规范在制度的逻辑之网和意义框架中，使人们的观念服从于制度规范所透露出的思想，这是文明时代以来几乎所有的政权形式和宗教教义所关注的重大问题。它既是人类文明进化的重要标志，同时也是人类文明进程中的必要代价。它可能会形成如秦皇那般“以法为教，以吏为师”所带来的弊政以及对人的价值之扼杀，也可能会导致只有信仰并服从我们自己的法律，才能真正达致自由之路的理想状态。

但是，无论是倾向于以专断方式推行“我要你文明”“我要你民主”

---

① 对此，笔者在本书之《法治预设与设问修辞》一文中作了专门论述，可参见。

"我要你自由""我要你幸福"……的思路,还是倾向于以温和的方式推行"你选择了民主""你选择了自由""你选择了正义""你选择了文明""你选择了幸福"……的思路,归根结底,都是让人的思想趋于齐一的过程。用墨子的话,是为了反对"一人则一义,二人则二义,十人则十义"的意见过分分歧所带来的种种困顿,而追求思想观念和交往行为之"尚同"的过程。[①] 这一过程的基本特征,是把混乱的思想多元性变形为规范的思想"次多元性"的过程。[②] 显然,这个过程是充满了诗性想象和修辞的活动。在世界各国都存在的形形色色的教化(无论它是道德教育,还是法律教育,无论它是强制灌输式教育,还是循循善诱式教育;无论它是森严恐怖式教育,还是寓教于乐式教育)体系,本质上是一个让人们的观念服从于某种观念和规范的大胆修辞过程。这种修辞,聪明的网民们以"洗脑"一词命名之,如果去除这一命名的贬义成分,把它置诸中性意义上,则可谓是对相关行为最妥帖、最形象、最简捷的修辞表达。而在形塑有关法律理念的时候,法律规范固然重要和必要,但由法律原则所预设的法律价值更为重要,因为它们的修辞特质和具有情绪调动性、口号宣示性的文字表达,更容易导致人们心理上的共鸣和思想上的接受。

制度的主体要素预示着在一种法律管辖下的所有主体——自然人、法人和非法人团体,都必须被结构在法律的体系中。这样一来,人反倒成为法律的客体,法律反倒成为宰制所有人的主体。[③] 因之,人这个在哲学上向来被作为万物之灵长、天地之精气的存在,反倒自觉地受制于规范的规训和异化。这种情形,可谓人类创生法律、提倡法治的作茧自缚效应。[④] 自然人暂且不论,法人在这里特别值得一提,因为法人在实质上就是法律对一种外在事实的拟人化处理。通过这种拟人化处理,既没有

---

① 参见(战国)墨翟:《墨子·尚同》,载(民国)吴毓江撰:《墨子校注》(上),孙启治点校,中华书局1993年版,第109~115页。

② 这里所讲的"次多元性",意谓即使在法律制度的规范世界,人们的思想、观念世界不可能完全被一元化。更何况在现代法律中,思想自由还是一项重要的主体权利。故所谓"统一思想、统一意志"之类的行为和口号,不过是多此一举。这种情形,可谓之思想的"次多元性"。它是对思想混乱的纠偏,但它不应,也不能消灭思想多元、观念多样和意思自治。

③ 相关具体论述,参见谢晖:《法学范畴的矛盾辨思》,山东人民出版社1999年版,第461页以下。

④ 这一提法,是参照了季卫东在《程序比较论》(载《比较法研究》1993年第2期)一文中所提到的程序的"作茧自缚效应"后提出的。进而考察,一切文明、规范和制度世界,对人而言都是一种作茧自缚,故笔者在前文中这样说:文明、规范和制度的进化,在实质上也是人的异化。

统一肉身，也没有飞驰灵魂的单位，获得拟制的人格、肌体（场所、机构、人员）和灵魂。在这个意义上讲，法人制度能较为典型地反映修辞与制度主体间的关系。而法律的价值预设作为制度的精神和灵魂，在法律把主体纳入其麾下，结构在其规范体系的过程中，扮演着更加独特的修辞角色。尤其值得注意的是，在法律价值预设中所关注的主体，一定是交往关系中的主体，而非离群索居、孑立孤行、自愿逃离人类交往关系的主体。正因如此，法律价值预设就在制度主体要素中更显其要。

制度的行为要素预示着要把形形色色的主体行为，纳入整齐划一的法律逻辑系统。特别在现代法律中，这点尤为重要。这也是现代法律主要作为形式合理性的管道能够超越并取代历史上不断呈现的实质合理之个别调整模式的缘由所在。尽管把人们的行为规范在法律的逻辑体系中，与要求人们的思想观念契合于法律制度要求相比，是一个简单的逻辑安排，但同时，它也不无修辞的深刻意蕴。因为毕竟人们交往行为的世界和法律有限的言语体系相比较，乃是一个法律无论如何，都不可能"天网恢恢、疏而不漏"地调整的问题。或者说，当人们寄望于法律能实现对人们行为如"天网恢恢、疏而不漏"般的调整时，本身就把诗性和修辞代入制度预设和人们的行为选择中。在法律价值预设的提纲挈领与人们对法律价值必须遵循的行为归结之间，能更加凸显人的诗性想象和修辞美感——这种修辞美感可以用一两拨千斤来形容，可以用牵一发而动全身来表述，可以用一言立而天下定来说明……无论如何，把价值预设和价值规范作为人们行动的指南，这是种修辞的妙用。

制度的反馈要素预示着对所有的法律运作，必须置于某种检修机制下。这种反馈或检修机制，乃是在前述诸要素——把人的理念、身份、行为等纳入法律规范规制的前提下，再检修法律的实际运作是否真能把上述事项纳入法律之彀，接受法律的调整和规范。所以，在实质上我更愿意把反馈机制作为法律与事实的再次对接，或者把事实再次装置在法律规范中进行过滤、淘洗并发现和提出问题。这种绵密的制度设计，本身意味着法律和事实对接中必然存在的模糊、错位和种种不足，因此，它也就提供着人们可以诗性想象的空间，也蕴含着人们借助修辞技术来进一步圆润法律运作的空间。就法律价值预设而言，在这里至少充当着宣教法律必须被尊重、法律不能废弛的意思。"执法如山""信法为真"的口号和信条，"有法可依，有法必依，执法必严，违法必究"的排比，昭告了法律价值预设在制度反馈要素中的修辞效果。

（三）本体性修辞与法律价值预设作为修辞

在本体意义上，制度修辞则指在把修辞假定为精神存在的前提下，进一步把以规范为前提的制度，特别是以法律为前提的正式制度主体化的过程。诚如前文所述，对交往关系中的每个个人而言，这或许是一种异化，因为它使人必须置诸法律的罗网，被法律所驾驭，成为法律的臣仆。但如果我们能换位思考，可能在这种人被异化，但人又在法律秩序下泰然处之、安然自若、悠然交往的情形中，获得另外的结论：人在本质上是规范的动物。规范的存在决定了人存在的基本精神价值。人的规范本质的沦丧，或许是人性的沦丧。这一关于人类本性的观察和结论，与“人是城邦的动物”“人是社会关系的动物”“人是符号的动物”以及“人是好利恶害的动物”等有关人性的界定，有着异曲同工的表达效果。

人在本质上是规范的动物这一界定，事实上通过本体性的修辞润饰，把规范及其制度人化，同时把人本身规范化、制度化——没有被结构在制度体系中的人，形同被放逐的人。这样的人，自然只能孑然孤立、形同非人。古代的流放制度之所以成为对罪犯最严重的惩罚之一，就在于让人失去更广泛地交往行为的条件，从而也失去作为规范动物的依凭。[①]可见，说人是规范的动物，在正反两方面都可以得到证立。

如果说人在本质上是规范的动物这一判断所表征的是一种有关人的精神存在实质的逻辑判断的话，我们同样可以说它也是一种修辞。这种修辞就是关于人存在的本质假设。它预示着作为人类交往行为规范的法律，本来派生自人的规范性，从而与人在本质上是规范地存在的动物这一对人的价值——修辞判断是同构体。正是在这个意义上，才能肯认一切法律，不外乎人这样的结论。无论一家之法，还是天下之法，都是对人生存和生活之意义世界的规范和规制，更进一层地讲，都是对规范的动物这一人类本性的经验归纳和制度抽象。所以，法律作为修辞和人在本质上是规范的动物这一修辞性判断，可以实现某种意义的互释和通解。

---

① 在非正式制度视角，这类制度至今仍然较广泛地存在，特别是在边远的社会。笔者在某省调研时得知，一个习惯上靠寨老解决纠纷的山寨，一例纠纷解决后，其中一位当事人不服而诉诸法院。该县法院曾多次赴村寨调研。最后一次村寨长老给法院下了“埃德美顿书”：如果村寨处理过的事情法院要再处理，以后村寨的所有纠纷就全交由法院处理，村寨不再处理了。法院一听，赶快动员当事人撤诉。当事人也审时度势，怕遭到村寨成员们的嫌弃和疏离，尽快撤了案。即使在城市中心地区，这类情形也依然存在，如罪犯出狱后就常会遇到“正常人”的白眼、歧视、躲避等另种方式的放逐。放逐后的人之所以会更加失落、更加孤独，端在于他们失去了或被限制了与他人交往行为的条件，或者失去了、削弱了人是规范的动物之事实。

如果说法律作为修辞源于对人是规范存在的动物这一修辞陈述,那么,法律的价值预设作为制度修辞和本体性修辞,它既穿透在法律的其他一切规定中,也对法律的功能预设和过程预设等起着价值指导。因此,法律价值预设作为制度修辞,在法律制度中具有更独特的意味。法律价值对法律制度的穿透性,取决于法律价值往往是法律的指导思想、原则立场和精神导向。一部法律没有这样的精神价值贯穿其中,就如一位公民丧失精气神一样。

就法律价值预设与法律功能预设的关系而言,它预示着法律功能一旦出现模糊、紊乱和不足,需要法律价值来沟通。众所周知,法律作为制度性修辞,其功能预设并不是有了法律规定,就可以自足地实现的——因为法律肯定会出现预设有误的情形;否则,法官就不会解释法律,创造判例,立法者就不会修改法律,弃旧换新——这导致法律之外的解释者对完善法律而言,可以在实践本体意义上再次证成人是规范地存在的动物这一判断。但是,解释者完善法律不足——意义模糊、意义紊乱和意义欠缺①——的基本根据,是法律的价值预设。因此,法律的价值预设不但是法律功能预设的价值指导力量,而且也是救济、补助法律功能预设不足的重要凭据。在上面的陈述中,或许能更进一步地说明法律价值预设与法律功能预设间的关系,并进而说明法律价值预设和法律功能预设必须被同构在本体性的制度修辞中。在这一修辞中,法律价值预设更高屋建瓴地作用于法律功能预设。

至于法律价值预设与法律过程预设间的关系,如果我们把法律和法治本身当做一个程序或过程看待的话,那么,所谓"人在路上"的象征和隐喻,在程序化的法律规范体系中,得到了更进一步的印证和说明。换言之,程序化的法律规范体系,就是对"人在路上"这一本体性、过程性判断的规范说明和逻辑表白。这种论述,已经把程序化的法律代入人的本质存在中,为"一切皆流"的"在路上"的人提供了自由行动的理由和通道。所以,在一定意义上讲,这种法律的过程预设,就是法律的价值预设,或者至少在两种预设之间出现了叠合。在这里,我们能更深入地理解本体性修辞和法律价值预设作为修辞——制度修辞之间的内在关系。

我国正在推进的法治,理应首先是一个逻辑体系,但与此同时,无论在立法上、行政上、司法上还是在公民的日常交往实践中,也应该关注诗

① 对在法律方法视角具体完善上述法律不足的机制问题,可参见谢晖:《法律哲学》,湖南人民出版社2009年版。

性、修辞与法治的同构性。特别在法律信仰的形成、人们对法律的自觉皈依视角而言，如果不对法律做这种价值意义上与主体要求的规范同构，那我们的法治建设，可能“播下的是龙种，收获的却是跳蚤”！尤其是中国文化向被号称是“月亮文化”。[①] “月亮文化”的基本特征，就是关注诗、关注幻想并关注意向飞驰的修辞。这更需要我们研究在这种文化基础上成长起来的法治和吾乡吾民文化心理结构的同构性；否则，所谓的法治建设，就只能疏离于此邦主体交往的本体精神之外，也无法内化为其本体精神结构的有机内容。显然这是一位中国学者在思考和探寻法律价值预设和本体性修辞关系时不能忽视的问题。

（本文原载《现代法学》2012年第5期）

① 参见刘成纪等：《月亮与中国文化》，载《东方艺术》1995年第2期。

论法律价值与制度修辞

笔者在《诗性、修辞与法律的价值预设》①一文中强调，在实质上讲，法律作为一种价值预设，属于制度修辞的范畴。但该文只是在宏观上论证了法律价值预设作为制度修辞的属性，尚未深入和法律价值的特征相结合而研讨其与制度修辞之间的关系。我们知道，法律不仅是一种规范事实，而且还是一种价值体系。或者说，法律是熔铸了人类价值追求的规范事实（制度事实）。但与此同时，众所周知，价值从来不是一元自足的闭塞体系，而是多元竞争的开放体系；不是自洽熔融的和谐体系，而是互动对极的冲突体系；不是一成不变的静态体系，而是因时因地而变的动态体系；追求价值的善，乃是所有法律的共通之理，但究竟什么是善，尽管有共相的一面，但更有殊相的一面。既如之，为何还必须强调法律价值，并且要求人们的行为符合法律的价值追求？一言以蔽之，在于法律就是借助价值预设的制度修辞。故从价值和法律价值的特征出发，再对法律价值与制度修辞间的关系予以探讨，就不无必要。

一、价值多元、法律预设与制度修辞

（一）价值与价值多元

何谓价值？这是哲学界、经济学界、社会学界、人类学界和法学界等一直聚讼不休的重要话题。在哲学界，存在所谓主观价值论和客观价值论的分野。前者强调所谓价值，不过是主体对客体的心理感受。主

---

① 该文原载《现代法学》2012 年第 5 期。

体对客体能够生成价值感受,就意味着客体对主体具有价值。这种感受和依赖越深切,客体之于主体的价值也越高。因此,价值取决于主体的需要。换言之,主体需要决定价值。后者则强调客体本质决定价值。某一事物究竟对人有没有价值,不是取决于人的需要,而是取决于事物本身的规定性或者本质。① 但事实上,无论主观价值论还是客观价值论,最终都离不开在主客体的关系中寻求价值。倘若世间只有主体而不存在客体,价值便不存在;反之,倘若世间仅有客体而不存在主体,价值也便不存在。因此,在这个意义上,价值是主、客体之间的一种关系,是一个关系性概念。主客体关系不存,价值也便不再。李德顺指出:

"'价值'是对主客体相互关系的一种主体性描述,它代表着客体主体化过程的性质和程度,即客体的存在、属性和合乎规律的变化与主体尺度相一致、相符合或相接近的性质和程度。"②

如上有关价值在哲学中的不同界定,直接影响到经济学和法学等学科对价值问题的阐述。在政治经济学上,价值问题一直是一个重要的话题。商品的价值究竟由什么决定?是取决于人们的一般劳动,商品供需均衡(商品的稀缺程度,抑或商品供给的边际效用),还是取决于一种不变的价值尺度?因对商品价值来源的不同认知,产生了经济学上三种不同的价值观。他们对价值的本质,也具有明显不同的结论。对此,有人总结道:

"……劳动价值理论认为,价值反映的是交换背后人与人之间的深刻关系,是人与人的关系";"新古典价值均衡理论所反映的更多是人与物之间的关系,是人们的需要程度与物品的稀缺程度或者获得物品难易程度之间的关系,是人与自然的关系。在均衡价值的决定中,一边是人们的需求以及这种需求的满足所带来的效用,另一边则是供给,是人们为满足这种需求所付出的代价";"……斯拉法价值理论的实质更接近于新古典均衡价值理论。……斯拉法价值理论的价值是在整个经济体

① 对此,有学者在梳理价值问题的学术史时指出:"较早使'价值'作为一个重要哲学范畴而风行于世的,是西方价值哲学流派。按照德国价值哲学创始人和代表者威廉·文德尔班的解释,价值是哲学为世界立法的'规范',价值就是'意味着',就是具有意义(Gelten);我们就是借助于这种意义,才能构造出科学知识和文化的对象,即客观世界。另一个代表人物亨利·李凯尔特则进一步认为,价值是包括主体客体在内的'现实'世界以外的另一个王国,只有存在和价值的总和才构成了世界。总之他们所说的价值,是指现实或世界的'意义',或某个主体加给世界之'有意义'的'规范'。这种说法,在其抽象的程度上包含了某些合理的成分。"[参见李德顺:《价值论——一种主体性的研究》(第2版),中国人民大学出版社2007年版,第64~65页。]

② 李德顺:《价值论——一种主体性的研究》(第2版),中国人民大学出版社2007年版,第66页。

系均衡运行时,一种商品交换另一种商品的比例关系,是一种相对价值。这一比例是由在生产过程中技术条件和物质补偿条件决定的,其反映的是整个国民经济运行时,价值作为一种调节比例如何使国民经济达到均衡状态。"①

一如经济学界,受哲学价值观的影响,社会学界和人类学界对于价值的研究也是多样化的。"在《礼物》一书中,莫斯展示了不同种类的制造价值的实践(例如,司法、宗教、经济、美学)是有价值的,且是合并在贵重物品之中的,但他也关心如何理解等价交换,因此努力克服'价值'和'价值观念'之间的张力。"当然,在社会学界和人类学界,学者们对于价值的讨论更多集中于,"众多具体的价值是否且如何凝结为一个独特的交换价值,而价值的其他问题则是在交换理论和关于礼物的探讨中得以解决的[达蒙,1980;戈德利尔,1996;格雷柏,2001;格里高利,1982,1997;莫斯,2003(1923~1924),芒恩,1992;罗宾斯和埃金,1999;斯特拉森,1988,1992;韦纳,1980,1992]。"②

至于法学领域的价值研究,照例因为上述不同哲学价值观的影响而不同。法律价值究竟取决于法律作为制度事实的客观供给,还是取决于主体对法律的内在需要,抑或取决于人和作为对象的法律之间的内在关系?因为人们对法律价值生成问题的不同回答,也反映为其对法律价值本质的不同结论。对此,我国法学界、特别是法理学界在近20年间从不同视角作出了不同的阐述,这也直接影响了部门法学的相关研究,③本文

---

① 孟奎:《经济学三大价值理论的比较》,载《经济纵横》2013年第4期。

② Susana Narotzky, Niko Besnier. Crisis, Value, and Hope: Rethinking the Economy An Introduction to Supplement 9. *Current Anthropology*, Vol. 55, No. S9, p. 9.

③ 据不完全统计,自1991年以来,我国出版了如下直接阐述法律价值问题的论:严存生:《法律的价值》,陕西人民出版社1991年版。《法的价值问题研究》,法律出版社2011年版。乔克裕、黎晓平:《法律价值论》,中国政法大学出版社1991年版。杜飞进:《法律价值论》,陕西人民出版社1992年版。卓泽渊:《法律价值》,重庆大学出版社1994年版。《法的价值论》,法律出版社1999年版。《法的价值总论》,人民出版社2001年版。俞兴保等:《知识产权及其价值评估》,中国审计出版社1995年版。谢晖:《法律信仰的理念与基础》,山东人民出版社1997年版。关保英:《行政法的价值定位——效率、程序及其和谐》,中国政法大学出版社1997年版。陈兴良:《刑法的价值构造》,中国人民大学出版社1998年版。刘善春:《行政诉讼价值论》,法律出版社1998年版。肖建国:《民事诉讼程序价值论》,中国人民大学出版社2000年版。陈建军:《刑事诉讼价值论》,中南大学出版社2006年版。刘建辉:《环境法价值论》,人民出版社2006年版。王彬彬:《国际司法程序价值论》,法律出版社2009年版。资金星:《宪法监督价值论》,吉林出版集团2010年版。李永升:《刑法的功能与价值》,中国检察出版社2012年版。张超:《法律的价值诠释与裁判实践的方法选择》,中国人民公安大学出版社2013年版。除此之外,还发表了大量的有关法律价值的论文,并翻译出版了国外有关法律价值问题的论著。其中最著名的是[英]彼得·斯坦、约翰·香德:《西方社会的法律价值》,王献平译,中国人民公安大学出版社1990年版。

不再予以展开。笔者在这里想强调的是价值多元问题,并由此展开其和法律预设、制度修辞之间的关联研究。

谈及价值多元,不能不谈及伯林的"刺猬与狐狸"的隐喻。这个隐喻来自古希腊一位诗人所谓"狐狸多知,而刺猬有一大知"。① 伯林由此引申开去,区分了两种不同的作家、不同的思想家甚至不同的个人之间的类型化差异之比较:

> "各类之间,有一道巨壑:一边的人凡事归系于某个单一的中心识见、一个多多少少连贯密合成条理明备的体系,而本此识见或体系,行其理解、思考、感觉;他们将一切归于某个单一、普遍、具有统摄组织作用的原则,他们的人、他们的言论,必唯本此原则,才有意义。另一边的人追逐许多目的,而诸目的往往互无关连,甚至经常彼此矛盾,纵使有所联系,亦属于由某心理或生理原因而做的'事实'层面的联系,非关道德和美学原则;他们的生活、行动与观念是离心、而不是向心式的;他们的思想或零散、或漫射,在许多层次上运动,捕取百种千般经验与对象的实相与本质,而未有意或无意把这些实相与本质融入或排斥于某个始终不变、无所不包,有时自相矛盾又不完全,有时则狂热的一元内在识见。前一种思想人格与艺术人格属于刺猬,后一种属于狐狸。"②

伯林之所以做这样的区分,在很大程度上是要否定所谓一元论的价值观,因为在他看来,"多元论的敌人是一元论",③虽然"一元论以及对单一标准的信仰,无论对于理智还是对于情绪,常常被证明是个深刻的满足之源",但问题是面对多元的价值,"我们不可能拥有一切,这是个必然的而不是偶然的真理",自由必须受限制,因为在自由价值的背后,还有"平等、公正、幸福、安全或公共秩序"④等与自由既相互依存,又不无矛盾的价值。所以,他转而强调价值多元:

---

① 这句诗及其象喻在西方学界受到广泛关注。除了伯林著有《刺猬与狐狸》一文外,美国学者菲利普·E. 泰特洛克著有《狐狸与刺猬——专家的政治判断》(该书由季乃礼等译,中国人民大学出版社 2013 年版);而享誉世界的美国法学家罗纳德·德沃金在其晚年也著有《刺猬的正义》(该书由周望、徐宗立译,中国政法大学出版社 2016 年版)一书。

② [英]以赛亚·伯林:《俄国思想家》,彭淮栋译,译林出版社 2001 年版,第 26~27 页。

③ Isaiah Berlin, *My Intellectual Path*, in The Power of Ideas, Princeton: Princeton University Press, 2002, p. 14.

④ [英]以赛亚·伯林:《自由论》,胡传胜译,译林出版社 2003 年版,第 243 页、244 页。

> “我既相信自由主义，又相信多元论，而这两者并没有逻辑上的关联。多元论确认：既然对于道德和政治问题以致任何价值问题不可能有一个最终的解答，并且，人们给出的或有权给出的某些解答是相互矛盾的，那么，在实际生活的某些领域，有些价值便可能变的互不相容。这样，如果要避免破坏性的冲突的话，就应该妥协，而最低限度的宽容，不论你情不情愿，都是必不可少的。”①

这种价值多元观念，不仅在西方一些思想家的笔下是如此，②而且也常见诸中国古代学者们的论述。甚至可以说，古典中国的价值理论，在根上就是价值多元论的：

> “中国哲学关于实际人生中价值目标的选取是多元的，主要有道德、功利、权力、自然四个方向。儒家尚道德、墨家重功利，道家以自然无为为鹄的，法家以权力法治为目标。这仅就其大者言之。先秦其他各家的价值取向与此四家也不一致，所谓百家争鸣，‘各引一端，崇其所善’。而且，在每一家内部，各派也是同中有异，争论不休。汉以后，独尊儒术，百家之学隐而不显，但其思想观念都未中绝消亡。价值取向上的多元……在哲学理论中却依然存在。当然形式发生了种种变化，如外儒内法、明儒暗道、儒法并举、儒道互用等等。纵观中国哲学史，价值取向上的多元化是贯彻始终的。”③

当然，更进一步的问题是，价值多元在实质上并非理论家的观点、观念或卓见，而是人们交往生活中存在的一种常识。理论家们只是把这种常识归纳、总结和提升为一般原理而已。例如，“在处理环境冲突的估价

---

① ［伊朗］拉明·贾汉贝格鲁：《伯林谈话录》，杨祯钦译，译林出版社2002年版，第40页。

② 在西方艺术和思想史中，被伯林称为“狐狸”类型的在在多有；在学术理论上对多元论的价值相对主义作出系统论述的，也不乏其人，特别是受后现代思潮影响的那些思想家们。但在法学领域，对建立在价值多元论基础上的价值相对主义予以系统论述的，则是拉德勃鲁赫。沈宗灵曾这样介绍其价值相对主义的法学观点：“……正因为应然的陈述只能由其他应然陈述来加以确认或证明，所以，‘关于应然的最终陈述是不可能被证明的或作为公理的。人们不可能辨明而只能自称知道关于应然的最终陈述。因而在关于应然的最终陈述的相互对立的辩论中，在关于价值和世界的相互对立的观点之间，不可能有在科学上毫不含糊的决定。’……相对主义法律哲学虽然不能提供最终价值判断，但它可以确认为实现应当实现的目的的手段；可以澄清世界观的最终假设；可以系统地发挥可以设想的最终假设。”（参见沈宗灵：《拉德勃鲁赫的相对主义法学及其后期转变》，载《社会科学战线》1990年第4期。）

③ 赵馥洁：《中国传统哲学价值论》，陕西人民出版社1991年版，第5页。

方面,生态经济学家们拒绝了被裁割过的简略标准,也就是说反对单一的价值衡量的标准。相反,他们认可价值多元主义。"①所以,所谓价值多元,存在于人们的日常生活中,存在于主体多元、族群多元、地方多元以及有这些多元所引致的观念、文化和意识多元中。只要人类无法改变主体、族群和地方的多元存在,也就无法改变观念、文化和意识的多元表现。史上再有抱负的宗教家、思想家、政治家、法律家,都无以改变此种事实,因此,只能在多元价值中权衡选取、综合考量,借由一种包容的、低限度的价值,拱卫那些崇高的、普遍性的价值。这理应就是法律的考量。

(二)多元价值面前法律价值预设的难题

毫无疑问,在多元价值面前,留给立法者的价值预设和选择也往往是尴尬的:究竟以谁的价值标准,或者哪种价值标准来厘定人们行为的标准?这实在是一个颇费踌躇的问题。因为在现实生活中,无论以哪种价值为唯一标准,都会给人们的交往行为带来问题。例如,以自由为唯一价值标准,必然会伤害公平、秩序和正义,因为法律面对的主体们的自由行为能力本身是不平等的。诚如桑德尔对于柏林的评论,"如果自由不具有道德上的权威地位,如果它只是众多价值之一,那么对于自由主义我们还能说什么呢?""他(柏林——译者注)的立场已经无限危险地陷入到相对主义的境地之中"。② 正是这种权衡的困难,才导致自古以来,无论中外,立法者或法学家们,更愿意借助神的力量以说明法律及其价值选择的合理性。即便在近、现代理论家们的笔下,以"天赋人权"一类的手法来论证法律追求某种价值的合理性仍不绝如缕。

在多元价值面前,价值权衡的此种情形,不仅存在于法律价值预设中,也存在于经济—商品价值的预设中。这特别体现在李嘉图和斯拉法对某种"不变价值"的探求中:

> "斯拉法……沿着李嘉图理论的另一个方向发展,即寻找李嘉图没有找到的不变价值尺度。不变价值尺度由李嘉图提出,意指如果某种商品的价值不会因为分配的改变而发生改变,则该商品就是不变价值尺度。由于其自身的价值不发生改变,所以,它与其他任何商品的交换价值发生改变都可以视为

---

① Susana Narotzky, Niko Besnier. Crisis, Value, and Hope: Rethinking the Economy An Introduction to Supplement 9. *Current Anthropology*, Vol. 55, No. S9, p. 10.

② Michael J. Sandel, ed., *Liberalism and Its Critics*, New York: New York University Press, 1984, p. 8.

其他商品价值的改变,人们进而就能通过它与其他商品的比较来确定究竟哪种商品实际价值上涨、哪种商品实际价值下降。李嘉图早期曾设想用谷物作为不变价值尺度,后来也设想用劳动作为不变价值尺度,但最后也未能找到合适的不变价值尺度,因而选择了放弃,认为'这种不变价值尺度是不能找到的,因为任何一种商品本身都会和其价值需要确定的物品一样发生变化。'斯拉法则一生致力于寻找李嘉图提出的不变价值尺度……没有找到某种商品可以作为不变价值尺度……"①

尽管经济学上的商品价值和法学上的法律价值具有明显的区别,但其间还是有一定可比性。特别是论者提到的经济学上不变价值尺度的觅之难得,在法学上也照例适用。倘若在法学中寻求一种放之四海而皆准,为世人所普遍接受的"不变价值尺度",一样是难事。尽管在法学、政治学中,自由、平等、民主、公平、正义、博爱、秩序、法治等都被称为普世价值,但即便在这些普世价值中,也存在明显的冲突。例如自由与平等,这对看上去一定能被人们所普遍接受的价值,理应具有"不变价值尺度"之特征,但事实上却并非如此。例如,罗尔斯就把自由二分为平等的自由和不平等的自由,并由此引申出了正义的两个原则:

"第一个原则,每个人对与其他人所拥有的最广泛的基本自由体系相容的类似自由体系都应有一种平等的权利;

第二个原则,社会的和经济的不平等应这样安排,使它们①被合理地期望适合于每一个人的利益;并且②依系于地位和职务向所有人开放";

"……按照第一个原则,这些自由都要求是一律平等的,因为一个正义社会中的公民拥有同样的基本权利;

第二个原则大致适用于收入和财富的分配,以及对那些利用权力、责任的不相等或权力链条上的差距的组织机构的设计。虽然财富和收入的分配无法做到平等,但它必须合乎每个人的利益,同时,权力地位和领导职务也必须是所有人都能进入的。"②

---

① 孟奎:《经济学三大价值理论的比较》,载《经济纵横》2013年第4期。

② [美]罗尔斯:《正义论》,何怀宏等译,中国社会科学出版社1988年版,第56~57页。

所以,在罗尔斯的心目中,更强调"平等的自由"或者"公平的正义"。[①] 即使对不可避免的不平等的自由,也附加了可能平等的条件。尽管罗尔斯区分了两种不同的自由,从而证明在他的观念中自由以及平等的多样性,但他倾向于平等的自由、公平的正义这种看似具有"不变价值尺度"之特征的理念,还是受到了其他学者的强烈批评。特别是来自诺齐克的挑战。在诺齐克看来,更应当追求一种"自由的平等",因而需要一种"最弱意义上的国家":

> "……最弱意义上的国家在道德上是合法的……没有任何功能更多的国家能在道德上得到证明……任何功能更多的国家都将侵犯到个人的权利……道德上可取的国家,道德上唯一合法的国家,道德上唯一可以忍受的国家,正是能最好地实现无数梦想家和幻想者的乌托邦渴望的国家。它保存了我们从乌托邦传统中所能保留下来的全部东西,而把这一传统的其余成分分别留给我们个人的渴望……"
>
> "最弱意义上的国家把我们看做不可侵犯的个人——不可被别人以某种方式用作手段、工具、器械或资源的个人;它把我们看做拥有个人权利和尊严的人,通过尊重我们的权利来尊重我们;它允许我们个别地,或者与我们愿意与之联合的人一起地,就我们力所能及地,并在与其他拥有同样尊严的人的自愿合作的援助下——来选择我们的生活,实现我们的目标,以及我们对于自己的观念。"[②]

罗尔斯自己对自由与平等关系的不同论述,以及诺齐克对罗尔斯正义观的挑战,十足地说明自由和平等这样看似具有"不变价值尺度"的价值,在不同个人、不同族群、不同地方和不同国家的视角,可能有完全不同的理解和对待。"平等的自由"和"自由的平等"表面上看去似乎没什么区别,甚至有些文字游戏的含义在其中,然而实质上,它们却表达了两种在自由和平等关系上完全不同的价值。这里的问题在于,这种价值多元的事实,在理论上阐释毕竟容易,但在立法的实践选择中,究竟要强调

---

① 何怀宏在解读《正义论》精髓时,就用了《公平的正义》这个书名(该书由山东人民出版社2002年版);罗尔斯本人也把其晚年的著作命名为《作为公平的正义——正义新论》(该书由姚大志翻译,上海译文出版社2002年版)。

② [美]罗伯特·诺齐克:《无政府、国家与乌托邦》,何怀宏等译,中国社会科学出版社1991年版,第330页。

“平等的自由”还是“自由的平等”,就并不是那么容易的事,反而是一项破费踌躇的重大权衡!

(三)法律价值预设与法律作为制度修辞

任何立法活动,都会面临一个考验:以相对来说不变的规则,如何适应无限变化的社会事实?如何才能让性格各异、种族有别、需求不同、价值冲突的主体们,心悦诚服地接受一种定于一尊的规范?把这样的规范推向实践时,一旦人们予以接受,其所导致的秩序效果自然会引致其他社会效果——诸如自由、正义、安全、博爱等的实现;可一旦人们不予接受,法律的实践效果不过是一纸具文,它不但不会带来秩序,反而是已有秩序的破坏者。但无论如何,人类只要寻求有组织、有秩序的生活,就必须借重于立法和法律。为什么?

因为多元价值及其实践,尽管能够在每个人的意义上实现其心目中的自由,但在整个社会的意义上,未必一定能够产生一加一大于二的效果。因为这一效果的实现,必须符合加法原理,否则,人们面临的更多情形是你死我活、你得我失、你多我少。只要这种价值流向的单向性无可避免,那么,多元价值的捏合就不可能实现加法效应,反倒或者出现减法效应,或者出现除法效应。因此,法律价值预设不仅需要审慎,而且需要某种神性或理性的力量。

且不说在宗教法世界或者早期人类法律史上把法律普遍和神灵联系起来的事实,①仅就世俗法律的制定而言,凡是对人类影响甚大的卓越

① 例如,在我国古代,神权与族权、夫权、政权一样,是法律世界的重要内容。特别在商代,法律即是神权法。周代以后法律虽然过早地世俗化,但神权的影响在法律中一直如影随形。在古希腊,立法和正义由女神忒弥斯在奥林匹斯山上协助宙斯执掌;在经院哲学家阿奎那的理念中,最高的法律乃是和神相关的永恒法,永恒法是上帝统治整个宇宙的法,而神法是上帝统治人类的法。自然法则是人类——理性动物对永恒法的参与方式,只有人法,才是由世俗国家机关制定的法。在这些不同类型的法中,“服从是神法和自然法的一条箴规……在自然的作用中,高级的东西必须依靠上帝赋予它们的卓越的自然力来推动低级的东西。所以,在人类事务中,地位较高的人必须依靠上帝所规定的权能来向地位较低的人贯彻自己的主张……像在上帝所建立的自然秩序中,低级的东西必须始终服从高级的东西的指示一样,在人类事务中,低级的人也必须按照自然法和神法所建立的秩序,服从比他们高的人”([英]托马斯·阿奎那:《阿奎那政治著作选》,马清槐译,商务印书馆1963年版,第146页)。至于在伊斯兰世界,法律需要表达“真主的法度”:“伊斯兰教法的专称‘沙里亚’……就其本来意义而言……是指真主诫命(主命)的总和,也就是说凡是真主的启示,都属于真主所指明的‘大道’,都必须严格遵循。”(参见吴云贵:《当代伊斯兰教法》,中国社会科学出版社2003年版,第23页。)

法律之制定，每每汇聚了伟大法学家们和政治家们的智慧。① 因为只有他们，才是一个时代人类理性和智慧的真正代表者。② 为何制定一部法律要耗费如此心力？缘由就在于法律必须以确定的价值预期规范人们多元的价值追求。但是什么样的价值预期才能规范多元价值追求，却是颇费周章的话题。无论人们如何在立法和法律上预设价值，对多元价值而言，都面临一种取舍，换言之，都只能是多元价值的减损，而不是增加。这正是立法中价值预设的难题所在。因为这一难题，导致立法和法律中的价值预设，总是修辞性的，而非必然具有逻辑属性。因为它只是为法律的逻辑展开和逻辑推理寻求、预设一种前提，并不必然就代表法律是符合逻辑的。这也是人们在同一国家不同时代的法律中，或者同一时代不同国家的法律中，经常发现其所承载的法律价值明显有别的原因。这里事实上所涉及的是法律价值预设的标准问题。

法律价值预设的标准，往往和立法的方式相关。如果把人类的立法三分为命令性立法、交涉性立法和公决性立法的话，那么，法律价值预设也相应地存在三个标准：其一是命令者的标准；其二是交涉者的标准；其三是参与公决者的标准。相应地，这三种法律在价值上分别具有压制型法、自治型法和回应型法的特征。我们知道，尽管在学术史上，类似的划分并不罕见，但对三种法的划分做系统研究和说明的，则是自诺内特和

---

① 例如，古罗马法的发展，就和西塞罗以及著名的五大法学家——乌尔比安、帕比尼安、保罗、盖尤斯、莫迪斯蒂努斯们的贡献息息相关。在公元426年颁布并在罗马帝国全境有效的《引证法》中，承认了五大法学家学说的法律地位：凡法律未明令者，得依五大法学家之解释。而影响了整个东亚地区的唐永徽律及其疏议，也集当时一批对律学有造诣的官员们、当然也是学者们的心血，如长孙无忌、李绩、于志宁、褚遂良、柳奭、唐临、段宝玄、韩瑗、来济、辛茂将、刘燕客、裴弘献、贾敏行、董雄、路立、石士逵、曹惠果、司马锐等。被誉为资本主义社会"第一个世界性法典"的《拿破仑法典》，同样集中了包塔利斯、特朗舍、比戈－普勒阿默纳、马勒维尔、拿破仑、冈巴塞莱斯等杰出法学家和政治家的智慧。美国《独立宣言》的作者们，则是那些集政治家和政法学者于一身的人们——约翰·亚当斯、本杰明·富兰克林、杰斐逊、罗伯特·R.利文斯通、罗杰·谢尔曼等。至于已经运行了近230年的美国宪法，更是由当时5个州的5位代表们，在费城历经127天之久的闭门辩论、磋商而制定的……

② 这种结论，在当下知识普及并普惠于大众的时代，似乎悖乎常理，似乎精英与大众之间的分野已经被抹平。但事实上，它不但没有消灭精英与大众的分野，反而在相对意义上扩大了这种分野——只要对比"上九天揽月、下五洋捉鳖"的科学家们的活动和农人们依旧"日出而作、日落而息"的活动就不难得出。

塞尔茨尼克。①

根据这三种法律的分类,法律价值预设在最抽象的意义上也可分为三类,即一言九鼎的权力价值预设、交涉妥协的法治价值预设和反思回应的社会价值预设。

权力价值预设强调权力意志及其价值选择对法律的优先性,因此,说法律对它完全开放尽管可以理解,但这种开放并非对社会的开放,它和反思回应的社会价值预设及其对社会的开放是在两个方向上的开放,两者不能同日而语。由权力意志所决定的法律价值预设,使权力成为法律价值的支配者,而不是相反,法律是权力意志的支配者。因此,压制型法决定下的法律价值预设,只能是政治优势者们的游戏。显然,这样的价值预设人们之所以能够接受,不是来自什么价值自觉,而是来自权力的强制和干预。在这里,权力价值被预设成为公共价值。但事实常常证明,权力并不一定是真理的代表者,甚至每每是谬误的发布者。既然权力不一定是真理的代表者,那必然意味着基于权力所预设的法律价值,即便具有事实存在性,也未必具有逻辑合法性——但问题是,所有受法律支配的人们,不得不屈从于向权力意志和权力价值开放的法律——正是在这种屈从中,权力价值获得了公共价值的修辞效果。

法治价值预设则把法律视为最高的不能撼动的权威,因此,具象的、表现为权力的权威,与所有普罗大众一样,皆须服从于法律和法治的权威,从而法律的价值预设就是抽象的法律规定或法律宣告。这种宣告是

---

① 他们对三种法律分别是这样界定的:“压制型法这一概念假定,任何既定的法律秩序都可能是‘凝固的非正义’。仅仅存在法律并不会保证公平,更不必说实质正义了。相反,每种法律秩序都有一种压制的可能性,因为它在某种程度上总是非维持现状不可的,而且,它使权力披上权威的外衣,从而更加有效”;“随着自治型法的出现,法律秩序成为控制压制的一种方法。在历史上,人们要求这一成就可能是为了他们所赞美的‘法治’。‘法治’一词所意味着的不只是法律的单纯存在。它指的是一种法律的和政治的愿望,即创造一种‘法律的统治而非人的统治。’在这种意义上说,法治诞生于法律机构取得足够独立的权威以对政府权力的行使进行规范约束的时候”;“压制型法、自治型法和回应型法可以理解为对完整性和开放性的两难抉择的三种回答……力求缓解上述紧张关系……我们称之为回应的而不是开放的或适应的,以表明一种负责任的、因而是有区别、有选择的适应的能力。一个回应的机构仍然把握着为其完整性所必不可少的东西,同时它也考虑在其所处环境中各种新的力量。为了做到这一点,它依靠各种方法使完整性和开放性恰恰在发生冲突时相互支撑。它把社会压力理解为认识的来源和自我矫正的机会。要采取这种姿态,一个机构就需要目的的指导。目的为批判既定的做法设立了标准,从而也就开辟了变化的途径。同时如果认真地对待目的,它就能控制行政自由裁量权,从而减轻制度屈服的危险。反之,缺少目的既是僵硬的根源,又是机会主义的根源。”(参见[美]诺内特、塞尔茨尼克:《转变中的法律与社会——迈向回应型法》,张志铭译,中国政法大学出版社1994年版,第31、59、85~86页。)

契约,对所有参与契约的主体,无论是国家、国家机构、社会组织,还是公民或其他自然人,它都具有优先性。因此,人类创造了法律,但法律又凌驾于人类之上。法律的价值预设就是公共的价值预设。但是,人们也十分清楚,即便法律预设了一种凌驾于所有人之上的权威价值,但是,一方面,法治及其法律价值预设,仍然是人所赋予的。因此,能够作出法律价值预设的人才是真正的权威。即便法律价值预设之后立法者彻底隐退到法律之后,法律解释者们仍会孜孜不倦地寻求立法者的原意以求得法律的真相。① 这样,法治的价值预设如何能摆脱立法者的价值规定呢?另一方面,法治的法律并不因为法律的逻辑自足而自主运行,反而法治必须借助法律的权威机构——司法来助其运行。但我们知道,司法尽管需要严格遵循法律的实体规定和正当程序,但司法并非对法律亦步亦趋。无论在大陆法系国家还是英美法系国家皆是如此。

这也就必然意味着:何以天底下那么多的人,都必须服从法治的价值预设,服从立法者的法律规定,服从司法者对法律的或亦步亦趋,或暗度陈仓?它真的来自某种逻辑的理由吗?显然不是。人们服从它,或者服从立法者的价值预设,服从司法者的价值微调,理由无它,而仅仅在于法律拥有了对所有主体的价值优先性。这种优先性绝非纯粹来自人们的服从习惯,而是因为贯彻它的机构——司法者的天平加宝剑的威力,使人们服从法律才成为习惯。所以,在法治价值预设下,法律价值也并非是因为它符合逻辑而被人们服从。法治的价值预设仅仅是设计了一种更加完备的修辞体系,以便为法治治理、法律推理寻求更有说服力、不易被攻破的逻辑前提而已——一言以蔽之,法治的价值预设本身即符合法治的制度修辞。

至于对社会价值的回应,在表面上看是法律反思性对社会需要的开放,即这种开放必须经过法律的、特别是法律程序的反思性过滤。过滤的基础,是存在作为法律守护神的法律公共机构——司法机构。② 因此,

---

① 对法律解释原意说的介绍、反思和批评,参见张志铭:《法律解释原理》(中),载《国家检察官学院学报》2008 年第 1 期。

② 在法治时代,一切公共机构,如同一切个人一样,皆服从法律,以法律为行事之准则,从而体现出法律作为社会契约的特征和本质。在此意义上,它们都是法律公共机构。但是,其他机构如行政机构在性质上是代表权力的;议事机构在性质上是代表人民的,只有司法机构,才超然于两者之外,匍匐于法律之下,真正代表法律,对即使发生在人民和政府之间的纠葛,也能作出最终裁判。所以,德沃金强调:"法院是法律帝国的首都,法官是帝国的王侯……"参见[美]德沃金:《法律帝国》,李常青译,中国大百科全书出版社 1996 年版,第 361 页。

其贯彻的仍然是法律权威——法律帝国主义观念。因为通过法律反思性过滤的价值,只能是法律所能接纳和钟情的价值,而不是所有的价值。以全民公决为例,尽管凡是在一个国家有投票权的公民,皆可参与投票活动,但一方面,在程序上投票活动必须被置于既定的框架内;另一方面,在实体上,投票的结果需遵循另一项重要原则——少数服从多数原则。它不仅在全民公决的投票行为中被贯彻落实,也在司法合议或者陪审团表决时被运用。可见,被法律反思性所过滤了的价值,无论在程序过滤机制的设定上,还是在实体标准的确定上,都不能容纳全部的价值,而只是有所选择地对社会开放价值。

既然在对社会价值的回应中,法律对社会的价值开放也是选择性的、部分的,而不是必然的、全面的,不是社会一有价值要求,法律便立竿见影地予以跟进,向社会开放价值,那么,这也就十足地表明无论从归纳视角来看,还是从演绎逻辑来看,全民公决也罢,回应性法也罢,法律价值的社会开放性也罢,都是不完全的、选择的。正因为是不完全的和选择的,所以,它在本质上必然是修辞性的。如当人们说这样的法律及其价值是表达了人民意愿、公共意志或者整体的社会需要时,一定是在法律修辞预设前提下的"逻辑"表达。它是一种法律约定性的逻辑,而不是科学逻辑;它是制度修辞之下的逻辑,而不是逃离制度修辞的逻辑。

二、价值冲突、法律选择与制度修辞

(一)价值冲突与价值合作

价值多元已经预示着价值冲突的可能,但价值多元并不是价值冲突,也不意味着必然能从价值多元中推导出价值冲突。因此,价值冲突和价值多元具有不同的性状,当然,两者之间也具有内在的逻辑关联。具体说来:

价值多元表达的只是价值存在的状态,只要人类处于一种主体性生存状态下,换言之,只要人类遵循的是精神现象学的原则,那么,其价值多元的存在是理所当然的。不同的个人、组织、族群、地方,自有其不同的性格、气质、需求和情状,因此,价值多元符合事物的规定性和必然性。正因如此,价值多元并不是近代市场经济、民主政治和多元文化兴起以来的产物,而是随人类本性而生的自然结果。说价值多元被某些学者主张,或者在某个时代得以呈现,那只体现在学术表达上,并不体现在人们交往的社会事实中。人类交往的社会事实所呈现的,从来都是价值多元,而非任何意义上的价值一元。如果有所谓价值一元,那不过是权力者期望通过一元价值之宣教或强制,来控制甚至消灭价值多元而已。可以说,人类史上大量的专制政权、专制意识形态以及为专制服务的那些宗教,每每是为消灭和牺牲事实上的多元价值而准备的——在它动作和目的的反面,恰恰印证了价值多元的事实。

价值冲突则是价值运行的一种事实状态。价值多元是必然的,但多元价值在运行中存在两种事实状态,即非冲突(和谐)状态和冲突状态。前者致不同的价值之间相互并存,或互不妨碍,或相得益彰。这里想论述的是后者,特别是不同的价值之间为何会出现冲突。

在经济学上,稀缺性是解释商品价值来源的重要理论之一。但是,稀缺性却不仅仅指物质或自然资源的稀缺,而且指社会资源的稀缺。因此,稀缺本身就具有二元性。所谓稀缺二元性具体是指"自然资源的相对稀缺与社会资源的绝对稀缺":

> "所有具有自然物质属性的资源,包括技术资源,都是相对稀缺的,是可以让所有人获得绝对满足的,因为自然资源是获得性与非排他性的;但是作为具有社会属性的资源,比如社会层级与社会地位,是绝对稀缺的,是不可能让所有人获得绝对满足的,因为这是选拔性与排他性的资源。"①

经济学家关注稀缺,一般是为了阐释商品价值生成的根据。但其实,稀缺性也与价值冲突紧密相关。如果世间不存在稀缺性,无论自然资源,社会资源,抑或情感资源,只要其供给能绝对地、源源不断地满足主体的需要,那么,价值冲突也就没有可能。一切制度安排,在缘起上就是因为价值冲突,或者为了缓解价值冲突。因为"制度价值论,是指制度是价值的源泉";"制度是价值的源泉,劳动是价值的手段,效用是价值的表象"——"制度规定了稀缺序列,对空间的秩序构建,形成价值或信用";"制度规定稀缺序列和稀缺范式,赋予商品自然属性与社会属性";"制度确定社会结构,从而确定社会需求"。②

不过尽管制度之于价值如此重要且必要,但我们知道,任何一种制度,仅仅是一种价值选择或价值指向,它对人们当下的行为取向确实是一言九鼎,以致离开了制度,我们必将处于茫无边际的漫漫长夜之中。

---

① 徐晋:《稀缺二元性与制度价值论———后古典经济学范式的理论架构》,载《当代经济科学》2016 年第 1 期。

② 徐晋:《稀缺二元性与制度价值论——后古典经济学范式的理论架构》,载《当代经济科学》2016 年第 1 期。

然而,制度只能延缓价值冲突,并不能一劳永逸地平息价值冲突。恰如"《民权法案》所禁止只能是有形的种族歧视,而那些隐含在经济中的种族间的无形歧视是不可避免的"。[①] 因为一方面,如前所述,价值冲突取决于自然资源和社会资源供给的稀缺性;另一方面,制度只能选择价值,而不能、也不可能全面包容价值;再一方面,即便制度能够对人们的价值予以规范,但制度本身也是一种稀缺资源,特别是那种为人们所普遍接受的"好的"制度。所以,价值冲突可能被制度所规范,但不能被制度所消灭。

稀缺性决定了人们之间的需要冲突和价值冲突,但在功能上,冲突并不一定是负面的。价值冲突的效应有两种,其一是负面效应。它意味着价值冲突的主体之间无法得到和解,因此,价值冲突意味着社会秩序及其结构的破坏。在人类历史上,这一类的价值冲突在在多有。凡是谋求用某种价值去统合所有其他价值,从而"顺我者昌,逆我者亡"的情形,其必然导致价值冲突的负面效应。专制政体的精神实质,就是价值专横,从而在冲突的价值间无法获得调适与合作的可能。虽然这种制度安排可能带来一定秩序,但其必然以牺牲多元价值及其自由为代价。自然,这并非价值冲突研究的目的,反之,是价值冲突理论必须设法避免的。

其二是正面效应。这表明,价值冲突是导致社会合作的前提。人类之所以是"会思想的苇草",是"我思故我在"的理性动物,就在于能够通过合理的制度调适和安排,把价值冲突的不利因素转换为其有利因素。这就是在其中发现合作的可能。事实上,人类的一切合作,都以冲突作为前提。市场合作的前提是不同交易主体对各自对方所提供的商品之稀缺以及自身所拥有的商品之有余,否则,商品贸易就没有可能。同样,价值合作的前提是不同价值合作主体对各自对方所提供的价值之稀缺和自身拥有的价值之有余。在这个意义上,没有价值冲突,就没有价值合作。价值冲突是价值合作的必要逻辑前提。因此,有人在强调社会冲突问题时,也特别强调冲突的相关"合作效应":

> "……冲突……被看作是社会组织的基础和组成部分……库利说'人们越是深入探讨,就会越清楚地看到冲突与合作是不可分割的,而且一个过程的每个阶段总是包含这两方面的内

---

① James A. Morone, Lawrence R. Jacobs (eds.), Healthy, Wealthy & Fair: Health Care and the Good Society, p. 81.

容'；他还说'你可以把社会进程分解成大量的各种各样的合作统一体，在每一统一体内部都包含着冲突的因素，它把某种协调一致的观点强加在这个统一体之上，而同时又与其他统一体相冲突'；斯莫尔说：'……在形式上，社会进程是由在某种程度上与他人利益相冲突，同时在某种程度上又与他人利益相一致的个人利益所驱动的连续过程'……"①

而科塞本人在引证、剖析和研究了一系列有关冲突问题的学术成果后，更是强调了这样一个大胆、新鲜又不无道理的重要命题："冲突使对抗者结合"——"一方面为了斗争去结合，另一方面又在共同接受的规范、规则控制下进行斗争"。这样，他通过引申齐美尔的看法，强调甚至连极端的战争这种冲突形式也不例外，也往往是导致对抗者结合的重要因素或手段之一。尽管与此同时，他对此也抱着略微谨慎的态度：

"……齐美尔……主张'原始群体间的相互关系几乎都是敌对的'。所以'在文化的早期阶段，战争几乎是导致与异己的群体发生关系的唯一形式'"；

"尽管根据较新的人类学资料来看，这种观点肯定有失偏颇，但是，战争不论就其原始形式，还是现代战争形式来看，它都确实是两团体间建立关系的手段之一。战争导致了先前毫无联系的两种文化之间建立起某种关系，并由于相互补充而相得益彰（如像罗马史和近代帝国主义扩张史所表明的那样）"；

"虽然在大范围的社会现象之间，如战争和相对不太复杂的互动形式之间进行类比是危险的，但我们将此仅限于人际关系中的类似过程还是合理的。儿童心理学家们已经指出：竞争或冲突是孩子们建立某种关系的经常途径。在起初为玩玩具而发生争吵以后，这些先前不相识的孩子们可能带着友好合作的态度在一起玩耍。一个在冲突关系中得到了考验的孩子，现在成为一个玩耍伙伴。成年人的行为同样提供了许多类似的例子，冲突好像是了解一个起初互不相识的人的一种手段。这就奠定了开始其他形式的互动的基础。

这样，起初是敌意的互动常常导致后来友好的互动，冲突成为一种了解和检验陌生人的手段。正所谓不打不成交。"②

---

① ［美］L. 科塞：《社会冲突的功能》，孙立平等译，华夏出版社1989年版，第4页。

② ［美］L. 科塞：《社会冲突的功能》，孙立平等译，华夏出版社1989年版，第107～108页。

既然价值冲突是价值之合作的逻辑基础和必要前提,那么,这是否意味着只要有价值冲突,就必然会有价值合作?进言之,是否意味着价值冲突就是价值合作?俗话说,差之毫厘,谬以千里。从价值冲突是价值合作之必要基础或条件这一逻辑判断中,并不能推出上述结论。要使价值冲突迈向价值合作,仍然免不了价值选择——特别是法律的价值选择。

(二)价值合作与法律价值选择

人类的理性,不可能无休止地使价值冲突成为常态,因为对任何冲突的一方而言,无休止的、不能收获任何效益的冲突,其结果是两败俱伤的,是一种零和博弈,而不是共赢博弈。在冲突中如何获取共赢,既是"和为贵"的中华传统所追求的基本理念,[①]也是坚持并寻求以"共和"来解决问题的现代民治政治、市场经济和多元文化的基本立场。这种立场每每通过立法的价值选择来确定人们价值追寻的基本方向。严格来说,立法的价值选择体现为两种情形:其一是压制—接受型的弱契约模式;其二是自治—协商型的强契约模式。

人们在谈及社会契约这一著名的命题时,都抱守一种社会—国家两分,从而社会—国家相互对立、相互牵制又相互合作的立场。代表社会的民众(公民)和代表国家的政府之间,分别是社会契约的真正主体。此种对社会契约的理想态度,故无不是。但问题是在这种理想的社会契约出现之前,人类社会仍然处于一种社会契约状态中。尽管这种社会契约和霍布斯、卢梭意义上的社会契约无法相提并论,但如果没有这种契约,人类就不可能存在价值妥协和社会合作,也就只能让人类陷入无穷无尽的冲突之中。但如前所述,这种情形对理性人类而言,既是得不偿失的,当然也就是无以为继的。人类早期价值合作的重要表现,就是权威和权力通过立法,把某种主导价值作为法律价值选择,要求人们遵循,而人们实际上也接受了这种立法的价值选择之情形。这种情形,既表现在宗教立法中,也表现在世俗立法中。

在宗教世界,神以其毋庸置疑的绝对性建立与人间的约,要求信徒

① 如张立文就强调中国文化在实质上是一种"和合文化":"孔子讲过:'兴于诗,立于礼,成于乐。'和合起来的合生意蕴好像诗情的基础,规定着创新的方向;和爱化解如同礼仪的旋律,调整着爱智的步伐。和处为美,和立为真,和达为善。相与组成从和生到和爱的三部曲。从三维立体关系上范导意义追寻的道德的路径和价值创造的人文程序。"(参与张立文:《和合哲学论》,人民出版社 2004 年版,第 46 页。)

们只能遵从其约,而不得在任何意义上乖违其约。如在《旧约》中,耶和华对亚伯拉罕说:

"17:1 亚伯兰年九十九岁的时候,耶和华向他显现,对他说,我是全能的神。你当在我面前作完全人。

17:2 我就与你立约,使你的后裔极其繁多。

17:3 亚伯兰俯伏在地。神又对他说。

17:4 我与你立约,你要作多国的父。

17:5 从此以后,你的名不再叫亚伯兰,要叫亚伯拉罕,因为我已立你作多国的父。

17:6 我必使你的后裔极其繁多。国度从你而立,君王从你而出。

17:7 我要与你并你世世代代的后裔坚立我的约,作永远的约,是要作你和你后裔的神。

17:8 我要将你现在寄居的地,就是迦南全地,赐给你和你的后裔永远为业,我也必作他们的神。

17:9 神又对亚伯拉罕说,你和你的后裔,必世世代代遵守我的约。"①

显然,这种约是以超越性的力量对所有信徒的强加,无论这种强加是通过教化的强加还是强制的强加,通过恐吓的强加还是通过和风细雨的强加,在最终意义上,它们都取得了一个结果,这便是信徒们对这种巧妙的约的接受,从而形成约的效果。或以为,它不过是一种单向意义的约,是上帝单向度地对选民发出的约,因此,不具有契约的意义,只具有命令的意义。但在笔者看来,无论是双方或多方当事者自愿参与所签订的约,还是来自神灵或权威所发布的约,只要被另一方主体所肯认并接受,就是契约。尽管从意志的自由表达这一视角来看,这是一种不完全的契约,或者是一种弱的契约,是一种压制性的价值选择,其基本特征是价值上的压制—接受,但是,一旦人们接受了这种约,或者其中的价值,就必然意味着与命令者之间达成了一种价值妥协的协议。接受此种命令,自然也能获得命令带来的利益保障。

而在世俗世界,尽管没有这种神圣的约,但也每每对现实的法律赋予了某种约的神圣意义。此种情形,恰如《唐律疏议》开宗明义所阐述的

① 《新旧约全书·简体中文和合本》。类似的神人之约,在《古兰经》伊斯兰世界的伟大经典中也是一样。参见《古兰经》,马坚译,中国社会科学出版社 1981 年版,第 1~487 页。

那样。

> “易曰：‘天垂象，圣人则之。’观雷电而制威刑，睹秋霜而有肃杀，惩其未犯而防其未然，平其徽纆而存乎博爱，盖圣王不获已而用之。古者大刑用甲兵，其次用斧钺；中刑用刀锯，其次用钻笮；薄刑用鞭扑。其所由来，亦已尚矣！”①

显然，法律及其阐释者们借助上天的威仪和大自然的神力，来论证其法律的合法性基础，强调法律（刑法）及其所选择和承载的价值乃是是“天人合一”的结果，而不仅是人类的做作。法律不仅具有自然合法性，而且具有历史合法性，因此，其价值由来已久。这一切不过是要求法律必须被人们所接受的一种口实。事实上，我们知道，以《永徽律》及其疏议为典型的中华法系的这部代表作，不仅影响了中古以来中国的社会秩序，而且也极大地影响了整个东亚和东南亚（特别是越南）的法律秩序。这说明其获得了广泛的接受，也表明该法律本身所具有的契约性质。尽管与前述宗教世界的法律一样，它是单向度的，是君王对万民所发布的命令，但只要面对这种命令，万民没有揭竿而起，反而据其安排日常生活，规范公共或私人交往，那么，它已经成为命令者和接受者之间的弱的契约：它意味着命令者不仅单向度地发布命令，而且意味着命令者有义务保障该命令中的所有规定都是有效的，否则，命令难以取信于天下。商鞅徙木立信②的故事正是对此的很好注解，此所谓“君子一言，驷马难追”。

当然，我们今天探讨契约，探讨通过法律这种社会契约形式对价值的选择和规范，寻求法律能够尽量包容各种不同的价值，即便法律无可例外地是多数人表决的结果，法律这种社会契约的达成必须根据少数服从多数的原则得以建立，但法律的产生、契约的生成，并不意味着对多数人暴政的肯定，从而也不意味着对少数人意见的漠视，反之，法律作为社会契约，并不排斥契约内部的动态变迁。所谓法律的形式理性这一特征，正是把无论多数人的价值追求，还是少数人的价值追求，都根据法律的动态的形式尺度进行衡量的基本手段。

早在两千年前管子就强调：“尺寸也、绳墨也、规矩也、衡石也、斗斛

---

① （唐）长孙无忌等撰：《唐律疏议》，刘俊文点校，中华书局1983年版，第1页。

② “令既具，未布，恐民之不信，已乃立三丈之木于国都市南门，募民能徙置北门者予十金。民怪之，莫敢徙。复曰：‘能徙者予五十金！’有一人徙之，辄予五十金，以明不欺。卒下令。”参见（汉）司马迁：《史记·商君列传》（第7册），中华书局1959年版，第2231页。

也、角量也、谓之法。”①这正是借由对法律进行形式化处理，从而使法律能够作为硬性的尺度、衡石来称量变化莫测、多种多样的社会事实、主体交往关系的手段。不过，法律如何把人们早已耳熟能详的“权变”原则②纳入其中？我们知道，在中国古典社会，“权变”是原则之例外。但在现代法律中，“权变”本身应当被纳入法律的动态的正当程序中，从而使权变本身获得一般性。例如，作为特权的豁免权，尽管是法律一般规定的例外，但由于享受豁免权的主体在可能性上是开放的，因此，这一规定也就有了形式理性的一般意义。

近现代以来，由于市场经济、民治政治、多元文化，特别是现代科学技术和信息条件所导致的人们智慧水平、参与精神和博弈能力的普遍提高，自古以来“唯上智与下愚不移”的那种情形得到了迅速的改变。那种“天不变，道亦不变”的法律特权及其价值正在日渐枯萎衰朽，而身处正当程序中的价值却充满了因变化而变通的勃勃生机。法律形式理性之动态作用，就在于从冲突的价值中，按照“少数服从多数”的基本原则进行动态的选择和处理。之所以进行动态的选择和处理，是因为在多元价值中，“少数”价值和“多数”价值本身是一个变量，而不是、也不可能是恒量。法律对价值的基本功能，就是因应法律价值在“少数”和“多数”之间的变化，以衡量并选取社会价值。例如，美国的医疗法案总是在自由和平等之间进行选择，在历经多次冲突和衡量之后，造就了以平等价值为基础，自由价值为动态平等的价值体系，“在国家整体目标和宗旨下，公民健康权理论在立足人类社会繁荣的前提下，由此政府管理医疗未必是压制个人自由的罪魁祸首，相反政府不仅具有医疗保障的立法任务，还有科学地为每一个公民平等提供必要健康保障的道德责任和法律责任”。③ 唯其如此，法律才能够选取多数人所接受的价值，但同时必须

---

① （清）黎翔凤撰：《管子校注》（上），梁运华整理，中华书局2004年版，第106页。

② 我们知道，孟子和淳于髡曾有如下对话：

“淳于髡曰：‘男女授受不亲，礼与？’

孟子曰：‘礼也。’

曰：‘嫂溺，则援之以手乎？’

曰：‘嫂溺不援，是豺狼也。男女授受不亲，礼也；嫂溺，援之以手者，权也。’

曰：‘今天下溺矣，夫子之不援，何也？’

曰：‘天下溺，援之以道；嫂溺，援之以手——子欲手援天下乎？’”（参见杨伯峻：《孟子译注》，中华书局1950年版，第177～178页。）以上对话，就是被后人们所津津乐道的所谓“权变”原则。

③ Jennifer Prah Ruger, *Health and Social Justice*, New York: Oxford University Press, 2010, p. 127.

包容少数人的价值，除非一个人所持的“价值”本身是“反价值”的，并且将这种“价值”付诸其行动时，才会受到法律的普遍的否定。

可见，近现代法律通过形式理性而获得的这种具有广泛包容性的价值处理机制，使法律本身明显地具有一般社会契约的特征，因为人们面对这种形式合理的规则，更容易通过直接参与、交涉和博弈而获得对它的真心实意、心悦诚服的接受。这种契约显然是双向的，具有明显的“社会契约”的本质。即契约是代表社会的公民和代表国家的政府通过交涉和博弈而约定的。也是在这里，法律这种社会契约促进了价值冲突中的人们之间的交往合作。如今随着因应高速发展的科技、信息和社会需要，人们更期待全新的参与方式和一种不断打破现状的“新的社会契约”，从而使价值在动态的社会契约里更处于不断的平衡中。因此，在这种契约里——

> “必须发起一次道德的攻势，才能赋予简明的宪法以意义，甚至才能赋予它以合法性。道德攻势将不会来自于政治进程的一般的代表们。毋宁说，他要求一种公民的躁动不安的要素，而且为了打破保护主义和卡特尔化，这种要素一般也是需要的。使得这种躁动不安出现是一切热爱自由宪法的激进分子的首要任务。它要求有独立思想的人结盟，与其说要求结合为一个政党，不如说，要求组成一个自由党人的俱乐部。在这里，自由党人的日程不能是社会民主主义的日程，而且，也不能是多数派阶级的日程。”①

显然，这种自治—协商型的强契约模式是令人向往，并且也会导致人们幸福地参与其中，进行价值交涉和价值博弈的。然而，这是否意味着经由这样的社会契约——法律所选择的价值就完全客观地呈现了从价值规定性到法律规定性的逻辑转换，从而不具有制度修辞的特征？换言之，它是否就“终结了”价值？这需要在如下的论述中再予以阐释和求证。

（三）法律价值选择与法律作为制度修辞

说压制—接受型这种弱契约模式的法律，因其价值选择明显地具有对其他价值的排他性特征，从而具有价值选择和价值预设的修辞特征的话，那么，说自治—协商型这种强契约模式的法律是否也可以视为制度

① ［英］拉尔夫·达尔道夫：《现代社会冲突》，林远荣译，中国社会科学出版社2000年版，第229～230页。

修辞？似乎从表面上看，此种法律具有最大的价值包容属性，亦即它能够全面地反映和表达人们不同的、相左的、冲突的价值需要。这种反映和表达表现在两个方面：其一是对并未直接表达为法律内容的少数人的价值需要予以肯定和保留；其二是通过法律的正当程序，动态地、开放地处理不同价值主张者在数量上的增减与变化。

但尽管如此，在自治—协商型的强契约模式的法律中，仍然无可例外地存在如下问题：

其一，强契约模式的法律是否包容了所有的人类价值？人类价值的多元性及其冲突导致人类法律价值选择的困难。为了增进人类的价值合作，实现更大范围内人们的意志自由和行为自由，法治及其强契约模式的法律尽量开放人们的价值表达——包括思想的表达和行动的表达。尽管在思想的表达层面，所有价值表达都应属于自由的范畴，但是，不同价值一旦表现在行动中，有些不同的价值表达之间是可以共存与合作的，而另一些价值表达之间是不能共存并合作的。这时，就产生了法律上对价值选择的难题。但无论如何，一种价值表达如果是公开反人类、反普遍价值的，那么，法律不但不能予以宽容，而且必须设置制裁措施。

在一定意义上，法律特别是刑法之必要，就取决于对一些价值表达进行取缔和制裁的需要。无论如何，对那些草菅人命、种族歧视、性别歧视、阶级歧视、侵犯人身及财产、侵害公共秩序、危害公共安全的“价值”表达行为，法律不能睁一只眼闭一只眼；否则，法律就成为聋子的耳朵——摆设，甚至还不如聋子的耳朵，毕竟聋子的耳朵还有审美价值，而不能对危害别人或公共价值的“价值”表达行为予以制裁的法律，还能有什么审美功能？因此，即便是强契约模式的法律，并不总是、也不可能不分青红皂白地包容和宽容一切价值。那么，法律应如何选择宽容或者不宽容的价值标准？笔者认为，这一价值标准就是“宽容宽容者，不宽容不宽容者”。如何具体理解这一结论？

从实质上讲，在一个法治的强契约模式社会里，一切越轨行为和犯罪行为，都是对既定规则和契约的背叛。按照赫希的社会契约与自我控制理论，行为偏差就是一种违约结果：

> “我们所有的人都像动物那样本能上有偏差。但大部分人并未表现出这种本能，这是因为我们对社会有‘强烈的契约意识’。换句话来讲，强烈的社会契约观念保证了我们的一致性。相反，如果我们的契约观念较薄弱，我们就可能出现偏差行为。

……个体和社会发生契约关系主要有四种形式：第一种方式是‘依附’于常规的人群和机制……第二种方式是对一致性的承诺……第三种方式涉及一些常规的活动。人们只是忙于按传统的方式行事，没时间从事偏差行为，甚至没空去想。第四种方式是社会道德规范的有效性……

如果个人坚信传统社会契约的这四种形式，就可能与社会保持一致性，如果不是这样，就可能滑向偏差的边缘。”①

对规则和契约的背叛行为，在法律上的基本对策是惩罚。尽管违约者可以因法律或契约本身不合理进行抗辩，但这不能也不是否定法律对违约行为及其价值进行制裁的理由。法律必须使违约者为其行为付出成本和代价，无论这种代价是物质财产上的、精神自由上的还是人身生命上的。这样，相应的问题也就来了：既然法律以强制力量取缔、禁止和制裁某些价值表达，那还能说法律会保障价值包容吗？毫无疑问，在这里，必然存在法律禁止何种价值表达、允许何种价值表达的基本标准。设若法律不再有可禁止的价值表达，则意味着法律本身的存在就没有必要——因为法律起源于禁忌，②也通过禁忌而使其真正发挥作用。而只要法律尚有存在必要，就必须在价值表达禁止和价值表达允许之间作出界定与选择。毫无疑问，这种选择在实质上是修辞意义上的，它表明法律的价值选择必然是种修辞选择。

其二，强契约模式的法律是否消弭了统治者和被统治者的界限？在民治国家，人们容易陷入人民主权的迷幻：似乎主权交由人民了，一切就都是人民的了。似乎一个国家就不存在统治者和被统治者这样的分界了。但这种迷幻，与事实相去甚远，我们仍然处于统治者和被统治者分界明显的时代。众所周知，孙中山意义上的权能分治，尽管区分了政权和治权的两分③，并赋予政权以更高的统治性地位，使作为治权行使者的政府成为公仆，而作为政权行使者的人民成为主人，但事实上，把握治权

① [美]亚历山大·梯尔：《越轨社会学》，王海霞等译，中国人民大学出版社 2011 年版，第 18 页。

② 参见王学辉：《从禁忌习惯到法起源运动》，法律出版社 1998 年版，第 1 页以下。

③ 孙中山曾强调：“在我们的计划之中，想造成的新国家，是要把国家的政治大权分开成两个。一个是政权，要把这个大权完全交到人民的手内，要人民有充分的政权可以直接去管理国事。这个政权，便是民权。一个是治权，要把这个大权完全交到政府的机关之内，要政府有很大的力量治理全国事务。这个治权，便是政府权。”[参见孙中山：《民生主义》（第 1 讲），载《孙中山选集》，人民出版社 1951 年版，第 793 页。]

的政府及政治家们,仍然是实际的统治者。无论哪个民治国家,此种情形概莫能外。这种事实,发展到我们这个明显具有技术理性的时代,价值则蜕变为技术的价值,因此,技术精英成为理所当然的统治者:

> “价值合理性在经济与社会中的衰退越来越成为现代社会紧张与不稳定的根源。这是因为在知识界工作的知识分子的数量、他们的声望和影响与日俱增,制度越来越依赖一些设施和那些能操作复杂的技术并在研究和发展中进行创新的训练有素的人员。正如贝尔指出的,尽管来自知识分子和学生那种反规范倾向的,反文化的生活方式被融入了西方社会的市场经济之中,但是‘现代主义的文化时尚……不论被制度吸收了多少,都仍然保留着它的颠覆力量’。”

可见,技术精英们既是统治者,又是传统价值和规范的反对者,于是,就出现了一种作为统治者的技术精英、学术精英们积极地投身各种“革命”,反对统治者的那种“越轨”情形。这既是对传统价值的反对和对技术价值的张扬,也是作为统治者的技术精英的自我反对:

> “……传统的阶级理论认为……对现状的反对主要来自社会下层,因为他们受到压迫。这一概括在大多数社会中都是成立的……”
>
> “然而,在知识分子共同体中,这一关系并不成立,在反映反规范的价值观,旨在打破框框和拒绝功能理性的运动和趋势中也不成立。对知识分子言行的各种调查表明,对社会持较多批评和拒绝现状的人往往可能是一些较为成功的人,一些被其同侪看做最有创造力的人。”①

在笔者看来,这种情形并不奇怪,它并不意味着知识精英们不是社会的实际统治者,从而他们向实际的社会统治者开火,也不意味着他们没有价值选择,而是一味无的放矢地批判。前一判断的基础是因为这些技术精英们的政治统治理念,本身是自由主义的,他们的批判精神、反思意识和怀疑理念,就是自由主义支配的社会中统治者所应有的态度和面目。与此相关,后一判断的基础则是,技术理性主义的价值,突出了工具价值的地位和统治权,因此,实用精神、实证能力等在这里获得了更高、更大的话语权。反倒是那种游谈无根、难以实证、不能实用的价值口号

---

① [美]西摩·马丁·李普塞特:《一致与冲突》,张华青等译,上海人民出版社1995年版,第31页。

和价值主张，都在工具价值消解之中。在这个意义上，自由主义与实用主义、实证主义、实验主义、工具主义等更具有“家族相似性”。

这也表明，即使在这个包容性的自由主义时代，统治者和统治者的分界并未消弭，也不可能消弭。法律总有其价值选择和价值倾向性。法律究竟钟情于目的价值还是工具价值，究竟在多元价值之间选择何种价值及何种价值的主张者会居于统治地位？自然会把法律的价值选择推向预设的修辞之境。只要一个多阶层的社会存在统治者和被统治者之分，多元价值的社会存在主导和非主导价值的分别，并且法律对如上情形予以肯定或默认，就表明法律的基本态度：这是一种修辞性选择和预设的态度。唯其如此，法律才能成为法律，才具有权威性和被人们接受与服从的可能性。法律对之模棱两可，人们还如何期待以法律规范秩序？

其三，强契约模式的法律要不要顾及民族精神、国家利益和意识形态？这几个问题，则是更具有现实性的追问。对它们的回答，更关切着强契约模式的法律及其制度修辞意蕴。

提出强契约模式的法律对民族精神所抱有的态度，是针对法律所追求的价值具有普世性这样的主张。无可否认，诸如自由、平等、正义、人权、民主、博爱及法治等价值追求，业已成为现代世界具有普世性的价值。[①] 那么，这是否意味着这些普世性价值就泯灭了不同民族的边界，在法律中不再表达民族精神？事实自然不是如此，正因如此，我们才能不断见到当今世界因为法律价值设置的不同而产生的种种冲突。在此，至少在如下两个意义上，强契约模式的法律并不、也不能回避民族精神：一方面，强契约模式的法律对于普世价值的表达，只能通过特定民族的语言工具、情感态度、行为习惯和可接受方式表达出来，否则，普世价值即使表达在法律中，也只能徒有其形，而无其实。不但如此，还可能会由此引致不必要的冲突。另一方面，我们仍处在文化分界和族群分别的时代，无论共产主义理想还是自由主义道路，都没有冲破这一事实，所以，“文明冲突”在继续，世界秩序在做着“文化重构”：

> “……在新的世界中，文化认同是一个国家结盟或对抗的主要因素。尽管一个国家在冷战中可以避免结盟，但它现在不可能没有认同。‘你站在哪一方？’的问题被更基本的‘你是

---

① 对于普世价值或“普世文明”的阐述及其“西方性”的特质和质疑，参见[美]塞缪尔·亨廷顿：《文明的冲突与世界秩序的重建》，周琪等译，新华出版社 1998 年版，第 43～71 页。

谁?'的问题所取代,每个国家都必须作出回答。文化认同的答案确定了该国在世界政治中的位置、它的朋友和它的敌人。"①

提出强契约模式的法律要不要表达国家利益,则是针对法律日益具有全球化和趋同化这一局势而言的。诚然,法律的全球化发展是一个事实。这一事实奠定于世界各国经济的全球性贸易、政治的全球性对话、文化的全球性交流基础上,并针对与此相关的全球安全危机、全球环境危机、全球道德危机以及所必然派生的全球治理需要。然而,法律的这种全球化趋势,却是以国家主体(主权国家)的存在和国家利益的分歧及冲突为前提的。更何况当代主权国家的事实是:不仅要尽量维护因为全球化在一定程度上弱化的传统主权——人民、领土和政权,而且还新生出了不得不特别予以关注的"规范主权"——它因为国家在国际上的"话语权"而引起,但同时又引导一个国家在国际合作中的地位和作用。

因此,所谓法律的全球化趋势,与其说是全球化,不如说是主权国家通过法律所进行的全球合作。全球合作的目的自然不是在法律上放弃主权国家的利益追求和维护,反而是以何种方式更好地追求和维护国家利益。对此,只要放眼当下主要大国明目张胆的全球竞争以及在这种竞争中各自争取其国家利益最大化的情形,就不难明白其端倪。我们仍处在主权国家时代,内国法自然是主权国家为保障其公民更大的利益制定的,而国际法也是在主权国家参与和交涉下所制定的,是主权国家抱着各自的利益梦想而参与制定的,但即便如此,在不少国家还存在反全球化浪潮,以压制国家的全球化举措(如英国全民公决决定脱离欧盟)。这都说明,即便强契约模式的法律,无论是内国法还是国际法,都不得不记载和表达国家利益。

提出强契约模式的法律是否表达意识形态?这更是一个在当代世界各国的法律中活灵活现地展开的问题。当代中国的法律、伊斯兰世界的法律和西方世界的法律,在意识形态领域中都有完全不同的表现。我们并未面临一个自由主义一统天下的意识形态世界,因此,我们面对的也不是福山所乐观地得出的那种"历史的终结"论,反之,我们在法律上仍必须面对意识形态的幽灵并作出必要的选择,不论人们对此愿意与否。这正如一位作者所言,

"意识形态或许是'一个不可挽救的堕落的词'——但我们

---

① [美]塞缪尔·亨廷顿:《文明的冲突与世界秩序的重建》,周琪等译,新华出版社1998年版,第130页。

就生活在一个堕落的社会当中，而且我们会继续被牵连于意识形态之中，直到我们改进它。这意味着，尽管在原则上，意识形态会有一个终结，但这肯定是看不到的，甚至是在将来。这是因为意识形态最好不要被看做是一种独立的符号象征体系，这种符号象征体系能与另一种体系（科学）相对立，而且最终会被替代。确切地说，意识形态是每一种象征符号体系的一个方面，这是就其被牵扯到权力和资源的不公平分配而言的。哪一个体系不是这样呢？"①

既然强契约模式的法律既不能回避民族精神，也必须强调国家利益，还不得不直面意识形态，那么，其只能作出有利于弘扬民族精神的价值选择，既有利于争取和保障国家利益的价值选择，也有利于和一个国家的意识形态相一致的价值选择。只要法律存在价值选择，也必然意味着其对价值作出了特殊的预设。这种预设即修辞预设，它决定了在多元价值面前，法律从事价值选择的修辞态度和修辞本质。换言之，法律的价值选择就是其制度修辞。

三、价值变迁、法律态度与制度修辞

（一）价值变迁与社会（法律）进化

严格来说，价值变迁是价值多元的重要组成部分，价值多元往往是在价值变迁的事实中得以呈现的。但这里仍然把价值变迁从价值多元概念中离析出来，旨在强调价值变迁乃是在纵向流动的社会动力体系中观察价值问题的（尽管价值变迁不排除对横向的、不同区域、不同族群的价值差异之观察），而价值多元相对而言，是在横向静止的社会静力体系中观察价值问题的。但是，这种社会静力学，大概也只是论者们为了其论点的成立寻求某种前提条件而已。这种前提条件尽管有助于推理，但它自身却是修辞性预设。问题是我们的生活、我们的社会以及与我们的生活和社会相关的价值却并非止步于社会静力学所预设的那些条件，相反，我们的生活、社会及其价值无时不处于变动之中。

"一条规则、原理或公理，假定在其他方面都令人满意的话，也只有在表达它的词句意义明确时，才有价值。因此，我们不得不认为，当宣称'最大多数人的最大幸福'，或者说'最大幸福'，是社会道德的规范时，其首倡者必然设想人类对'最大幸

① ［英］大卫·麦克里兰：《意识形态》，孔兆政等译，吉林人民出版社2005年版，第123页。

福'这一概念有着一致的见解。

可是这种设想是不能成立的,因为幸福的标准变化无常。我们发现在各个时代,各个民族中间,就各个阶级来说,人们对它的看法都是不同的……

……'最大幸福'的概念和人性的其他要素一样,变化无常。"①

这表明,人类不可能固定在一个预设的点上,从而把所有价值追求悬置于这个静止的原点。曾几何时,亚里士多德、托勒密等哲学家、天文学家们强调"地心说",并经由天主教会的力量,把它安排为正统的世界观,从而企望通过永恒不变的上帝的规则来安排人类的一切,把我们所寄居的这个星球变成宇宙的中心。这种刻意安排的世界的逻辑统一性,强调"……存在着一个全能的、仁慈的造物主。由于它是全能的和仁慈的,因而他就不会让他的创造物不明白他的神意——明白到这样的程度,足以使他们服从他的意志"。②

但是,这个似乎静止不动、逻辑统一的价值预设,还是经不住社会和人类认识的变化所带来的冲击。当"地心说"及其价值理念遭到"日心说"及其他科学认识和观念的冲击时,这种逻辑统一的价值预设就遇到了前所未有的挑战甚至灾难。尽管人类还需要宗教这种价值化的安排,但宗教与道德一样,它们对社会的调整已然"退居二线",走向前台的社会调整机制,则是既能够保持某种规范性和原则性,但同时又能较为灵活地适应社会变迁和发展的规范形式,这种规范形式就是法律。对此,庞德作出了富有哲理、同时也满怀信心的阐释:

"自16世纪以来,法律已经成为社会控制的最高手段了……法既是理性,也是经验。它是经过理性发展了的经验,又是经过经验检验了的理性。除非造法者的理性受到理性和经验的支配,否则我们就没有理由期待他制订的东西能够得到执行。"③

这足以表明,世界不是以某种逻辑统一性来构建的,同时,这种所谓逻辑统一性也是人为的逻辑构建,归根结底仍然是修辞预设。以这样一

---

① [英]赫伯特·斯宾塞:《社会静力学》,张雄武译,商务印书馆1999年版,第3~4页。

② [英]罗素:《科学与宗教》,徐奕春等译,商务印书馆1982年版,第3页。

③ [美]罗·庞德:《通过法律的社会控制法律的任务》,沈宗灵等译,商务印书馆1984年版,第131页。

种修辞预设来经纬人间交往、天下秩序，其困惑、矛盾是不可避免的。罗素在谈到宗教与科学的冲突时已经指出，对宗教或者对世界静止的、统一的价值预设而言，逻辑统一性本身利弊各半：

> "……逻辑统一性既有长处又有弱点。长处是它保证任何人如果接受某一阶段中的这一论据就必须接受以后所有阶段中的这一论据；弱点是任何人如果抵制后来某一阶段中的这一论据也必须抵制至少以前某个时期中的这一论据。教会在同其科学的冲突中既表现出这种长处，也表现出这种弱点，而它们都产生于其教义的逻辑一致性。"①

这里所谓的逻辑一致性，就是指预设的、假定的某种静止条件。之所以逻辑一致性反而会存在如上弱点，就是它无法保障条件不变。一旦条件打破静止性的规定，就意味着逻辑一致性的樊篱也被打破，从而逻辑一致性的价值预设和神圣定位也将毁于一旦。问题是，我们所面对的生活交往、社会事实及其价值理念，无时不处于变动之中。尤其随着科学技术和人类交往方式的迅猛变化，建立在静止基础上的价值统一性逻辑不攻自破。反之，价值变迁的事实越来越明显地呈现在人们面前。那么，为何会有此种价值变迁？缘由大体有：

其一，价值随社会的变迁。这大体上是价值的一种纵向变迁。人类社会从古至今，从蒙昧走向野蛮，再从野蛮迈向文明的变迁，表明的不仅是其行为方式、交往方式和生活方式的变迁，而且也是其价值形式的变迁。但真正使价值形式得以凸显的，使人成其为人，成其为精神动物和价值动物之标志的，是人类进入文明时代以来。因此有关人类价值及价值观念的变迁，也主要是文明时代以来的事。大体来说，文明时代以来的价值变迁经过了自然崇拜和自然价值、神灵崇拜和神学价值以及自由崇拜和自由价值这样三个大的发展阶段。

自然崇拜与自然价值乃是人类文明低级阶段的产物，是人对对象世界无知或所知甚少的产物，同样，也是人类利用自然，改造自然能力低下的产物。在这种价值理念下，人类只能匍匐于大自然的安排，而不能对之有任何非分之想，更不能对大自然发号施令。人永远是大自然的附从和奴隶。至今仍在不少开化较少、居处偏远、交通不便的初民或者距离初民生活方式不远的地方，人民普遍信奉万物有灵的自然崇拜。这种看

① ［英］罗素：《科学与宗教》，徐奕春等译，商务印书馆1982年版，第4页。

似原始简单的价值追求，在今天这个日益繁荣富足，但人和自然的关系却十分紧张——环境恶化、资源锐减、能源危机、自然报复……的时代，却有了独特的意义。如何使人类和大自然之间处于一种和谐的、“环境友好型”的状态，是人类当代价值追求的重要方面。在此意义上，人类价值在变迁中出现了某种“回归”。当然，这种“回归”一方面，说明人类价值变迁中的连贯性；另一方面，这种“回归”，并不是法思古之幽情，复原自然崇拜时代的自然价值，而是在此基础上通过人为的努力，进一步修复人与自然的和谐关系，复兴一种人化的自然状态。

神灵崇拜和神学价值在一定意义上源于对人类欲望、无序和混乱的克服，源于对因此所致的对人类苦难和灾难的超越与拯救。因为在这种观念里，神既是无知与苦难的人类的启示者、拯救者，也是人类秩序的缔造者和人类美好生活的赐予者。缪义尔说：

> “有史以来，麦加和整个阿拉伯半岛，早已沉湎于精神的麻痹之中，犹太教、基督教或哲学的探讨，都只有微弱的和暂时的影响，对于阿拉伯人的意识，不过像微风掠过安静的湖面，处处吹起了涟漪，下面的水，仍然保持其原来的停止和寂静状态。阿拉伯人浸沉于迷信、残忍、邪癖……之中。他们的宗教，是一种粗野的偶像崇拜；他们的信仰，是对于鬼神的迷信的恐怖……回历纪元(公元六二二年)前十三年，麦加是死气沉沉地处在这种恶劣的情况之下。那十三年功夫究竟引起了什么变化呢？……犹太教的教义，早在麦地那震动当地人的耳鼓；然而他们听见了这位阿拉伯的先知惊心动魄的声调，才从酣睡中觉醒过来，并且突然跳进一种又新鲜又热烈的生活之中。”①

缪义尔用诗一般的简短语言对伊斯兰教诞生前后阿拉伯世界变化的描述，足以说明所有宗教对人类所特有的价值。这种价值就是超越人类的神学价值。尽管站在人性大解放后的今天的立场上，这种真主(上帝)崇拜和神学价值未免迂阔，但直至今天，在科学昌明到人类已经完全可上九天揽月，可下五洋捉鳖的时代，仍具有其不可忽略的重大价值启示：人类无论如何在世俗层面生活富裕、衣食无忧，也必须在精神层面心存敬畏、戒骄戒奢。

如果说在价值变迁的前两个时代，价值在一定程度上尚能保持相对

① 转引自马坚：《古兰简介》，载《古兰经》(古兰简介)，马坚译，中国社会科学出版社 1981 年版，第 8 页。

的统一，其变迁的速度也不会让人目不暇接的话，那么，当社会进化到自由崇拜和自由价值的时代，价值变迁与价值多元纠缠在一起，各种价值思潮，在自由主义的总旗帜下，各领风骚三五年，其变迁之快、变化之大，常常令人眼花缭乱，无所适从。这或许正是自由崇拜和自由主义价值观所要求的。这是一个价值需要多元的时代，也是一个充分提供了价值变迁条件的时代：

一方面，个性和个体的解放，使人们在价值上，只要不违背法律底线，便可以自由自在，我行我素。任何人都不能立于价值高位对他人发号施令。“我”是我的价值的唯一主导者。另一方面，各种各样的价值理论源源不断地供给人们多元的价值需要和价值选择，并为价值变迁搭架起理论平台、开挖出渠道。再一方面，科学技术的迅猛发展及其所带来的生活方式的快速变迁，更是让价值变迁周期加快。例如，在交通不便的时代，分处两地、海角天涯各一方的亲人之间见面困难，故依依惜别就很容易勾起人们柔肠荡漾的价值情怀，而如今随着科学技术的迅速发展，行动旅具的便捷快当，即便千里之外，亦可朝发夕至，即便人们相见之后仍会有依依惜别之情，但那种“挥手从兹去，更哪堪凄然相向，苦情重诉……汽笛一声肠已断，从此天涯孤旅”①的情形越来越少。可见，自由崇拜和自由价值时代，是价值变迁尤为突出的时代，也是法律在对待价值的态度上发生了独特转化的时代。

其二，价值随主体的变迁。这一问题事实上是前述价值多元的直接内容之一，也表明价值因地方、族群、阶级、阶层、利益集团等的不同而会发生横向的变迁。因为它所表达的就是前述价值多元的内容，所以，这里不再予以专门展开。

（二）价值变迁的法律应对（态度）

法律是人们价值需要的表达，尽管法律未必全面地包容所有价值，甚至在人类历史的很长时期，法律还往往以某种主导价值来排斥、压制其他所有价值，但即便如此，法律也是价值的表达。只要被表达的价值发生变迁，法律总会以适当的态度来应对之。在此意义上，完全可以说人们价值需要的变迁，在最终意义上决定着法律的变迁。不过最终意义上的决定，并不是法律对待价值变迁的全部态度，并且此种态度，取决于价值变迁对法律的逼迫和强制，即法律不得不根据价值变迁的要求而采

① 毛泽东：《贺新郎·别友》，载《毛泽东诗词集》，中央文献出版社1996年版，第1页。

取因应措施。它并不能使人更好地理解法律对待价值变迁的一般态度。这一态度,只有在过程(包括价值变迁和法律因应的过程)意义上求解,才能更系统地、多视角地了解法律对价值变迁的态度,并由此进一步求解法律之于价值变迁的态度在一定程度上决定着法律的制度修辞属性。

价值变迁的法律应对,其实是法律对价值变迁的一种态度。此种态度在最抽象的意义上,可以分为三类:第一类是在法律的历时性视角中观察其对待价值变迁的不同态度;第二类是在法律的共时性视角中观察其对待价值变迁的不同态度;第三类则是在一国之法律的内部,通过观察其权利义务的不同分配而观察其对待价值变迁的不同态度。尽管这三种分类所秉持的标准预设有所不同,但它们分别在某一视角上表现着法律对于价值变迁的不同态度。并且在这些不同的态度中,更能领略法律的制度修辞特征——在一定意义上,态度本身就是一个修辞性的概念,换言之,态度即修辞。概述如下:

其一,在法律的历时性视角上,它是如何对待价值变迁的?众所周知,我们熟悉的理论把法律的历时性变迁分为奴隶制法律、封建制法律、资本主义法律和社会主义法律。这种大体符合西欧国家社会进化的法律分类,曾经发挥了极大的政治实用功能。但更为恰当的法律分类,应当是在法律自身的进化事实这一"内在观点"(且允许笔者篡改"内在观点"①这个概念)中分析和提取出来的,而不是在决定或支持法律成长的外在环境中提取出来的。

在这个视角上,诺内特和塞尔茨尼克的法律类型三分法颇具代表性。所谓法律类型三分即前文提到的压制型法、自治型法和回应型法。那么,三者分别是如何应对价值变迁的呢?

从表面来看,压制型法因为保障对权力的开放,因此,其对价值变迁的态度一定是开放的。但实际情况却与之相反。在一定意义上,压制型

---

① 哈特指出:"当一个社会群体有着某些行为规则时,这个事实让人们得以表达许多紧密相关但却属于不同种类的说法;因为针对规则,人们可以站在观察者的角度,而本身并不接受规则,或者人们可以站在群体成员的角度,而接受并使用这些规则作为行为的指引。我们可以将此二者分别称为'外在'观点和'内在'观点"([英]H. L. A. 哈特:《法律的概念》,许家馨、李冠宜译,法律出版社2006年版,第84页)。笔者在这里所借用该观点时,显然不是在哈特原来意义上讲的,而是强调无论"外在"观点还是"内在"观点,都应当基于法律本身对法律进行分类,而不应当借由法律的决定或制约因素对法律做分类。否则,我们研究的或许就不是法律,而是法律和决定其发展变迁的社会之间的关系,从而在"法外求法",而不是在"法内求法"(相关论述,参见谢晖:《法:她的手段与目的》,载《宁夏学刊》1991年第2期)。

法中的压制，有一层意思是价值压制，即通过压制，要求人们在思想上和行动上遵从唯一的、至上的、权威的价值主张和价值规定，反对其他一切价值主张及行为。这在古代中国法律中所谓“不道”、“大不敬”、“非所宜言”、“腹诽”等罪名的设置中不难看出；在民主的雅典对苏格拉底的审判中因为其引进新神而治罪的事实中不难看出；更在中世纪“宗教裁判所”对“异端”们残忍的火刑判决中不难看出……在这种法律类型中，人们不但会因其行为与主导价值不合而获刑，而且也会因其思想与主导价值不合而获刑。彼时中外历史上皆有的形形色色的所谓思想治罪就是其适例。

不难看出，压制型法对待价值变迁的基本态度，乃是遏制价值的变迁。因为任何价值变迁，哪怕是主导价值自身的变迁，都可能会导致主导价值的权威受损，也因此导致法律的压制功能本身受损。这正是压制型法不仅强控人们的行为，而且在源头上强控人们思想的缘由。因为价值需要和价值主张首先表现在思想层面。“民可使由之，不可使知之”，①“只许你老老实实，不许你乱说乱动”就是压制型法对待价值变迁的基本态度。

与压制型法不同，自治型法中的自治，不仅强调法律的逻辑自足和自治，而且在这一自足和自治的背后，也隐含着法律至上，从而人们只要按照法律行事，就会受到法律保护。所以，法律的自治保障了所有主体“根据法律的自治”。因为自治的法律使人们摆脱了规则过于开放的权力游戏所带来不确定性——在这种不确定性中，不但人们的行为无所适从，而且其价值追求也无所保障；保障了人们对其价值主张和价值行为在法律之内的自治处理，并对其自治处理的后果能有准确的预期和判知。这其实表达的就是法律在自治框架下对人们价值选择的包容和保障。但这并不能完全表明自治型法对价值变迁的态度。

在本意上，自治型法对价值变迁的态度，不应表现在其既定框架下对人们价值选择的包容，而应体现在面对社会价值的变迁，法律如何作出因应。在这方面，自治型法或坚持一种排他性的立场，以确保法律内

---

① 《论语·泰伯》，载宋元人注：《四书五经》（上）之（宋）朱熹：《论语章句集注》，中国书店1985年版，第33页。这里只选用对这句话的一种理解。众所周知，这句话尽管在古人的解释中不存在大的争议，但近代以来，因标点断句的发展以及政治实用的需要，对这句话产生了越来越多的争议（参见王蔚：《“民可使由之，不可使知之”句意辨析》，载http://www.chinavalue.net/General/Article/2005-1-20/2669.html，2016年11月1日访问）。本文则选取了当代学者运用较多的一种说法，不是为了说明孔子的本意，而是想说明压制型法本来就有此种意涵。

的价值宽容，确保法律自治的姿态和立场，排斥价值变迁可能对法律自治性的破坏。如法律要不要保障男女平等，要不要保障种族平等，要不要保障同性恋者的权利，要不要废除死刑等，都曾是在自治型法形成以后，随着社会价值的巨大变迁，法律所面对的巨大的外部压力。在很长一段时间，自治型法对此都反应很慢。这也表明自治型法并不采取完全开放的态度对待价值变迁。直到压力增大到人们对自治型法的合法性、封闭性、排他性产生怀疑时，自治型法才会走向对价值变迁的包容立场和肯定态度。但到了这个时候，自治型法又与回应型法相去不远了。

完全可以说，回应型法的所谓回应，其重要指向就是对社会价值变迁的回应。它通过对价值变迁的开放，打破了既有的自治型法的封闭性和保守性，推开了法律与社会价值变迁之间的回应之门，开辟了法律对社会变迁的开放之途。这种法律，所遵从的基本逻辑是哈贝马斯所描述的那种商谈伦理学。在这里，法律不再寻求某种一劳永逸的、“符合真理”意义上的正确性，而在寻求那种在法律和社会价值变迁之间的相互涵摄性，寻求人们因为法律对社会价值变迁的回应而产生的可接受性。对此，哈贝马斯指出：

> “……规范性判断的正确性是无法在真理的符合论的意义上来解释的。因为权利是一种社会构造，不能把它实体化为事实。正确性意味着合理的、有好的理由所支持的可接受性。确定一个判断之有效性……的，当然是它的有效性条件……被满足这个事实。但是，要澄清这些条件是不是被满足，不可能直接诉诸经验证据和理想直觉中提供的事实，而只能以商谈的方式，确切地说通过以论辩的方式而实施的论证过程。实质的理由绝不可能在逻辑推理关系或判决性证据的意义上具有‘强制性’——逻辑推理关系仅仅阐明前提的内容，而经验证据不过是单称的直觉判断，即使在经验领域它的作用不是没有争议的。因此对于可能的实质性理由的链条来说，是不存在‘自然的’终端的；我们无法断然否定有可能会提出新的信息和更好的理由。我们在有利的条件下要在事实上结束一场论辩，只有当先前一直不成问题之背景假设的视域中的那些理由凝聚成一个融贯整体，从而导致对那个有争议之有效性主张出现一种

无强制同意。”①

尽管哈贝马斯的上述主张不无“乌托邦”属性,但商谈只能是回应型法对待社会价值变迁的基本态度。通过它,使人们在法律开放性的价值商谈中预知变迁中的价值主张、价值期待且以之再来安排法律规范,并最终使法律具有对价值变迁的开放姿态。这种开放姿态也是把形式合理与实质合理、工具理性与价值理性巧妙结合的基本方式——尽管其成本甚高,但它更符合价值变迁日益加快、日益复杂时代人们的需要。

其二,在法律的共时性视角上,它是如何对待价值变迁的?在共时性意义上,涂尔干曾把法律分为压制性法和恢复性法两类。前者是机械团结的整合机制,更多地体现为刑法;后者是有机团结的整合机制,民商法、宪政法、诉讼法等都是这类法律。② 尽管这种对法律的分类很适宜于在共时性视角上对法律之于价值变迁的态度的分析,但笔者在这里不想依赖这一分析路径,而以当代两大法系的划分为分析的路径依赖。

大陆法系国家的法律坚持典型的形式合理原则,因此被韦伯称为形式合理的法律。③ 法律既是一种技术理性,又是包含了价值合理性在其中的技术理性,从而在一定意义上是允许人们进行价值(包括变迁了的价值)交涉的技术理性。然而,不得不指出的是,法律的这种形式理性尽管给人们提供了各种价值交涉的技术尺度,使人们在价值交涉中能有所预期,从而体现出了一定的程序开放精神,但从根本上讲,这种一味追求形式合理的法律,必然也是诺内特等阐述的自治型法的一个类别。因此,其对价值变迁的开放性反映和判例法相比较,则更为迟钝。因为毕竟法典化的法律,一旦根据变迁了的价值启动修改程序,所遇到的种种阻力以及法律修改过程本身的利益交涉、价值博弈、程序障碍等,都不是可以轻易突破,从而取得哈贝马斯所谓“无强制同意”的“争议的有效性”的。

在这里,更容易发现的是法律的形式、静止、机械和逻辑自洽,从而

---

① [德]哈贝马斯:《在事实与规范之间——关于法律和民主法治国的商谈理论》,童世骏译,三联书店2003年版,第278页。

② 参见[法]埃米尔·涂尔干:《社会分工论》,渠东译,三联书店2000年版,第33~93页。

③ 在韦伯看来,法律的形式性是法律与程序发展的四个阶段中(先知“神授法”、判例法、宗教权力设置的法以及形式法)的最新阶段:它“是由受过法律训练的职业法律工作者从事的司法活动和系统阐述的法律……法律的形式性是这样出现的:在原始的法律程序中,带有神学色彩的形式主义和阐述的非理性条件相结合,然后,逐渐地形成特殊的法律与形式逻辑上的合理性和系统性。在经过了宗教和世袭君主的历史阶段之后,最后,从外部观察,逐渐在逻辑上提炼和推演,在法律程序中形成了合理的技术”。参见[德]马克斯·韦伯:《经济与社会中的法律》,张乃根译,中国大百科全书出版社1998年版,第306页。

法律并非价值革命和变革的因素——尽管在伯尔曼的笔下,表达了西方价值和西方传统的法律乃是革命的产物,并不断借由种种革命而改变和完善其价值内容[①]——而是价值变迁或变革的对象。这是否意味着此种法律传统本身赋予了通过革命吸收价值变迁的本质?或者革命性变革就是此种法律对待价值变迁的态度?笔者的回答是否定的。我们宁可把法律的这种变迁看作革命压迫的结果,也不能看做是法律自身开放了此种革命。相反,这种形式理性的法律,在本质上是革命的羁绊因素,是革命的对象。通过革命,冲击既有的形式理性及其樊篱,才会有新的"范例"的产生,新的形式理性的建立以及新的价值在法律中的表达。

但是,英美法系的判例法精神,尽管是西方法律精神有机的不能分割的组成部分,但与成文法典的形式理性又有明显的不同。[②] 虽然这种法律也特别强调形式理性的价值。例如,它强调法官要遵循先例,这是一个司法中不能撼动的原则;它也强调法律的正当程序,甚至程序的生命就是法律的生命,程序甚于实体,从而形式理性甚于实质理性。可问题是,在英美法系国家,把社会事实和法律勾连起来的判断总是交由法官从事的,从而法律的发展、判例的创造也是法官们的拿手好戏。法官一身二任:既是司法者,又是立法者,既为当事人产出司法裁判,也为国家产出判例法规范。这种情形,更方便法律自身对待价值变迁的开放态度:

一方面,在司法活动中,法官日常所接触的案件事实,特别是那些疑难和重大的案件事实,不仅是利益之争,而且是价值之争,因此,法官可以在个案中随时发现价值的细微变迁或者新的价值形式。法官只要把这些价值内容作为司法裁判的考量因素,就可能会润物细无声地把新的

---

① 伯尔曼认为,在欧洲历史上,前后发生了和法律及其价值变革紧密相关的六次革命,即教皇革命、新教改革、光荣(英国)革命、法国革命、美国革命和俄国革命——"六次重大革命是'全方位的'革命,因为他们不仅涉及创设新的政府形式,而且也创造了新的社会和经济关系结构,新的教会与国家之间的关系结构,新的法律结构,新的社会共同体的视野,新的历史前景,以及新的一套普遍价值和信仰。'改造世界'曾是教皇革命的一个口号,而在其他每一次革命中都差不多也有这样的口号。当然许多旧事物存活下来,经过某些时间之后,甚至更多旧的事物得到恢复,但在每次革命中,事物的总体——范例(Paradigm)却总是新的。"[美]哈罗德·J.伯尔曼:《法律与革命:西方法律传统的形成》(中文修订版,第1卷),法律出版社2008年版,第19页。

② 对此,韦伯曾指出:"(1)今天英国的法还在最大程度上是一种'经验的'艺术。'判例'完全保持了它那古老的意义……(2)同时,司法的原始'魅力的'性质仍然明显可感地保存着,不仅在新的国家,但是似乎在新的国家里特别明显,尤其是美国……(3)法的理性程度也比大陆欧洲的法要小得多,而且理性的方式也完全两样……"参见[德]马克斯·韦伯:《经济与社会》(下卷),林荣远译,商务印书馆1997年版,第210页。

价值或变迁了的价值代入法律中,从而在不知不觉中体现出法律对于价值变迁的态度。那么,法官能否做到这一点呢?这涉及另一方面,判例法制度不仅强调遵循先例的基本原则,而且因为先例客观上的复杂多样,也给法官提供了先例识别技术和"现例创造"要求。因此,法官能够较好地把法律的形式理性——先例识别、正当程序和法律的实质理性——个案公正、司法正义紧密地结合起来,随时关注社会价值的变迁,表达对社会价值变迁的法律态度。这其实更容易表现诺内特等所谓法律的回应型特征。这或许正是一些大陆法系国家在特定的法律领域里,借鉴英美判例法的缘由所在(当然,与此同时,英美国家,特别是美国也在借鉴大陆法系法典化的形式理性,制定更多的成文法,但其逻辑前提,仍来自英美法的判例理性,如"反对形式主义","强调灵活性和开放性""鼓励目的解释"①等)。

其三,在法律的权利义务分配视角上,它又是如何对待价值变迁的?法律归根结底,是一套表达了价值的规范体系。其规范的基本形式即权利与义务。所以,权利与义务是法律和法学的核心范畴。法律的所有规范功能,莫不围绕着权利和义务这对核心规范而展开。权利和义务都记载和表达人类的价值追求。相比较而言,权利更倾向于对人们自由价值的规范和保障,这是由于权利自身的可选择性所致的。有选择,则有自由,无选择,则无自由。而义务则更多地用来规范和保障人们交往的或者社会的秩序价值,因为义务意味着强制保障,所有义务的背后,必须准备强制力量。没有强制力量作保障,义务就是没有牙齿的老虎。在这个意义上,权利和义务在价值保障上各有分工,共同保障人类双重价值。②

虽然权利和义务分工合作,共同保障着人类的双重价值,但对于价值变迁而言,人类的这双重价值——自由和秩序本身的活跃程度有所不同。相对而言,秩序价值更稳定些,而自由价值则要更灵活些。从而秩序价值的变迁较难,但自由价值的变迁较易——这种区分或许会招致质疑,因为毕竟自由和秩序两者在实践中是一个整体,是相辅相成甚至不容人为割裂的,因此,其变迁也会如影随形,特别是它们的变迁在制度上的表达更是如此:自由只能是在秩序中的自由,而秩序也不可能是排除了自由的秩序。但问题恰恰存在于这里。固然,自由只能是秩序中的自

---

① 参见孙新强:《法典的理性——美国〈统一商法典〉法理思想研究》,山东人民出版社2006年版,第187~240页。

② 参见谢晖:《法律双重价值论》,载《法律科学》1991年第6期。

由,离开秩序,自由便不存在,但我们不能同时说秩序也只能是自由中的秩序。这说明自由是离不开秩序的,但秩序在一定意义上是可以离开自由的。这更表明了秩序及秩序价值的稳定性、封闭性以及不受自由的左右性等独特特征。也正因如此,相对而言,秩序更多的是价值的一个恒量,而自由更多的是价值的一个变量。这正是自由价值变迁比秩序价值变迁更为活跃的缘由。

自由和秩序这两种价值的变迁,其活跃程度虽然不同,但这并不意味着以保障自由为主的权利和以保障秩序为主的义务两者各自对价值变迁的敏感度也不同。换言之,并不是说法律权利对自由价值变迁更为敏感,而法律义务对秩序价值的变迁则不敏感。这是因为自由价值乃是秩序价值内部的活跃因素和动态变量因素。自由价值在法律内部的变化,必然会引致秩序价值的调整。所以,法律对自由价值和秩序价值的感知程度是正比例的,是具有整体性的。但这种情形并不意味着法律上权利义务的分配也是正比例的。事实恰恰相反:一般情形是:法律中权利的分配增多,就意味着义务的内容减少;反之,法律中义务的内容增多,就意味着权利的内容减少。在这个意义上,权利和义务在法律上的分配是一种反比例关系。这样一来,衡量法律对价值变迁的态度,就可以从法律对两种规范的配置上得到检验。

这种检验的标准,可以用"自由的秩序"和"秩序的自由"这一对概念来表达。如果一个国家的法律更多地注重对公民的权利配置,即随时根据价值变迁赋予人们和此相关的权利,那么,这样的秩序,乃是"自由的秩序",法律也即是所谓"权利本位"的;反之,如果一个国家的法律更多地强调对公民的义务配置,即面对价值变迁,强化法律义务的内容,通过义务的遵循排斥新的价值要求和价值变迁,所谓自由,也只能保障在既有的规范框架内,而不能打破既有的权利义务框架,考虑新的权利义务框架,就必然意味着这样的秩序,乃是"秩序的自由",从而法律也是所谓"义务本位"的。毫无疑问,"自由的秩序"及其法律形式更容易保持法律对价值变迁的开放性,而"秩序的自由"则更容易导致法律对价值变迁的保守性。

如上的学理分析,仅仅提供了一种人们评判法律对价值变迁态度的逻辑框架。但其实践内容或许常常并非如此,因为任何一种法律都要设法尽量去平衡各类价值。而近现代法律更是以设法寻求在不同的价值之间保持平衡为特征的。例如,在政治实践中,无论限任制、竞选制、分权制等的设置,都是为了确保实践中人们的自由和秩序价值的变迁随时能通过法律权利义务的回应而得到某种“衡平”的表达。所以,如果说在两千年说“法律是自由与公正的艺术”能够成立的话,那么,在今天说这句格言,似乎更具有现实意义。问题还在于,按照这种分析框架,我们常常会发现不同国家、不同时代、不同模式的法律对待价值变迁的态度也往往不同。那么,为什么会有这种不同?一言以蔽之,在于不同法律的修辞预设不同。

(三)法律对价值变迁的态度与法律作为制度修辞

在上述几种不同的视角中,我们都能看出一个基本的事实,即无论在何种视角上,法律对待价值变迁的态度并不总是一致的。这种情形,已然决定了法律之制度修辞本性。因为法律对价值变迁的不同态度,表明法律价值的表达,并不是一个对变迁中的价值之客观内容的描述或表达活动,而是立法者对变迁价值的主观决断活动。此种主观决断,或基于对价值变迁的否定立场,或基于对价值变迁的肯定立场。无论否定还是肯定,都是法律对有关价值变迁的态度或者立场。自然,在不同的态度或立场决定下,法律的价值表达也会呈现出完全不同的面貌。下面笔者试从如下两个方面来阐述这一问题。

其一,公民何以要“信法为真”?[1] 两千多年前,在秦王朝尚天下未定之际,法家学派的集大成者韩非提出了振聋发聩的法律教育主张:“故明主之国,无书简之文,以法为教;无先王之语,以吏为师。”[2]这是对既往仁义教化的颠覆,是对商鞅厉行“法治”,并主张“为置法官,置主法之吏,以为天下师,令万民无陷于险危。故圣人立,天下而无刑死者,非不刑杀也,行法令,明白易知,为置法官吏为之师,以道之知,万民皆知所避就,避祸就福,而皆以自治也”。[3] 这一法律教育思想的绍续和发展,也同时下启其同窗李斯帮秦始皇树立了威权,但给中国文化却带来巨大灾难的

---

① 范忠信曾强调:“法治社会若想成真,第一要件就是要有千千万万把‘法’当真的人”“……‘法呆子’越多,我们的依法治国就越成真。把法当真的人一多起来,那些‘玩弄法律于股掌之间’的人将不得不敛手。久而久之,也会逼得他们把法律当真。那时,法律对于种种不法行为就能真的‘该怎样就怎样’”;“要法治,先得让人民信法律。若信都不信,一切都无从谈起。光一般地信也不行,得笃信,信得很深,信得不为威胁,不为利诱”(参见范忠信:《信法为真》,中国法制出版社2000年版,第3~5页)。

② (战国)韩非:《韩非子·五蠹》,载《韩非子新校注》(下册),陈奇猷校注,上海古籍出版社2000年版,第1112页。

③ (战国)商鞅:《商君书·定分》,载《商君书注译》(第4册),高亨注译,中华书局1974年版,第549页。

"高招"、当然也是"昏招"——"若有欲学法令,以吏为师"。[1]

且不说法家学派的学者们之相关主张所带来的问题,仅就"以法为教"这一举措而言,在我国历史上其实首倡了"信法为真"的理念,即把法律当做其行为的指南。不仅对于普通民众要求如此,即便对于国王大臣们也要求如此,从而实现管子那种"君臣上下贵贱皆从法,此谓为大治"[2]的法治理想和"天下大治"的追求。这样,问题也就出来了,当人们"信法为真"时,法律所能提供的究竟是种什么意义上的真?是客观真实意义上的,还是主观构造意义上的?是"不能"(客观不能)抗拒意义上的,还是"不愿"(主观不可)违背意义上的?是客观事物的"规定性",还是对人们交往行为的有效性和实用性?是因信而真,还是因真而信?

显然,当人们在如上不同的视角理解"信法为真"时,法律对人们的信赖、信任乃至信仰它的来源,对人们有效的来源等都是不同的。如果按照上述每一问题的前一选项,意味着"信法为真"就是"客观事物"对人们的约定,它是人力所不能抗拒的,因此,它和修辞就无所关联。相反,倘若按照上述每一问题的后一选项,则意味着"信法为真"只是立法者根据自己的价值态度对人们的约定,它是利益实用的权衡结果,因此,是人们所不愿抗拒的。这样一来,立法者对价值变迁的态度,以及人们面对立法者价值变迁态度的"信",乃是因信而真,未必是因真而信,它是一种"构成性"的制度事实,而不是自然性的客观事实,从而,它是一种用来支撑逻辑演绎大前提的制度修辞或修辞预设,而不是对事物规定性的复写。可见,人们之所以"信法为真",乃是基于修辞性的利益考量,而不是客观性的真理笃信。

其二,法官何以要"据法裁判"?当立法者以自己的态度对待并表达变迁的价值时,立法者的相关规定常常被要求作为司法推理的逻辑大前提。那么,一方面,从立法者来看,立法者究竟是为司法者"规定了"一种客观为"真"的、毋庸置疑的大前提呢,还是仅仅提供了一种司法者只能这样,不能那样的约定?即如果立法者不做这些约定或限制,那么,司法者有没有客观条件选择去选择这样做或那样做?立法的事实情况表明:立法者根据其对价值变迁的态度所做的这些前提性预设,归根结底,既

---

① (汉)司马迁撰:《史记·秦始皇本纪》(第1册),中华书局1959年版,第255页。在该书之《李斯列传》中,同一表述则略有不同,"若有欲学者,以吏为师。"见该书(第8册),第2546页。

② (春秋)管仲:《管子·任法》,载(清)黎翔凤撰:《管子校注》(下),梁运华整理,中华书局2004年版,第906页。

不是客观事实(或者“事物的规定性”)要求其如此,也不是任何终极意义的神灵要求其如此,而是立法者对价值变迁的态度要求其如此。所以,这一逻辑大前提在实质上,只是立法者对司法者的预设性修辞或者对司法推理的条件约定。之所以规定这一修辞预设,只是通过法律的明确、肯定和普遍属性而在最大限度上限制司法者可能出现的司法擅断、出入人罪,为社会公平提供一个衡量标准,而不是说这一标准就一定是真的。所以,当立法者根据其价值态度对待价值变迁,并把其规定为司法者面对个案进行逻辑推理的大前提时,只是出于善的关切(尽管它仅是善之一种),而不是真的关切。另一方面,从司法者来看,接受立法者通过立法约定的逻辑大前提,究竟是因为它表达了司法者心目中的真,还是它仅仅为司法者提供了一种可接受的标准?如果说法治建设要求所有人都必须“信法为真”的话,那么,对司法者来说,就更要强调其“信法为真”——因为司法者是法律的直接守护者和面对争议事实的据法裁判者。但问题是,司法者面对立法者在不同价值态度基础上所制定的法律时,都需表现出恭敬从命、“信法为真”、据法裁判的姿态——即便这两种法律在价值上是完全相反的。如当年立法者把长途贩运、调剂余缺、搞活经济等行为界定为投机倒把,并以罪待之,司法者面对这一规定,把它作为据法裁判相关行为有罪的逻辑大前提;而如今对相关行为在刑法上已经做了除罪化处理,司法者面对立法者新的规定,则成为据法裁判相关行为无罪的逻辑大前提。显然,司法者此种对立法者法律亦步亦趋的遵循,尽管都在“信法为真”,并且如果不这样,法律秩序就将荡然无存,但是这两种不同的“信法为真”,其秩序实践意义却完全相反。这不正表明所谓法官的“据法裁判”,只不过是据法律这一制度修辞而裁判吗?因此,在笔者看来,司法对立法规定的亦步亦趋,是基于立法的修辞性和可接受性,而不是任何意义上的真理性或客观性。①

---

① 如果把这种情形代入英美法系的司法中去,就更有说服力,因为在那里,当法官遵循先例而据法裁决时,他所面对的先例往往数量众多,而数量众多的先例其内容又不是铁板一块、大致雷同的,相反,其规范内容往往差异甚大。在此情此景中,法官只能通过先例识别,以类比推理的方法寻求先例中最适合当下案情的规范。而众所周知,类比方法所找到的只是相似性或近似性,而不是、也不可能是相同,因此,类比及其结论更是一种典型的修辞性推理手法,因此,类比推理也可以称之为类比修辞。即便在大陆法系国家,因为法律漏洞而生成的类比推理,是法律家和法学家们会不断涉及甚至无法避免的话题,所以考夫曼强调说:“如果我们仔细观察的话,没有任何地方可以真正做到‘禁止类推’,所以严格的禁止类推,结果正和禁止解释一样,历史经验已告诉我们,它完全没有作用”。(参见[德]亚图·考夫曼:《类推与“事物本质”——兼论类型理论》,吴从周译,学林文化事业有限公司 1999 年版,第 13 页。)

早在柏拉图时代,就展开了对修辞不靠谱的无情的批评,并"……提醒人们不管修辞的结论听起来多么雄辩有力、不容置疑,这些结论终究只不过是未经确证的'意见',总是存在着质疑的空间……要求人们认真考虑修辞者的资格和动机,并用'真实'、'道义'等标准来要求、衡量和约束一切修辞活动",①但这样的批评并没有更深入地剖析我们人类有限的理性,哪怕表现在神圣的立法和司法活动中,也只能是一种修辞活动,所以——

"尽管对什么是可以理性地争辩的有所限定,但正是视法律为可争辩的这一观点立刻让我们想到法律论辩的修辞性特征。只要是有公开的论辩过程的地方,就会有修辞。作为一门重要的法学学科的修辞学的现代重新发现,在很大程度上归因于对法律推理的反思。"②

需要在麦考密克上述观点的基础上进一步来说,只要立法面对价值观点的态度不同,从而立法对价值变迁的表达、应对方式不同,那么,立法自身就永远是可争辩的,甚至法律对价值变迁之表达和记载的不同,本身就彰显着其修辞性特征。司法如何坚守立法者似乎逻辑严谨、不容置疑的法律而裁判,国家其他机构及广大公民如何遵循雄辩有力、严格肯定的法律而行动,在最终意义上仍是对上述立法者态度——一种修辞性态度及其规则的遵从,是一种对意义的趋近,而不是扑向什么不可辩驳的真理。

如上论述表明,当一个国家的立法者面对价值变迁而不可能按照一视同仁的态度通过立法全面表达和规范变迁中的价值,反而立法者只能对变迁中的价值因态度不同而在应对的法律手段上也各异时,无论人们"信法为真"也罢,还是法官"据法裁判"也罢,都只是把立法的修辞约定当成了逻辑的真实前提——自然,这是必要的——因为无论立法者、普通民众还是司法者只能如此,也不得不如此。对逻辑而言,有修辞的条件约定总比没有它要靠谱。

四、价值善的虚妄与憧憬——制度修辞的功用与魅力

(一)作为价值体系的法律

在法律与价值的关系上,可以这样做结论:法律就是价值体系,不同

---

① 刘亚猛:《西方修辞学史》,外语教学与研究出版社2008年版,第48页。

② [英]尼尔·麦考密克:《修辞与法治——一种法律推理理论》,程朝阳、孙光宁译,北京大学出版社2014年版,第23页。

的法律是不同价值体系的表达，不表达价值的法律不存在，问题只在于法律表达的是何种价值。

说法律就是价值体系，是因为所有的法律，归根结底是要按照人的利益需要去作出安排，即便法律对事物规定性的表达，也必须以事物关系的规定性是否有利于人类需要的满足为条件。当事物的规定性不利于人的需要时，法律还应当通过其特殊的规范功能和规范标准，改造事物关系的规定性，以便其利于人之需要的满足。如把法律调整的关系三分为天人关系（生成调整天人关系的法律）、群己关系（生成调整群己关系或社会关系的法律）和身心关系（生成调整身心关系的法律）这样三大类的话，那么，从中皆能看出其价值预设的修辞特征：

前者如《海洋环境保护法》《大气污染防治法》《水污染防治法》《产品质量法》《食品卫生法》以及形形色色的各类产品质量标准等法律或法律性规定，皆可视为是根据人的价值需要对对象世界作出的法律安排。无论海洋环境、大气环境、水环境、其他自然环境的污染是人为造成的，还是因为自然本身的原因造成的，都需按照有利于人类健康的一般标准来安排并防治；所有产品、所有食品卫生的质量和标准，都要以有利于人的需要、人的健康的标准安排生产。这些法律，通过对对象内容按照人的需要的规范和安排，结果既调整人与对象的关系，也调整人与人之间的关系，即通过"人化的对象"而实现人域关系之调整。

所谓"人化的对象"，顾名思义就是按照人的要求来规范和改造对象，使对象的运行或者内在规定性符合人的价值需要。人类自古而今的生产活动，就是通过利用或改造对象而令其满足人类需要的活动。在此，首先是利用，它直接指向对象的自然的、原初的规定性，因此，尽管其也存在法律上价值选择和价值规定的意义，但更多是因为自然资源的稀缺性而引起。其次是改造，虽然根据法定的价值要求对自然世界的改造活动须基于对象本身的规定性，但是，改造活动自身却是需要根据法定的人的价值尺度而量度的一个修辞性话题。

中者如《物权法》《合同法》《侵权行为法》、各类《诉讼法》等，在内容上，都是直接调整群己关系的法律。如果说调整天人关系的法律更多地以人类的一般价值需要为规范内容的话（优质的空气质量、海洋环境、水质量、森林草原，以及产品、特别是食品卫生标准，不仅是立法者所代表的那个利益集团的需要，而且是所有人的需要），那么，在直接调整群己关系——人与人之间关系的法律上，立法者的价值标准也可能是面向人的一般需要,但也可能面向特定利益集团的一般需要。长期以来,在我国法学界流行一种以阶级性来界定法律属性的主张,这种主张的核心其实就强调的是在法律价值上,立法者不可能抱守所有人的需要,而只能保护居于统治地位的社会主体的需要。这种观点,即便不能说全然正确,但至少表达了部分人类法律的事实——诚然,实在意义上直接调整群己关系的法律,总是以部分主体的价值追求来掩盖、取缔甚至制裁其他价值追求。

被法律所肯定的价值追求,或许是放之四海而皆准的普世价值,如自由、正义、公平、民主、人权、和平、和谐、博爱、法治等,或许仅仅是某个国家、某个利益集团或者族群主体的价值需要。尽管这种价值需要也体现着我一再所强调的"地方(国家、族群、阶级)性的普适性",[①]但在实质上,在一个特定的国家、族群或地方内部,要求全体成员都无条件地接受法律的相关价值选择,而人们又不得不接受时,显然,这里奉行的价值,未必一定是群己关系中所有成员都认可、同意的价值,而仅仅是立法者所钟情并预设的价值。自然,这种价值是可疑的,是能够进一步论辩的,然而,为了群己关系及其秩序的需要,人们权且放弃相关论辩,而选择接受这一价值预设。因为自利益衡量的视角上,有法律胜于无法律,有秩序胜于无秩序。可见,法律对群己关系内容的设定,就是一个修辞性的价值选择和价值态度。人们对它的服从,在形式上,也是出于这种制度修辞本身的力量。

至于后者——身心关系的法律调整问题,首先所涉及的问题是法律能否调整身心关系?对此,或许人们都持有否定的立场,在传统的理论中,这应是个受宗教所调整的领域,法律用来调整身心关系,怕是不得要领。但事实上,身心关系从来都是法律的调整领域,因为:

其一,当我们强调宗教对人们身心关系的调整时,其实业已肯定了法律对身心关系的调整,为什么?因为所有的宗教世界都是借助规范来对信徒进行教化或者强制的,因此,宗教世界本身不但不排斥法律,而且有比世俗世界更为严格严谨且有效的法律。无论宗教经典,如基督教的《圣经》、伊斯兰教的《古兰经》,先知的语录,如穆罕默德的《圣训》,还是教法学家们对经典的解释,都构成其法律的内容。在一定意义上,近代世俗国家的法律和严格法治,深受宗教教法的影响。

---

① 参见谢晖:《大国法治与地方性的普适性》,载《原生态民族文化学刊》2015 年第 2 期;《族群——地方知识、区域自治与国家统一》,载《思想战线》2016 年第 6 期。

其二，在古代的世俗法中，人们也不时可见对思想心理活动予以法律强制调整的事实。其中思想治罪就是典型。

其三，在近现代的世俗法上，尽管思想和心理活动不再是法律强制控制的领域，但权利和自由的法定化，导致对思想心理活动的调整更多地运用权利保障的方式，或者自由放任的方式。思想自由是绝对自由的领域，是受法律权利保障的领域。显然，法律对人们的心理活动，所采取的是放任性调整。[①] 与此同时，即使在义务层面，国家在追究一个人的行为时，不仅追究其客观方面，而且追究其主观的、心理的方面。这就是人们经常论及的"主客观相统一原则"，特别在刑事责任的追究上，这一原则尤为重要。

以上分析表明，身心关系也是法律的调整对象，不但如此，而且人们还通过具体的技术手段对犯罪行为进行心理干预，尽管这种干预目前尚不是法律的明令，但其具有明显的法律意义。所以，问题显然不在于法律是否调整人们的身心关系，而在于为何不同的法律对人们身心关系的调整采取完全不同的方式？这里显然存在立法者的价值考量。不同时代、不同国家以及不同族群的法律之所以安排了完全不同的身心关系之法律样式，正在于其对身心关系在价值上的选取不同。特别对业已通过行为表现的身心关系，究竟是法律保障下的个人自治领域，还是国家可以强制进入的领域？这本身就是立法的一种价值选择和修辞预设。

从法律对上述三种关系的规制、调整及不同路向的选择中，都不难发现，法律就是一套价值体系，是对人们价值追求的规范化处理。这种处理并不意味着法律会事无巨细地囊括、包容所有的社会价值，而只是透过其规范形式，安排一套人们可接受的价值内容。至于何种价值内容是人们可接受的，以及人们的接受是经过外在强制、利益权衡的，还是其心悦诚服地接受的，则是另一码事。法律作为一套价值体系，或者是经由主权者的强制命令被安排的，或者是经由社会主体的普遍交涉、博弈和对话被安排的。前种安排的价值倾向性及制度修辞特征自不待言，那么，后种安排方式是不是意味着法律对价值的安排不具有倾向性，从而法律摆脱了制度修辞之境，直入客观的、真理的领域？其实不然。

---

① 法律的基本调整方式有三，即放任性调整（权利规范）、导向性调整（必为义务规范）、禁止性调整（禁为义务规范），与此相关，派生的调整方式有二，即奖励性调整（牺牲权利而为义务的高尚道德行为）和惩罚性调整（牺牲义务而牟权利的违法行为）。参见谢晖：《法理学》，北京师范大学出版社2010年版，第189～209页。

我们知道,任何商谈、交涉和博弈活动,要形成有效果的结论,必须在博弈者之间有所妥协,否则,各持己见,互不相让,就只见价值冲突,不见价值协调,也不见在法律调整下的社会秩序,结果只能是交涉者们两败俱伤。诚如一首童谣所言:“东边来了一只羊,西边来了一只羊,相对走在小桥上,你也不肯让,我也不肯让,扑腾一声河里卷起浪。”但只要人们在商谈、交涉或博弈中予以妥协,就必然意味着人们在法律上对一些价值主张的放弃。这样一来,所谓法律中的价值规定,也不过是参与博弈的人们选择了某种价值,而放弃了其他价值,因此,它只是人们博弈妥协的客观呈现,并不是所有价值主张的客观呈现。在这里,为何人们经过博弈选择了某种或某些价值,而放弃了某种或某些价值,那些被放弃了的价值,是不是就不存在法律保护的意义?如果从这些问题切入,就更会明显地发现,即使经由协商、博弈和交涉而来的法律价值安排,照例是价值选择的结果,表达的是立法者的价值态度,因为,它并非唯真是尚,而是唯善是尚。它也并非逻辑自足,而必须是修辞约定。那么,这是否意味着法律就一定表达的是价值上的善?换言之,是否法律就一定是价值善的制度安排?

(二)法律追求何种价值——“良法”、“德法”的乌托邦

两千多年前,古希腊哲人亚里士多德给后人留下了有关法治的、至今还为人们所津津乐道的经典论述:“我们应该注意到邦国虽有良法,要是人民不能全部遵循,仍然不能实现法治。法治应包含两重意义:已成立的法律获得普遍的服从,而大家所服从的法律又应该本身是制订得良好的法律。人民可以服从良法也可以服从恶法。”①从中可见,一方面,亚里士多德明确地以良(善)和恶这两个具有突出价值特征的词汇来概括现实世界的法律;另一方面,他更期待在一个良好的政体形式下,人们所遵循的法律是良好的,是善的。这样,善这一价值追求就明确无误地成为追求法治的国家和人民必须关注的话题。

无独有偶,也是在两千多年前,生处时代比亚里士多德更早的孔子也强调“德法”概念:

> “善御民,壹其德法,正其百官,以均齐民力,和安民心,故令不再而民顺从,刑不用而天下治。是以天地德之,而兆民怀之。夫天地之所德,兆民之所怀,其政美,其民而众称之。今人

① [古希腊]亚里士多德:《政治学》,吴寿彭译,商务印书馆1965年版,第199页。

言五帝三王者，其盛无偶，威察若存，其故何也？其法盛，其德厚，故思其德，必称其人，朝夕祝之，升闻于天，上帝俱歆，用永厥世而丰其年。

不能御民者，弃其德法，专用刑辟，譬犹御马，弃其衔勒而专用棰策，其不制也，可必矣……无德法而用刑，民必流，国必亡。治国而无德法，则民无修；民无修，则迷惑失道。如此，上帝必以其为乱天道也。"①

这些彪炳史册的伟大思想家们对法律所做的价值预设，都可谓是高标准的。无论"良法"的主张，还是"德法"之预设，都以最高的价值标准——道德上的善良作为立法和治国的准则。毫无疑问，这种对法律的德性要求不但无可厚非，而且即便在强调法律是形式理性的今天，法律的合道德性依然是法治不能忽视的重要选项。所以，富勒才刻意强调"道德使法律成为可能"，尽管道德合法性的完美境界是一种乌托邦，但是毕竟追求完美并没有错：

"随着我们在成就的阶梯上向上攀登，在最低层次上作为法律赖以存续的不可或缺之条件的那些因素逐渐变成对人类能力的严格挑战。我们禁不住会想象，在这段阶梯的顶端存在一个合法性的乌托邦，在那里，所有的规则都是绝对清晰明了的，它们彼此协调，为每一位公民所知，并且从不溯及既往。在这个乌托邦中，规则在时间之流中保持恒定，只要求可能的事情，并且为法院、警察以及其他每一位执法者所谨守……这种合法性的八项原则在其中都得到完美实现的乌托邦实际上并不是指引我们追求合法性之冲动的有用目标；完美的目标（远比现实的目标）更为复杂。不过，它的确为我们指出了八项独特的标准，我们可以借此来检验合法性的完善状态"；

"……法律的内在道德也呈现出所有这些面向。它也包含着一种义务的道德和一种愿望的道德。它同样使我们面对这样一些问题：要知道在哪里划出一条分界线，在其下，人们将因失败而受谴责，却不会因成功而受褒扬；在其上，人们会因成功而受嘉许，而失败却顶多会导致怜悯。"②

可见，对法律之道德性的追求，乃是一个纵贯古今、横跨中外的重要

① 《孔子家语·执辔》，载王国轩等译注：《孔子家语》，中华书局2009年版，第206页。

② ［美］富勒：《法律的道德性》，郑戈译，商务印书馆2005年版，第50～51页。

话题,问题只在于法律道德性的内容究竟是什么？我们知道,在学术史上,对法律的这种德性追求,被人们二分为形式合理和实质合理。特别在近、现代法律上,举凡正义、平等、自由、民主、秩序、博爱、法治等,都成为法律所追求的具体的具有普世性的价值标准。尽管立法者、司法者以及全体公民以其最大的努力,想方设法朝着那个法律的美好之乌托邦前行,但是此种法律的乌托邦却总是与人们的日常生活若即若离。完美的良法、德法或善法,只是学者们笔下的一种修辞描绘和理想,而远不是甚至也不可能是人们法律生活中现实的修辞约定。

就算良法或德法的理想在现实中确实是人们所追求的,但这种追求本身是修辞性的。因为究竟什么才是良法或者德法,这本身就是个特别值得玩味的重要话题。我们知道,在“法自然”者们的笔下,“道法自然”、“清静无为”,“鸡犬之声相闻,民至老死不相往来”就是良法、道法或德法;[①]在神学法学家笔下,人间的良法或德法是符合上帝旨意和安排的人世规则;在自然法学家们的笔下,所谓良法或德法,乃是实在法对自然正义的委和与依赖,甚至自然法被等同于理性和正义;在历史法学者们的笔下,法律的良善与道德,必须符合不同族群的生活方式和民族精神;在分析实证主义法学家们的笔下,法律就是法律,是命令,它和法律之外的一切道德价值无涉。刻意追求法律的良善和道德,反倒会牺牲法律的形式合理,导致法律之不法,故不如坚守“恶法亦法”的事实,认真面对规则本身……[②]

上述种种分歧,无不在提醒人们,所谓“良法”、“德法”这些说法,是言人人殊的概念,因此,当人们把“良法”、“德法”这样的概念作为衡量

---

① 参见李晓明:《先秦道家法律思想研究——兼审道家对儒家礼治学说的总体态度》,载《河北法学》2004 年第 4 期。

② 对上述西方法学说,有人分别这样描述:“法律是脱离了一切激情的理性……来源于上帝的头脑……规定了正当和有益的事情,并禁止其反面”;“自然法最为合宜的名称是理性法……自然法的原则是‘理性发现的,而丝毫不仰赖于超自然的力量或神的启示’”;“……现实中生效的制度对那一特定的民族来说是特别‘自然的’,是必定源于他们的历史的;而其他的移植自外部枝干的,对这一民族不‘自然’的制度是似是而非的,因此,他(萨维尼——引者注)不主张以法典的形式建立不朽的制度”;“……法律的‘应当’或‘应然’……不具有任何道德和适宜的元素……它拒绝承担任何语词之外的信息。而且,那些语词可化约为具有实质内容的命题,如果有 A 行为,就会有 B 后果。于是,任何国家的整个法律体系就不过是大量相关的应然命题或规范;这样一种有关法律的描述堪称法律的‘纯粹’理论,因为它脱离了规范之外的任何因素;因为它是一种有关实然法律的理论,而不是探讨‘应然’的理论……”(参见[爱尔兰]J. M. 凯利:《西方法律思想简史》,王笑红译,法律出版社 2002 年版,第 174 页、180 页、308 页、366 页。)

法律好坏的价值尺度时，有必要弄清楚谁的“良法”，或者谁的“德法”这个问题，以明辨这些价值尺度本身的修辞属性。

可以肯定，“良法”、“德法”这些概念是必要的，并且在法律制定中是特别值得关注的话题，因为毕竟一种法律的制定，从立法者视角来讲，要能收到组织社会秩序的客观效果，否则，它不仅仅是“毫无意义的空气震动”，而且还会适得其反，给立法者所代表的利益集团带来不利——因为法律不能组织秩序，意味着其信用荡然无存，意味着立法者及其利益集团言而无信。这正是前文提及的商鞅在实施其改革前，要徙木立信的缘由所在。在执法、司法者以及用法、守法者视角讲，之所以运用或遵守立法者的法律，在于其价值上具有可接受性，或者接受这种法律，即便不能使其从中有利益获得，但至少不会有利益损耗。这是可接受性的一个底线标准。不过尽管如此，“良法”或“德法”这样的概念未必就有一个适用于古今中外，放之四海而皆准的标准。正因如此，所以，对“良法”、“德法”这样的概念，更需要追问其究竟是站在谁的立场上所做的要求或者评价。

谈及这一话题，不禁让人联想到《谁之正义？何种合理性？》这个书名。作者在该书中针对正义问题就开宗明义地写道：

> “在……有关特殊类型问题的判断之广泛多样性的背后，乃是一组相互冲突着的正义概念，这些正义概念相互间在许多方面都处于明显的对峙之中。有些正义概念把应得概念作为中心概念，而另一些正义概念则根本否认应得概念与正义概念有任何相关性；有些正义概念求助于不可转让的人权，而另一些正义概念却求助于某种社会契约概念，还有一些正义概念则求助于功利标准。而且，具体体现这些对立概念的各种对立的正义理论，在对正义与人类其他善的关系、正义所要求的平等类型、执行正义的范围和正义考虑所与之相关的个人在没有一种上帝法则知识的情况下正义的知识是否可能等问题上，也各执千秋。”①

麦金太尔对正义概念多样性的这种生动叙述，照例适用于对“良法”、“德法”等和法律价值相关的诸多概念的阐释。也正是在这里，提出谁的“良法”，谁的“德法”这样的问题，并不是多此一举，故意找茬，而是

① ［美］阿拉斯戴尔·麦金太尔：《何种正义？何种合理性？》，万俊人等译，当代中国出版社1996年版，第2～3页。

我们更深刻地理解：当立法者也罢，执法、司法者以及法律运用遵守者也罢，宣称一种法律是“良法”或“德法”时，不过是站在自身立场叙述这个问题，而并非法律本身的价值是完美无缺、无可置疑的。也正是在这里，“良法”也罢，“德法”也罢，不过是人们对法律的价值期待和修辞性描述。一旦追问到谁的“良法”、谁的“德法”这样的问题时，即便再好的法律，也只能对此无可奉告。

可见，无论如何，当人们肯定法律是一套价值体系的时候，当人们宣布只能运用“良法”、“德法”或者“好的法律”这样的概念，才能实现法治的时候，才拥有被全体公民可接受的条件的时候，事实上，人们是以价值预设的修辞属性对法律进行判断，而不是站在法规范的事实立场对法律进行探究。这正是分析实证主义法学者非难良法论，强调“恶法亦法”的缘由所在。然而，分析实证主义法学家们，并没有走出良法论的窠臼，只是他们所谓的“良法”或“德法”，是立基于法律的形式理性和形式正义，而不是其他。这不正表明，所谓“良法”或“德法”论，难道不是一种法律价值论的乌托邦吗？但问题在于，无论现实中“良法”或“德法”的概念多有歧义，有这些概念，人们便会按照既定目标去追求；这些概念的泯灭，则是对人类价值追求的窒息——取法乎上，仅得其中，总比放弃取法，毫无所得要强。

(三)法律的价值追求与制度修辞

以上论述表明，对法律而言选择并规定价值问题，乃是其题中应有之义。甚至对人类的一切社会规范而言，表明和记载价值都是其题中应有之义。不表明和记载价值的规范，除非它是纯粹自然的规律。在法律及其他社会规范中，哪怕那些纯粹技术性的规范，也明显具有价值性的考量。例如，“施工操作规程”、“食品包装标准”、“货物运输流程”这一类的技术规范，表面上完全是一套纯粹数字化、技术化的形式标准，但在这标准的背后，充分考虑了施工者安全的价值需要、工程质量的价值需要、食品消费者消费安全的价值需要、货物运输者安全运输的价值需要以及货物接收者对商品完整性的价值需要等。因为正如前述，当自然的规定性转化为人为的技术规范时，人们对自然规定根据其需要和价值做了裁剪和修订。

然而，人类透过社会规范的价值需求和记载，并不意味着对同类价值在不同国家、不同时代的同类法律上，都是完全一样、丝毫不差，你抄我、我抄你的记载。相反，完全可以说，即便针对同类价值，价值也是一条变色龙；即便表达在法律中的同类价值，人们所看到的是在不同国家、不同时代对它的表达照例是“变色龙”。例如，针对转基因作物的种植，在欧盟一些国家明令禁止，但在美国，转基因作物如玉米、棉花、大豆的种植比例 2015 年和 2014 年分别为 92%、94%、94% 和 93%、96%、94%。[①] 再如，针对农产品的种植能否施用化肥并是否允许上市的农产品有一定比例的农药残留，有些国家坚决禁止，规定上市农产品农药零残留，而有些国家则允许农产品种植施用化肥农药，且对上市农产品的农药残留限制并不严格。[②] 这不正说明在具体的法律中价值表达的“变色龙”特征吗？

当然，笔者更想强调的是，法律对价值的这种表达，在实质上表明法律价值本身是个价值预设和制度修辞的范畴。尽管即便是同类价值，表达在法律中时会形形色色、不一而足，但任何时代、任何国家的法律都不能拒绝价值表达，因为法律本来是一个价值体系，是人们把其意义追求通过规范来表达的一种机制和方式。因此，价值在法律上的表达，是一种主观事实，而不是客观事实；是一种制度事实，而不是物理事实。

主观事实与制度事实不同于客观事实与物理事实之处在于，前者总是或多或少地表达主体的意义需要、价值追求，因此，它自身“构造事实”，用法学专业术语来讲，更多是一种“构成性规则”，即人们根据相关法律的意义赋予而行为时，能够据此而产生新的社会事实。例如，男女平等的法律规定及其运用和遵守，形成了一个与既往的传统社会男尊女卑的情形完全有别的社会关系体系和性别秩序体系。再如，流氓、投机倒把这些名称的除罪化处理，使长期以来被作为犯罪处理的行为获得了新的性质，即合法性质（尽管对有些流氓行为纳入到其他罪名中）。那

---

① 参见《德国将据欧盟新规禁止种植转基因作物》，载 http://news.sina.com.cn/w/2015-08-25/144132235431.shtml，2016 年 11 月 6 日访问；《美国公布 2015 年转基因作物种植情况》，载 http://www.tech-food.com/news/detail/n1221034.htm，2016 年 11 月 6 日访问等。

② 例如日本农业正在“逐渐告别农药化肥”（参见刘少才：《日本农业逐渐告别农药化肥》，载《福建农业科技》2008 年第 6 期）：“日本对农产品农药和化肥残留实施的标准，要比国际标准高出许多……”（乐绍延：《日本对小农业实施“强保护”》，载 http://news.xinhuanet.com/world/2014-12/24/c_1113766601.htm，2016 年 11 月 6 日访问）。而在我国，目前用于国内销售的瓜果类、蔬菜类农产品的生产，不但不禁止化肥农药的施用，而且施用的内容和范围越来越扩大，以致“我国果树蔬菜化肥用量已超出安全水平”（参见 http://finance.chinanews.com/life/2015/04-15/7207851.shtml，2016 年 11 月 6 日访问）。以苹果种植、生产和销售为例，除了普遍使用传统的化肥农药之外，新近还流行使用“拉长剂”、“催红剂”、“涂蜡剂”、“膨大剂”、“催熟剂”、“防脱水”、“匀光袋”等，真可谓是花样繁多、不一而足！

么,那些被称为“调控性规则”的法律,难道就完全被抛掷于主观事实之外吗？在笔者看来,它依然具有主观事实的特征,因此,即便被称为对既定的社会关系予以认可的“调控性规则”,也在设置一种主观事实。例如既存的Q币在未经法律保护时,很难说是财产,而一经法律保护,则产生了一种新型的财产类型——网络虚拟财产。

至于客观(物理)事实,则大体可以运用塞尔所谓“无情性事实”来表述。我们知道,塞尔是在区别于“制度性事实”这个概念的基础上来运用“无情性概念”的,并由此出发,进一步论述了其“构成性规则”和“调控性规则”的区别。他指出:

> “无情性事实是不依赖于任何人类制度而存在的,制度性事实只是在人类制度中才存在;无情性事实需要语言制度从而使我能够得以陈述这种事实,但是无情性事实本身则完全不依赖于语言或任何其他制度而独立存在……制度性事实本身的存在则需要有特殊的人类制度。语言就是一种这样的制度,事实上,它是整整一类这种制度。
>
> 那么,这些‘制度’是什么呢？为了回答这一问题,我引入了另一种区分,即我称之为‘构成性’规则和‘调控性’规则之间的区分。有些规则调控着先在的活动……然而有些规则就不只是调控性的,而且还创造了某些活动本身的可能性……这种规则是构成性规则……”①

尽管客观事实——“无情性事实”本身不存在价值因素,但在笔者看来,只要人类把它纳入“调控性规则”之列中,就已经赋予了其价值和意义。所以,笔者不赞同塞尔有关“制度性事实只有在构成性规则的系统内才存在”②的这一结论,同样,制度性事实也存在于“调控性规则”中。在笔者看来,只要一种规则赋予了人的意义追求、人的价值需要,那么,它就是制度性事实,所以,客观事实或“无情性事实”尽管不含有价值因素,但只要它借助制度事实——无论是语言、言语还是法律来表达,那么,它就获得了意义,表现着价值。

这样看来,所有的制度事实,无不是价值事实、意义事实。法律制度

---

① [美]约翰·R.塞尔:《社会实在的建构》,李步楼译,上海世纪出版集团、上海人民出版社2008年版,第25页。

② [美]约翰·R.塞尔:《社会实在的建构》,李步楼译,上海世纪出版集团、上海人民出版社2008年版,第25页。

作为最典型的制度事实,其既是一种价值或意义事实,也因此必然将法律引入制度修辞中来。因为法律中所记载或表达的所有价值,毫无例外,都是一种在价值多元、价值冲突和价值变迁中,立法者之价值预设、价值选择和价值态度的产物。立法者即使态度再包容,也不可能预设、选择一种在价值上完备无遗、毫无破绽的法律,当然,也没有必要在法律上预设和选择这样的法律,因为法律既然是一套价值体系,就必然有对是非之真假、价值之善恶、行为之美丑进行分辨,并分门别类第进行处理和调整的需要。否则,法律真假不辨、善恶不明、美丑不分,那么,其将变的毫无疑义,就对社会秩序和社会关系不但不能实现“构成性调整”的结果,甚至连“调控性调整”也难以真正实现——因为所谓“调控性”,就是把客观事实的“无情性”变成符合人类需要的“有情性”。法律必须保有价值追求,否则,法律的制定就是多此一举。不过法律的价值追求虽然取向于唯真唯实、尽善尽美,但事实上却只能左支右绌、顾此失彼。因此,法律的价值追求是一个永远无法通向其尽头的过程。在这个意义上,法律价值追求永无尽头,永“在路上”,永在“行进中”。

法律价值追求的这种过程性、不确定性和选择性,反倒构成了法律价值的本相,或者法律价值本身的“客观事实”——主观性、意义性和修辞性就是法律价值的唯一“客观真相”,法律就是经由这种意义的真相而构成的制度事实和客观规定,从而法律才能成为一种人们用以预知其行为是否有效,是否受保障,或是否受惩罚的客观的预测机制。因此,说法律是主观的、意义性的价值体系或制度修辞,绝不是说法律就不存在任何定在,就可以朝令夕改,就可以言出法随,就可以放任自流,就可以随心所欲。恰恰相反,法律的修辞性或者制度修辞赋予法律以约定功能——制度修辞的基本功能,就是约定在制度内部逻辑得以展开的前提,从而将制度因为修辞的约定导向合乎逻辑,而不是相反。

法律逻辑,无论遵循演绎推理而推论、遵循归纳推理而进行,抑或遵循类比推理而展开,都和制度修辞息息相关——当演绎推理强调“以法律为准绳”时,这个准绳恰恰是法定的具有价值预设和修辞属性的逻辑大前提;当归纳推理强调“以事实为根据”时,这个根据并非所谓客观事实或“无情事实”,而是法定地充满了价值预设和修辞特征的“证据事实”或“自由心证”的事实;①当类比推理强调要把既定的法律规则运用

---

① 对证据与客观事实之关系的论述,参见熊志海:《论证据的本质》,载《现代法学》2002 年第 4 期。

于当下的社会(纠纷)事实时,其实是以一种类比的近似性的修辞手法和修辞结果,或者以法律的价值预设与修辞内容,来规范、裁剪与法律近似的社会事实。所以,只要承认法律是一个价值体系,就等于在事实上认可了法律是一个制度修辞体系。只有制度修辞为法律推理设定前提、建立边界,法律推理才是可能的,从而也是可行的。所以,制度修辞不是无限开放法律的边界,毋宁是对法律的边界作出修辞性约束,甚至在规定的时空内,制度修辞夯实法律的边界。

(本文原载《河南大学学报》2017 年第 1 期)

论法律信仰、制度修辞与诗性思维

法律作为制度修辞,如何能服膺人们,成为人们交往行为中严肃恪守的不二准则?是依赖高压强制的国家暴力保障,还是依赖自觉自愿地对法律的认可和接受?这诚然是两条截然有别的途径。或云,法律"是'理'与'力'的结合,'理'是基本的,'力'是必要的",[①]因之,不能将两者在法律运行中的功能生硬割裂,而应联系起来予以考察。诚然,这是一种不错的解释,但学术研究的基本方法和使命在于分析,而不在于缺乏分析的一般辩证。毫无疑问,通过持久的强制和人们对强制的逐渐接受,也会支持法律作为人们交往行为规范的准则,但这毕竟与人们心悦诚服地接受法律的调整相比,成本之高可以想见。故培育法律信仰以事半功倍地实现法治秩序,在法律运行中的地位便弥足轻重。而法律信仰无论从精神视角,还是从制度视角,都是一个富有明显修辞性的概念,因此,如何借助诗性思维,接通法律信仰和制度修辞之间的关联,推进法治由制度修辞变为人们的实践操作,便不无意义。本文即是对法律信仰、制度修辞和诗性思维三者关联关系的初步考察。

一、何以法律需要被信仰

在本质上,法律信仰并不是人们的一种期望,也不是一种人为建构的社会事实,而是在法律普遍支配

---

① 孙国华等:《法是"理"与"力"的结合》,载《法学家》2001 年第 1 期;孙国华:《再论法是"理"与"力"的结合》,载《河南政法管理干部学院学报》2001 年第 1 期。

人类行为(行为服从规则治理的事业),并不可避免地以它为标准,使人类的交往行为在满足或不满足权利与义务、自由与秩序的要求时,必然获得肯定或否定、奖励或惩罚、幸福或苦难的事实背景下的一种心理反应。无论这种心理反应是依赖法律还是因法律而惧怕,都属于法律信仰的心理表征。因此,法律信仰内在于法治之中。诚如美国学者爱德华·考文(Edward S. Corwin)所言,"对于法律信仰的宣言,是应当免除于一种较具探索性的逻辑分析"。[①] 不过尽管如此,法律能否被信仰仍然是我国学界争论的重要话题。故不妨就从这一话题入手展开本文的论述。

(一)法律能否被信仰?

自从伯尔曼的《法律与宗教》翻译成中文出版以来,在我国有关法律信仰的研究和论述不绝如缕,其原因或许是在该书中。伯尔曼就法律信仰问题得出了一些堪称经典的名言:

> "法律必须被信仰,否则它将形同虚设。"[②]
>
> "任何一种法律制度都与宗教共享某种要素——仪式、传统、权威和普遍性。人们的法律情感赖此得以培养和外化。否则,法律将退化成为僵死的教条。同样,任何一种宗教内部也都具有法律的要素,没有这些,它就会退化成为私人的狂信。"[③]

然而,众所周知,伯尔曼所谓的法律信仰,却是一个对世俗法律缺乏历史感而深刻反思的结果。在伯尔曼看来,法律一旦隔断其历史的脐带、抛弃其历史的自然进化逻辑,就意味着法律危机的呈现。因为在他看来,法律是这样一种存在:

> "历史意识是法律的基本基础";[④]
>
> "……我们的基本法律概念和法律制度,是在一漫长的历史发展进程中逐步获得其主要意蕴的,而宗教在此进程中一直起着举足轻重的作用。实际上,法律不断演进的观念,它的在许多世代里面有机发展的观念,其本身正植根于犹太教和基督教的宗教观念。此外,在十一世纪以后的西方历史中,发展中的法律传统不时因巨大的革命而中断。每一次革命都根据宗

---

① Edward S. Corwin, A Declaration of Legal Faith by Wiley Rutledge, *University of Pennsylvania Law Review*, Vol. 96, No. 6 (Jun., 1948), p. 910.

② [美]哈罗德·J. 伯尔曼:《法律与宗教》,梁治平译,三联书店1991年版,第28页。

③ [美]哈罗德·J. 伯尔曼:《法律与宗教》,梁治平译,三联书店1991年版,第65页。

④ [美]哈罗德·J. 伯尔曼:《法律的历史基础》,范进学译,载《学习与探索》2007年第2期。

> 教或准宗教的观念而抨击先前的法律制度。它们也都渐渐创造了建立在这种观念上面的新的法律制度。”①

与此同时,伯尔曼通过对西方法律传统的详尽考察、比较和归纳,进一步阐释了法律的此种“历史意识”和“传承精神”,从而曾得出了如下一般结论:

> “……在西方,法律——甚至自教皇革命以来——一直具有一种强劲的历时性……因素,不止如此,它还具有一种强劲的传统因素。传统不仅仅是历史的连续性。一种传统是有意识和无意识因素的一种混合……‘传统是一种社会的可以看得见的一面——制度、遗迹、作品和物,但它尤其是社会的被淹没了的看不见的一面:信仰、希望、恐惧、压抑和梦想。’法律通常与可见的一面,与作品相联系;但对西方历史的研究尤其是对它的起源的研究,揭示了它在民众最深层信仰和情感中的根源。没有对炼狱的恐惧和对最后审判的希望,西方法律传统就不会存在。”②

然而,不幸的是,在伯尔曼看来,西方的这种法律传统自从11世纪后期以来,一直处于危机之中。这种危机,到了今天,是一种整体性的危机,也是一种更加深沉的危机:

> “它不仅是自18世纪已经发展起来的个人主义的危机,或自17世纪发展起来的自由主义的危机,或自16世纪发展起来的世俗主义……的危机;而且也是自11世纪后期一直存在至今的整个法律传统的危机。”③

在此意义上,伯尔曼对法律信仰的揭示,一方面说明和犹太教—基督教观念具有一定同构性的法律信仰传统在西方世界面临着整体性危机,另一方面又说明面对西方法律传统的整体性危机,重新建立在历史意识和特定精神传统基础上的法律的宗教般信仰的必要。因为“在法律与宗教彼此分离的地方,法律很容易退化为僵死的教条,宗教则易于变为狂信”。④

---

① [美]哈罗德·J.伯尔曼:《法律与宗教》,梁治平译,三联书店1991年版,第29页。

② [美]哈罗德·J.伯尔曼:《法律与革命——西方法律传统的形成》,贺卫方等译,中国大百科全书出版社1993年版,第665页。

③ [美]哈罗德·J.伯尔曼:《法律与革命——西方法律传统的形成》,贺卫方等译,中国大百科全书出版社1993年版,第43页。

④ [美]哈罗德·J.伯尔曼:《法律与宗教》,梁治平译,三联书店1991年版,第39页。

正是基于伯尔曼的这些论述，在国内有些学者强调法律信仰理论的虚妄以及法律信仰的不可能。① 对此，笔者将从如下两个方面予以回应：

其一，伯尔曼基于西方法律传统和历史意识所给出的法律信仰论，以及在此基础上对当代西方法律整体性危机的反思，固然为法律信仰给出了一种自圆其说的论说工具，但是，他的理论，并没有、也不能垄断法律信仰理论的研究。进言之，人类历史上的法律信仰，未必完全要按照伯尔曼给出的条件而形成。② 即便被伯尔曼所不断反思的11世纪后期以来西方法律传统的整体性危机，并没有完全消弭西方人对法律的信仰，反之，新教伦理、个体主义或主体性精神、自由主义传统以及法律世俗化倾向，却在另一视角塑造着人们对法律秩序和主体自由的憧憬、追求以及因此种追求而对法律的皈依。对此，其实在伯尔曼对法律的界定中也不难见端倪。他指出：

> "朗·L.富勒曾把法律界定为'使人的行为受规则约束的事业'。这个定义适当地强调了法律活动高于法律规则。但我想通过指出以下一点走得更远一些：这个事业的目的不仅仅是公正地制定和适用规则，而且也包括其他的管理方式，诸如投票选举、发布命令、任命官吏和宣布判决等。而且，在'法律'一

---

① 如张永和强调："法律信仰"是错误的命题，是一种"杜撰"。"法律信仰"是缺乏论证的臆想，在西方不可能成为事实，在中国同样不该有存在市场。"法律信仰"混淆了信仰和权威的概念，错误地引进了一个根本不适合中国国情的理念。这种理念"转移了价值危机的视线"，因为"法律与宗教的勾连不适用于中国"，也因为"法律不具有被信仰的超然品质"。（参见张永和：《法律不能被信仰的理由》，载《政法论坛》2006年第3期。）范瑜认为："'法律信仰'论事实上已经成为我国法学界的一种意识形态，并体现为一种法律中心的一元论思维。这种思维方式不仅会影响法学研究的进路和结论，也必然会在具体的制度建构、决策和实践方面产生误导；尤其是在我国社会一贯将法律与国家权力等同的语境下，很容易成为无视传统、轻视社会，违背道德及情理的理由。最经常出现的情况就是，将所有的问题归结为民众法律意识低，将法律化和诉讼以及法律职业者的作用视为解决一切问题的良方等。"（参见范瑜：《法律信仰批判》，载《现代法学》2008年第3期。）对该理论持批判立场的还有魏敦友（参见魏敦友：《再评"法律信仰"——向许章润先生汉语法学的进言》，载《福建政法管理干部学院学报》2006年第1期）等。

② 在我国，论述法律信仰的学者，尽管大多都自觉不自觉地会引用伯尔曼的一些名言，但其理论基础，未必跟着伯尔曼有关法律信仰和宗教信仰的套路，去论述法律信仰。笔者对法律信仰的论述，就着眼于把法律信仰、法律价值以及理性怀疑精神等结合起来进行考察。参见谢晖：《法律信仰的理念与基础》，山东人民出版社1997年版，第25页以下。因此，因为重读了、并似乎读懂了伯尔曼的书，就否定自己先前的法律信仰论述，在笔者看来无他，而不过是对其先前论述的一种不自信的表现，而不是认真地对待自己的学术主张（参见范进学：《"法律信仰"：一个被过度误解的神话——重读伯尔曼〈法律与宗教〉》，载《政法论坛》2012年第2期）。鄙以为，这种情形，也是目前吾国学术所存在的重要问题。

词通常的意义上，它的目的不仅仅在于管理：它是一种促成自愿协议的事业……实际运作的法律包括人们的立法、裁决、执行、谈判和从事其他法律活动。它也是分配权利义务和由此解决冲突和创造合作渠道的一个生活的过程。"①

伯尔曼描述的这种法律，正是被他所强调的出现了整体性危机的法律。然而，只要人们不抱偏见，只要我们把关注的目光投向现实的法律领域，那么，经由法律权利所调整的自由行为和自由理念以及经由义务所调整的秩序行为和秩序理念，已然形塑着人们对法律自觉不自觉的依赖。一方面，这种信仰和依赖，乃是对法律作为人类理性的信仰和皈依。它表明，法律的世俗化虽然逃离了宗教般的神圣之域，但归入理性的神圣之域。另一方面，这种依赖往往不仅是人们的理性权衡，而且成为人们交往行为中经验的、"本能的"一部分。换言之，人们所本能地依赖的这种规则，就其实质而言，并不总是事物规定的结果，而毋宁是人们因为不同需要、不同价值相互竞争、交涉的结果。自然，当人们把一种价值交涉的结果——一种"虚拟的规范叙事"当作生活中像空气、水一样须臾不可分离的事物对待时，这种对法律的依赖岂止是理性权衡的结果？当人们把自治合作、自由秩序、自主管理、自愿交往等统统交由一种预设的、虚拟的、修辞性的规范体系时，这种对法律的情怀，堪称是一种没有宗教的规范信仰——更何况，即使在我们这个时代，法律照例存在被伯尔曼一再强调的信仰的四要素：仪式、传统、权威和普遍性。所以，伯尔曼并没有忘记：

"任何一个社会，即便是最文明的社会，也有对超验价值的信仰，也信奉终极目的和关于神圣事物的共同观念……"②

其二，正因如上理由，所以，即便按照伯尔曼的法律信仰理论，也不排除一个宗教意识或传统不浓的国家，照例会有对法律的心理依赖、行为坚守的信仰精神。拉特利奇大法官曾言，"法律、自由和正义，这三位一体，就是我信仰的对象"。"法律应当是普遍的，如果不是因为混乱而无法覆盖的地方，只要有必要，法律早晚能够得到普遍适用，除非法律所

① ［美］哈罗德·J. 伯尔曼：《法律与革命——西方法律传统的形成》，贺卫方等译，中国大百科全书出版社1993年版，第5页。

② ［美］哈罗德·J. 伯尔曼：《法律与宗教》，梁治平译，三联书店1991年版，第65页。

面对的是地球灭亡。"[①]只要人们的交往行为只能被结构在法定的权利义务、自由秩序空间中，进而只要人们依法行为，必然致利益有所得，违法行为，必然致利益有所失，那么，对法律的依赖、坚守、信仰就自不待言。这正如托克维尔所描述的于19世纪美国的那种情形一样，

> "在美国，几乎所有的政治问题迟早都要变成司法问题。因此，所有的党派在它们的日常论战中，都要借用司法的概念和语言。大部分公务人员都是或曾经是法学家，所以他们把自己固有的习惯和思想方法都应用到公务活动中去。审判制度更把这一切推广到一切阶级。因此，司法的语言差不多成了普通语言；法学家精神本来产生于学校和法院，但已逐渐走出学校和法院的大墙，深入到最低阶层，使全体人民都沾染上了司法官的部分习性和爱好"。[②]

或以为，此种情形，与神灵皈依的宗教信仰不能比较，但是它照例能说明在法律世俗化背景下，法律经由程序性行为带来的仪式感，经由法律的确定性和稳定性所带来的传统感，经由有法可依、有法必依、执法必严、违法必究这样的必行性和可操作性所带来的权威感以及法律上一律平等、一视同仁等所带来的普遍适用感。因此，即便法律的近代化或者现代化是一个世俗化的过程，或者解神圣化的过程，[③]但神圣化的解构，并非对神圣化抛弃，理性的肯定，并非对超越性的否定。即使在法律领域，也是如此。众所周知，传统中国是一个宗教信仰较差，或者不太关注神圣性的国度，所谓"天道远、人道迩"、"敬鬼神而远之"、"不语怪力乱神"等脍炙人口的名言，所表明的正是适例吗？但即使如此，在"执法如

---

① Edward S. Corwin, A Declaration of Legal Faith by Wiley Rutledge, *University of Pennsylvania Law Review*, Vol. 96, No. 6 (Jun., 1948), p. 910.

② [法]托克维尔：《论美国的民主》(上卷)，董果良译，商务印书馆1988年版，第310页。

③ 有学者在评议如下这段话——"法治化的过程，实际上是一个法的神圣化的过程。在这一过程中，在法的神圣性(也就是法的宗教性)被强化的同时，法的价值蕴含得到了极大的提高。正如伯尔曼所说的，'所有法律制度都不仅要求我们在理智上承认—社会所倡导的合法美德，而且要求我们以我们的全部生命献身于它们。所以正是由于宗教激情，信仰的飞跃，我们才能使法律的理想与原则具有普遍性。'实际上，在任何一个社会，法律本身都促成人们对法律自身神圣性的信念"时指出："法治化的过程恰恰不是一个神圣化的过程，相反却是一个解神圣化的过程，关于这一点，韦伯已经为我们提供了这方面的经典论证。不幸的是，我们的法律信仰言说者们竟一相情愿地认为法要求人们献身，实际上，只有宗教才要求人们献身，法只不过要求人们遵守它。"(参见魏敦友：《再评"法律信仰"——向许章润先生汉语法学的进言》，载《福建政法管理干部学院学报》2006年第1期。)

山"、"平之如水"、"为民请命"、獬豸传说……中,我们还是不难窥知种种法律信仰的信息。所以,在杨兆龙看来,如果把礼也纳入法中思考,则古典中国即有明显的法律信仰:

"现代一般文明国家所提倡的'法治'实包括我们从前的'法治'与'礼治',与法家所讲的法治大不相同。我们提倡这种'法治',非但不违背传统精神,并且足以发扬本位的文化";

"我国古代的刑法虽为刑名家或律学家或少数文人(大都是官吏)所研究的对象,未必为一般人所知道,但'礼'及圣贤的遗教却因儒家及朝廷的提倡流行甚广,深入人心,上自君王卿相,下至群僚庶民,莫不有相当的认识,有些人并且能对它们发生宗教式的信仰,而不惜任何牺牲以奉行之。有些人虽没有这种坚强的信仰,但因为顾忌舆论的制裁,也不敢轻易违背,毁损名节。"①

凡此种种无不表明,对于法律信仰而言,法律与宗教有无关联尽管是重要的,但并非是其决定的、不可或缺的要素,因而也只是一种选择性要素。世俗法律能够被信仰的根本所在,与其说是和宗教的勾连,不如说是它和人们利益得失之间的必然关系。因此,法律信仰不是着眼于某个具体的法条或者某部具体的法律,甚至也不是着眼于某个健全的法律体系,而是着眼于没有法律,人们不仅在行为上不知所从、手足无措,而且在心理上深恐不安、惶惶不可终日。也因此,法律信仰既是理性选择的结果,也就不乏流动性②(和此不无关联,法律信仰研究,也不是基于伯尔曼或其他任何一位伟大学者的主张,而是基于各种不同类型——无论是以宗教信仰为基础的法律还是以利益回报为基础的法律信仰之现实)。既然在法律世俗化背景下,并不排除人们的法律信仰,那么,在此情形下人们信仰法律的理据又是什么?

---

① 杨兆龙:《杨兆龙法学文选》,中国政法大学出版社2000年版,第49页。

② 朱苏力指出:"信仰法律并不是一个只要下决心信仰就能信仰的事件,而是一个过程,或者说是在一系列社会活动、经验、感受之中而达到的'皈依';是在为了追求自我利益而遵循或诉诸法律的过程中自觉不自觉地被卷进去的。而且,即使某个人一时'皈依'了法律,也并不意味着法律调适就可以结束了。如果由于社会发生了某种原因,一个本来适当的、好的法律变得违背或损害人们的利益,皈依者也会逐渐以行动'反叛'。从这个层面上看,信仰法律可以说不仅仅是信仰问题,而是一个演进的理性选择结果。理性和信仰在这一过程中获得了一致性。"[参见朱苏力:《法律如何信仰》,载《四川大学法律评论》(第1卷),法律出版社1999年版。]

(二)有神的宗教关联之外,法律信仰还有什么理据?

毫无疑问,宗教因素,或者法律的超验之维对法律信仰的塑造、生成而言,是重要的,有时甚至是关键的。例如,当今世界的法律信仰,在很大程度上就依赖于正义这一近乎超验或先验的人类价值期待和法则。但对于这些超验的领域,即使人们并不相信有一种神灵在支配着它们,但也可以对其生出宗教般的炽热和虔诚。所以,笔者认为在有神的宗教信仰之外,法律之被信仰,还因为有如下不容忽视的理据:

首先,作为价值体系的法律与信仰。法律是一种建立在主体价值追求之上的规范体系,因此,它在本质上是一个"阐释性概念"。尽管这种情形并不排除人们对法律之合规律性的追求,对法律如同科学般准确无误的渴望,但是,法律毕竟不是科学。即便法律要反映科学的要求,那也是经由人们的需要而加工后的科学。例如,果品的农药残留标准作为一种客观事实,它可能残留的程度很高,可能残留的程度较低,甚至可能是零残留。在法律标准的选择上,有些国家选择了允许低残留,有些国家选择了不允许残留(零残留);进而有些国家允许施用农药的农产品上市,有些国家禁止施用农药的农产品上市。为什么对人的生活健康而言,在科学上完全不同的数值标准,却在不同国家的法律上能作出不同的选择,并作为其"法定标准"?这不能不说是不同国家所选取的价值标准各异。法律就是以利益(包括精神利益与物质利益)为核心的一套价值体系。人们在追求各自的价值及其利益中,会形成宗教般的坚定信仰。这就是形形色色的诸如"商品拜物教"、"政治拜权教"、"文化拜名教"、"生活自然教"等存在的基础。对此,有人称为"没有上帝的宗教":

> "众所周知,有宗教信仰的人和没有宗教信仰的人之间有着鲜明而深刻的分歧。然而,数以百万计的、那些把自己看做无神论者的人同样拥有信仰。他们的信仰和经历与信徒认为是宗教性的信仰和经历大体相似,而且同样深奥微妙。这些无神论者说,尽管他们不相信一个'人格化'的上帝,但他们还是相信宇宙中存在一种'力量',这种力量'比我们要强大'。他们感到一种不可逃避的责任,要求自己活得有意义,并且对别人的生命给予应有的尊重。他们以自己认为有意义的生活而自豪,不过,有时也会为他们觉得被浪费了的生命承受一种无

法平复的遗憾。”①

法律作为一种人们交往博弈中生成的价值选择和价值体系，当它以契约或者命令的形式凌驾于所有个体之上时，当人们的需要和追求必须赖之才可获取时，当人们合乎法律的行为必然获得其精神需要和物质利益时，当人们违反法律的行为必须承受由它所带来的痛苦时……无不表明法律作为一种价值体系对人们内心皈依和行为守从的直接作用。

其次，作为行为传统的法律与信仰。一种信仰的形成，必须有传统因素的支撑。换言之，一种事物能否形成一种确定的传统，直接决定着人们对这种事物的情感、追求、皈依和信仰。这也正是伯尔曼在他的相关著作中一再强调西方法律传统及其与法律信仰关联的缘由所在，也是他对这一传统面对整体性危机时忧心忡忡的原因所在。然而，不得不指出的是，旧传统的整体性危机，或许是新传统的创生契机。西方法律乃至西方宗教自从11世纪以来发生的世俗化现象——强调人权而反对神权，强调自由信仰而反对唯一信仰，强调人的主体性而反对通往奴役之路，进而强调科学的分析精神而反对游谈无根的抽象与综合……显然，这是一种有别于中世纪政治—法律传统的新型传统，甚至连宗教自身也趋于多元化。特别是新教的产生，导致人们信仰上帝的方式千奇百怪、千变万化、品类繁多，爱默生曾言“一个人只要有一颗正义的心灵，那么上帝的安抚，上帝的不朽和上帝的权威就会随着正义的理念进入到他的身体所在”②——宗教不但趋向于世俗化，而且成为法律和其他社会现象真正世俗化的渊薮——这种功能，恰如教会曾经使法律“神圣化”。所以，世俗化以来的西方法律尽管与西方宗教之间还存在藕断丝连的关系，但世俗化自身的传统业已成为一种信仰，并进而作用于人们的法律信仰。

在本质上，传统本身是一个蕴涵了价值选择、心理认同和行为依赖的概念，是一个具有“克里斯玛”特质的概念，或者是一个被赋予了持续性信仰内容的概念。特别是所谓“实质性传统”，更具有此一特征。希尔斯认为：

“实质性传统之所以能长期受到人们的敬重和依恋，并对

① ［美］罗纳德·M.德沃金：《没有上帝的宗教》，於兴中译，中国民主法制出版社2015年版，第2页。

② George McMichael, *Anthology of American Literature*, second edition (New York: Macmillan Publishing Co., Inc.), pp. 1037 -1038.

人们的行为具有强大的道德规范作用，是因为这些传统具有一种神圣的克里斯玛(Charisma)特质……

……不仅仅是那些具有(或被认为具有)超凡特质的权威及其血统能够产生神圣的感召力，而且社会中的一系列行动模式、角色、制度、象征符号、思想观念和客观物质，由于人们相信它们与'终极的'、'决定秩序的'超凡力量相关联，同样具有令人敬畏、使人依从的神圣克里斯玛特质。这样，在社会行动中行之有效的道德伦理、法律、规范、制度和象征符号等都或多或少被注入了与超凡力量相关的克里斯玛特质……

显然，传统对人们的行为之所以具有规范和道德感召力，都是由于传统被人们赋予了神圣的或超凡的特质。事实上，围绕着某一种传统，一般都有一套神话和仪式，以唤起或激发信奉者的敬畏之情……"①

如果说一般传统都具有此种神圣的、超凡魔力的克里斯玛特质、从而具有信仰属性的话，那么，法律传统是一切传统中最具有此种特征的。因为一方面，法律是一切传统的制度化凝结或规范表达；另一方面，这种制度化凝结与规范表达又被赋予了神圣的、必行的特质，一旦人们不从，则以某种任何个人都无法逃避的、具有决定性的力量予以惩戒。此外，对传统的遵从，实质上源于人类心智的有限性，尤其源于每一个具体的当下人们认知能力的有限性。赫伯特·西蒙认为，"当面对有限的信息、有限的时间、有限的认知时，每一个个体通常都会从经验出发，设计一个不完整但简便快捷的试探操作程序来解决问题"。②

或以为，具体到我国，这种法律文化传统经由种种的革命运动，特别是经由"文化大革命"的荡涤，已然不存。但即便如此，我们仍然在努力设法形塑一种法律新传统。③ 这种法律新传统杂糅了西方法律传统、马克思主义精神和中国固有的一些法律理念，也正在吸收中国人民当下正在创造并形成的制度(制度经济学意义上的)实践，从而在我国公民的日常交往中发挥着无可替代的规范、预测、导向、保障和奖惩作用，即便当

---

① 傅铿：《传统、克里斯玛和理性化——译序》，载[美]E. 希尔斯：《论传统》，傅铿等译，上海人民出版社1991年版，第4~5页。

② Herbert Simon. Models of Bounded Rationality Vol. 2. Cambridge: Mass MIT Press, 1982, p. 54.

③ 参见谢晖：《论文化治国与制度(法律)治国》，载《领导者》(香港)2016年第4期。

下人们对它的信仰还很成问题,同时尽管现行法律的"高级法"背景尚未呈现,法律的价值指向尚未获得足够关注,但不可否认,一种以人权保障、权力制约、和谐交往、社会正义等价值追求为内容的"高级法"正在逐渐生成中。这也是人们据以培育、发展法律信仰的缘由所在。随着法律新传统的不断发育和成长,法律信仰因应此种传统的情形不难预期。

再次,作为"事物规定性"体系的法律与信仰。法律作为人类交往行为的规则体系,既关乎人们交往中的价值交涉和选择,从而是一套明显具有价值性的规范体系。但与此同时,一方面,价值性本身反映着"事物规定性";另一方面,法律除了经由价值表达"事物规定性"之外,还直接表现着事物的规律。在这个意义上,法律是"价值规定性"和"事物规律性"的内在的、有机的统一。法律作为价值体系,虽然未必一定表现"事物规定性",但归根结底,它需要借助于"事物规定性"来进行价值衡量和价值交涉。在这个意义上,法律的价值—道德合理性需要建立在事实合理性基础之上。在此问题上,人们耳熟能详的马克思的一系列相关论述,可谓鞭辟入里、直指要害,值得在此重温:

> "……你们的法不过是被奉为法律的你们这个阶级的意志……而这种意志的内容是由你们这个阶级的物质生活条件来决定的。"①
>
> "……法律只是在自由的无意识的自然规律变成有意识的国家法律时才起真正法律的作用……它是人的行为本身必备的规律,是人的生活的自觉反映……所以法律在人的生活即自由的生活面前是退缩的,而且只是当人的实际行为表明人不再服从自由的自然规律时,这种表现为国家法律的自由的自然规律才强制人成为自由的人……"②
>
> "只有毫无历史知识的人才不知道:君主们在任何时候不得不服从经济条件,并且从来不能向经济条件发号施令。无论是政治的立法或市民的立法,都只是表明和记载经济关系的要求而已。"③

如上论述,深刻揭示了法律和"事物规定性"——事物规律之间的内在关系。现代法律的发展,特别是调整人与自然关系的法律,如环境保

① 《马克思恩格斯选集》(第1卷),人民出版社1972年版,第268页。

② 《马克思恩格斯全集》(第1卷),人民出版社1965年版,第72页。

③ 《马克思恩格斯选集》(第4卷),人民出版社1965年版,第121~122页。

护法、大气污染防治法、水污染防治法、森林法、草原法、矿产资源法、能源法等,无不奠定在人与自然关系的规律基础上。人类的交往行为一旦违反大自然自身的规定性以及大自然对人类的规定性,其必然结果是人类自身遭受大自然无穷无尽的惩罚。在这方面,人类经历的教训在在多有,罄竹难书。当然,法律上讲的"事物规定性",不仅指向对象—自然世界,而且指向人类的交往行为领域,所以:

"……规则和原则就是由这些习俗形成的,法律就是在这些习俗之上起源和生长的。关于法律的这些渊源,卡多佐说道:'它们根植于商业和群体习以为常的形式和方法、主流的公平和正义的确信,以及我们对当今道德的信念和行动的复合体之中。'"①

那么,法律与"事物规定性"的勾连,或者表达,在何种意义上又与法律信仰发生关联?众所周知,人类信仰的生成,源自人与对象无可克服的矛盾,源自于人类既生存、生活于大自然,又面对大自然神秘力量支配人类的无可奈何,也源于人与人之间交往时不可克服、但又必须遵从的那种内驱力。所以,信仰是弱小的人类面对强大的对象——自然对象、社会对象以及复杂自我的产物,是人类认知能力面对外在世界变幻无穷、不可捉摸的产物,当然,也是人类需要祈求外在的神灵予以保佑的产物。或以为,法律即使表达"事物规定性",也只能表达人们已经认知了的那部分,因此,这必然会出现康德所描述的那种情形:

"如果秩序井然且美好的世界结构只是服从其普遍运动规律的物质的一种结果,如果各种自然力的盲目机械性能从混沌中如此美妙地发展出来,并自动地达到如此的完善性,那么,人们在观察世界大厦之美时所得出的神性创造者的证明就完全失效了。大自然本身就够了,神的统治是不必要的……一种非神圣的世俗智慧就会把信仰踩在脚下,而信仰本来奉献给世俗智慧一片灿烂的明光,照耀着世俗智慧。"②

诚然,这种担心不是多余的,特别是在法律领域,它一直被视为是理

① [美]亚瑟·L. 科宾:《前言》,载[美]本杰明·N. 卡多佐:《法律的成长》,李红勃等译,北京大学出版社2014年版,第6页。

② [德]伊曼努尔·康德:《康德论上帝与宗教》,李秋零编译,中国人民大学出版社2004年版,第4页。

性的结果，并且主要不是神的启事的理性，而是人的权衡的理性。[①] 在这种情形下，法律即便反映了“事物规定性”，但它还能被信仰吗？对这一问题的回答，取决于对法律使命——正义的回答。任何法律，只要永恒地服从神圣的目的——永恒的正义，它就是可信仰的；任何法律，只要和正义之间存有若即若离的关联，从而只要人们必须且只能透过法律，追寻永恒的正义，它就是可信仰的。这里照例用得上康德的如下看法：

> “……万物的初始材料，即物质，是受某些规律制约的，物质听凭这些规律支配，必然产生出美好的结合。物质没有偏离这种完美设计的自由。由于物质服从一个至高无上智慧的目的，所以它必然被一个支配它的初始原因置于这样协调的关系之中；而且正因为大自然即使在混沌中也只能按照规则井然有序地行事，所以有一个上帝存在。”[②]

最后，作为利益获取机制的法律与信仰。法律的价值之维，一方面，表达了法律对人们精神需要的满足关系；另一方面，则表达了对人们利益需要的满足关系。在这个意义上，法律的价值之维本身包含了法律的利益追求，或者说，法律就是人们在交往行为中的利益获取机制。法律对社会关系的调整，就是通过给主体分配权利和义务来实现的。不但如此，而且在一个法治健全的社会里，人们因合法行为而获取利益的基本制度保障，就是法律；同样，人们因违法行为而丧失利益的基本制度措施，也是法律。法律成为人们权利得失、利益取丧的一个不可逾越的闸门。正是在此意义上，罗马法才被称为人类历史上第一个具有世界性意义的商品社会（简单商品社会）中具有模范意义的法典；《拿破仑法典》也才被称为人类历史上第二个具有世界意义的商品社会中另一部具有模范意义的法典；而在如今这个号称业已全球化的商品—市场经济时代，世界贸易组织及其规则业已成为调整相关利益关系的权威的国际经济准则……

---

① 尽管在法学史上，把法律视为神的理性、上帝、真主、佛陀启示的观点比比皆是，特别是中世纪经院哲学家如托马斯·阿奎那、奥古斯丁以及伊斯兰教法学家们的法律理念，还有哪些卷帙浩繁的宣扬和执行宗教职能的宗教教法，无不遵从这一宗旨。但至少自近代以来，随着法律越来越世俗化，不但动摇了这样的观念，而且法律本身越来越多地呈现着利益博弈、意见交涉和自由竞争的特征。无论是立法者，还是司法者，曾经所拥有的那种神圣光环也变得日渐斑驳模糊。

② ［德］伊曼努尔·康德：《康德论上帝与宗教》，李秋零编译，中国人民大学出版社 2004 年版，第 9 页。

法律之所以能够调整商品—市场经济时代人们的利益关系，成为人们利益交往的规范准则，既在于法律自身建立在社会经济基础之上，是人们利益交往和经济生活的规范表达，也在于法律通过一系列可操作的手法——如权利与义务区别技术、职权与职责分割方式、合法与违法判别标准、保障与处罚并行机制以及一系列行之有效的程序体系、解释方法、论证规则等，将处于混沌状态的、模糊不明的利益关系和经济生活明晰化、具体化、可度量化，使我的、你的、他的摆脱混沌、祛除模糊，使法律在经济交往和日常生活的世界，就如同货币在经济交易的世界里一样，成为公平地度量利益，以资其便的基本根据——“……在我们的司法过程中存在一个类似于司法造币厂的机制，它将各种行为模式铸造成‘法律的货币’，然后使其在法律的王国里自由地流通”。[①] 自然，在这里人们也会发生疑问：作为利益获取机制的法律，如何会被信仰？信仰是超越功利的，如何能被定位于利益和功利的麾下？

其实，信仰在很多情形下，都有人们的利益期待与利益获取的痕迹，甚至在信仰的世界，充满了交换动机和利益回报的需要。且不说在我国的信仰世界中，拜佛拜神拜仙人，归根结底是求得神灵保佑——或升官发财，或降福生子，或祛病免灾，或祈雨祷收……离开功利的纯粹信仰甚为罕见。[②] 即使在一般意义上，人类信仰都和获取利益具有紧密的关系，只是在有些文化中，人们更多地关注宗教（神灵）的现世（此岸）的回报，在另一些文化中，人们则更多地关注神灵的来世（彼岸）的回报而已。对此，斯达克等通过比较研究，并借助严密的逻辑推理和解释机制认为：宗教选择和代价权衡、利益选择有难以割舍的关联，甚至完全可以认为，宗教信仰就是求得此岸的或彼岸的利益回报。他们指出：

> “人们作宗教选择跟作其他选择采取的是同样的方式，即权衡代价和利益。但是利益是什么？人们为什么还需要宗教？人们需要宗教是因为宗教是某些回报……的唯一可信的……来源，而人们对于这些回报有一个一般的、无尽的需求……”

---

① ［美］本杰明·N. 卡多佐：《法律的成长》，李红勃等译，北京大学出版社 2014 年版，第 44 页。

② 这种情形和我国台湾地区适成对照：“陈信池……指出，台湾民间宗教‘是非常地此世导向的。如果一个人觉得这个神不再灵验而不能够满足他的要求，那么这个人就会转去拜其他的神。在有些极端的情况下，比如像玩彩票赌博的人，输的人会砸毁神像，因为他们很生气这些神在玩彩票这件事上让他们失败了。’”（参见［美］罗德尼·斯达克等：《信仰的法则——解释宗教之人的方面》，杨凤岗译，中国人民大学出版社 2004 年版，第 122 页。）

“宗教解释跟世俗解释的不同,除了通过宗教解释证明可信的回报的巨大价值和范围不同外,把回报延续到彼岸环境去的能力也不同……宗教虽然提供很多此时此地的回报,但真正强有力的宗教资源是彼世的回报……”①

这说明,信仰本身不排斥世俗的追求,不但如此,信仰每每还迎合世俗的追求,才得以发扬光大,这正是信仰对人们需要的回报——无论物质需要,还是精神需要,也无论今世的回报,还是来世的回报。进言之,回报承诺或许是宗教广获人心的关键所在。那种信仰就是抛弃了一切功利追求,信仰是绝对的无条件的论断,才是对信仰的误解和曲解。也正因如此,才能更深入地理解何以在同一宗教中,不同教派之间因为小小的教义或礼拜的礼节之不同而兄弟阋墙、大打出手、挥戈相向。回到作为利益获取机制的法律和信仰的关系上,则可以说,当人们的利益得失无可避免地以是否遵循法律为评判标准时,当人们只有严守法律、运用法律,才是获取利益的唯一渠道时,法律即便不被人们信仰,也距离信仰不远。

除了如上几点外,法律制度及其运行的仪式性、权威性和普遍适用性,按照伯尔曼等学者有关信仰发生条件的论述,完全可以挪用。即便是世俗化的法律,在这方面仍坚守如初,并赖此而生成法律信仰,以维系法律秩序的有效运转。否则,就很难理解在当今这样一个人口爆炸、交往频繁、关系复杂、矛盾交织的复杂社会里,能存在比简单社会中靠宗教和道德规范所维系的秩序要高级的多、也稳定的多的在法律调整下的“自由秩序”。

(三)制度修辞理念视角的法律信仰

制度修辞论是这样一种理论:它强调作为人们交往行为必须遵循的权威规则,法律是通过规则预设来调整主体交往的社会关系的。所谓规则预设,并非仅是对与人们交往的自然规律以及社会规律的照搬或复写,而是以人们的利益博弈、价值交涉和利害权衡为前提,给人们的权利义务交往行为作出了一种事先的预测,并根据这种预测对事后行为予以处理——放任、认可、奖励或制裁。所以,不少法官、法学家对法律作为预测给出了精辟的阐释:

“‘事实上,法律就是一种预测。与其说……法律是由获得

① [美]罗德尼·斯达克等:《信仰的法则——解释宗教之人的方面》,杨凤岗译,中国人民大学出版社2004年版,第103页、108页。

认可和现实存在的规则组成,倒不如说,它是由可能会被法院认可和执行的规则组成的……从心理学的角度讲,法律是一门典型的关于预测的科学。它所关注的主要是人们未来的利益。'……对法律上的权利和责任的分析,同样是在对法院未来行为进行预测。霍姆斯说道:'从法律的目的来看,所谓权利,不外乎是一种预测性的假设,是一种支撑如下事实的想象:如果有人侵犯了别人的权利,公共权力便会被引入以对付他。这就像通过万有引力可以解释物体在外空的运动一样。''所谓的法律责任无非是指这样一种预测:如果有人做了不该做的事,或者没有做应该做的事,他会受到法院的裁判,以某种方式为自己的行为付出代价。'"①

把法律视为对人们行为的预测,视为一种对行为结果的预测性想象,甚至视为法院将对行为作如何处理的预测,都十足地说明法律的制度修辞特征。法律作为修辞,不仅体现在法律是一种一般性的价值预设,而且也体现在法律对于那些"事物规定性"的事实,也要结构在价值预设中进行处理。这种价值预设的要害是人的需要。进言之,只有被结构进人们价值需要中的"事物规定性"才有法律意义,一种"事物规定性"一旦远离人们的价值需要,则它不但不能成为法律,而且还是法律要尽量设法防止的内容。例如,传染病,自然,它来自某种"事物规定性",但毫无疑问,它并不符合人们的价值需要,反之,人们一谈到它,常常会畏之如虎、退避三舍、唯恐触之而惹祸。于是,在法律上,如何根据人的价值需要,把它排除于人的价值需要之外,并通过空间隔离、技术控制等方式来防治传染病(把这些防治方式结构在人的价值需要中,并进而上升为法律),就是法律上的一项必要的决策。

这表明,人类需要把"事物规定性"升华为法律,但升华为法律的"事物规定性",却是人类的"价值规定性"所剪裁、加工和修饰的结果。法律不是"事物规定性"的自然流露,而是"价值规定性"加工后的"事物规定性"。在这里,立基于社会需要基础上的"价值规定性"是决定的因素,而"事物规定性"只有接受"价值规定性"的剪裁和加工后,才可能上升为法律。当然,法律以人及其需要为标准,也不失为一种"科学的"、"客观的"标准。在这个意义上,价值标准距离科学标准不远。但事物之间的

---

① [美]本杰明·N. 卡多佐:《法律的成长》,李红勃等译,北京大学出版社 2014 年版,第 56 ~ 57 页。

分界不能被如此无限地去混淆、外推,否则,分析性理论就没有立足之地了——毕竟价值世界与事实世界有着明显的分界。

当法律以"价值规定性"为前提,以人的需要为准据而裁剪或者加工"事实规定性"时,法律的修辞特征昭然若揭。法律就是一种制度修辞。以法律原则和法律规则为表现形式的一切法律,只是根据人类的、族群的、阶级的甚至利益集团的好恶和价值选择所做的,对人们交往行为之利益得失的预测机制。这种前提性预设,本质上更是种制度修辞。无论法律被人们图解为命令、理性、神授、协商结果还是公决,在实质上它都是一种借助修辞的规范体系。所以,那种把法律视为"事物规定性"的观点,只有同时以法律的"价值规定性"来结构"事物规定性"时,方能成立。否则,法律不是、也不可能是纯粹的"事物规定性"的表达,如果是这样,人类也就无须多此一举,耗时费工、制定法律,人们完全可以像庄周那样,因任自然,过一种谨守"丛林法则"的生活就足够了。可见,正是"价值规定性"不可避免地被置入法律中,并成为裁断"事物规定性"的价值尺度,因此,表达以"价值规定性"为尺度的法律的概念、规则、原则以及透过这些概念、规则和原则而形成的交往行为,无不具有修辞的预设性,从而是一种"修辞辞令"。

> "法律的命令可以通过各种途径表现出来,诸如习惯、传统、惯例、义务、命令、宣告、规则、指示、预测、判决以及其他,等等。一个命令(如'宣告')的某一表现形式,有时也可能被描述为义务、指令或兼而有之。由此可见,那些关于法律告知其受众该如何行为的主张,很少是对'法律是什么'这一问题的或经验或概念的回答,而更多是一个修辞辞令,其中的'必须'可以囊括多种情况。
>
> 而且,'指示'意指人们在一定语境下与人交谈(用语词或不用语词);它意指的是行为。它表明,不管人们对法律所指示的立场采纳得是好是坏,某些学派用在法律上的言语和行动、或语言和行为之间的重大区别都是这些概念上的区别。这不意味着它们'仅仅'在概念上有区别——或该被废弃。言语和行动之间、语言和行为之间的区别是种概念上的区别,这意味着它们之间也是修辞上的区别——因而也是该被检验的,检验法律所假定的东西,检验其适用中让人们得以获知或者不得获

知的东西。"①

回过头来再看,这些修辞辞令,或者法律作为制度修辞,与法律信仰之间能否产生内在勾连?如果可能,它又是如何影响人们的法律信仰的?诚然,在一般意义上,所谓信仰,都和某种理性、绝对性、终极性、超越性相关联。而修辞和修辞学在本质上又是情感的、相对的、暂时的和现世的。法律是制度修辞的结论,势必肯定了法律和修辞共享如上特征的一面。既然如此,则作为修辞的法律似乎和信仰之间是风马牛不相及的;似乎制度修辞理论只能解构法律信仰,而无法结构法律信仰。但事实上,问题并不如此简单。

其实一切所谓宗教信仰,都建立在对终极存在者和造物主的修辞预设上,因此,才有那么多智慧的头脑——如牛顿、如康德去证明上帝的第一次推动或上帝的存在。这个判断的进一步结论是:一切信仰,并不是建立在对逻辑的服膺基础上的,而只是建立在逻辑的大前提——一种修辞预设基础上的。笔者多次强调,"形式逻辑的起点是修辞",②由此前进一步,可以说世间没有离开修辞预设的逻辑,所以,对逻辑的膜拜和景仰(如果有的话),归根结底就是对人类交往行为的修辞性认可。如果这种结论言之有理,那么,法律作为制度修辞,就和法律信仰之间并非风马牛不相及,反而法律的此种修辞属性,是引致法律信仰的必备条件、必由之路。法律制度修辞属性的丧失,才是法律信仰的黯淡之因。

把上述结论稍加展开,则一方面,在立法层面,完全可以说这一活动就是接引神与人的关系、连接终极与当下的关系、协调自由与秩序的关系、规范正义与利益的关系……的活动。故立法者在智慧和能力上,如柏拉图、德沃金所言,只能是哲学家。③ 无论专制的立法者、代议制的立法者还是全民公决制的立法者,都以人们对立法者本身的崇高信仰为前提。在君主制下,被修辞包裹得具有神性(如"天子"之说)的帝王既是

---

① [美]玛丽安·康斯特布尔:《正义的沉默——现代法律的局限和可能性》,曲广娣译,北京大学出版社2011年版,第24~25页。

② 参见谢晖:《论法律制度的修辞之维》,载《政法论坛》2012年第5期;《诗性、修辞与法律价值预设》,载《现代法学》2012年第5期;《法治预设与设问修辞》,载《文史哲》2014年第2期;《法律拟制、法律虚拟与制度修辞》,载《现代法学》2016年第5期等。

③ 如柏拉图强调:"除非哲学家成为我们这些国家的国王……否则的话……对国家甚至我想对全人类都将祸害无穷,永无宁日。"(参见[古希腊]柏拉图:《理想国》,郭斌和等译,商务印书馆1986年版,第214~215页);德沃金则指出:"如果哲学家们愿意的话,制定法律自身的目标……这个任务就落在了哲学家们身上。"([美]德沃金:《法律帝国》,李常青译,中国大百科全书出版社1996年版,第362页)。

最高的立法者，也是人们不可怀疑、绝对信仰的对象。特别在那种所谓“好的专制政治”下，一般人民，“一切事听任政府，就像听任上帝一样……如不合自己的意思，当做上天的惩罚加以接受”。[①]

在代议制立法下，尽管代议制本身是直接的民主制无能为力的产物，是一种利弊权衡的结果，但是，在“理想上最好的政府形式”——“主权或作为最后手段的最高支配权力属于社会整个集体的那种政府；每个公民不仅对该最终的主权的行使有发言权，而且，至少是有时，被要求实际上参加政府，亲自担任某种地方的或一般的公共职务”——这种情形，因为“在面积和人口超过一个小市镇的社会里……所有的人亲自参加公共事务是不可能的”，故“一个完善政府的理想类型一定是代议制政府了”。[②] 由此可见，人们不但对代议制以修辞性的美化，而且此种美化也折射、涵化为对代议制立法的尊崇、信仰。这或许正是近代以来代议制国家的人民、政治家、政府都恪守法律，笃信通过法律才能解决问题的重要缘由。

至于全民公决制的立法模式，正如密尔所说，本来是“理想上最好的政府模式”，它以对人民——这个尽管过于抽象，但又不无具体的概念之崇高尊崇、信仰为前提。它相信“三个臭皮匠赛过诸葛亮”，相信“人民，只有人民，才是历史发展的真正动力”，相信“自由人的联合体”终究汇聚成民主的强大力量，来制约权力的张牙舞爪，同样，相信只有人民能参与其中的立法，才是真正第一等好的立法。正是此种对人民的信仰，自 20 世纪末 21 世纪初，世界各国不断上演全民公决、全民立法的活剧。无论魁北克、苏格兰是否脱离加拿大、英国，还是西班牙、英国入欧，抑或脱欧，无论叶利钦、卢卡申科就其宪法的公投，还是澳大利亚是否实行共和制的票决，都说明全民参与的立法活动并非遥不可及，而是经常发生在我们生活的时代。既然法律是人民参与制定的，人民的修辞表达又是至上的——无论是其身份、地位还是利益，则崇信、信仰由人民制定的法律，自然是逻辑自洽、天经地义的。

另一方面，在法律运行——行政、司法以及公民用法、守法层面，无论是法律的参与者还是法律的从业者，既是法律运作的主体，也是法律秩序的信徒。这似乎是一个矛盾甚至对立的表述，但事实上，它表达了主体与法律之间独特的关系。就普通用法、守法主体而言，根据法律规

---

① ［英］J. S. 密尔：《代议制政府》，汪瑄译，商务印书馆 1982 年版，第 40 页。

② ［英］J. S. 密尔：《代议制政府》，汪瑄译，商务印书馆 1982 年版，第 43 页、55 页。

定而交往行为，是其获取利益、安顿生活、安定心理的必由之路。法律之于自由的、自治的个人，犹如作茧自缚的蚕，不经由法律的规范和约束，意味着其无以破茧化蝶。当然，与这个比喻不同之处在于蚕蛹一旦破茧化蝶，就不再受蚕茧之束缚，但法律的运用者和遵守者则完全不同，他们与法律的经纬、调整之间是共生关系，他们的自由和自主，皆系法律之授权，他们的秩序与安全，皆因法律之保障。在一定意义上，人们在法律面前，具有明显的异化特征，但在笔者看来，这是一种促使人自主自由、文明有度的“良性异化”。[①] 这突出地说明法律的参与者只有被结构在法律中，崇信并景仰法律，才能真正彰显其主体本性。

就法律从业者而言，无论是以执法和日常秩序维系为使命的行政官，还是以司法和纠纷解决为使命的法官，无论是受托代理案件或进行辩护的律师，还是代表国家支持公诉的检察官，其基本任务，就是通过作为修辞的法律，来解决或矫正现实生活中形形色色的利益需要、行为冲突以及违法犯罪问题。这里所面对的难题是：有限的法律修辞是如何应对无限的、变化多端的社会交往事实的？问题到这一层面，人们不禁会质疑：法律真有如此大的魅力和能力，足以安顿社会秩序、保障主体自由、化解社会纠纷、打击违法犯罪吗？可是，无论人们如何质疑，法律从业者仍一如既往、一丝不苟地运用法律，解决当下所面对的种种难题。对于他们而言，离开法律，则手足无措。

可见，法律从业者——行政官、检察官、法官、律师们，正是把制度修辞作为其行动的基本准则，法律成为其从业的基本皈依。法律从业者就是用法律这种制度修辞来协调终极正义与现实利益之间关系的；协调“确定的法律”和“不能一成不变”的法律之间的逻辑对立与事实关照关系的；协调定于一律，并崇尚稳定、统一、普适的法律和总是复杂多样，并只能表现为个体、流动和变换的社会事实之间的调适关系的……如何使张力如此明显的事物都乖顺地接受法律的规训？人们接受法律之规训究竟是一种修辞性后果还是逻辑性必然？在这种追问中，我们不难体察到一种神性和人性、终极与现实接引与沟通的魅力。

> “乌尔比安说：‘法理学是人与神的知识，是正义和非正义的学问。’这个定义人们耳熟能详，却不止一次被讥讽是空洞的说教……与许多更为冷静也更为精确的科学中的枯燥说辞相

① 相关论述，参见谢晖：《法学范畴的矛盾辨思》，山东人民出版社1999年版，第430～495页。

比,富有启发性的一般见解也许包含着更多诚实的真理。我们对终极世界的窥探,我们对哲学和法律赖以获得永恒本质的高远天穹的仰望,会用某种亲切的信念来充实你我……我们将会看到,在我们小小的教区里也有通往永恒的光明前景。我们将会知道,裁判的过程是永无休止的运动中的一个阶段,它需要身在其中每一个人作出能动的、创造性的努力,不是模仿,不是毫无生气地、机械式地重复。”①

在这里,卡多佐以一位法官的经验和见解,阐述了法律人在追求法律正义的永恒之途中应有的态度——不仅仅是态度,甚至也是行为——这种态度是创造性的,而非按部就班、亦步亦趋的。无论这种态度,还是相关行为,都表明法律人对法律近乎神圣的信仰,对法律这种制度修辞通向终极正义的窥探和仰望。这种情形,难道不是对法律的信仰吗?这种信仰,难道不正是基于法律的预设及其修辞特质吗?

社会主体们总是指望通过一种完美的、封闭的、逻辑自洽的法律,一劳永逸地解决社会正义问题,立法者们也无不为这种美好的预测而倾倒,但问题一旦到了司法者这里,就发现完全不是那么回事,因为他们的行为不是去维系一种预设的完美和逻辑无缝,而是通过不断的努力去补足那个完美且逻辑无缝的预设。这种情形,培养了法官们、律师们对法律的另一种忠诚——不是亦步亦趋的忠诚,而是不断接近法律之神圣大业的忠诚。因为他们知道,法律是一种修辞预设,他们清楚,法律并不完美,不能通向终极正义,终极正义只能在通往“完美法律”的路上,在于一次次地、持续不断地对不完美的法律这种制度修辞的追求、质疑、修正和再追求中。因此,“评价法律和法治……是任何个人终其一生都不能完成的大事”。② 法律人对此更为明了,因为他们清楚如下的基本理念:

“法律不仅必然要依靠大量法律外的技巧,而且也不可避免地受到人类不可预见的复杂情况的制约。我们充其量是对未来作出不完美的预测,却不能确定在未来应该怎么做。我们面对的是不可预期的世界,法律一次又一次地被迫逾越已有的规则,才能更好地为社会服务。也许法律本身有法律论证与决

---

① [美]本杰明·N.卡多佐:《法律的成长》,李红勃等译,北京大学出版社2014年版,第148~149页。

② [美]弗里德里克·肖尔:《像法律人那样思考:法律推理新论》,雷磊译,中国法制出版社2016年版,第12页。

策这样一个宝库，从而适应不断变迁的社会。但假如如此，那么将法律看成具有规则以及法律论证实践的完全封闭的系统，也不太可能准确地描述法律及其运行。”①

那么，究竟该怎么办？我们知道，法律人的选择，就是面对法律这种制度修辞，不离不弃又锲而不舍，满腹狐疑又载一抱素地匍匐在寻求、完善法律这种制度修辞确定性的或“存在的”路上。事实上，岂止是法律人，世间每一位愿意接受法律调整、相信法律导致正义的人，难道都不是如此吗？除非他们找到了柏拉图笔下无所不能、才华非凡、不偏不倚、具有克里斯玛慧智的哲学家。

二、作为精神修辞的法律信仰

所谓精神修辞，是指人们设定或预设了某种对象的或自身的精神境界，并对这种精神境界信以为真，进而信仰之、也为之而奋斗的情形。之所以是修辞，既源于它是预设的、假定的，并且对这种预设和假定或予以夸张、或予以美化。之所以是精神的，一方面，因为它总是以信仰的方式呈现；另一方面，它给人们追求更切实的行动提供着精神动力。

如果说法律是种制度修辞，法律信仰就是修辞的修辞。不过法律信仰不仅关涉法律制度，而且连带人类信仰，因此，法律信仰作为修辞，就不仅是一种制度修辞，它其实首先表现为精神修辞。为什么会有这一结论？这基于人类信仰的两个方面及其与法律信仰的紧密关联。

（一）宗教、宗教法与法律信仰之为精神修辞

信仰是人类的一种精神现象，它首先是人类面对变幻莫测、人力不逮的对象世界时的一种精神应对，是通过对对象——无论这种对象是纯粹自然的还是被赋予了人（神）格精神的绝对崇拜、服从和信仰以实现人的需要。在这种信仰中，作为信仰者的精神力量尽管存在，但它是附随的，而非主导的。这种精神力量只能服从于另一种精神力量，即“超越性的精神力量”——对象。个体精神力量通过对对象世界的体悟——无论顿悟抑或渐悟，通过对对象世界的皈依而让精神有所寄居。这种信仰即所谓宗教式信仰。可见，即使在宗教式信仰中，精神以其顽强的力量，作用于对象。并且特别值得一提的是，人类自身还创造了一种超越于人类的精神——无论它是“自然精神”，还是人格化的“上帝（佛陀、真主）精神”。

① ［美］弗里德里克·肖尔：《像法律人那样思考：法律推理新论》，雷磊译，中国法制出版社2016年版，第6页。

因此,在这种信仰中,客观上会呈现出两类精神修辞:第一类是人类对自我的精神修辞,即只要自我精神能够保持对自然精神或上帝精神的足够敬畏、虔诚、顺从,那么,自我精神就会不断靠近自然精神或上帝精神,自我也就会成为自然之子或者上帝选民,就会在今生来世,魂有所归。在这种修辞中,自我精神乃是委身于自然精神和上帝精神中的;同时,在这种修辞中,人们也往往会假定,精神是可以弃恶从善的。弃恶从善的唯一通道,就是对自然精神或上帝精神的信仰。第二类是超越的精神修辞,它笃信在人类的自我精神之外,还有一种完全超越于人类之外,但对人类,乃至对天地万物具有全能作用的精神。这种精神打通天地,勾连神人。他不但引领人们向善,而且也教导人们弃恶。为了拯救人类,引导人们弃恶从善,甚至从神到人,"道成肉身"。[①] 这种超越人类精神、也能统驭并拯救人类精神的超越性存在,显然仍不过是人类自作的一种精致的精神修辞。一切宗教式信仰,莫不以一套精致的超越性精神修辞作为导人信仰的逻辑前提。对此,不同的学者们已经作出了各自的探索。

"泰勒……认为宗教的最起码的定义是'对精神存在的信仰'……在泰勒看来,宗教是人类'理解他们的经验'和他们生活于其中的世界的一种努力(这有时被称做'理智论'的探讨)";

"在格尔茨看来,宗教是:

(1)一套行动的象征制度;(2)其行动的目的是建立人类强有力的、普遍的、恒久的情绪与动机;(3)其建立的方式是拟定关于存在的普遍秩序的观念;(4)给这些观念加上实在性的光彩;(5)使这些情绪和动机仿佛具有独特的真实性……"

"莱曼……和迈尔斯……提出……:

将宗教的定义扩展到精神存在和超人存在之外,使之能够包括异常的、神秘的和不可解释的,这可以使人们对世界各民族的宗教行为有一种更全面的观点,也可以使人类学家考察无

---

① 众所周知,在《新约》之"提摩太前书"第1:15中,有一句至关重要的经文,即"基督耶稣降世,为要拯救罪人"。这是所谓"道成肉身"的基本宗旨。按照教义,人类精神的过分入世,导致其罪孽深重,但这些罪人又无以自救,致使上帝献出其唯一的儿子耶稣,以其身死而拯救人类(参见[古罗马]阿塔那修:《论道成肉身》,石敏敏译,三联书店2009年版,第85~155页)。

文字社会和有文字社会所具有的现象,诸如巫术、魔法、诅咒及其他实践……”①

在上述有关宗教信仰的界定中,我们既可以看到其与人类精神的关联,也可以看到其和超越性精神的关联。泰勒以及莱曼的定义,就着眼于超越的精神层面,而格尔茨的定义,则更侧重于人类自身的目的、情绪和动机,即着眼于人类精神,着眼于人类对自身的精神追求和精神自信。在这里,无论是通过信仰而实现人类自身的精神追求,还是通过精神皈依来实现人与超越性精神世界的接近,都充满着一种精神修辞的特征。为什么呢?

因为无论人类自我精神的普遍化、恒久化,还是超越性精神的普遍性、对人类精神的驾驭性,按照格尔茨的说法,都不过是一种象征,进一步来讲,是一种象征的精神修辞。举凡宗教信仰过程中的礼拜、仪式、经解、论辩等,都是借用某种象征修辞,把自我的精神领域比拟于超越的精神领域,使两者皆修辞化。进言之,“在任何一个社会中,修辞皆是市民生活的基础组成部分,同时它也是任何社会每一个层面所必需的基础”。② 因为修辞,才有了人类无边无际的想象,也才有了人们为此种想象所做的理性的、逻辑化和科学化的努力。有了这种精神修辞,才有逻辑规训的前提,也才有人们不断被规训,并进而促进自我精神和超越精神之间的接近,终然实现精神的“强有力的、普遍的、恒久的”状态,经由这一精神修辞,才可能导向“普遍秩序”的制度修辞。

当然,还应强调的是,这种有关宗教信仰的解说,不仅在象征意义上说明其精神修辞属性,而且它自来就是一种预设性的精神修辞。缘由在于一方面,人们无法在事实层面实证一种超越性精神的存在。换言之,如果人们真能够实证这种精神的存在,也就意味着所谓超越性大可怀疑了。因此,所谓超越性的精神存在,既不具有事实实证性,也不具有逻辑实在性。他在本质上是一种拟制、虚拟、预设的精神修辞。基于此,另一方面,人们通过信仰、修行可以无限接近神灵甚至脱凡成圣的理想,自然也是一种修辞性的激励和虚构,既不具有事实的可证实性,也不具有逻

① [英]奥菲娜·鲍伊:《宗教人类学导论》,金泽等译,中国人民大学出版社2004年版,第24~26页。

② James J. Murphy, *the Origins and Early Development of Rhetoric*, James J. Murphy, Ed. A Synoptic History of Classical Rhetoric, London: Hermagoras Press, 2003, p. 13.

辑的可证明性。[①] 但是,这种既无法证实,也无法证明的修辞预设,一旦被人们所接受,却具有强大的现实力量。史上形形色色的宗教信仰之所以能够吸引无数善男信女,虔诚皈依、顶礼膜拜,就可谓明证。这自然也可用来理解一种法律信仰一旦形成,所带来的无与伦比的修辞力量。[②]

上述对宗教、宗教信仰及其精神维度的描述,是为进一步阐述法律信仰之为精神修辞营造必要的前提。众所周知,宗教不仅是一种教化体系,也不仅是一种对造物主的信仰体系,而且是一种通过一系列切实有效的交往规则维系其秩序的法律教化体系和宗教法律信仰体系。因此,宗教的信仰总是无可例外地与法律的信仰相牵连。几乎所有宗教世界的经典,首先是人们交往行为、修身养性的法典,其次才是据以教化人们的根据。这种情形,尤其在基督教和伊斯兰教中更为明显。在基督教影响下的西方法律制度,不仅奠定了西方法律的神学基础,而且造就了以教会法为代表的西方第一个近代意义上的法律,[③]不但如此,它甚至直接影响了西方现当代世俗法律的品格。对此,伯尔曼指出:

> "……可以说 11 世纪的法律隐喻便是 12 世纪的法律类推和 13 世纪的法律概念。为法律类推和法律概念奠定基础的法律隐喻首先是宗教性质的。它们是最后审判和炼狱的隐喻,基

---

① 笔者所谓证明,即在逻辑上能自圆其说;而所谓证实,类似于罗素所谓"亲知"——尽管在罗素的理论中仍指出了"亲知"者对自身"亲知"的困难:"经验的明显特征似乎表明经验是一种两项关系;我们把这种关系称作亲知,而我们将对于客体具有亲知的一切事物命名为主体。主体本身似乎并不亲知自身;但这一点并不妨碍我们的理论通过'这'一词的意义的帮助来解释'我'这个词的意义,'这'是所注意的那个客体的专名。"参见[英]伯特兰·罗素:《逻辑与知识》,苑利均译,商务印书馆 1996 年版,第 209 页。

② 不少论者在行文中,每每强调逻辑的力量。确实,作为一种证明工具,以事实为基础的逻辑,具有更现实的说服效力和征服力量,并且这种力量饱含理性的原则。但在逻辑证明中,只要演绎推理不能保障大前提绝对为真,归纳推理不能保障结论绝对可靠、不能例外,那么,两种证明中的大前提或者结论就只能是近似的、修辞的。所以,当人们强调逻辑的力量的时候,事实上,不可能不触及逻辑的开端。对此,黑格尔在其逻辑学中已经认真地探讨过哲学、科学、逻辑的开端问题。他指出:"要找出哲学中的开端,是一桩困难的事……哲学的开端,必定或者是间接的东西,或者是直接的东西,而它之既不能是前者,也不能是后者,又是易于指明的;所以,开端的方式,无论是这一个或那一个,都会遇到反驳";他进一步问道:"……逻辑的开端……是一种直接的、绝对开始的知、一种信仰呢,抑或是一种间接的知呢?"[参见[德]黑格尔:《逻辑学》(上卷),杨一之译,商务印书馆 1976 年版,第 51 ~ 52 页]。尽管黑格尔对这些问题作出了自己的回答,但这些回答本身以及他所津津乐道的辩证法,在笔者看来,更多的是一种精神修辞。当然,诚如前述,这种修辞绝对不是诡辩,而是逻辑得以展开的开端和前提。也因此,它既独立地展示其作为修辞的、开端的力量,也会结构在逻辑中,并进而和逻辑一起展示其力量。

③ 参见[美]哈罗德·J. 伯尔曼:《法律与革命——西方法律传统的形成》,贺卫方等译,中国大百科全书出版社 1993 年版,第 242 ~ 271 页。

督因亚当的堕落而赎罪的隐喻，在圣餐礼中瓶酒变体的隐喻，在补赎礼中罪过得到赦免的隐喻，教士的'捆绑和释放'——施加或减免永罚——的权柄的隐喻。其他一些法律隐喻主要是封建性质的，虽然它们具有宗教意味——它们是荣誉、对荣誉损害的赔偿、信仰誓言、服务与保护的双方互利契约等隐喻，所有这些隐喻都是礼仪与神话的统一结构中的组成部分（此处的'神话'一词并不是用它的'寓言'的旧含义，而是相反，它意味着'神圣的真理'，这种新含义已广为接受）。

这样的探讨表明，西方法律体系的基本制度、概念和价值，都有其11世纪和12世纪的宗教仪式、圣礼以及学说方面的渊源，反映着对死亡、罪、惩罚、宽恕和拯救的新的态度，以及关于神与人、信仰与理性之间关系的新设想。在经历了若干世纪之后，这类宗教态度和设想已经发生了根本性的变化，今天，它们的神学渊源似乎已经枯竭。但是，从它们中衍生出来的法律制度、概念以及价值却仍然得以保存，并且大体上没有发生变化。西方法律科学是一种世俗的神学……"①

伯尔曼对西方法律与宗教关系的此种揭示，仍然仅仅是基于政教分离国家的情形。倘若立基于纯粹的教权国家，那么，情况更显独特。在那里，上帝就是立法者，《圣经》就是上帝的立法，先知们不过是对上帝立法的先知先觉者，他们不但宣教、要求人们遵守并信仰教法，而且主持实施教法，甚至还要主导对违反教法——特别是对思想异端的惩罚。因此，他们会按照上帝的降示和《圣经》的旨意，对异端者以司法的名义施以严厉的惩罚。所谓宗教裁判所，就是这种司法的典型场所。自然，宗教裁判所司法的基本依据，不是世俗的法律，而是宗教的教义，是超越的、神圣的法律——尽管很多时候，宗教裁判所并不能直接裁判，其裁判每每要依仗世俗的权力，甚至直接交给世俗权力。②

在伊斯兰世界，教法和教法学皆以《古兰经》和"圣训"为基本渊源，宗教经典和先知的解释构成教法和教法学的基础。特别在阿巴斯王朝时期，因为教法的发展，教法学亦蓬勃发展，一批影响深远的教法学家应

---

① ［美］哈罗德·J.伯尔曼：《法律与革命——西方法律传统的形成》，贺卫方等译，中国大百科全书出版社1993年版，第200~201页。

② 参见［美］爱德华·伯曼：《宗教裁判所——异端之锤》，何开松译，辽宁教育出版社2001年版，第47~67页。

运而生,但其弘法的根据,主要是《古兰经》和"圣训":

> "先知的逊奈已经有了称作'哈迪斯'的文字记载,哈迪斯和逊奈构成人们通常所说的'圣训'。'圣训'在教法上的地位仅次于《古兰经》,它与《古兰经》一起,构成伊斯兰教教法体系或教法学……的渊源。伊斯兰教法借助《古兰经》和圣训赖以建立。以前教法实践中所应用的逻辑推理,也为教法学提供了两种基本原则:类比推理('格亚斯')和公议('伊只马尔');而常为教法学家应用的'意见'('拉伊')没有成为教法学的根源。"①

事实上,法律不仅是裁判人们纠纷的根据和工具,也是人们的日常生活。几乎可以说,在宗教世界,宗教生活就是宗教的法律生活,宗教信仰就是宗教的法律信仰。只要我们把法律的作用从是非裁判的狭隘视角中解放出来,把法律置于人们组织日常交往秩序的宽阔视野,那么,宗教秩序即宗教法律秩序,宗教生活即宗教法律生活,宗教信仰即宗教法律信仰的结论便迎刃而解。相应地,把前述宗教信仰之为精神修辞的结论运用于阐述法律信仰的精神修辞之维,也就顺理成章——因为教法信仰源出于宗教信仰。

说教法信仰是一种精神修辞,在于这是宗教信仰之为精神修辞的逻辑延伸。教法既是宗教的有机组成部分,也是维系宗教秩序和宗教团结的规范基础,甚至还是宣教行为得以展开的规范根据。在这个意义上,宣教行为,毋宁贯彻的是"以法为教"的精神。尽管所有宗教活动,无不是对至高无上的救世主的顶礼膜拜,但即便如此,对他的膜拜行为是有规则、有程序、有仪式预约的,并且只有把这种膜拜置于规则、程序和仪式中时,膜拜本身才有意义。否则,信仰就只存留于信徒的心理世界,而无法表现在其行为世界,就可能成为"酒肉穿肠过、佛祖心中留"的伪信仰。当然,也正是在这里,才使宗教信仰、进而教法信仰变得复杂起来——宗教世界的大量争论甚至分裂,每每因为教义(规则)、程序和仪式的区别而引起。天主教、东正教、新教的分野是如此,逊尼派及其老教、新教的分野,逊尼派与什叶派的分野等也是如此。这说明,尽管针对规则的信仰,可能会产生种种宗教纠纷,但没有规则的信仰,不但不可能带来信仰的行动力量和实践效果,而且也会使信仰的精神力量本身相形

---

① 金宜久主编:《伊斯兰教史》,中国社会科学出版社 1990 年版,第 158~159 页。

见绌。因为一方面,精神只有表现为行动时,才是真正现实的精神;另一方面,精神只有表现为行动时,精神本身才能发扬光大,一传十、十传百,进而成千万人共有的精神。

可见,必须强调宗教信仰的教法性质。而一旦强调宗教信仰的教法性质,就必然意味着教法信仰必定是一种精致的修辞。因为一切教法,皆或者是佛陀、上天、上帝或真主的启示,或者是先知们对启示的先觉先行。在本质上,它们都出自一种神秘的预设:神是存在的,先知是能够通往神灵并得道悟道的。但问题是,这种预设是无证的,因而只能是信仰的。无证而信仰的东西,自然是修辞——不仅是一般的修辞,而且是一种精神修辞——所谓法律信仰的精神修辞之维,既是指法律的信仰者在精神上能够产生"信法为真"的效果,也是指因为此种效果,给人们的心理上所带来的某种安定感、安全感和满足感。虽然"信法为真"也罢,人们因此而致的心理的安定感、安全感和满足感也罢,并不能按照逻辑法则去一件件地证明,但不能证明的东西未必无用,反之,在此种神秘情境中形成的信仰,在主体自治尚不存在的时代,在人匍匐于神灵支配的时代,具有无可估量的社会控制功能,成为彼时社会秩序构造的基本方式——作为精神修辞的法律信仰,在神权及政教合一时代,其功能所在,可见一斑。

(二)世俗信仰、世俗法与法律信仰之为精神修辞

世俗信仰,也是人类在复杂的自然、社会面前努力展现其精神存在的一种方式。信仰不再仅仅着眼于对象的精神性存在,而且也着眼于甚至更强调主体的精神世界,是主体精神世界对对象世界能动的方式,是以主体的精神为主导朝对象世界的一步步接近、征服和超越。世俗信仰在本质上是种真理信仰,是人类作为思维高度发达的高级灵长类动物,因为对大千世界的好奇,而解破好奇的方式,因而也是自我精神对对象世界的内心热爱,以及因此种热爱而坚持不懈的探索活动。可见,世俗信仰所面对的对象世界,乃是在主、客两分、甚至对立意义上讲的。它与宗教信仰中的两种精神——自我精神和超越精神的两分不能同日而语,因为在宗教信仰中,自我精神是附随的、从属的,而超越精神是主导的、包容的。

这样,在世俗信仰中,精神本身构成单独的一端,对象则构成精神所要作用和探究的另一端。在一定意义上,是主体的精神世界主动地加诸对象的客观世界。这和宗教信仰中超越精神对自我精神的单向的包容

和后者对前者单向的依赖形成鲜明的对比。因此,也是在这里,产生了所谓主、客两分问题,形成了主体和客体间"友好交往"的可能,当然也免不了人类的过分好奇可能带来的主体与客体之间的"交恶",①进而形成了事实和价值的两分以及事实判断与价值判断的两分问题。对此,休谟指出:

"在……每一个道德学体系中,我一向注意到,作者在一个时期中是照平常的推理方式进行的,确定了上帝的存在,或是对人事作了一番议论;可是突然之间,我却大吃一惊地发现,我所遇到的不再是命题中通常的'是'与'不是'等联系词,而是没有一个命题不是由一个'应该'或一个'不应该'联系起来的。这个变化虽是不知不觉的,却是有极其重大的关系的。因为这个应该或不应该既然表示一种新的关系或肯定,所以就必须加以论述和说明;同时对于这种似乎完全不可思议的事情,即这个新关系如何能由完全不同的另外一些关系推出来,也应当举出理由加以说明。不过作者们通常既然不是这样谨慎从事,所以我倒想向读者们建议要留神提防;而且我相信,这样一点点的注意就会推翻一切通俗的道德学体系,并使我们看到,恶和德的区别不是单单建立在对象的关系上,也不是被理性所察知的。"②

但是,主、客观的二分以及价值问题和事实问题的二分,并不能让精神主体满足于二分本身,相反,精神主体总是以其顽强的探索意志而追求精神世界对物质世界、价值问题对事实问题的穿透和揭破。人类文化自古从今的发展,就是这种精神世界和价值追求不断加诸对象世界和事实领域的结果,也因此,在人类理性面前,呈现着两类对象,用休谟的话讲,即"观念的关系"和"实际的事情"。前者可谓之科学,后者可谓之经验。他强调指出:

"人类理性(或研究)的一切对象可以自然分为两种,就是观念的关系(Relations of Ideas)和实际的事情(Matters of

---

① 所谓"环境友好型"发展模式即是。尽管在主、客二分背景下,人与环境的关系绝不是"友好"二字所能够完全表达的。人类在借助自身坚忍的意志探索对象时,每每也把自身意志强加给对象,硬性地从"是"去推导"应当",寻找"是"和"应当"间的因果关联,结果却常常是"人类一思考,上帝就发笑"。

② [英]休谟:《人性论》(下册),关文运等译,商务印书馆2005年版,第509~510页。

Fact)。属于第一类的,有几何、代数、三角诸科学;总而言之,任何断言,凡有直觉的确定性或解证的确定性的,都属于前一种……这类命题,我们只凭思想作用,就可以把它们发现出来,并不必依据于在宇宙中任何地方存在的任何东西……

至于人类理性研究的第二对象——实际的事情——就不能在同一方式下来考究;而且我们关于它们的真实性不论如何明确,而那种明确也和前一种不一样。各种事实的反面总是可能的;因为它从不曾含着任何矛盾,而且人心在构想它时也很轻便,很清晰,正如那种反面的事实是很契合于实在情形那样。"①

这两种对象,可以进一步称为"科学"和"经验",严格来说,它们都属于"精神现象",但如果把其拆开来说,仍可分为"有关科学的精神现象"和"有关经验的精神现象"。在笔者看来,它们两者分别源自"精神事实"和"物质事实"的两分。如果说在后一两分中,"精神事实"企图不断接近"物质事实",以追求真理信仰的话,那么,在前一两分中,"有关经验的精神现象"仍要想方设法去接近"有关科学的精神现象",实现向"纯粹真理"的努力。在一定意义上,实证主义、经验批判主义、逻辑实证主义以及实用主义等哲学思潮,都提出朝这个方向努力的方法,但它仍然没有令人信服地解决这一问题。他们倾向于"如何"的问题,排斥"为何"的问题;倾向于"是",而排斥对"是"与"是"之间的逻辑推导。问题是这种排斥,能否实现"经验的科学"?因人类理性探索的目的,毕竟是寻求事物之间关系的规定性。为此,他们甚至不惜引入概率、或然性这些不确定的词汇和说法以证成:

"自然中的事件与其说像运行着的星体不如说是像滚动着的骰子;这些事件为概率所控制,而不是为因果性所控制,科学家与其说像先知,不如说像是赌博者。他只能告诉你他的最好的假定,他绝对不能事先知道这些假定是否将是真实的。"②

在这里,一方面,实证主义者们给人类的真理认知给出了一种典型的修辞学论说,无论所谓"概率""滚动着的骰子",还是"赌博者"的"假定",都是典型的修辞性语言。这种语言,并不解构人们对真理的精神信仰,而是要说明真理的精神信仰只能在实证经验中去寻找,而不能在所

① [英]休谟:《人类理解研究》,关文运译,商务印书馆1957年版,第26页。
② [德]H. 赖欣巴哈:《科学哲学的兴起》,伯尼译,商务印书馆1983年版,第192页。

谓终极的因果律中去寻找。恰恰是这种看似消极的修辞,为人类自身的精神努力和壮大创造了逻辑前提,否则,反倒人类会变成因果律、必然性、规定性的奴隶,而不是努力追寻事物真理性的主人,只是"真理"的受从者,而不是真理的探索者和发现者——这样,也就不可能产生什么基于真理热爱的精神信仰。

然而,必须指出的是,这种有关知识的论说,一方面,确实会带来消极的可能——尽管它自身并非消极的;另一方面,它并没有为"实际的事情"之正当性提供更好的理解框架。笔者认为,这或许正是哲学诠释学横空出世,并与"科学"——"观念的关系"分庭抗礼,以更好地解释这个复杂世界的缘由所在。哲学诠释学所强调的认识原则,特别是"前见"理论,把人类面对的经验的、"实际的事情",纳入理性的、逻辑的论述体系中。在那里,呈现出了完全不同于科学—逻辑认识的另一种认识事物的方案,那就是在"同情理解"的基础上,寻找对同类的事物,为什么某人是这样理解,某人是那样理解——人们的理解总是不同之缘由。也是在此,哲学诠释学才出面为修辞学的合法性、从而也为不同理解的合法性予以正名:

> "说到贯穿于修辞学、解释学和社会学之中的普遍性时提出这三者依赖的问题并试图说明这些因素所具有的各种合法性,这样做即使不是必须的至少也是适当的。这件工作在以下事实面前显得更为重要:成为一门严格科学的要求就这三门学科来说是相当模糊的,因为它们显然与实践有关。当然这种关系更为明显地适用于修辞学和解释学……
>
> 很显然,修辞学并非仅仅是关于言谈和说服形式的理论;相反,它也能从实际运用的天生才能中发展,而根本不需要有关方法和手段的任何理论反思。同样,不管用什么方法和手段,理解的艺术都不需要明确地意识到指导、控制它的规则。它就如修辞学一样建筑在一种每个人都在某种程度上具有的自然能力之上。这是一种技巧,一个具有天赋的人能以这种技巧胜过他人,而理论至多只能告诉我们为什么会如此。因此,无论在修辞学还是解释学中,理论都跟在实践之后,因为理论是从实践中抽象出来的。"①

① [德]加达默尔:《哲学解释学》,夏镇平等译,上海译文出版社1994年版,第20~21页。

在这里,修辞学作为方法,不再是理解所排斥的对象,而是理解活动必须借助和依赖的工具。不但在社会交往中是如此,甚至在科学探究领域,也不完全是逻辑学的一统天下——只要存在所谓科学假说、科学预设,那么,也就把科学探索的前提奠定在修辞预设或假定的框架中了,从而科学家们也只是为其预设、假定而努力的"赌博者"。这或许正是科学诠释学存在的理由。[①] 由此可见。以修辞为重要工具的诠释以及诠释学,是先在于科学的,从而科学以及科学的逻辑,是以修辞为前提和基础的,而不是相反。在此意义上,修辞导引逻辑,诠释导引科学,信仰导引实践以及对实践的科学提升,精神修辞决定制度修辞,从而真理不仅有科学意义上的,而且有诠释学意义上的;对真理的信仰,不仅是对科学意义上真理的信仰,而且也包含了诠释意义上真理的信仰。

如果说世俗时代的信仰就是真理信仰,而真理信仰奠定于每个主体的自治、自主、自立、自由基础之上的话,那么,也可以合乎逻辑地认为,这种信仰的精神维度乃奠定于主体对自我的自信。由此必然衍射到对法律信仰之为精神修辞的理解上。

我们知道,近代以来人类的法律,是在"人的创世纪"基础上成长起来的,是人们打破了神权桎梏的结果。申言之,是自由否定奴役、民主否定专制、公平否定特权、人权否定神权、博爱否定偏爱、法治否定权治[②]的结果。所以,近代以来的信仰,从绝对主义的神权信仰迈向了真理信仰。尽管真理信仰照例存在科学的绝对真理和诠释的相对真理之说,但真理信仰取代神学信仰却是一个不争的事实。这种情形,对法律的影响是深刻的。

首先,近代以来的世俗法律,是对科学真理的规范表达,或者是把科学的规定性转化为法律的、意志的规定性。法律越来越多地表达事物的规律问题,因此,它具有了某种绝对真理的性质。例如,法律对大气环境的保护标准的规定,对饮用水的质量保障标准的规定,对食品卫生的生

① 参见黄小寒:《"自然之书"读解——科学诠释学》,上海译文出版社2002年版,第1~301页。

② 笔者在这里之所以强调权治、而不用人治这个词,是因为无论孟子"唯仁者宜在高位"意义上的人治,还是柏拉图"哲学王"意义上的人治,都是基于对全知全能、大智大慧的人的一种修辞性假设。在人类制度和治理的实践中,这种令人神往的人,以及他们所主导的治理从来未曾呈现,也不可能呈现,因此,不过是贤者、哲学王们的乌托邦。反倒是"有权能使鬼推磨"的权治事实,在人类制度和治理的历史上屡见不鲜,甚至在我们的时代仍大量存在。相关具体论述,参见谢晖:《法治讲演录》,广西师范大学出版社2005年版,第31~68页。

产、产品质量标准的规定等，所借助的都是科学标准。尽管这些标准可能会根据不同时代、不同国家人们的需要会变化，但无论如何变化，也依然是从某一科学标准上升或下降为另一科学标准（在这里，当科学运用于人类的规范选择中时，明显同时也具备了诠释的品质）。这样，人们对科学真理的信仰便自然而然地投射到法律之中。也因此，科学信仰的精神修辞属性便自然而然地投射到法律中，使法律信仰亦具备精神修辞的属性。

如前所述，真理信仰作为精神修辞，是建立在对人的自由、权利、平等以及与此相关的自主、自治和自立的假设基础上的。近代以来，无论"天赋人权"学说、"社会契约"学说、"意思自治"学说、"契约自由"学说……都是为人的解放、自治和自立建立逻辑前提和制度原则的。自然，这些理论都极大地推进了人类的解放和发展，但这并不意味这些学说就一定是放之四海而皆准的，毕竟人的能力有大小、条件有差异，因此，"天赋人权"也罢，"社会契约"也罢，只是一种精神修辞。人们对这些学说的信仰以及建立在这些学说基础上的法律的信仰，如法律神圣、法律至上等，都不过是这种信仰的精神投射，是一种精神修辞。正因为是一种精神修辞，所以，法学家们对法律命题的真值条件的特点便认识各异：

> "法理学中的实在论和反实在论都赞同法律命题的意义是由真值条件决定的，他们所不同的是对这些真值条件的特点认识不同。实在论认为，法律命题的真值条件是或者可以是由事件状态所赋予的，只是我们并没有一个直接的认识路径可以达到这一事件状态。而反实在论则否认我们没有达到真值条件的路径。此外，也许是更为重要的，反实在论还断定，法律命题的真值条件从本性上完全是社会性的。"①

法理学中的这种争论，恰恰在另一个层面证成了笔者关于法律信仰与精神修辞关系的论述。不过，上述反实在论者关于"法律命题的真值条件从本性上完全是社会性的"的观点，已然把法律真理代入诠释学领域，从而，法律信仰及其精神修辞，也应在诠释学意义上去领略。

其次，近代以来的法律，也是对诠释真理（交涉真理、合意真理）的规范表达。法律尽管要尊重科学真理，但一般来说，法律并不是对科学真理的复写，反之，即便是科学真理的法律表达，也会无可例外地被置入诠

---

① ［美］丹尼斯·M. 帕特森：《法律与真理》，陈锐译，中国法制出版社 2007 年版，第 26 页。

释的语境和情境中。因为一项科学数值、结论究竟如何才能有利于人类的规范交往、秩序构造和主体自由，并不完全是由科学数值本身决定的，而每每是主体根据其主观需要进行交涉和选择的结果，因此，是在人们“前见”之下自由交涉、博弈、选择和合意的结果。至于科学真理之外的“实际的事情”，或者经验事实表现为法律的过程，更是一个需要充分辩驳、交涉、商谈的事体，因为要把习惯不同、传统各异、族群有别、利益分殊的人们，通过统一的法律结构于相同的秩序，不充分进行商谈和交涉，几无可能——除非人们生活在“一言九鼎”的专权社会。这正是哈贝马斯商谈伦理学的主旨，也是阿列克西探讨法律、理性与商谈时所关注的重要话题。

就人们的需要而言，“萝卜白菜，各有所爱”这句司空见惯的俗语，恰切地表达了人们需要的千差万别。但是，商谈就是要在这种千差万别中，寻求对他们的普遍有效性。因为“一个规范，只有当对其普遍服从的结果因满足了每个人的利益而被所有人所接受时，它才能在商谈中获得普遍赞同”。[1] 问题是，究竟如何才能达致这种普遍有效性？这一问题，事实上又取决于商谈规则的普遍有效性。对此，阿列克西也指出：

> “我的命题是，商谈规则的普遍有效性只能（但也毕竟能）用一种论据来证立，它由三个完全不同的部分组合而成。第一部分由一种超验论据构成，它是组合式论据的核心，也在根本上确定了后者的普遍性特性。这一超验论据不仅由于（如哈贝马斯所认为的）其可错的特性，此外也由于其有限的效力，因此是弱的。为了增强它的效力，要补上作为第二部分的一种建立在个人利益最大化基础上的论据。在对商谈规则进行证立时，康德式的进路与霍布斯式的进路以这种方式达成了联合。然而在其中康德式的进路仍然是主要的。为了这一联合的成功，作为第三部分，一种关于人类对正确性的兴趣的经验前提是必要的。只有通过这样一种前提，纯粹的利益最大化才能足够强地绑定在超验论据的结果之上。”[2]

而在笔者看来，阿列克西有关商谈规则普遍有效性的上述三个方

① ［德］罗伯特·阿列克西：《法 理性 商谈——法哲学研究》，朱光、雷磊译，中国法制出版社2011年版，第125页。

② ［德］罗伯特·阿列克西：《法 理性 商谈——法哲学研究》，朱光、雷磊译，中国法制出版社2011年版，第127页。

面——超验论据、个人利益最大化以及人类的正确性兴趣，皆是修辞性预设，它既表明人类对某种精神—利益超越性和普遍性的追求，也表明人类对自身精神、利益和能力的眷顾。满足商谈规则有效性的这些条件，即使在论辩中能够彻底被贯彻，所带来的也仅仅是商谈真理，而不是科学真理，是人们之间博弈和妥协的结果，而不是人们对公理无可奈何的服从。因此，它的实践本质，仍是修辞性的。在现代民治社会，立法活动是最典型的商谈事实，法律是最典型的商谈结果。所以，法律信仰，并非因为它是科学真理，人们必须信仰，而是因为它是商谈结果，是经过商谈的契约，所以人们必须信仰。不用说，人们在此种信仰中不难发现其精神修辞的面向。

三、作为制度修辞的法律信仰

在本文中，制度修辞针对精神修辞而言。它是指任何制度，因为本质上是人们商谈交涉的结果，因此，它只是对人们交往行为的一种规范性预设。这种预设本身是修辞性质的。而法律信仰则是人们对此种制度预设的精神修饰，因此，笔者前面谈到，它是一种修辞的修辞。严格说来，制度修辞包括了精神修辞。换言之，精神修辞是制度修辞的应有要素（因之，法律信仰也是作为制度修辞的法律的应有要素）。因为任何一项制度，都是由如下诸要素构成的，即（1）规范要素，这是制度构造的前提要素，其核心是权利义务；（2）理念要素，这是制度构造的精神要素，也是制度有效的黏合剂和观念保障，其核心是法律信仰；（3）主体要素，它是制度构造的组织要素，其核心是把每一个主体都结构在权利义务的统一规则框架中；（4）行动要素，它是制度构造的动力要素，不能行动，制度便空洞；（5）反馈要素，这是制度的检测要素，其核心是发现制度存在的问题，减少制度磨损，及时疗治制度的病症。可见，作为精神修辞的法律信仰，其实是制度修辞的一部分。那为什么还要单独阐述作为制度修辞的法律信仰？对此，笔者将从如下两个方面展开论述。

（一）法律信仰何以是制度修辞：渗透在法律制度结构中的法律信仰

对上文提出的问题，需要从制度本身的特征出发去解答。前述五种制度要素，其实构成了制度的逻辑闭合系统。站在学理的分析视角，每个系统是各自独立、独自存在的，但站在系统的运作视角，它们之间又是相互渗透、相互作用的。因此，它们之间不是一种粘合性的结构关系，而是一种渗透式的结构关系。各个要素之间，诚可谓“我中有你，你中有我”。这样看来，法律信仰作为法律制度理念要素的核心，尽管它诚如有些学者所言，表现着法治的精神要素，因为它关联着民众对法律的情感，因此，也表现着“法治的精神意蕴”：

“社会公众的法律情感，以及在此基础上产生的法的神圣性的意识和观念，对法的宗教情怀和信仰，是全部法治建立、存在和发展的根本前提和保障；甚至可以说，公众的法律情感和法的神圣性的观念，是法本身之存在及其有效力的‘合法性’根据”。①

不过，这种精神意蕴，只是逻辑分析的结果，是人们在法律制度中萃取的结果，而不是法律制度实践中单独的存在。就法律制度的事实、要素、结构和实践而言，精神要素从来是渗透其间的，当然，各要素之间又都是相互渗透的。法律是一种结构了精神意义在其中的规范体系，规范本身表达着精神需要和人间意义。对此，许章润曾指出：

“法律不仅是一种规则体系，同时必然是一种意义体系。基本的事实是，法律是一种人世规则，经由规范和料理人事，进而服务和造福人世。人应当享有什么样的人世生活这一价值命题，如果不是总是具有决定作用的话，那么，也是常常决定了如何料理人世生活这一事实命题，决定了规则治理的方式、力度和进程。关于何种人世生活得为有意义有价值的人间秩序，不仅是一个自然选择的过程，同时亦为一个有意识的追求结果。对于此种而非彼种人世生活的认可与向往，决定了对于此种而非彼种人世规则的选择和建设，表明‘有意识的选择过程’在首先是一个利益最大化的追求过程的同时，还必须是一个意义的赋予或追求的努力。”②

法律规范只有吸纳、结构了人们的价值追求和精神意义，才不仅具有利益上的接受可能，而且具有精神上的信仰必要。这种信仰才可能成为一种制度修辞。尽管就现实世界的法律而言，并不是每种法律都被人们所信仰，甚至法律每每不被人们所信仰。法律能否得到人们的信仰，关键取决于它是否承载和表达了人们的价值向往、意义追求和生活需要。而法律能否承载、表达这些，关键在于主体是否直接地或间接地参与到法律的商谈和博弈中，即主体是否是法律这种社会契约的参与者。

---

① 姚建宗：《信仰：法治的精神意蕴》，载《吉林大学社会科学学报》1997 年第 2 期。

② 许章润：《编者说明》，载许章润等：《法律信仰：中国语境及其意义》，广西师范大学出版社 2003 年版，第 2 页。

参与是接受的前提，也是相信并信仰的基础。参与者在参与中总会获得自治、自立和自我的尊严感，因此，他们相信并信仰法律才理所当然。与之相较，法律的压制的接受者们，即使法律赋予了其主体资格，也不会获得那种参与的尊严感。原因在于这种规范，如同嗟来之食，是恩赐的、赐予的，而不是经由自我的努力实现的。所有恩赐的东西，尽管来的成本相对要小得多，但人们也不会为之而付出更多的保管成本。

在法律制度的诸要素中，不止法律规范必须表达人们的价值追求，表现人们的精神需要，记载生活的意义之维，而且其他诸要素，无不因为法律规范的传导、结构而体现此种特征。这是因为所有法律制度要素，都因为法律规范划定的“图纸”而落实。如果把法律制度称为一座大厦，那么，法律规范就是构建这座大厦的图纸。无论法律制度的理念要素、主体要素、行为要素还是反馈要素，皆以法律规范的既定图纸为根据而“施工”。这样，在逻辑上，当法律规范中渗透了人们的精神需要、生活意义和价值追求时，相应地，在法律制度的其他要素中，理所当然地会呈现出同样的内容。在这个意义上，法律作为规范体系，应当被以它为根据的所有法律制度的子系统所遵从、照搬和崇仰。

显然，法律制度各个子系统对法律规范的信仰，来自法律规范对人们行为方式以及行为方式背后的价值—意义追求的规范取舍和修辞预设。法律必须表达意义，记载价值，反映需要。但法律并不是随便装置人们意义、价值和需要的一个桶，即使它是意义、价值和需要之桶，它也要对完全不同的意义、价值和需要进行分类管理，分拣处置。在一般意义上，法律对意义（价值）的类型化处理有三：其一，对于高尚的意义行为，如见义勇为、先人后己、公而忘私等“额外”义务行为，其类型化处理方式是法律奖励，即通过奖励性的调控手段以弘扬这些高尚的道德行为。其二，对于普遍互利的意义行为，如契约行为、一般义务行为、日常权利行为、日常执法行为等，其类型化处理方式是肯定或认可，即法律通过肯定或认可的方式，表明这些行为的合法性。其三，对于损人利己的“意义”行为，如抢劫行为、暴乱行为等，其类型化处理方式是制裁，即通过制裁方式对这类行为进行意义（非法性）否定。

然而，尽管法律可以把无限广袤、无限复杂的对象世界、社会关系做这种类型化、个别化的类命名和类处理，并且经由法律人们对何种行为高尚，何种行为正常，何种行为卑劣有一种基本的意义预估和意义评价，但问题是，这种分类本身是直接出自立法者的价值偏好和意义需要的。

它能否必然地代表所有人或大部分人的价值需要,乃是一个需要不断经由实践检验的事情。因此,法律本身的价值分类和对不同价值的处置分类,只是一种权衡性、选择性的结果。在诸多冲突的价值中,法律为何择此而弃彼?在多数票和少数票之间,法律为何选择多数票而放弃(或保留)少数票?同样的行为和价值(如长途贩运、批评建议),为何在彼时是犯罪,被否定,而在此时则合法,被提倡?还有,同样的行为和价值,为何在不同国家或地区的法律中,有完全不同的类型化处置方案?凡此等等,皆说明,一切立法者所做的,只是一种修辞性的价值决断,而不是一劳永逸的、永恒正义的科学真理的宣示。

法律制度不但通过法律规范,把其中所记载、表达和反映的意义、价值和需要传导到法律理念、法律主体、法律行为和法律反馈中,而且法律通过对价值—意义的类型化处理,通过法律的动态运作——使法律化为法律制度而固化、并形塑社会的意义维度、价值追求和价值评价——根据法律进行思考(这就是所谓"法律思维"、"法治思维"和"法律人思维"),依据法律设置(把所有分散的、多元的主体,皆纳入法律之彀,成为法律主体,并借此获得主体的合法性。这在国籍制度、户籍制度上表现得格外明显。试想想,一位因超生而得不到户籍的自然人,仅因其法律主体资格不完备,进而使财产权如土地承包权、社会救济权、受教育权等严重受影响的情形吧!),按照法律行为(把人们的所有交往行为通过权利处置、义务履行、责任承担等几种抽象的行为方式尽纳其中的情形),遵循法律反馈(以法律规范为镜,反照社会的观念、组织、设施、行为是否符合法律设计所要求的样子)。这表明,法律成为人们生活意义和价值追求的命名者。但是,这种命名因循的不是必然,而是需要。不是放之四海而皆准的需要,而是经由立法者分类、挑拣、筛选并予以处置的需要。此种需要,固然可以作为逻辑的前提,但这一前提本身却是种修辞假设,并且它不像科学假设那样,是一种待证明、待检验的或然性修辞假设,而是一种只可如此,不能如彼的指令性修辞假设。可见,法律固化和形塑意义、价值以及人们需要的程度!法律命名作为一种决断性命名和有效命名,其保守性也由此可见。

这种对意义的固化和形塑,也意味着法律对其他的社会意义予以包容或排斥。换言之,法律一旦制定,一旦经由法律形成制度,就不但不太强调意义开放,反之,法律总是对意义开放保持高度的警惕和戒备。尽管在法学家们的笔下,法律不是一个意义规定的、凝固的规范体系,反之,法律是在解释中成长的(尽管法律解释总是寻求文本意义的“有效性”的活动①),也即法律在解释中开放其意义体系。对此,有学者借助韦伯的理论这样写道:

> “法律是由人、并且为人制定的,因此,其效力并非来自于强制,而是来自于人们对其正当性的认可。由立法者明确颁布的法律在人类生活世界的规范体系中不仅是一种最后出现的形式,而且,无论是就其效力还是效力所及而言,都并非一种最重要的形式。社会生活的秩序并不是法律强加的,也不是法律能够强加的。如果承认上述观点,我们便可推出:法官(或其他法律解释者)并非机械地按照法律自身的逻辑去解释和适用之,相反,他们在‘解释法律’这种社会行动中注入了自己的意义。在解释法律时,他们不是简单地遵循着既定的解释规则,而是依着进入其主观意义领域的多种因素,其中既包括利益权衡,也包括宗教信仰、个人情感、对自己所属特定社会群体的认同、道德、传统、教育背景等。”②

论者的如上见解,是从社会本身出发,强调社会的需要和事实会迫使或决定解释者把自己的个人体验、社会的流行价值和需要加诸解释,并改变法律文本的意义结构。但在笔者看来,这只是法律解释与法律意义成长关系的一种外在因素。从其内在因素来看,与其这样解释,毋宁说通过解释使法律意义得以开放的原因,是法律本身的修辞属性。换言之,法律解释之所以可能,之所以通过解释法律能使法律的意义得以开放,缘由就在于法律的修辞本质。即法律的修辞性假定和预设,已经为人们开放了解释它的可能,从而也开放了在解释中不断增加、不断完善其意义的可能。因此,法律不仅因为是社会的而开放其解释和意义,也因为是修辞的而开放其解释和意义。

这里进一步的问题是,是不是经由解释(或修改、变迁③)而开放了其

---

① 参见王国龙:《法律解释的有效性问题研究》,山东人民出版社2011年版,第112~203页。

② 郑戈:《法律解释的社会构造》,载梁治平编:《法律解释问题》,法律出版社1998年版,第80页。

③ 法律除了在解释中成长并完善其价值—意义体系之外,当然,法律还会因为修改(变动)和变迁而开放其意义。但无论如何,这种开放都只能支持法律意义是一种选择性、预设性,从而也是修辞性的结论——因为世间不存在对意义包罗万象的法律,也不存在放之四海而皆准的价值—意义体系。限于本文的篇幅,对法律意义的此种开放形式及其修辞本质,本文存而不论。

意义的法律,就不再存在修辞困惑了?从而是不是这种开放了其意义的法律,人们对其信仰就不再是制度修辞,而是一种类似于对科学真理的信仰?笔者的回答依然是否定的,因为常识告诉我们:越是解释多样,越说明解释本身的修辞本质;法律解释越是能够包容多样的解释,越说明法律的制度修辞特征之明显。因此,对能够不断填充新意义的法律而言经由法律解释的意义开放,以及在这种意义开放中的法律信仰,不但不能使法律趋于逻辑闭合,反而更能呈现出法律的修辞开放,表现法律的制度修辞本性,进而也表现法律信仰的制度修辞属性。

如上通过法律信仰在法律制度结构诸要素中的渗透性,以及法律及其制度本身的修辞假定和修辞预设特征来推论法律信仰的制度修辞属性。应当说,这是一种横向的说明。这种说明似乎还不够,因为人类的立法史是变迁的,立法模式是变迁的。如何在变迁的立法模式及其立法中进一步认识法律信仰的制度修辞属性?这将是在下一问题中需要解决的。

(二)人类史上的立法形态、法律信仰与制度修辞

人类的立法史,大致上经过了专制立法、代议立法和公决立法三个阶段。对三者各自与法律信仰的关系,并进而与制度修辞的关系,分析如下。

1. 专制立法、法律信仰与制度修辞。专制立法奉行权力至上原则,九五之尊、一言九鼎。无论社会的精英们,还是最底层的民众们,面对一言九鼎的立法结果,只有接受的义务,不能有质疑和反抗的权利。当然,这并不是说人们对此不会产生任何质疑,历史上有人强调“三尺安出哉?前主所是著为律,后主所是疏为令;当时为是,何古之法乎!”[①]就在一定意义上表达了人们对法律确定性的质疑。在这种质疑的背后,也表明一言九鼎的危险性。但即使在这里,也会产生某种法律信仰——或者因为人们对皇帝的忠诚与信仰而连带到对法律的信仰,或者因为人们对法律本身作为社会秩序构造基本方式的敬畏、尊崇和维护。在这方面,张释之脍炙人口的两则故事颇有解释力:

> “倾之,上行出中渭桥,有一人从桥下走出,乘舆马惊。于是使骑捕,属之廷尉。释之治问。曰:‘县人来,闻跸,匿桥下。久之,以为行已过,即出,见乘舆车骑,即走耳。’廷尉奏当,一人

---

① (汉)班固撰:《汉书·杜周传》(第9册),(唐)颜师古注,中华书局1962年版,第2659页。

犯跸，当罚金。文帝怒曰："此人亲惊吾马，吾马赖柔和，令他马，固不败伤我乎？而廷尉乃当之罚金！"释之曰：'法者，天子所与天下公共也。今法如此而更重之，是法不信于民也。且方其时，上使立诛之则已。今既下廷尉，廷尉，天下之平也，一倾而天下用法皆为轻重，民安所措其手足？唯陛下察之。'良久，上曰：'廷尉当是也。'

其后有人盗高庙坐前玉环，捕得，文帝怒，下廷尉治。释之案律盗宗庙服御物者为奏，奏当弃市。上大怒曰：'人之无道，乃盗先帝庙器，吾属廷尉者，欲致之族，而君以法奏之，非吾所以共承宗庙意也。'释之免冠顿首谢曰：'法如是足也。且罪等，然以逆顺为差。今盗宗庙器而族之，有如万分之一，假令愚民取长陵一抔土，陛下何以加其法乎？'久之，文帝与太后言之，乃许廷尉当。是时，中尉条侯周亚夫与梁相山都侯王恬开见释之持议平，乃结为亲友。张廷尉由此天下称之。"①

可见，说专制法律一定远离人们对它的信仰，未必尽然。此一时也，彼一时也，今所谓专制法律，悉为恶法，但彼时就未必如此。因为即便专制的法，一旦其在运行中被人们所接受，就存在人们对它的利害得失之权衡，所谓接受，就是利害得失权衡的结果。在这里，已经使这种压制的法获得了某种"弱的契约"的可能和事实，从而意味着该法律也会对人们的利益需要和精神意义予以表达。人们对它的遵从和信仰，更是把规范内涵的利益需要与精神意义转化为行动和心理，从而经由信仰使每个具体的个体结构到法律制度体系中。所以，机械地以为专制法律必然不会获得人们的信仰，那只是人们站在此时代的一种想象。固然，人们可以"想象异邦"，也可以想象古人。然而抛开了情境性的想象，每每只是纯粹空想。

如果说现代法律信仰作为法律和法治的精神要素，表达着人们对于制度的理想和想象，也表现着人们对法律制度与正义的必然结构性关联之精神期待，从而具有明显制度修辞特征的话，那么，在专制立法下的法律信仰，也是一种制度修辞吗？笔者的回答不但是肯定的，而且还要强调，在专制立法下，法律信仰的制度修辞属性愈加明显。这在前述对教法（一般是专制立法）信仰的精神属性的阐述中不难领略其一斑。之所

① （汉）司马迁：《史记·张释之冯唐列传》（第9册），中华书局1959年版，第2745~2755页。

以强调它是种制度修辞，在于一方面，专制立法的法律信仰多源出于神灵或者准神灵（帝王——天子、司法神等）的神圣信仰，并把这种信仰连带到法律规范，成为法律规范的精神基础和意义设定。另一方面，专制立法每每存在于人民普遍智慧低下，立法者对对象以及主体间关系的规定性认知能力也不足的情形下。因此，不难推知，和民治时代的代议立法、公决立法的立法专家之智慧水平，以及民治时代一般民众的智慧水平相比较，应当说不可同日而语、不能相提并论。

然而，即便是这样的立法智慧和民智水平，也不妨碍彼时制定蔚为大观的法典。缘由何在？就在于专制立法者们能够对社会关系以及人与对象的关系作出高度的抽象和概括，也能在观察人们日常交往规定性的基础上，对人们交往行为的这种规定性作出艺术化、技术化的，超乎想象的修辞性处理。这里不妨引用《唐律疏议》有关君王、社稷的论述和罗马法有关圣地、圣殿、安魂之所的界定以说明之。

《唐律疏议》云：

"左传云：'天反时为灾，人反德为乱。'然王者居宸极之至尊，奉上天之宝命，同二仪之覆载，作兆庶之父母。为子为臣，惟忠惟孝，乃敢包藏凶慝，将起逆心，规反天常，悖逆人理，故曰'谋反'"；

"议曰：社为五土之神，稷为田正也，所以神地道，主司啬。君为神主，食乃人天，主泰即神安，神宁即时稔。臣下将图逆节，而有无君之心，君位若危，神将安恃。不敢指斥尊号，故托云'社稷'。周礼云'左祖右社'，人君所尊也。"①

罗马法云：

"盖尤斯：……物主要被分为两类：一些物是神法物……另一些物是人法物……例如，神用物……和安魂物……是神法物；城墙和城门是神护物，在一定意义上也是神法物。神法物是不可有物，人法物通常是可有物，然而也可以是不可有物，如遗产在遗产继承人之前不是可有物……"

"乌尔比安：……人们应该知道，一个公共场所，一旦皇帝在那里献祭或授权在那里献祭，便成为圣地"；

"……人们还应注意，一个地方是圣地，另一个地方是圣

① （唐）长孙无忌等撰：《唐律疏议》，中华书局 1983 年版，第 6～7 页。

殿。圣地是官方组织献祭的地方，圣殿却是放置神用物的地方。圣殿也可以设于私人建筑物内。想在圣殿驱邪的人，常借用于神用物”；

“马尔西安：……当一个人将一死者埋葬于其所有的某个地方时，他便按其意志使该地变成了安魂之地。此外，人们可以将死者埋葬于一共有的墓地而无需他人（共有人）同意；人们可以根据所有人的特许将死者埋葬于他的土地上；此外，在死者被埋葬后，一旦土地所有人认可，那个地方也变成了安魂之地。”①

上述引文，无不透出立法者或法律解释者对天（神）人关系的超越的、抽象的、假定的和修辞化的理解，并把这种理解制定为法律，搬用到调节人们日常的交往行为中。而日常行动中的人们，又把这种规定既作为交往规范，又引为精神信仰。这种精神信仰恰恰来自规定本身的不可证性和修辞性。于是，法律规范本身的修辞性，或者法律规范所内含的规范—精神意义的修辞性以及人们在此基础上所形成的法律信仰的修辞性，使得即使专制立法下的法律，也照例会产生法律信仰，并作为修辞性内容，把这种信仰结构在古典法律的治理事业中。

2. 代议立法、法律信仰与制度修辞。众所周知，代议立法的萌芽或雏形虽然产生较早，但作为一种体制化的立法模式，主要是人类社会进入民治时代的产物。代议立法通过民主的授权，把全民的立法事务交由议员——选民的代理人去操作。在一定意义上，议员既是选民的利益代言人，也是职业政治家和专业立法者。毫无疑问，在政法领域，议员一定是社会的精英阶层。所以，如果说专制立法奉行权力至上原则的话，那么，代议立法所奉行的是精英、知识和智慧至上原则。尽管奠定在现代商品经济基础上的主体自治，催生了现代民主制，但一方面，这并不意味着所有自治主体都有能力和精力亲自处理任何方面的事务；另一方面，除了城邦国家之外，任何一个跨越城邦的国家，特别是那些较大或大型的政治体，要坚持选民人人参与的选举，其成本之巨大，自是不能不考虑的重要问题。因此，代议制的立法方式，既可能经济地、效率地制定法

① ［意］桑德罗·斯奇巴尼选编：《民法大全选译·物与物权》，范怀俊译，中国政法大学出版社 1993 年版，第 1 页、4 页、6 页。

律，也可能交涉地、包容地表达法律的意义。①

人们对代议制立法及其法律的尊崇和信仰，是理所当然的，基本缘由是代议制政府本来源自选民们的意愿。人们对法律的信仰，实质上源出于对选民自身作为主体的信仰，以及由此产生的自治、自主、自由和终极正义的信仰（当然，这也意味着人们对议员们的怀疑和不信任，不但可能是议员们的行为违反了选民的利益委托和精神期待，而且也会在特定情形下连带地产生对主体性、自治、民主的不信任）。可以说，选民的信任是代议立法的题中应有之义。对代议立法及其法律信仰也是这种法律理所当然的命题。一个国家的国民，既然选择了代议制政府，选择了议员，选择了代议立法，也就意味着其必须为自己的选择行为而负责。其中相信、依赖、甚至信仰由代议立法所制造的法律，是选民们对其行为负责任的一项重要内容。对法律动辄不从，不仅意味着选民对其选择的代议制政府、代议立法以及议员们的不从，而且意味着选民自己不服从自己。一旦人们自己不服从自己，只能意味着人的自我放逐——它不是人的解放，也不是放浪形骸、癫狂不羁，而是人对自我的无所谓。既然对自我都无所谓，还奢谈什么责任和负责任呢？可见，仅仅基于对自我的需要、尊重和信仰，也必须信仰代议立法的结果，信仰法律。否则，代议制、代议立法及其法律和主体性一起就被埋葬。

这样，我们就不难得出结论：人们之所以信仰代议制的法律，一是相信自己并信仰自由的必然折射，因为在这件事情中，作为主体的“我”参与其中了；二是相信并信仰自己选出的议员们的立法结果——法律。但这两种信仰，在实质上都是修辞性的。

严格来说，自我信仰和自由信仰，源出于对作为主体的“我”的身份假定和状态。但众所周知，“认识你自己”——古希腊德尔斐神庙门楣上的这句名言，向来是一个具有终极意义的哲学命题。在苏格拉底的意识

---

① 对“代议制政府”最早作系统研究的密尔，正如其反对代议团体径行行政行为那样，一方面，不赞同代议团体事无巨细地参与立法；但另一方面，按照现代立法的基本程序和方式，又在学理上赋予代议团体事实上的立法权。他指出：“在立法事务上代议制议会所能胜任的唯一任务不是做工作而是使人把工作做好，决定应委派谁或什么样的人去做，以及当工作完成时是否给予国民的认可。任何适于高级文明状态的政府，将会有一个作为政府重要成分的小团体，在人数上不超过内阁成员，作为立法委员会负责制定法律……委员会无权拒绝发挥它作为国家所需立法的手段的作用。起草一项实现特定目的的法案的指令，经两院一致同意后，对委员会的委员有强制力，除非他们宁愿辞职。然而，法案一旦做成，议会无权加以改变，只能通过或加以否决；或者，如果部分地不同意，将它发回委员会重新考虑。”参见［英］J. S. 密尔：《代议制政府》，汪瑄译，商务印书馆 1982 年版，第 78 页。

里，认识你自己，就是神教人们“知无知”。所以他讲：

> “……真正的智慧是神的财产，而我们人的智慧是很少的或是没有价值的，那个神谕无非是他用来告诉我们这个真理的一种方式。在我看来，神并不是真的在说苏格拉底，而是在以我的名字为例，他就好像在对我们说，你们人中间最聪明的是像苏格拉底一样明白自己的智慧实际上毫无价值的人。”①

这种由神谕的“认识你自己”而导致的哲人心目中的“知无知”，不断地敲打人们对于“我是谁”的追问。近代以来，人类的自负之一，就是对自我的自负，那便是对人的主体性以及与此相关的自治、自主和自由的修辞假定。但正如我们所熟悉的哲人的名言，“人是生而自由的，但却无往不在枷锁之中。自以为是其他一切的主人的人，反而比其他一切更是奴隶”。② 因此，人的自我信仰（主体性信仰）和自由信仰，归根结底，出自人们对自身“知”和“能知”的修辞假定和预设。尽管这种意义被结构在法律之中，但由此导生的法律信仰，从另一视角来看，其自身就是被结构在法律和法治中的、修辞性的意义维度。

至于选民们对议员们参与的议会立法和议会法律的信仰，仍然是修辞预设的结果，而不是逻辑必然。其基本原因首先在于：议会立法本身的修辞预设属性——议会立法是利益竞争、意见交锋、价值商谈的诠释性、妥协性结果，它不具有科学真理的属性，只具有诠释真理的属性，它本身是制度修辞，是逻辑化了的制度修辞。逻辑化的前提是人们把公共意志当成了客观真理，其实，它只不过是一种修辞性的、客观化了的主观（诠释）真理。其次也在于每位议员，即使再受选民的信任，也不可能为全体民众负责，而只能为其选区内的选民负责；同时也不可能全能地对所有选民负责，而只能在自身知识和能力范围内为选民负责。因此，尽管议员具有精英属性，但他依然面临着“认识你自己”的神谕，面临着“我是谁”的拷问，也面临着“我能代表谁”、“我能代表什么”的反思。可见，在议员的智慧本身具有片断性、碎片性的情形下，议员们的合意——法律，能否完美无缺地在这些片段、碎片中抽象出放之四海而皆准的法律规范，不但是可以怀疑的，而且必须被怀疑——因为这仍然是一种制度修辞。问题是，当这样的法律被内化为人们的信仰时，事实上，一方面，

---

① ［古希腊］柏拉图：《申辩篇》，载《柏拉图全集》（第1卷），王晓朝译，人民出版社2002年版，第9页。

② ［法］卢梭：《社会契约论》，何兆武译，商务印书馆1980年版，第8页。

把上述制度修辞内化为人们的规范行为和规范心理；另一方面，以信仰的精神黏合剂，强化了制度修辞。

3. 公决立法、法律信仰与制度修辞。在当代，越来越多的国家尝试用全民公决的方式来处理重大的问题。这除了国家领导人的普选制度之外，诸如在一个国家是否允许地方自治、分离或独立（如加拿大魁北克、英国苏格兰等）问题上，在一个国家是否加入或退出区域性国际组织（如就苏联各加盟共和国就是否退出苏联的公决，西班牙、法国等国就是否加入欧盟宪章的公决、英国就是否退出欧盟的公决等）的问题上，在一个国家究竟实行何种制度（如澳大利亚就是否实行共和制的公决、巴西就是否实行总统制的公决等）的问题上每每采取全民公决的方式。这种情形，在民主国家重大国家事务的决策中，似乎形成了一种惯例，也对国家管理和公共秩序越来越产生决定性的影响。

自然，这种情形也直接地影响到立法。上述介绍中的公决，在一定意义上，既是对"事"的公决，也是具有法律效力和法律意义的公决，但毕竟它不是直接建立一种法律制度和法律规范的公决。近几十年来，公决不仅在重大之"事"的决策上越来越被重视，而且公决成为不少国家法律选择、产生、承认或拒绝的基本手段。例如，苏联解体后，俄罗斯宪法、白俄罗斯宪法的创制，都是在两种不同的宪法草案面前，进行选民选择、全民公决的结果。再如，欧洲国家是否承认并加入马斯特里赫特条约、是否承认并加入欧盟宪章的选择，也是交由各国的民众票决的结果。甚至在普通法律的创制上，有些国家也进行全民公决。例如 1992 年爱尔兰国民投票决定堕胎法案等。进言之，即使不属于法律创制领域的全民公决，事实上也为法律的制定提供民意基础，有时甚至直接决定对某种（区域国际性）法律的承认。可见，尽管全民公决的类型多种多样，[1]但它们

① 有学者在研究全民公决时，从不同视角出发，分别对全民公决作出了不同的、系统的分类。如按照议题属性，全民公决被分为宪法议题的全民公决、领土议题的全民公决、道德议题的全民公决和其他议题的全民公决。按照国家体制，全民公决被分为选民投票、住民投票和人民投票。按照权利性质，全民公决被分为决定国家前途的公民投票、宪法复决权的公民投票、政策复决权的公民投票、咨询式复决权的公民投票和创制权的公民投票。按发动的主体，全民公决被分为由政府发动的全民公决、宪法规定的全民公决、人民针对立法申请的全民公决、公民创制法律的全民公决等。此外，论者还按照不同的类型组合，对全民公决的实践形态作出了更为仔细、清晰和有意义的分类（参见廉思：《当代全民公决制度的类型研究》，载《环球法律评论》2008 年第 5 期）。此外，有关全民公决及其权利的论述，还可参见张中瑞：《试论全民公决权》，载《法治研究》2010 年第 8 期；杜钢建：《全民公决理论和制度比较研究》，载《法制与社会发展》1995 年第 2 期等。

归根结底,都与法律的制定或直接或间接地关联着。

在实质上,公决立法是把参与投票的主体——无论其是公民、住民或人民,都纳入到决定法律是否产生、或产生何种法律的博弈和竞争中,它是典型的民众直接参与的立法方式,是立法中直接民主的最重要的表现形式。这样的立法及其法律,更容易获得人们对它的遵守、信任甚至信仰,因为这是投注了每个投票参与者的意志和意义追求而产生的。它更容易让人们借助亲历获得对法律的规范体验和接受。有学者在研究人们为什么遵守法律时,通过大量深入、扎实和仔细的问卷调查,得出了这样的结论:

> "芝加哥研究最重要的意义在于,它证明了人们的规范性认识会对他们遵守法律产生影响。人们之所以遵守法律,是因为他们认为这样做是正确的,他们在评价自己的个人经历时,实际上是看自己的这些经历是公正的还是不公正的。而且,他们在作出这些评价时考虑的也是那些与结果是否有利于自己无关的因素,比如他们是否获得了陈述自己意见的机会,是否受到了有尊严的对待等。对于所有这些问题,都是人们的规范性观念起了决定性作用,会对他们如何看待这些问题以及如何行动产生影响……可以这样说,一个人的社会价值观,也就是他们认为什么是正确的,什么是适当的,决定了他们对当局的看法,也决定了他们会如何行动。法律心理学、政治学、社会学和组织学理论认为,自利是影响人们对当局的看法和决定人们的行为的基础,与我们的观点有很大的差距。"①

如果上述结论不差,那么,完全可以说,人们亲历法律的全民公决的活动,既是其自主表达意见的最高方式,也是对其作为主体性,或者我们习以为常的"主人"资格的调动和彰显,当然,更是其直接参与并交涉、博弈法律的制定的活动。它所带来的人们对法律的尊重、遵守和信仰,比压制型的专制立法、自治型的代议立法都要来得更为直接,也更为深切。因为它本身把自我信仰和自由信仰带入票决的直接行动中去。它以每个投票者的经验给了投票者规范体验的实践,它更能够让投票者深入理解何为法律,何为社会契约,并把对这种经验化为遵循法律、信仰法律的行为和心理。由此产生的法律,在本质上是回应型的,因此,也能够及时

① [美]汤姆·R.泰勒:《人们为什么遵守法律》,黄永译,中国法制出版社2015年版,第305~306页。

地、深刻地、广泛地表达投票主体的意愿,并深化规范与意义的结合、行为与价值的映照,以及制度理性和日常生活的联结。

然而,即便是公民广泛参与的公决立法,它只表明公民参与资格和参与程序的平等,并不表明公决结果就一定正确。人们对公决结果的接受,是受既定的前提预设之规范的,即接受公决结果乃是程序规定的结果,而不是科学真理的结果。投票只决定可接受性,并不决定科学性。投票的唯一“科学性”,就是所有投票行为应当按照既定的条件和程序去做。但一方面,既定的条件和程序是人们预设的结果,而不是数学计算的结果。例如,何以年满 18 岁的公民就能有参与投票权,而 17 岁的公民就不能有?一位 18 岁的公民和一位 17 岁的公民(尤其是一位距 18 岁还差一天的公民和一位刚满 18 岁的公民),其心智成熟度有数学上的、心理学上的或其他科学上的截然区别吗?显然,这是不可能有的。但即便如此,法律之所以还是这样决定,不过是出于投票操作的方便,即法律的规定是为了方便所做的权衡,而不是考虑科学的确定性。这也决定了人们对公决法律的信仰,照例是种条件和程序预设前提影响下的制度修辞。另一方面,诚如前面所言,全民公决的立法过程,并不是科学真理的公决(当然,科学真理只能是求证的,不能、也不可能是公决的),而是偏好的公决、利益的公决、价值的公决或意义的公决。既然如此,那么,无限多样的、冲突的偏好、利益、价值或意义,都要被置诸公决的平台上进行竞争。在这种竞争中,如何获得共识?我们知道,事实上并不存在一个公约数意义上的共识,而只存在多数决——少数服从多数意义上的“共识”,因此,这种共识仅仅是一种“程序性共识”,而不是、也不可能是本质性的“实体性共识”。显然,在此种情形下人们对法律的信仰,本身是制度修辞所需要的,是制度修辞题中应有的精神要素。这在另一视角上回应了法律信仰之为制度修辞的结论。不但如此,而且公决立法及其回应型法律,其信仰的制度修辞特征更为突出——因为和专制立法、代议立法相较,公决立法的制度修辞特征本身就尤显突出。

四、制度修辞与法律信仰的联结方式

如上笔者从精神修辞和制度修辞两方面,对法律信仰作为制度修辞这一判断问题作出了一种学理上的推论和界定,也在一定程度上说明了法律信仰和精神修辞、制度修辞之间的内在关联。那么,精神修辞、制度修辞又是如何具体地和法律信仰之间形成联结关系的?这是如下需要进一步探究的问题。

(一)制度修辞与法律信仰的实质联结——价值追求

主体信任并信仰法律、遵守并运用法律,是法律秩序得以从规范预设状态转向行为实践状态的关键所在。信任并信仰法律,出自主体的主观意识,而遵守并运用法律,则出自主体的行为选择。这种主客观的统一,不仅使法律秩序有交往行为的外观,而且也有人们笃信只有这样,才是好的、公正的、正义的……内在观念。那么,人们何以会信任并信仰法律?其实这个问题和人们为什么会遵守法律具有同质性和勾连性。人们为什么会遵守法律?笔者在前文中已经引证了泰勒通过扎实的实证调查所得出的结论,一言以蔽之,是因为人们对法律的规范感("规范性认识")以及由此带来的遵守法律的正确感和正义感。如下笔者将进一步引证泰勒在其后续的论述中在方法意义上对其研究的总结来进一步理解相关问题:

> "《人们为什么遵守法律》一书的目标就是从实证主义的角度入手,找一种能够使法律当局和法律本身获得人们的认同,取得人们的合作,从而维持社会秩序的方法,并证明这种方法是有效的。我分三步对这一问题进行阐释……第一步,我证明了如果当局具有合法性,就能够促使人们在行为时遵守法律。第二步,我证明了人们判断当局是否具有合法性,不是以他们的工具主义看法为基础的,他们所依据的是他们认为当局所使用的程序是正义的还是不正义的这一标准。最后,也就是第三步,我的研究探讨了程序正义的含义,阐明了受访者是以非工具主义标准界定程序正义的含义的……我总体上证明了这样一种观点,即人们是否愿意和其他主体进行合作(在我们所讨论的情况中,是指人们与司法机关的合作),关键在于他们如何评价自己与其他社会成员之间的关系,以及如何从伦理上来评价自己的行为,而不在于其是否有逃避惩罚或者获取奖励的动机。"①

论者研究的如上三步骤,其实都证明了人们遵守法律的基本理由是价值——法律及"法律当局"应当保有合法性、程序正义等法律的道德—价值追求,主体应能被结构在这种道德—价值追求的法律中。按照遵守并运用法律和信任并信仰同质性的观点,也可以顺理成章地推论出如下

① [美]汤姆·R.泰勒:《人们为什么遵守法律》,黄永译,中国法制出版社2015年版,第395页。

观点:如果说遵守法律的理由是法律、执法者表达了人们的价值追求的话,那么,信任并信仰法律的基础,也来自法律、执法者以及司法者对人们价值追求的表达和回应。在前文中,笔者已经强调,法律既是一个规范体系,也是一个记载和表达了人们价值—意义追求的规范体系。但即便如此,即便人类所有的法律无不例外地会表达、记载一定的价值或意义,从而是种意义的规范体系,也并不能必然导致法律信仰。这就提出了进一步的问题:何以都是表达了一定价值—意义内容的法律,有些法律会导致人们对它的信仰,而另一些法律就远离人们的信仰世界?对此,或以为,是法律表达的价值不具有普适性,只具有个别性、区域性、阶层性与片断性;或以为,是法律价值不能通过技术手段化为人们的行为,并进而升华为人们的思想;或以为,是不同的文化传统在作祟,有些文化传统本身不拿法律为至尊……

这些,都可能影响人们的法律信仰。但真正影响人们法律信仰的,是法律在实践中,在具体的程序和技术上能否一视同仁地对待所有的主体。即便价值有所欠缺的法律,只要在技术和程序上能够对所有主体一视同仁,法律的禁令,对所有人有效,而不是只对臣下卑贱者有效;法律的权利,对所有人开放,而不仅是对君上高贵者开放,即谋利不避卑;职权的行使,必须遵循正当程序,而不能随意滥用;违法的责任,必须针对所有国民,"领袖犯法",与国民同责,而不能"为贤者讳",即科责不避贤。这样的法律,才符合所谓价值普遍性原理。所以,价值普遍性在一定意义上并不在规定某种普世价值(当然,这很重要),而在于即便法律上的那些非普世的价值,要能够在程序上、技术上得以妥当、公正、普遍地实行。

在这个意义上,法律信仰与制度修辞的实质联结——法律价值问题,并不是一种抽象的价值表达,而是要求价值具有明显的可操作性,即价值追求技术化、现实化。每一次法律技术的启动和运用,都能准确地表现法律意义,表现人们的价值需要,从而能被现实化。这是人们借由法律价值而信仰法律的基本条件,也是法律信仰与制度修辞联结的基本条件。不能被技术化、现实化的价值追求,不可能因之而获得人们的信仰。在基督教世界,"恶有恶报、善有善报"的法律,或者被解释为"现行现报"——"现世报";或者被解释为"来世报",事实上,都是在设法寻求或表达使善恶之"报"被技术化和现实化:

"……行为的后果会是在现世立即可见的威胁。符合这个类型的,包括上帝对亚当的第一个警告:'只有分别善恶树上的果子,你不可以吃,因为你吃的日子必定死'……

另一方面,可见的奖赏则包括:'我(将会)延长你在世的日子','日子会因你而好转,并增长你的寿命','我会降下甘霖……让猛兽被你们铲除殆尽'……"

"然而,上帝回答这个问题的第一个尝试失败了。他不能再以威胁亚当的方式,虽然清楚说明立即可见的惩罚,却又未付诸实施。大家都知道亚当极为长寿……"

"当上帝第二次企图确立一个恒久的正义公理时……他把某人当下行为的后果,延后给他的子孙来承担……上帝在十诫里威胁:'一个人犯了罪,他三、四代的子孙都将受罚。'同时他也应许:'对于爱我并且谨守我戒律的人,我的恩典将会绵延一千代'……"①

诚然,无论"现世报"还是"来世报",作为法律运行的方式和善恶奖惩方式,只要有一种准确的报的预期以及实际的报的结果,则理应是法律(规则)价值深入人心,并让人在法律的即时运行或善恶必然有报的确定性中感知其意义、获知其公正。然而,在事实上,无论上述哪种情形,皆可被证伪。一方面,法律往往并不能做到"现世报",无论是神界的法律,还是世俗的法律,都是如此。在神的法律世界,"现世报"的追求,遭遇了亚当偷食禁果后的长命百岁、子孙繁衍。于是,另一方面,在宗教世界,人们不得不寻求另一种法律报应观念,这就是前述所谓的"来世报"。但"来世报"与"现世报"一样,往往不但不能按承诺的那个样子实现,反而还走向了反面:罪人长寿、子孙满堂,善人反而处处碰壁、满门抄斩。更何况这种"来世报"本身存在巨大的道德困惑:被现代人深恶痛绝的罪行株连:

"……在道德上,我们总觉得,一个让人为他人代受奖惩的

① [美]艾伦·德肖维茨:《法律创世记——从圣经故事寻找法律的起源》,林为正译,法律出版社2011年版,第185页、187页。应强调的是,这种善恶报应观念,无论是"现世报"还是"来世报",是存在于"理性时代"以前的普遍观念,它不仅是各大宗教世界的一种普遍观念,也是世俗世界的普遍观念。譬如,较少受宗教观念影响的中国,善恶报应观念照样很浓。早在先秦,人们就有"积善之家,必有余庆;积不善之家,必有余殃"(《周易·坤·文言》)的论断。此后在我国有关善恶报应的学说思想和市井小说,可以说俯拾皆是、汗牛充栋。特别是佛教的西来,使传统中国的善恶报应观有了更系统的理论表述。对此,可参见张忠:《论中国善恶报应观的形成及其当代启示意义》,载《中州学刊》2014年第9期。

司法制度就是不妥当。”①

之所以引出在宗教世界——无论是佛教、犹太教、基督教、伊斯兰教，还是萨满教里所存在的这些“种瓜得瓜，种豆得豆”、“善有善报，恶有恶报，不是不报，时候未到”的报应观念，是要说明人们法律信仰的生成，就在于坚信法律的必行（无论“现世性”还是“来世行”）和“必报”（无论“现世报”还是“来世报”），即坚信法律的公正性、必行性和可预期性。如果法律不能做到同案同判，反而经常同案异判，那就是对法律公正性的否定，人们不会因此而相信法律，更遑论信仰法律了。如果法律规定是一回事，实践运用则是另一回事，则是对法律必行性的挑战，人们同样不会因此相信并信仰法律，而宁可相信甚至信仰能够操弄法律、玩弄法律于股掌之上的各种法外权力了。如果法律规定不能在当下及未来的实践中实现法律上描述或规定的那种境况，或者不能按法律图纸构建法律秩序，不能据法律规定裁判具体个案，那就意味着法律的可预期性被否定了。如此，人们宁可相信不确定的法外救济，也不可能把法律作为确定的预期而相信、而信仰。

事实上，法律信仰是法律意义从规范建构转向心理建构的过程。法律规范虽然是一种意义结构，但它自身“徒法不能以自行”，因此，徒有法律规范的意义建构，尚不足以导致人们对法律的信仰，即法律作为价值体系的制度修辞尚不足以勾连起人们的法律信仰。作为意义体系或者意义建构的法律规范，只有进一步从规范建构转化为法律制度——以此种规范塑造心理、创设主体、指导行为、对照监督（反馈）时，即从法律规范化为法律制度实践，并在实践中必然关切人们的生活现实和生活意义时，才从意义的规范建构转向意义的实践建构，并进而转向意义的心理建构。从规范建构到实践建构和心理建构，既是规范意义的落实，同时也是意义的“重建”过程。对此，或许人们会提出反对：法律的实践，必须依法而为；法律的心理，也应当符合法度。如此，则怎么能说法律意义的落实，是种“意义重建”呢？

诚然，人们在理解“重建”这个词时，完全可以在两重意义上理解，一重是在“革命”的意义上，即“重建”就是打破旧世界，建设新世界，打破旧范式，建立新范式。用陇东一带乡下人的话讲，就是“重打坯子重盘炕”，推倒一切，一切重来。显然，这是种所谓革命性的“重建”模式。这种重建模

---

① ［美］艾伦·德肖维茨：《法律创世记——从圣经故事寻找法律的起源》，林为正译，法律出版社2011年版，第191页。

式，固然在社会领域有冲决一切罗网的大气魄、大精神和大抱负，在科学领域则表明是新旧之间的范式转换。库恩在谈到科学革命时指出：

> “……科学革命……是指科学发展中的非积累性事件，其中旧范式全部或部分地为一个与其完全不能并立的崭新范式所取代”；
>
> “范式是一个成熟的科学共同体在某段时间内所接纳的研究方法、问题领域和解题标准的源头活水。因此，接受新范式，常常需要重新定义相应的科学。有些老问题会移交给别一门科学去研究，会被宣布为完全‘不科学’的问题。以前不存在的或认为无足轻重的问题，随着新范式的出现，可能会成为能导致重大科学成就的基本问题。当问题改变后，分辨科学答案、形而上学臆测、文字游戏或数学游戏的标准经常也会改变。科学革命中出现的新的常规科学传统，与以前的传统不仅在逻辑上不相容，而且在实际上是不可通约的。”①

但即便是这种革命性的“重建”，在另一些人的眼中，也并不是抛弃了发展和积累，而遽然产生的，反之，是积累和发展进行到一定程度上的必然结果。此种观点，我们并不陌生。往日哲学所强调的质量互变关系，就是这样的“重建”理论。这种“重建”理论，也见诸科学哲学领域。②但笔者更看重的是诠释学和商谈理论所开示的“重建”观念。诠释学视角的“重建”观念，与科学哲学所谓积累与渐进式发展的重建概念有所不同：它确实重视积累，重视理解和诠释的历史性，并且把它作为诠释的原则，从而特别强调理解、解释与前见和传统的关系，但与此同时，它还强调这种积累，乃是吸收和融化在我们的理解中的，因此，它并不表现为纯粹的递进式积累，而更加表现为历史积累与当下理解的互溶：

---

① ［美］托马斯·库恩：《科学革命的结构》，金吾伦等译，北京大学出版社2003年版，第85页、95页。

② 例如科学史的重要奠基人乔治·萨顿就是。“……萨顿坚持科学只不过是实实在在的积累和渐进着的人类活动，积累性才是科学的主要特征。他甚至认为，那种认为科学是通过不连续的巨大发展而前进的观念只是我们关于科学进步的肤浅的第一印象。在萨顿看来，科学就像一组巨大的楼梯，其中的每一级巨型台阶都代表着一个必不可少的重要发现，即那些几乎是骤然之间就使我们达到了一个更高的水准之上的发现，而且这些大的进步可以划分成较小的进步，较小的进步还可以划分成另外一些更小的进步，直到最后，这些进步完全消失为止。”（参见艾战胜：《科学革命的本质：科恩和库恩的比较》，载《自然辩证法研究》2008年第4期。）萨顿的这种立场，被当代著名科学哲学家科恩所继承并发扬光大，形成了与库恩“科学革命结构”的范式论交相辉映的“科学革命”观。

“……实际上传统经常是自由和历史本身的一个要素。甚至最真实最坚固的传统也并不因为以前存在的东西的惰性就自然而然地实现自身,而是需要肯定、掌握和培养。传统按其本质就是保存……尽管在历史的一切变迁中它一直是积极活动的……即使在生活受到猛烈改变的地方,如在革命的时代,远比任何人所知道的多得多的古老东西在所谓改革一切的浪潮中仍保存了下来,并且与新的东西一起构成新的价值。无论如何,保存与破坏和更新的行为一样,是一种自由的行动……”

“这些考虑导致了这样一个问题,即在精神科学的诠释学里是否应当根本不给传统要素以权利。精神科学的研究不能认为自己是处于一种与我们作为历史存在对过去所采取的态度的绝对对立之中。在我们经常采取的对过去的态度中,真正的要求无论如何不是使我们远离和摆脱传统。我们其实是经常处于传统之中,而且这种处于绝不是什么对象化的……行为,以致传统所告诉的东西被认为是某种另外的异己的东西——它一直是我们自己的东西,一种范例和借鉴,一种对自身的重新认识,在这种自我认识里,我们以后的历史判断几乎不被看做认识,而被认为是对传统的最单纯的吸收或融化。”①

可见,说从规范建构到实践建构和心理建构的过程,是一种“意义重建”,并不是革命视角的重建,毋宁是传统融化视角的重建。其特征在于,一方面,法律作为承载了价值和意义的既有规定,以形似传统的面目,规定了理解者的理解;另一方面,所有的法律理解者又无不把自己固有的前见和自己的意义追求、价值向往融于对法律规范的理解过程中。无论普通的法律主体,还是作为法律专门家的法官、律师、检察官,理解和解释法律的活动,并非自我的不在场,反之,必须是自我在场的活动。既然是自我在场的,又是尊崇承载了意义的法律规范和渗透了自我的前见这两种传统在其中,因此,每个人把法律规范的意义建构转换为法律实践和法律心理的意义建构的活动,就都具有“意义重建”的因素。法律信仰作为法律规范的意义建构在主体心理世界和行为方式中的折射,正是如此“重建”意义的。

① [德]汉斯·奥格尔格·加达默尔:《真理与方法——哲学诠释学的基本特征》(上卷),洪汉鼎译,上海译文出版社1999年版,第361~362页。

而法律主体能否在承载了某种修辞性的价值和意义的既有法律规范基础上，产生法律信仰一类的意义重建，关键在于法律规范中的修辞性价值内容和意义追求，是否获得了主体的认同、接受和根据“在场”的自我的理解，创造性地阐释法律的意义。一般认为，寻求解释的现实有效性的法律解释，与宗教解释一样，是种“独断型解释”，是和“探究型解释”相对立的。① 但哲学诠释学借助扎实的论证，已经填平了两者之间的此种天堑鸿沟。

“……诠释学境况对于历史学家和法律学家似乎是同样的，因为面对任何本文，我们都生活于一种直接的意义期待之中。我们绝不可能直接地接触历史对象而客观地得知其历史价值。历史学家必须承担法律学家所进行的同样的反思任务”；

“……法学诠释学其实不是特殊情况，而是相反，他正适合于恢复历史诠释学的全部问题范围，并因此重新产生诠释学问题的古老统一性，而在这种统一性中，法学家、神学家都与语文学家结合了起来。”②

正是在这里，在法律主体理解法律的传统性、规定性与我“在场”的当下性、自我性的通融交缠中，借由法律规范而致的心理重建、法律信仰得以产生，法律的修辞性价值内容和意义期待，融化为法律主体的实践选择和精神期待，转化为法律主体对法律的行为遵从和心理信仰，升华为法律主体自觉的、但又是创造性的法律信仰。这样，制度修辞的规范传统就和法律主体的意义期待、当下需要之间完成了“转换型创造”（而非“创造性转换”）③——两者不但有机地结合起来，而且这种结合，必然

① 参见洪汉鼎：《诠释学——它的历史和当代发展》，山东人民出版社2001年版，第15~21页。

② ［德］汉斯·奥格尔格·加达默尔：《真理与方法——哲学诠释学的基本特征》（上卷），洪汉鼎译，上海译文出版社1999年版，第420页、422页。

③ “创造性转换”和“转换性创造”这两个概念，分别由林毓生和李泽厚所创造并使用。前者强调的，其实是“革命重建”——尽管它不是“五四”式“借思想以解决一切问题”的“全面反传统”，因为其注重传统，即“把中国文化传统中的符号与价值系统加以改造，使经过创造地转化的符号与价值系统，变成有利于变迁的种子，同时在变迁过程中，继续保持文化的认同。这里所说的改造，当然是指传统中有东西可以改造、值得改造。这种改造可以受外国文化的影响，却不是应把外国东西移植过来”。（参见林毓生：《中国传统的创造性转化》，三联书店1988年版，第291页，并参见林毓生：《中国意识的危机——“五四”时期激烈的反传统主义》，穆善培译，贵州人民出版社1988年版，第283~296页。）而后者强调的，则是“改良重建”，强调“关键在于解释。解释正是过去与现在的某种融合。解释过去就是解释今天，反之亦然”。（参见李泽厚：《中国现代思想史论》，东方出版社1987年版，第341页。并请参见该书第311~341页的论述。）

是一种吸纳了“在场的我”的价值需要、利益选择的创造物。这也就实现了制度修辞和法律信仰间的实质联结——两者的价值联结。

（二）制度修辞与法律信仰的形式联结——语言和言语艺术

我们知道，修辞就是一门言语的艺术。所谓语言，既可以是符号化的文字，也可以是言说的声音现象，甚至还可以是各种各样的行为艺术。作为符号化的文字，其实不过是人们言说声音和行为表达的规范的、有形的、制度化的记录方式，①在这个意义上，言说和行为才是言语艺术的本源，并表达着言语的本质，具有“实质理性”的特征，而文字，则仅仅是言语和行动艺术的规范方式，具有“形式理性”的特征。但这绝不意味着作为制度的文字不重要；反之，它一旦成型，就对人们起着无可推诿、也不可或缺的“形式理性”意义上的规范和决定作用。所以，在语言学家索绪尔那里，语言本身可以被两分为“语”和“言”两方面：

> “语言之语（Langue）等于说从语言（Langage）中减去言（Parole）。它既是一种社会制度，又是一种价值系统。作为社会制度，它绝不是一种行为，它摆脱了任何的深思熟虑。它是语言的社会性部分，个人既不能创造也不能修改它。语言之语基本上是一种集体契约，人们如想进行交流就必须完全遵守它……而作为价值系统，语言之语又是由一定数量的要素构成，其中每一个要素都既是一个等价物（valant - pour），又是一个较大的功能项，在这一功能项中相关的价值都不同程度地占有一席之地……语言之语的规约性与系统性显然密不可分，因为它是一种由约定性（含部分任意性，或者更确切地说，无理据性）价值组成的系统，它抵制来自个别人的修改，因而是一种社会制度”；
>
> “……言语（Parole，语言之言）基本上是一种个人的选择和实现行为。构成言语的首先是‘说话者赖以运用语言规则表达其个人思想的组合’（也可把这种延伸的言语称为话语），其次是‘使他有可能把这些组合表露出来的心理—物理机制’。”②

---

① 必须指出的是，一方面，文字并非语言中唯一的制度化要素，按照“语言”和“言语”的两分论，作为声音的符号和作为行为的符号也有其制度化的“规定性动作”；另一方面，文字也并非仅仅表达一种规定的制度，同时它也会使自由个体根据文字这种制度的一般规定来表达思想。只是相对而言，文字的稳定性更适合于但当“语言（语言之语）”而已。这或许正是文明时代以来的立法多用文字，很少用发音的理由吧！

② ［法］罗兰·巴特尔：《符号学原理》，王东亮等译，三联书店1999年版，第2~3页。

这表明,“语言”本身是一种制度,是广义上规制人们言语行为的制度。“语言是一种基础的社会制度,没有语言就没有其他制度,没有语言,人们无法理解制度。”①在言语行为中,无论个体表达其何种思想、意志和需要,或者采取何种方式来表达其价值追求、利益需要,都需遵循作为制度的“语言”本身的规定性。因此,完全可以说:“言语”尽管是自由的,但它又无时不在语言之笼中!“语言”本身就是规范化、制度化的意义体系;“言语”则是对这种意义体系的个体化、个性化运用。“语言”的规范性、制度性特征,已经决定了人们生活的规范和制度本质。如此可进一步证成,人不仅在物质上是“好利恶害”的动物,在精神上是“思想的苇草”,而且在组织—制度上,是规范的动物。人的“好利恶害”和“思想天性”,只有被装置和结构在“语言”的制度—规范体系中时,才有社会效力。否则,“好利恶害”只是纯粹个体的自我感觉,“思想”也就只是孤芳自赏——因它无以生成社会效力。

法律既是所谓理性地表达,但理性表达离不开语言。所以,法律是规范(语言)的规范,是一种具有特殊性的语言的艺术。法律是语言的艺术这一界定表明:

1. 法律是“语言”的升华,是运用“语言”的规范性、确定性而进一步规范人们的制度形式。因此,语言是法律制度的规范前导,法律的生成并非法律创制者在杂乱无章的词语碎片中捡拾有用词语,开拓一种法律制度,而是对既有的“语言”意义和价值予以加工和升华,从而法律不是“无中生有”,而是“有中生优”。所以,法律制度乃是一种“制度的制度”、“规范的规范”、“意义的意义”。如上多少有些饶舌的结论,不是笔者想故弄玄虚,而是想说法律制度是在“语言”这种制度基础上生成的。“人是规范的动物”这个论断,直接来自“人是语言的动物”这种规范。如果从无可避免这个视角来看,“语言”作为制度的普遍意义,无论从历史悠久性上讲,还是从现实广泛度上讲,都要远远盖过法律制度的影响。

无论“语言”,还是借由语言发展而来的法律,作为制度,都是人类作为社会群族性动物而交往行为、社会控制的基本方式。尽管两种交往和控制方式的层次不同,位阶有别,但两者在交往和社会控制的功能上并无二致。如果说“语言”的生成是人们自发地进行社会控制的第一次努力的话,那么,法律的产生则是人类社会控制由自发向自觉转化的第二

① John R. Searle, what is an institution, *journal of institutional economics*, Vol. 1, No. 1, p. 1.

次努力。前一结论的根据是人类在根本上讲,是"语言的动物"。说人类是"语言的动物",大致上类同于卡西尔有关"人是文化的动物"这一结论。他指出:

"人不再生活在一个单纯的物理宇宙之中,而是生活在一个符号宇宙之中。语言、神话、艺术和宗教则是这个符号宇宙的各部分,它们是织成符号之网的不同丝线,是人类经验的交织之网。人类在思想和经验之中取得的一切进步都使这符号之网更为精巧和牢固。人不再能直接地面对实在,它不可能放佛是面对面地直观实在了。人的符号活动能力……进展多少,物理实在似乎也就相应地退却多少。在某种意义上,人是在不断地与自身打交道而不是在应付事物本身";

"……我们完全可以修正和扩大关于人的古典定义……语言常常被看成是等同于理性的,甚或就等同于理性的源泉。但……这个定义并没有能包括全部领域……因为与概念语言并列的同时还有情感语言,与逻辑的或科学的语言并列的还有诗意想象的语言。语言最初并不是表达思想或观念,而是表达情感和爱慕的……那些把人定义为理性动物的伟大思想家们并不是经验主义者,他们也不曾打算作出一个关于人的本性的经验陈述。靠着这个定义他们表达的毋宁是一个根本的道德律令。对于理解人类文化生活形式的丰富性和多样性来说,理性是个很不充分的名称。但是,所有这些文化形式都是符号形式。因此,我们应当把人定义为符号的动物……来取代把人定义为理性的动物。"①

笔者不厌其烦地引证卡西尔的如上著名结论,既想说明人根据"语言"所展开的活动,是包含了自发性因素在内的,"语言"自身是人类的产物,但又对人类必然具有规范功能。这种规范功能,既作用于理性领域——人们通过概念和科学对事物的命名,也表现在情感领域——人与人之间的诗性意义联想、情感诉求和价值表达——这表明,"语言"不但是一种规范化、制度化的存在,而且是装置了人类之情感意义和情感价值在其中的规范存在。这正是人是符号的动物(不仅在理性上是如此,在情感上亦是如此)的缘由所在。

---

① [德]恩斯特·卡西尔:《人论》,甘阳译,上海译文出版社1985年版,第33页、34页。

后一结论——法律的产生是人类的社会控制由自发向自觉的第二次努力，则强调法律运用语言时的理性面向。从古至今、从中到外，法律就被给予了一种可预期的意义和力量。所谓可预期，其实质就是理性，即人们交往行为和法律后果之间要有因果关系。所谓“种瓜得瓜，种豆得豆”，就是人们对此种预测的因果自信，或者理性自信。正因如此，法律制度更多地、尽量地把理性语言作为制度修辞的“主打品牌”，并尽量摒弃情感语言对理性语言的干扰。这正是法律语言和一般语言相比较的超越之处。特别是近代以来，随着人权对神权的胜利、自由对奴役的胜利、民主对专制的胜利、平等对特权的胜利、博爱对偏爱的胜利以及法治对权治的胜利，人类进入充分相信人的理性能力的“主体性”时代，而理性的最高制度表达，就是法律。这样，法律就成为理性和自觉性的规范象征。

但不能不强调的是，即使按照这种高度美化了的理性观念，法律仍不过是一种“理性的修辞”。或者进一步讲，理性本身是一种修辞，因为通往理性的唯一工具——逻辑，要么在大前提上是修辞性预设或假定（对演绎推理而言），要么在结论上是修辞性归结，它无法避免结论的或然性，只要人们在推理中不能穷尽经验对象，那么，归纳结论的“正确”就只能是一种“修辞性正确”。可见，所谓理性的人类法律和法治，即使要小心翼翼地避免情感言语的侵袭和伤害，但也只能是顾此失彼。人类不可能祛除情感，就像其不可能祛除爱恨情仇一样。人类在法律中的理性选择，是，也仅仅是一种权衡理性，而非科学理性，从而其所谓权衡，仅仅是选择了一种情感而放弃了另一种情感而已。此种情形，正如同“两害相权取其轻，两利相权取其重”一样，在情感上只有轻重之别，没有本质差异。

正因如此，一方面，我们不难看出法律信仰和作为制度的“语言”这种制度修辞是如何联结的；另一方面，我们也不难看出法律信仰和借由语言而升华的法律这种制度修辞又是如何联结的。这还仅仅是在规范层面看两者的联结。倘若进一步把法律理念、法律主体、法律行为以及法律反馈这些制度的活生生的要素拉扯进来，再看法律信仰和制度修辞的关联，就更容易发现规整严谨的法律逻辑在实践中的捉襟见肘、顾此失彼，因此，也不得不借助实践修辞智慧，通过修辞论辩而完善之，进而不难看出法律信仰和制度修辞之在“语言”形式上的联结——法律，归根结底是运用“语言”的修辞艺术。法律信仰不能不羁绊于法律的这种制度修辞属性。换言之,恰恰是法律的制度修辞属性,更容易产生并导致法律信仰。

2. 法律不仅规定一般制度,从而需要借助“语言”艺术,同样,法律还需要表达每个个体的需要,从而需要借助“言语”艺术。如前所述,索绪尔的语言和言语两分论,已经是语言学和符号学的基本常识。法律和“语言”形式的关联如前所述,那么,法律和“言语”这种形式之间,又有何种关联?这种关联又如何影响法律的制度修辞属性?进而“言语”又如何在形式上促成了法律信仰和制度修辞之间的勾连,并成为制度修辞的构成要素?

如前文所述,如果说“语言”属于一种规范和制度的话,那么,“言语”则是一种表现、表达个体情感、意志和价值的行为方式,即“言语行为”。法律需要具有规范性、制度性的“语言”,以方便地借用并提升其规范能力。但这并不意味着法律就排斥个性化的“言语”,反之,法律必须被“言语化”、个别化,其实践意义才能凸显(更何况“言语”本身也具有一定的“规范性”),因此,法律在本质上,正如不少学者所强调的,是种“实践理性”。所谓实践理性,原本是和“可形式化”相关的概念。所以,康德指出:

> “如果一个有理性的存在者应当把他的准则思考为实践的普遍法则,那么他就只能把这些准则思考为这样一些不是按照质料,而只是按照形式包含有意志的规定根据的原则。
>
> ……一个有理性的存在者要么根本不能把自己的主观实践的诸原则即各种准则同时思考为普遍的法则,要么必须假定,唯有这些准则的那个单纯形式,即它们据以适合于普遍立法的形式,才使它们独立地成为了实践法则”;
>
> “纯粹实践理性的基本法则”:“要这样行动,使得你的意志的准则任何时候都能同时被看做一个普遍立法的原则”。①

可见,在康德的理念中,一种实践,只有能普遍化、可形式化,并成为普遍立法的原则时,才真正代表实践理性。以此衡量,作为实践理性的法律,其特征就在于可形式化和能普遍化。再以此衡量,则表达个体情感、意志、价值和需要的“言语行为”,似乎无以成为实践理性,它最多只能在一定意义上验证实践理性。能够验证普遍规范——实践理性的言

---

① [德]康德:《实践理性批判》,邓晓芒译,人民出版社2003年版,第33~34页、39页。

语行为,具有两相对立的属性:或者可以被结构在普遍规则之内(对合法行为而言),或者被排斥在普遍规则之外(对非法行为而言)。它们要么证明法律普遍肯定机制的有效性,要么证明法律普遍否定机制的有效性。在此意义上,说言语行为与实践理性未必相睦自然有一定道理。但笔者更想证明的是,其实所有言语行为,总会在不同层面上为人类立法。我们可以把言语行为一分为二:超越普遍实践规范的言语行为和根据普遍实践规范[①]的言语行为。

所谓超越普遍实践规范的言语行为,是指言语行为不受当下普遍实践规范的约束,从而与当下普遍实践规范不睦的情形。对它的这种界定,仅仅是以现行的法律——普遍实践规范为标准的。但这并不意味着此种言语行为就不能被普遍化,从而不意味着其不具有普遍实践性。例如,苏格拉底的雄辩,在业已成为普遍实践规范的古希腊神权学说看来,是异端邪说、蛊惑青年,因此,代表了普遍实践规范的"五百人会议",最终施以其死刑。[②] 再如,"太阳中心说"在托勒密的"地球中心说"看来,可谓异端邪说,其名著也在很长一段时间不能出版。但众所周知,随着时日的推进,人们日益认识到,他们的学说或言语行为,反倒具有为人类普遍立法的属性。因此,超越普遍实践规范的言语行为,还可继续一分为二:

其一,可即时验证的超越普遍实践规范的言语行为。其基本特点似乎是行为无以被普遍化,自然也似乎无以为人类普遍立法。笔者认为,这或许不过是一种人云亦云的理解。更深入的剖析会让我们知道,其实所谓普遍立法,或者普遍实践规范(理性)作用于人们的"言语"行为时,总表现两个方面,一方面是通过规范而普遍肯定(承认或奖励)"言语"(其对普遍实践规范的意义详见后文对"根据普遍实践规范的言语行为"之论述);另一方面是通过规范而普遍否定(反对并惩罚)"言语"。在此,当一种个性化的言语行为因为超越普遍实践规范而被普遍实践规范所否定和惩罚的时候,毫无疑问,此种行为对普遍实践规范的基本功能,是在反面树立靶标,并根据这种"靶标"来规定或完善"戒律"或"禁令"。

---

① 笔者在这里使用的"普遍实践规范"一词,在现实性上,就是法律实践规范。当然,一方面,普遍实践规范不止法律;另一方面,一种法律,也未必一定能构成康德"纯粹实践理性"意义上的普遍实践规范。

② 参见[古希腊]柏拉图:《申辩篇》,载《柏拉图全集》(第1卷),王晓朝译,人民出版社2002年版,第1~32页。

显然，这里已经表明此种纯粹个性化言语行为的普遍有效性。在笔者看来，当一种言语行为具有如下特点时：(1)只要能够被纳入普遍实践规范的评价体系中；(2)它又反过来能够证明普遍实践规范的有效性(无论是肯定的有效性还是否定的有效性)，那么，它本身也就具有可普遍化和可形式化的特征。

其二，待检验的超越普遍实践规范的言语行为。很多超前性的思想和行为，在当下的普遍实践规范看来，是对规范的僭越行为，从而不具有合法性，但随着时移世易、观念更迭，昔日或当下的超越普遍实践规范的行为，或许成为当下或未来建立普遍实践规范的基础和根据。例如，民主曾被很多人认为是人类体制的"例外"，因为弱肉强食及其"丛林法则"是人类亘古不变的本质。但事实上，这种不变，以人类智慧的普遍差别、上智下愚为前提。当教育普遍化、知识均等化，智慧各别化、需求相互化等得以明显呈现的时代，专制的基础已经丧失。在此时代，民主具有普适性，问题只在于是何种民主。以普选民主为例，被视为专制的伊朗也有，被视为民主典范的美国也有。当今世界，无论民族文化有多么大的不同，在国家(而非公民)层面仇视普选民主的，已寥寥无几。这就表明，所谓超越普遍实践规范的言语行为，很多时候是因为普遍实践规范本身还不够"普遍"所致，而不是这种行为不能被普遍化、形式化。所以，在此情形下，待改进的，是普遍实践规范本身，而非人们的行为。

这种针对超越普遍实践规范的行为及其可普遍化和可形式化情形在多层面的解释，之于法律信仰和制度修辞的联结而言显而易见。面对言语行为，作为一定时期普遍实践规范的法律，只能作出选择性和暂时性的性质界定，而无法作出一种包罗万象并一劳永逸的性质界定。这在另一层面证明了法律不可避免的制度修辞属性，也在逻辑上说明了法律信仰在法律的言语选择形式层面和制度修辞的一种联结方式。

所谓根据普遍实践规范的言语行为，则是指言语行为受当下普遍实践规范的约束，从而与当下普遍实践规范相和睦的情形。这类言语行为，站在当下普遍实践规范之立场，自然具有合法性。对其评价，也是肯定性评价。此种言语行为，在事实上是普遍实践规范"正确性"的证明者。因此，当一种个性化的言语行为因为合乎普遍实践规范而被普遍实践规范所肯定或奖励的时候，此种行为对普遍实践规范的基本功能，是提供或证明一种范例，从而在肯定的意义上助益于普遍实践规范。此种言语行为，虽然以公民个别化的言语表达出来，体现为每位公民或主体的个体情感、个人意志、个别价值和个性追求，但是，当所有主体都拥有各自的这种言语行为时，就意味着它已经具有了被通约化、普遍化和形式化的可能。例如，思想自由和表达自由这一现代法律和现代政治的最重要的理念和规范，恰恰建立在人同此心、心同此理的基础之上。它并不表明人人都会选择一模一样的言语行为去追求它，仅仅表明人们都有各自表达其思想的言语行为需要和自由。从而，人们各自的言语行为，事实上构成对他者的意义约束，并助益于生成一般的、普遍的、通约的、形式的规则。

笔者的以上论述表明：不仅"语言"具有规范和制度的特征，即便根据言语而展开的"言语"——"语言之言"，虽然在表现方式上是个性的、个别化的，但当其一旦表达出来，就对他人形成一种类似于契约的制约作用。例如，我们不能把孟子的言语行为说成是墨子的，也不能把墨子的言语行为说成是庄子的，即人们在交往行为中要尊重每个他者的言语行为。这样，个性化的言语行为就产生了社会化和公共化的实际效果——公共的评价和衡量。"我的言语"实际上形成了一种"对世权"——所有他者都应尊重既有的"我的言语"，也不能侵犯我应有的言语表达。这时，个体化的言语行为就被结构在普遍化、规范化和制度化的"语言"之中，或者被结构在普遍实践规范中。

在如上意义上，即使那些人们按照质料，而不是按照形式而展开的言语行为，也具有可普遍化、可形式化的实践理性特质。由此或许能够更好地理解并解释作为实践理性的法律，在强调形式理性或"正当程序"的原则时，必须把人们的实质性追求要么通过立法的商谈论辩，要么借助司法的论辩程序（不同于程序论辩）而注入其中的理由。

但无论如何，法律对合乎普遍实践规范之言语行为的肯定，与它对超越普遍实践规范之言语行为的否定一样，都是法律上价值选择、意义过滤的结果。被法律所抛弃或者过滤掉的价值，未必一定不"科学"；反之，被法律所肯定和记载的价值，也未必一定"科学"。在立法和司法中，是否"科学"一定是一个重要的标准，但能否"科学"却无法强制性地被确定为立法标准和司法标准。这再一次证明，立法和法律，并非对"科学真理"的复写，而是对强者（或者拥有暴力能力的强者——质型强者，或者人数居多的强者——量型强者）情感、意志、价值和利益需要的表达——尽管法律对于常识、常理和常情，绝不应、也不可能回避（如买卖合同的主体由双方构成，赠与行为一般是单务行为等）。这无论在专制社会,还是民治社会,都是如此。所以,在这里,法律仍是一种精致的制度修辞,它不是"自然法典",不是"科学法典"。它也无法成为"自然法典"和"科学法典"。它只能是人的理智运用形式符号的一种权衡——正是在这里,所谓法律信仰,就通过言语行为的艺术,与制度修辞勾连了起来,并成为制度修辞的构成要素。也就是说,法律通过对人们言语形式的规制,修辞性地肯定了一些言语行为,也修辞性地否定了另一些言语行为。而人们对法律的这种肯定和否定,又认为理所当然,且心悦诚服。不然,就不知价值所归,行为所向——这就是制度修辞对法律信仰的独特规制力,也是制度修辞作为普遍实践规范,通过确定地分辨人们的言语形式,并对其或予以肯定,或予以否定而潜移默化地催生出法律信仰的机制。

五、从诗性思维再审作为制度修辞的法律信仰

法律是由一系列原子化的法律规范所构成的体系。换言之,法律规范就是法律的原子单位。因此,法律信仰这个宏观的法学概念和法律观念,必须深入对法律规范的微观观察中时才能胜任愉快;同样,制度修辞这个学术概念和法律观念,也只有和法律规范的具体内容相结合时,才有说服力,进而谈论法律信仰与制度修辞之间的关联,就不能不涉及法律规范。制度修辞在渊源上是人类诗性思维的产物,尽管它不排斥理性思维,甚至是理性思维得以开启的前提,但毕竟它与理性思维又大异其趣。无论法律信仰还是制度修辞,都和诗性思维之间勾连互通、相得益彰。这正是这里专门探讨此问题的缘由。众所周知,法律规范在内容上被二分为权利规范和义务规范。[①] 两者是法律的核心概念和基础概念,因此,对诗性思维、制度修辞和法律信仰关联关系的推论,就需从法律规范——法律权利和法律义务谈开去。

(一)从权利的诗性维度再审作为制度修辞的法律信仰

什么是权利?对此,中外学术界基于不同的视角和立场,众说纷纭。庞德曾专门总结了六种语境或视角的权利观念,即"利益、利益加上保障

---

① 法律规范按其内容分,还可分为权力(职权)规范和责任(职责)规范,但这二者不过是权利和义务规范在公权领域中的逻辑延伸。尽管两者在关系上呈现出明显的"一体两面"特征(参见谢晖:《法学范畴的矛盾辨思》,山东人民出版社1999年版,第188页以下),但归根结底,两者在性质上并未逃出权利义务这对法学范畴的基本意涵。至于奖励(获益)和制裁(损利)这类规范,其分别作为对超越法律德性要求的行为和低于法律德性要求的行为的处置措施,仍然分属于权利(获奖权利)和义务(受罚责任)的范畴。它使法律授予高于法律德性要求的行为人以更高的权利;责加低于法律德性要求的行为人以更大的义务。

这种利益的法律工具、狭义的权利、权力、自由权和特权，这六者在任何细心的思考里，都需要加以区别”。[①] 然而，即便如此，庞德仍然没有罗列尽净有关不同视角的权利主张。笔者想进一步说的是：尽管权利的主张是多元的，但在立法上，立法者不可能选择所有不同权利主张者的观念进行立法。他们能够做的或者是在诸多的权利主张中博采众长，制定更为妥帖的法律，或者是在诸家学说中有所侧重，甚至择一而排他，作为立法的指导思想。但是，无论博采众长，有所侧重，还是择一排他，都不过是立法者基于其立场的一种诗性选择和刻意安排，因而未必与不同学说之主张尽合。

博采众长看似能够宽容地对待不同学说，但稍加深入分析，就不难发现，这其中何谓“众长”，仍不过是一种修辞性结论，未必一定深入肯綮，获其大义。因为任何一种学说，都有其各自的论说背景、逻辑基础和系统观点。所谓博采众长，往好里理解，是立法者抓住了不同学说的要害所在和核心观点，并在立法中能够一展其用；往不好里说，则是立法者对不同学说之支离破碎的理解。博采众长不过是根据立法者自身的需要而择取不同学派的学术观点，并不顾及不同学者、学派学术观点的逻辑性、系统性。可见，所谓博采众长，可以被我们接受的，只有“博采”，至于“众长”，是否果真是不同学术观点的所“长”，自然需另当别论。

有所侧重虽开诚布公地说出了立法决策者根据其好恶以及某种“客观需要”选取不同学说的事实，但站在制度修辞的立场，这也不过是立法者对其立法指导思想选择中修辞性的公开承认而已。在我国历史上，所谓“德主刑辅”、“阴法阳儒”的刑事立法观，就很典型地表达了立法者在立法指导思想之选择上的修辞行为。至于究竟儒家的思想符合人类社会发展的必然性以及对人类生活权利的有效性，还是法家的思想更符合这种必然性和有效性，抑或其他各家的思想符合这种必然性和有效性？一方面，立法者并不在乎对此种合法性作出说明，也不惮于不作出说明，会给他们带来什么麻烦。另一方面，即便立法者能够就此种选择作出合法性说明，也仅仅是立法者意义上的说明，它既不能说明这些指导思想就一定是放之四海而皆准的，也在实践上未必能指导执法者、司法者、法律运用和遵守者一定将其尊为定论而循规蹈矩。显然，这里则更进一步展示着有所侧重这种策略所必然具有的修辞性叙事特征。

---

① 参见[美]罗斯科·庞德：《通过法律的社会控制》，沈宗灵等译，商务印书馆 1984 年版，第 48 页。

而择一排他更是一种用心明显的制度修辞。众所周知,在这方面,导生于董仲舒的"罢黜百家,独尊儒术"(给习儒者授以可以的权利,对习其他百家者则课以禁止的义务)具有典型性。董仲舒在论述这一理念时以一种很难实证的修辞手法强调:

"《春秋》大一统者,天地之常经,古今之通谊也。今师异道,人异论,百家殊方,指意不同,是以上亡以持一统;法制数变,下不知所守。臣愚以为诸不在六艺之科孔子之术者,皆绝其道,勿使并进。邪辟之说灭息,然后统纪可一而法度可明,民知所从矣。"[①]

显然,无论董仲舒对"百家"的排斥态度也罢,还是对儒家的钟情主张也罢,一方面,未必一定能揭示百家之弊;另一方面,也未必一定就弘扬了儒家之真精神。反之,正如有学者所论及的那样,董仲舒其实对原始儒家作出了"系统化和神学化的改造",[②]甚至对它作出了"法家化改造"。[③] 这足以说明无论董仲舒的学术见解也罢,还是西汉当局所实施的"独尊儒术、罢黜百家"的政策也罢,本质上皆非严谨逻辑论证的结果,而只是根据董仲舒的建议,当局在众多方案中进行修辞性选择的结果。有选择,就有舍弃。这种择一排他的选择和舍弃,只能被纳入修辞的麾下。由此出发,也可以造出一种逻辑来,也可以在"德主刑辅"的立场上制定系统的、耀古铄今的法律,但其逻辑前提的诗性和修辞属性,自不待言。

可见,正是在对权利的众说纷纭中,我们更能理解不同权利主张者对权利所抱的主观态度。这种态度,首先决定了人们在权利认知上的修辞特征,当这种种修辞被立法者选择为立法的参照时,其进一步凸显、锐化了权利的修辞属性。事实上,立法不过是立法者的一种叙事行为。这是因为,立法行为,是立法者表达其社会需求和立法者自身意愿的活动。他不仅在表意,而且在行事,是通过表意的行事。我们所熟知的法律是某种意志的表达,其实只说对了这种行为的一半,即表意,而忽视了其表意的实践意义,即行事、叙事。只有把立法当做一种叙事方式时,我们才能更形象、也具象地领略其中的修辞意蕴。

---

① (汉)董仲舒:《天人三策》,载(汉)班固撰,(唐)颜师古注:《汉书·董仲舒传》(第8册),中华书局1962年版,第2523页。

② 参见于东新:《儒学的神学化与系统化——论董仲舒对儒学的改造与发展》,载《社会科学论坛》2008年第10期。

③ 参见申波:《论董仲舒对儒学的法家化改造》,载《西南民族大学学报》2008年第11期。

在有些学者看来,一种叙事行为,其本身就是“作为修辞的叙事”。因为所有叙事,都是掺杂了叙事技巧、伦理和意识形态,并要面向读者的活动。当然,对于叙事的修辞属性,实用主义者和结构主义者有并不相同的看法。前者是典型的反基础论者,强调话语、叙事以及与此相关的修辞创造我们的修辞的、符号的世界,而后者则反对直觉,强调话语、叙事以及与此相关的修辞背后的结构性的复杂事实和复杂关系。对此,詹姆斯·费伦这样描述道:

“……实用主义的修辞概念……认为世界——尤其是与知识有关的部分——是由修辞构成的。我们关于这个世界的话语使这个世界成为我们所见的样子……费什指出了西方思想史上以不同形式出现的对待修辞的两种态度:(1)认为修辞是对独立于话语的真理加以折叠、缠绕、肢解,不然就予以操纵的工具;(2)认为修辞是无法逃避的,因为真理并非独立于话语,而是由有关真理的话语所构成……坚持认为真理独立于话语的人会以为,可以充分地展现这一真理,以此来解决争吵;而坚持认为真理是由我们关于真理的话语所构成的人,能看到这两种立场与一般原则是相一致的,因此陷入了一场永无赢家的争吵之中。

从实用主义的观点出发,把叙事看做修辞就等于认为叙事不可避免地与阐释紧密联系在一起,而阐释又具有无限的可塑性——据阐释者在特定场合的需要、兴趣和价值而定”;

“……实际上,认为叙事的目的是传达知识、情感、价值和信仰,就是把叙事看作修辞。隐喻有多种多样,而所有的隐喻似乎都不足以说明作者、文本、读者之间的如下关系:交互作用、交流、交换和交媾……当我谈论作为修辞的叙事时,或谈论作者、文本和读者之间的一种修辞关系时,我指的是写作和阅读这一复杂和多层面的过程,要求我们的认知、情感、欲望、希望、价值和信仰全部参与的过程。

在这个更大的兴趣范围内,我特别感兴趣的是叙事的各种因素(即人物、事件、背景、叙事话语),也感兴趣于技巧、形式、结构、文类和叙事成规,即它们导致、丰富、干扰,或其他使作为修辞的叙事复杂化的各种方式……我并不认为作者的意图是可以复原的,并控制着读者的反映;即便我坚持认为,当我们从修辞的角度阅读时,我们所遇到的是自身之外的东西。我所提倡的方法把重点从作为控制者的作者转向了在作者代理、文本现象和读者反映中间循环往复的关系,转向了我们对其中每一个因素的注意是怎样既影响了另外两种因素,同时又受到这两种因素的影响的。”①

无论上述两种不同的修辞理论在基本观点上有多大的不同,但他们以修辞来关照人类叙事行为的基本主张并无二致。法律叙事,特别是权利叙事一方面是立法者对于人类交往秩序模式的修辞叙事;另一方面也是法律的读者——执法者、司法者、用法和守法者在特定情境中阅读法律时的修辞叙事。所以,立法者以自己的知识、态度、观点、主张、意识形态和面对的情境做立法叙事,为权利规定,而执法者、司法者、用法和守法者则各自从其知识、态度、观点、主张、意识形态和具体情境中做权利运用的叙事。这说明,在法律叙事的实践中,人们对法律修辞既拥有某种实用主义立场——是人们的话语在型构世界、创造秩序;另一方面,人们对法律修辞也拥有某种结构主义立场——话语(尤其权利话语)是考虑不同情境,是离不开其背景的,甚至在一定意义上,是背景决定话语、叙事、修辞,而不是相反。进言之,话语、叙事、修辞与背景的关系是相互的。

绕了这么一大圈,我们仍需要回到法律的权利叙事上。按照一种说法,如果说权利叙事的背景,是近代以商品经济、民主政治和多元文化为代表的社会的话,那么,这种叙事的修辞表达,则就是权利本位。在这个意义上,法律的权利叙事既是对上述背景的一种描述,也是对该背景的修辞(规范)重构。此种修辞重构,不但使上述背景性因素更为稳定、稳固和稳健,而且开放并结构了一种全新的背景和精神。为什么这样说?这只要我们回顾一下因为权利叙事的阙如(当然,这种阙如并不意味着商品贸易中权利的事实不存在,只是这种权利没有被结构在权利规范中),在同样产生了古代较为发达的商品经济的中国战国时期、明清时期商品经济所遭遇的种种不幸的情形;也因为权利叙事之不彰,在以经商闻名于世的穆斯林世界,商品经济也往往受到来自权力的支配和压制的情形。这从反面说明,尽管权利叙事受制于结构,受制于背景,但权利叙事并不总是被动的,它也在创造着结构,塑造着背景,重构着事实。只

---

① [美]詹姆斯·费伦:《作为修辞的叙事——技巧、读者、伦理、意识形态》(前言),陈永国译,北京大学出版社2002年版,第16~17页、23~24页。

有对这两个方面同等重视,才能更进一步领略权利叙事的修辞特征,也能更深入地领略权利叙事的修辞属性、诗性精神及其与法律信仰的关系。

严格来说,修辞的基本精神就是诗性精神。诗性精神的本质在于其理想性,这似乎和法律所关照的经验性、现实性、逻辑性格格不入。但在笔者看来,把法律仅仅看作对经验的模拟、对现实的陈述以及对逻辑框架的亦步亦趋,这本身严重地抑制了法律的功能。如前所述,法律确实是背景的产物,受背景的制约,这就是法律的经验性、现实性和逻辑性。但法律又不仅止于此,与此同时,法律还是背景的结构者和创造者,是事实的规范者和重构者。因此,它也具有先验性、理想性和修辞性的特征。在这个意义上,法律的权利叙事与后文将要论及的义务叙事一样,都具有诗性和理想性。

> “人之为人,最为根本的就在于未来性。自身与生俱来的不完美,使得人天生就苦苦地去追求着完美。其中的道理,说来也十分简单:在现实世界中,人假如能够得到他想要得到的一切,岂不就在世界上失去了主动的意义?因此,可以把人对于理想的追求看做一种必不可少的自我鼓励,看作人的一种不可缺少的理想本性。分析哲学曾经把任何一个形而上学都称之为‘无意义的假问题’,但是人却并没有因为他的追求的虚假而望而却步,看来,有些‘无意义的假问题’也是有意义的。”①

法律的诗性思维所要表述的,正是法律的这种理想性——把某种属于特定主体的修辞理想,化成为人人理应接受、运用、遵守的权利—义务规范,把人们的个别化的经验、体验和价值,推广为普遍的行为模式,这正是其诗性特征之所在。法律作为一种理想的预期机制,不可避免地把修辞和诗性代入其中。这种代入,不但不抛弃功利,反而是功利的一般的、普遍的和只可意会、无以证明的表达。对此,边沁在论述功利法规及其对错的不可证时曾指出:

> “当一项行动,或特别是一项政府措施,被一个人设想为符合功利原理,那么为了论述方便起见,可以想象有一类法规或命令,被称为功利的法规或命令,并且如此谈论有关行动,把它当作符合这样的法规或命令”;

① 潘知常:《诗与思的对话》,上海三联书店1997年版,第106~107页。

"一个人对于一项符合功利原理的行动,总是可以说它是应当做的,或者至少可以说它不是不应当做的。也可以说,去做是对的,或者至少可以说去做是不错的;它是一项正确的行动,或者至少不是一项错误的行动。应当、对和错以及其他同类用语作如此解释时,就是有意义的,否则没有意义。

这个原理的正确性有没有遭到过正式的非议?应当认为它曾遭到那些不知自己所云为何的人非议。它是否能由任何直接的证据来证明?应当认为不能,因为被用来证明其他每个事物的,其本身无法被证明;证据之链必定有其始端。给予这样的证据既无可能亦无必要。"①

可见,即使在被人们视为最现实的功利主义者的世界中,法律也肩负着普遍功利原则这一伟大使命。这种使命是超然的,也是不可证的。它出自我们人类之功利的、但又是理想的本质。换言之,理想本身就是功利,理想需要表达为功利;功利本身就是理想,功利需要升华为理想。正是这样的功利观念,与诗性理想一道,构成法律既现实、也理想,既当下、也未来,既经验、也先验的独特品格,其结果是法律,特别是以权利叙事为特征的法律,既是人们交往行为的必然现实根据,也是人们必须依赖并尊崇和信仰的对象。于是,人们在功利的法律面前,既是功利的忠实信徒,同时也意味着其是法律的忠实信徒。

"如果一个人对任何行动或措施的赞许或非难,是由他认为它增大或减小共同体幸福的倾向来决定并与之相称的,或者换句话说,由它是否符合功利的法规或命令来决定并与之相称的,这个人就可以说是功利原理的信徒。"②

而决定一个人成为功利原则、成为现实法律之忠实信徒的,恰恰是法律对人们普遍功利或权利的诗性预设,或者修辞叙述。因为法律并不仅仅是规范当下的,而且更是预设未来的。这样,一种法律或法律体系,是否符合、能否满足人们普遍的功利要求,所依赖的就不是当下的可依赖的数据,而是由当下预知未来,由预知确定是否符合人们普遍的功利要求。预设前提的修辞属性与预测未来的修辞属性都决定了,人们对权利的信仰,出自对权利的诗性想象,也出自对它的理想的、未来期许的、诗性的预设。法律权利,就是法律承诺的满足人们普遍功利要求的一种

---

① [英]边沁:《道德与立法原理导论》,时殷弘译,商务印书馆2000年版,第59页。

② [英]边沁:《道德与立法原理导论》,时殷弘译,商务印书馆2000年版,第59页。

诗性预设。权利信仰,则是人们对这种承诺的坚信不疑,对行为和承诺之间将默契无间的热忱期待。这样,法律权利信仰就并不是独立于制度修辞的一个概念,反而是制度修辞所不可或缺的要素,是作为制度修辞的权利信仰或法律信仰。

(二)从义务的诗性维度再审作为制度修辞的法律信仰

作为法律规范的两大基础范畴之一,法律义务和法律权利一样,构成法律规范的主要内容。并且正如人们普遍认可的那样,就法律的起源而言,它来自社会的禁忌,表现为一种必须服从的禁令。因此,义务对权利在直接规范(而非事实和要求)层面具有在先性。所谓在先性,并不是指义务优先于权利,而是指在人类法律的规范视角上,义务较权利更先产生、更先存在。那么,为什么会出现这种情形?缘由或在于和权利相关的人类需要、心理和价值,乃是人生来即有的,所谓"好利恶害"、"两利相权取其重,两害相权取其轻"等,都深刻揭示了人的利益本质。在发生学上,它不需要人们可刻意调,人们就会自治地去争取。因此,对社会治理、交往规范和秩序构造而言,任何一位立法者,首先所面对的是如何给人们规定禁令。这样,具有禁令性质的禁忌,就和道德规范一样,成为人类成文法产生的规范先导。蒋立山曾指出:

> "在原始氏族社会,继禁忌即禁止性规范之后,又出现了以道德为内容的义务性规范,即氏族公社规范,再往后便是我们所熟悉的成文法的历史。从历史上看,早期社会禁忌、氏族公社规范、及进入阶级社会后的成文法,这三者并不是毫不相干、分别独立存在的东西,相反,它们是社会规范在其历史进化过程中相续出现的三种表现形态,这是一个统一、完整的历史过程,三者之间在形态演化和职能演变方面有着不可分割的联系。仅此而言,我们就有理由把它们作为一个统一的历史过程。"①

在另一些学者的笔下,既对禁忌与法律作出了学理和事实的区分,也对两者作出了关联性的考察和描述。一方面,禁忌不是法律,不能将

---

① 蒋立山:《从原始禁忌看社会规范的起源》,载《中外法学》1996年第5期。在这一领域,国内学者已有多份扎实、严谨的论述,如王学辉:《从禁忌习惯到法起源运动》,法律出版社1998年版;田成有等:《原始法探析——从禁忌、习惯到法起源的运动》,载《法学研究》1994年第6期;田成有:《民族禁忌、战争征服与法的起源》,载《中南民族大学学报》1995年第5期;韩轶:《从禁忌到法律——法起源的社会学考察》,载《唯实》2006年第6期等。

两者混同;另一方面,法律常常靠禁忌的辅助而落实其禁令。这种情形,即使在初民社会的法律中,也是如此。霍贝尔指出:

> “禁忌是一种由超自然力来制裁的社会的禁令。它不仅仅是禁止某事,否则,一切法条都将是禁忌,对一切规则的违反也都是犯忌”;
>
> “一旦社会的成员认为作孽的行为所带来的恶果可能波及整个群体,而不是仅限于作孽者本人时,通常那种作孽的行为便也成了犯罪。作孽者在受超自然的惩罚之外,还直接受到人们对他的法律制裁,于是,作孽也就成了犯罪。事情还可能是这样一种情况,即人类将他们自己看成是超自然的助手,是其世间的代理人……他们为了减轻超自然的负担,便亲自动手,通过即刻惩办作孽者的方式来讨好自然。
>
> 这种超自然力还作为一种法律程序的救济手段,渗入到法律的习惯之中。应该指明,它不是作为实体法规则的渊源,而是当人们没有确凿的证据以查明案件的事实情况时,作为一种判决的方式和执行手段。求助于它的方法是立誓、占卜和神判。神灵知道事件的真相,他们无所不知,或近乎无所不知。如果祈求的方式恰当,他们将对此案作出裁断。他们可能亲自制裁不法者,也可以将这一工作留给其人世间的代理人来做……”①

这段引文,集中展示了在初民法律中义务与禁忌的关联。禁忌及其所依赖的超自然的神灵的力量,之所以对法律的运用和执行具有如此大的辅助作用,关键就在禁忌本身和法律义务之间具有规范内容的同构性。义务在本质上要么是禁止的强制,要么是必行的强制,因此,其规范词要么是“不得”,要么是“必须”(强强行性)或应当(弱强行性)。② 众所周知,这两个方面,在法理学上分别被称为禁止性规范和必为性规范。

无论禁止性规范还是必为性规范,其实都是立法者立法决断的产物。立法者在立法决断中,何以将某些行为设定为人们的义务,而将另

---

① [美]E. A. 霍贝尔:《初民的法律——法的动态比较研究》,周勇译,中国社会科学出版社1993年版,第292~293页。

② 对“不得”、“必须”和“应当”作为规范词,从而引导禁止性规范、必为性规范(强行性规范)的系统研究,参见魏治勋:《禁止性法律规范的概念》,山东人民出版社2008年版;钱锦宇:《法体系的规范性根基——基本必为性规范研究》,山东人民出版社2011年版;周赟:《“应当”一词的法哲学研究》,山东人民出版社2008年版。

一些行为进行放任(作为权利)处理？这样的处理一定符合人们交往行为的规定性吗？针对这些问题,不妨将义务规定分为不同层次：

第一层次的义务,乃是放之四海而皆准的,即不论在什么时代,也不论在什么地方,某种行为都被规定为义务。例如,没有法律根据,不得滥杀无辜。这在任何一种文明秩序的法律中,怕都是一条不可违逆的义务。即便被人们描述为残酷的奴隶社会的法律,也照例对谋杀行为严惩不贷。例如,在奴隶制时代的罗马法上就规定:"……那些杀人的人、以其恶意欺诈放火的人、以杀人或实施盗窃为目的携带进攻武器四处行走的人、在长官的职位上或在主持公诉时,提供犯罪协助使某人承认虚假的罪证,以便使无辜者被指控并被判罪的人,按关于谋杀和投毒的科尔内利亚法承担责任。"①这时候,似乎立法者纯粹是按照人们交往的规定性而立规行事,是在表达一种人类义务的普遍性。似乎这种义务不具有诗性思维的特征,而是理性思维的当然结果。但究竟是否如此,这还需要涉及立法的语言问题(可见后文论述)。

第二层次的义务,乃是和一定的文化、宗教或族群相关的。例如,在穆斯林世界,禁止吃食不洁物是人们的一项义务,这项义务不仅具有法律效力,而且具有文化和宗教效力。但是,我们知道,穆斯林世界所禁止的某些不洁物,在另一些文化传统中并不这么认为,不但如此,甚至还是其日常生活的必需品。一旦禁食之,可能会严重地影响这些族群的日常生活质量和幸福。在这个时候,不同文化中的立法者,只能因应各自文化的需要而立法。在这种立法叙事中,人们似乎也会发现立法者选择某种行为为法律义务时理性端正的态度。然而,即便立法者根据不同的文化、宗教和族群的特征而作出完全不同的义务选择是恰当的,但其前提——不同文化、宗教和族群自身的规定性乃是施加了修辞前提的规定性,它本身富有诗性思维的特征。每一种伟大的文明,都常用诗性的方式表达其文明的起源与发展。例如,《荷马史诗》之于希腊文明,《诗经》《楚辞》之于中华文明,《格萨尔王传》之于我国藏族文明。再如,《易经》《道德经》《南华经》之于中华文明,《圣经》之于希伯来文明和欧美文明,《古兰经》之于伊斯兰文明等。恰恰是文化、宗教、族群本身的诗性特征的先在性,决定了立法者在立法时,选择并确定和文化、宗教、族群相关的某类具体行为为义务时的诗性立场和逻辑局限。

---

① [意]桑德罗·斯奇巴尼选编:《民法大全选译·债·私犯之债(Ⅱ)和犯罪》,徐国栋译,中国政法大学出版社1998年版,第196页。

第三层次的义务,是和一定的时代性、当下性,并同时和其地方性、文化性相关的义务。这种义务,所执的基本立场是一时一地、一集团一阶级、一部门一地方,甚至一位立法者自我的立场和利益。义务的设定悉以能维系特定的利益为标准。无论是禁止性义务,还是必为性义务,皆根据此种利益需要为基础,并把这种建立在特定利益需要基础上的义务规定强制地推广为一国一时之全体人民必须接受的规定。这种义务的修辞特征更为明显,因为它把特定性扩大为普遍性,把个别需要扩大为一般需要。凡此种种,皆说明这种义务规定本身的诗性思维特征——它并不能满足理性逻辑自足的需要,因为它可以被轻易地证伪。例如,伊斯兰法上的一夫多妻制规定和西方国家以及我国法律上的一夫一妻制规定,作为一种义务(当然,它也是夫妻间的权利),就是内容截然相反的义务。但立法者都会赋予其充足的"合法性"理由。毫无疑问,此种"合法性",是修辞、诗性和诠释意义上的,而不是逻辑、理性和科学意义上的。

如此看来,在如上三层次的义务理念中,后两种义务类型在理念上明显具有诗性、修辞和诠释的特征,但第一种义务理念似乎不是如此,它似乎不具有诗性、修辞和诠释的特征。但事实上,即便是立法者对放之四海而皆准的义务的立法认可,仍然免不了诗性、修辞和诠释的特征。这种结论又自何而来?

事实上,所有语言(言语),都是人类对事实——自然对象事实和人类交往事实的命名方式,是把事实世界设法结构为语言(言语)世界的主观努力,同时,也是缔造一个"人化的自然"之努力。这正是作为精神存在和精神现象的人类特质之所在。这一过程,即所谓命名活动——把一切事实纳入概念(名)的框架里,从而出现了主观世界与客观世界、精神世界与物质世界、价值世界和自然世界、修辞世界和必然世界……的两分。在中西哲学中,皆对名实关系以高度重视。在我国,荀况的相关论述可谓典型:

"故王者之制名,名定而实辨,道行而志通,而慎率民而一焉。故析辞擅作名以乱正名,使民疑惑,人多辨讼,则谓之大奸;其罪犹为符节度量之罪也。故其民莫敢托为奇辞以乱正名,故其民悫;悫则易使,易使则公。其民莫敢托为奇辞以乱正名,故壹于道法而谨于循令矣,如是则其迹长矣。迹长功成,治之极也,是谨于守名约之功也";

"然则何缘而以同异?曰:缘天官。凡同类同情者,其天官之意物也同;故比方之凝似而通。是所以共其约名以相期也……心有征知。征知,则缘耳而知声可也,缘目而知形可也,然而征知必将待天官之当薄其类然后可也;五官薄之而不知,心征之而无说,则人莫不然谓之不知,此所缘而以同异也。

然后随而命之:同则同之,异则异之;单足以喻则单,单不足以喻则兼;单与兼无所相避,则共,虽共,不为害矣。知异实者之异名也,故使异实者莫不异名也,不可乱也。犹使异实者莫不同名也。故万物虽众,有时而欲遍举之,故谓之物。物也者,大共名也。推而共之,共则有共,至于无共然后止。有时而欲遍举之,故谓之鸟兽。鸟兽也者,大别名也。推而别之,别则有别,至于无别然后止。名无固宜,约之以命,约定俗成谓之宜,异于约则谓之不宜。名无固实,约之以命实,约定俗成谓之实名。名有固善,径易而不拂,谓之善名。物有同状而异所者,有异状而同所者,可别也。状同而为异所者,虽可合,谓之二实。状变而实无别而为异者,谓之化;有化而无别,谓之一实。此事之所以稽实定数也,此制名之枢要也……"①

而在西方学术思想中,有关"词与物"、"命名与必然性"②以及卷帙浩繁的语言学、修辞学、逻辑学、语用学、精神现象学、哲学诠释学、商谈理论等不同学术领域的著述,每每把论述的视角集中于所谓名实关系以及命名与指称的关系上。可见,语言、命名、诠释等能否客观表达和反映事实本来的世界,易言之,事实世界能否开放出足以让人类语言表达的真相?这实在是一个永远困惑人类,并无法期待,也无法解证的问题。但是,人类却借着这种命名,自创了一个源于事实世界,但又超越了事实世界的精神世界。这个世界就是修辞和诗性的世界,也是在修辞和诗性前提下的逻辑和理性的世界——这就是精神世界。法律,无论其权利规范还是义务规范,都属于这一精神世界。

从事实到规范的途程,就是法律把对象世界纳入符号的、精神建构体系中的活动。所以,法律不过是人们运用符号而对对象,特别是对人类交往行为的命名方式。立法者的崇高理想和企图,就是把形形色色的

---

① (战国)荀况:《荀子·正名》,载梁启雄:《荀子简释》,中华书局1983年版,第310页、314~315页。

② 参见[法]米歇尔·福柯:《词与物:人文科学考古学》,莫伟民译,上海三联书店2001年版;[美]索尔·克里普克:《命名与必然性》,梅文译,上海译文出版社2001年版等。

人等,把形形色色人等的形形色色的行为,都纳入法律事无巨细的规范框架中。尽管立法者以及法律信仰者都喜欢强调之所以如此,是因为法律是符合事实和逻辑的规范体系,所以也是符合人类需要、符合增益于人类整体性福利的事业,但这样的说辞,毫无疑问都只不过是对法律之美好的修饰。问题是人类需要这种美好的修饰,因为人类既要面向当下,面向交往行为中的利益需要。而没有法律,没有义务——哪怕它是经过人为制造并刻意修饰的事物,那么,人类会陷入失序的泥潭中,不但在交往行为中没有利益可得,而且其基本的生存也会成问题。与此同时,人类还需要瞻望未来,需要对未来的交往行为、利益得失有一种基本的预期。法律作为诗性的制度修辞和规范安排,尽管不能准确无误地给人们的所有预期以满足,但至少要能够满足这样的期待:只要人们在规范的行为区间内行为,就能确保自己、他人和社会的安全,并让行为者加入型构有序、和谐的交往秩序活动中。这正是立法者通过法律命名、特别是通过法律义务而构筑异于事实世界的规范世界和精神世界,并型构出一种"人化的事实世界"的努力。

既然法律是通过语言的命名活动,是对自然事实和交往事实的命名过程,是把杂多芜乱的事实世界纳入整齐划一的语言世界的活动,那么,即使它再讲究逻辑,再讲究对对象世界的客观把握,也免不了语言现象本身的诗性维度。我们日常所谓"言有尽而意无穷"、"只可意会、不可言传"以及"能说出的归人类,不能说出的归上帝"等格言,都表明语言只有在前提约定的范围内,才可能符合逻辑。在大多数情形下,在终极意义上,所有语言,都是诗性的、修辞的和主观的存在。以这种语言所进行的立法,即便再追求形式的、逻辑的自足和圆满,但语言以及语言主体——人类本身所固有认知缺陷,会如影随形般地影响法律的自足和圆满,因此,人们只能在诗性的诵念中,在修辞的帷幕里,在诠释的憧憬中,以膜拜的心态期预法律,期预它能够给人们的交往行为以保护,对社会的和谐秩序以规范,对所有合法行为——特别是合乎义务的行为以必然肯定,对所有的违法行为以必然制裁和否定。因此,人们因为遵循法律义务而心安理得、泰然自若,也因为违背法律义务而如坐针毡、惴惴不安——这种对法律近乎痴迷的预期,当然也是对法律义务切实有效地维护交往秩序的痴迷预期,而这种预期,即法律信仰。

可见,在一种现实肯定的事实世界中,人们尽管也可能会保持一种信仰,即知识信仰、理性信仰和真理信仰,但在那种虽有预期,但预期并非因果必报、明确无误的地方,人们在心理上更容易形成一种信仰。如前所述,法律信仰既有知识、理性和真理信仰的因素,因为法律对人们交往行为的后果是可预期的,它本身就是人为的一种制度预期机制。同时,法律信仰也有诗性信仰、修辞信仰和诠释信仰的因素。这是因为法律作为一种预期机制,其最终只能在人们的行为中才能达成预期情形的实现。法律虽然规定了人们的行为框架,但并不能规定每个人的行为一定会符合法定的行为框架。不要说对普通民众,即使对司职法律的职业法官们而言,法律也并不是那些白纸黑字的规范,反而是出自其手的裁判。对此,现实主义法学家们的观点有明确揭示——尽管其结论太显绝对和片面:"不判决,无法律"。

> "民法法系与普通法的情况一样,一国法院发布的规则恰好表达了当前的法律";
>
> "那些由作为国家司法机构的主体发布的行为规则就是国家的法律,没有如此发布的规则不是法律……"①

这些看似极端,但又与法律运行的事实若合符节的论断,给法律信仰的另一种启示是:法律信仰的真谛,并非仅仅因为法律是确定的知识、理性和真理,法律同时还是需要通过解释而不断清晰化的诗性、修辞和诠释的事物。这种清晰化的活动在法律运行的过程中。其每一次清晰的呈现是在人们按照法律行为之后,特别是法官按照法律和事实而裁判之后。所以,与其说法律信仰是一种对"确定性"的知识、理性和真理的信仰,不如说它是对"期待确定性"的诗性、修辞和诠释的信仰。法律信仰在这里有类于宗教信仰,但又比宗教信仰现实得多。正是在人们对法律义务和法律权利的确定性期待("期待确定性")中,法律信仰才成为制度修辞的必要组成部分,并经由法律信仰,法律权利成为诗性权利,法律义务也成为诗性义务。就这样,法律在诗性叙事中,在修辞预设中,在诠释沟通中,完成其信仰建构,架设为制度修辞,并以之不断地通往人们翘首以盼的那种"期待确定性"的世界——一种法律规定、事实走向与精神需要逐渐靠近的世界。

(本文第一节原载《北方法学》2016 年第 6 期;其他各节原载《中国政法大学学报》2017 年第 1 期)

---

① [美]约翰·奇普曼·格雷:《法律的性质与渊源》,马驰译,中国政法大学出版社 2012 年版,第 80 页、83 页。

论法律拟制、法律虚拟与制度修辞

法律拟制和法律虚拟这两个概念，近年来逐渐受到一些学者的重视，①但是，自觉地把这两者和法律修辞勾连起来的学术观点和论述还不多见，反倒将其和法律类比推理结合起来关照的情形较多，如拉伦兹对相关问题的论述，基本可说是一个与"指示参照"类似的类比推理视角的结论。② 也有些学者在谈到虚拟

---

① 相较而言，前者在我国更受关注。据不完全统计，有50余篇中文论文发表，涵盖法理学、民法学、环境法学和刑法学等多个学科。如卢鹏：《从法律拟制到政治拟制》，复旦大学2003年博士学位论文；王军仁：《我国民法中的法律拟制与注意规定》，载《东方法学》2006年第6期；李振林：《刑法中法律拟制论》，法律出版社2014年版；黄静：《论法律拟制》，苏州大学2010年硕士学位论文；郑超：《刑法中的拟制》，上海交通大学2011年硕士学位论文；孔令杰：《论刑法中的法律拟制》，载《江苏警官学院学报》，2012年第1期等。而后者在我国关注的人要少得多，主要有我国台湾学者杨奕华、大陆学者温晓莉等在关注并研究。分别参见杨奕华：《法律虚拟与法学研究》，载葛洪义主编：《法律思维与法律方法》（第1辑），中国政法大学出版社2002年版，第107～121页；温晓莉：《论法律虚拟与法律拟制之区别》，载《北大法律评论》（第8卷第1辑），北京大学出版社2007年版，第236～254页；《法律范式的转换与法律虚拟》，载《东方法学》2012年第2期；以及其博士学位论文《论法律虚拟——法律拟制、假定的认识论存在论探讨》，中国人民大学2007年博士学位论文等。不过应说明的是，事实上，研究法律拟制的有些学者（如卢鹏），其所涉及的内容往往也属于法律虚拟（狭义上）的范畴。

② 拉伦兹指出："法学上的拟制是：有意地将明知为不同者，等同视之……法定拟制的目标通常在于：将针对一构成要件（T^1）所做的规定，适用于另一构成要件（T^2）。则其与隐藏的指示参照并无不同……不采用（T^1 的法效果亦用于 T^2）的规定方式，法律拟制：T^1 系 T^2 的一种事例……立法者并非主张，T^2 事实上与 T^1 相同，或事实上为 T^1 的一种事例，毋宁乃是规定，对 T^2 应赋予与 T^1 相同的法效果。为达此目的，他指示法律适用者，应将 T^2'视为' T^1 的一个事例。"（参见［德］Karl Larenz：《法学方法论》，陈爱娥译，台北五南图书出版公司1996年版，第160页。）

概念时，形似隐约涉及相关问题，[①]但明确地把这两个概念搭架在(制度)修辞论立场上予以思考者，尚未检索到。基于此，本文拟就这两者分别与制度修辞间的关联进行阐释，并因此连带地检讨、再行界定法律拟制和法律虚拟的基本含义，说明在制度视角观察法律拟制和法律虚拟，在实质上也是关照制度修辞。

一、何为法律拟制和法律虚拟

(一)关于法律拟制的辨析

法律拟制是法学上一个古老的概念，在古代中国法例和解释中就已然存在，在作为大陆法系源头的罗马法上也得以呈现，在英美判例法中更是被广泛运用。但是，法律上或者规范意义上的法律拟制，尚不是学者们探究这一问题的全部根据。作为一个重要的学术概念，法学家的探索往往要远远超出法律的既定内容，即使法学家的探讨必须有法律规范可循，也需要出乎规范而高于规范。在这方面，梅因在探索这一概念时已经作出了表率：

> “我在应用‘拟制’这个字时，其含义比英国法学家习用的意义要广泛一些，比罗马的‘拟制’(fictiones)则要广泛得多……我现在应用‘法律拟制’这一个用语，是要用以表示掩盖、或目的在掩盖一条法律规定已经发生变化这事实的任何假定，其时法律的文字并没有被改变，但其运用则已经发生了变化……我认为英国的‘判例法’和罗马的‘法律解答’(Responsa Prudentium)都是以拟制为其基础的……为什么各种不同形式的拟制特别适合于社会的新生时代，这是不难理解的。它们能满足并不十分缺乏的改进的愿望，而同时又可以不触犯当时始终存在的、对于变更的迷信般的嫌恶。在社会进步到了一定阶段时，它们是克服法律严格性最有价值的权宜办法。”[②]

梅因有关法律拟制的观点，就是在规范基础上的学理提升。但梅因的解释并未穷尽人们在学理上对这一问题的继续解释。其后，富勒在其《法律拟制》一书中对于法律拟制进一步做了界定，即“法律拟制是(1)提出的陈述伴随着完全或部分意识的虚假，或者(2)一份虚假的陈述被

---

① 例如，前引1杨奕华文对法律虚拟的相关论述。参见杨奕华：《法律虚拟与法学研究》，载葛洪义主编：《法律思维与法律方法》(第1辑)，中国政法大学出版社2002年版。

② [英]梅因：《古代法》，沈景一译，商务印书馆1984年版，第15~16页。

认为是具有效力的”。[①] 不过无论如何解释，法律拟制的含义不脱规范解释和学理解释两类。规范解释的范围，局限于法律的既有规定，是对法律内既有拟制规定的学术阐释。它包括了立法拟制和司法拟制两个方面。无论立法拟制还是司法拟制，都是人类法律智慧在法律上的表现和表达形式，也是人类面对复杂事物时以某种模糊态度处理类似问题的基本手法。我们知道，世上万事万物，无论自然界的广袤无垠，还是人类社会的纷繁复杂，都需要通过人们虚拟的命名来更深地认知。但如同“言有尽而意无穷”那样，人类的认知、虚拟的命名面对如此复杂多样的世界，也只能是名有尽而物无穷。诚如我们熟悉的如下名言所论，

“道可道，非常道。名可名，非常名。无名天地之始。有名万物之母”；

“有物混成先天地生。寂兮寥兮独立不改，周行而不殆，可以为天下母。吾不知其名，强字之曰道。强为之名曰大。大曰逝，逝曰远，远曰反。故道大、天大、地大、人亦大。域中有大，而人居其一焉。人法地，地法天，天法道，道法自然”。[②]

因此，法律尽管是人类智慧的结晶，但它和人类所有的智慧产品一样，是立法者对多样性社会关系和社会交往的综合表达或命名，这种综合在命名逻辑上只能是集体名词或者抽象名词。试想，对复杂的、内部性质也存在区别的许多事物或许多社会关系，用一个词汇来命名其意义，其只能是模拟或拟制的结果。例如，“物权”这个词，就既要涵括人们在法律上所拥有的各种各样、性状和用途各异的物，又要涵括通过完全不同的手段、截然有别的状态而对物的拥有。所以，这个词对相关事实的模拟就自不待言。几乎所有的立法结果，莫不是用抽象的词汇模拟人们面对的事物、行为和社会关系的。

这种情形，投射到司法领域，势必带来如下两个问题：

其一，司法者必须面对因为立法者的立法模拟所带来的模糊性。在一定意义上，司法对法律的尊重，实质上是对立法者所选择和肯定的表达特定社会关系的词汇之尊重。这意味着在立法词汇的框架内，司法者所面对的无数的形形色色的案件，都必须被带入其中。无论这些个案在性质、情节、纠纷程度、诉讼请求等方面有多么不同，只要立法上有相关若合符节的模拟概念，司法者就不能另起炉灶，寻求其他概念以解决案

---

① Lon L. Fuller, *Legal Fictions*, California: Stanford University Press, 1967, p. 9.

② 《老子 · 第1章》。

件。这时,司法在具体的动态实践中践行着立法者所明示的模拟结果——人造的概念,凌驾于人的行为之上。

其二,即使如此,立法的模拟结果不可能毫无差池地涵括和一个概念相关、相近的所有事物、所有行为和所有社会关系。特别是既定的词的意义在特定的时间点上是个静态的封闭系统,而人们面对的事物、行为和社会关系却总是动态的开放体系。如果说立法者在一定意义上必须追求一劳永逸的模拟效果的话,那么,司法者却不得不坚持随机应变和临时处断。例如,在传统的"财产"这个法律概念中,并不包含"虚拟财产"的内容。但随着和网络虚拟财产相关的纠纷之大量产生,这种财产是否具有法律上财产的意义?司法只能在既有法律有关财产界定的基础上,独辟蹊径,对虚拟财产进行司法视角的财产解释和"财产拟制"。[①] 诚如富勒所言,"任何拟制都是对于某些前提或者假设与特定法律后果之间的调和"。[②]

在一定意义上,司法解释就是司法拟制。只要司法解释的结果不仅适用于当下的个案,而且对于其后类似案件具有参考意义,那么,司法就拟制地解决了相关领域的一般问题。在此意义上,说司法就是立法,也未尝不可。特别在英美法系国家,这似乎是一条常识。这也是在英美法系国家,拟制和解释运用范围更广的原因。对此,杨兆龙在数十年前就曾指出:

> "惟专就'推定'与'拟制'而言,其在英美法的运用范围往往较在大陆法为广。因英美法所保留的历史色彩比较浓厚,遇有新问题发生而传统的法律不能解决时,往往要利用'拟制'或

① 在这方面,我国从2003年起,就在全国各地已经发生了无数起或诉诸法院要求司法解决,或由公安机关告破的案件。其中较为典型的、讨论较多的报道,如《聚焦国内虚拟财产第一案虚拟财产如何保护》,载 http://www.cctv.com/news/financial/inland/20031221/100182.shtml,2016年4月30日访问;《全国最大的盗窃网络虚拟财产案告破》,载 http://anli.lawtime.cn/xsxfal/20111028217273.html,2016年4月30日访问。而在司法实践的学理探讨以及纯粹的法学理论方面,探讨成果更多,如吕照君:《网络虚拟财产的民法保护》,载 http://www.chinacourt.org/article/detail/2014/07/id/1339681.shtml,2016年4月30日访问;《离婚后虚拟财产分割案例》,载 http://www.66law.cn/topic2012/lhhxnccrhfg/85323.shtml,2016年4月30日访问;郑泽善:《从一则案例谈网络虚拟财产的刑法保护》,载 http://www.scxsls.com/a/20151207/111499.html,2016年4月30日访问;颉浩:《江苏常州首例虚拟财产案案例分析》,兰州大学2011年硕士学位论文等。该问题也引起民众对立法的吁求。如有网民起草并在网上公布了《中华人民共和国虚拟财产保护法》,载 http://baike.baidu.com/link? url = zv37nyZ - ueOC0GzQcl4gNS59JxI_KsT06H16_JmTcJrdsu1Zy6qeWZZy1bgFvoxSIUi63ct2p0AbKKfOH9DukK,2016年4月30日访问。

② Lon L. Fuller, *Legal Fictions*, California: Stanford University Press, 1967, p. 51.

'推定'以扩张解释而济其穷。大陆法所保留的历史成分不多,运用'推定'及'拟制'的机会也比较少。'推定'或'拟制'之运用在大陆法里面通常代表一种立法的政策,并不是一种解释法律的方法。"①

上述情形,皆为规范或者教义学意义上的法律拟制。那么,在学理上,究竟如何总结法律拟制?笔者认为,对之大体上可以做这样的表述:

所谓法律拟制,在广义上是指人们在立法或司法中,运用有限的人类语言对多样、复杂的社会关系、交往对象和社会事实以同一规范或词汇来命名的活动。这意味着,凡是立法或司法者在法律上的集合的、抽象的命名行为,都是法律拟制行为。在狭义上,法律拟制则仅指:(1)在立法或法律中以"视为"这一引导词作为规范词,所引出的把两个或两个以上虽然类似、但又有区别的事实纳入同一法律概念或规范(做参照)而处理的立法方式("视为肯定");或把其中一个事实排除出特定法律概念或规范而处理的立法方式("视为否定");②(2)司法中,把实践中虽有存在,但在法律中未曾呈现的事实,"视为"法律上既定的类似事实,以处理案件,构造裁判规则的活动(类推)。换言之,"它是法律上出于正当合理目的,为了应对社会生活的急剧变化,而在法律无据、法官又不能拒绝案件审理情况下,模仿原有法律形式,把实际并不存在的某种事实或情况'确认为真实存在'的一种法律创造方法"。③ 不过,作者在这里所表述的,只是司法拟制中的"视为肯定"。在司法拟制活动中,同立法活动一样,不仅存在"视为肯定"的情形,也存在"视为否定"的情形。

(二)关于法律虚拟的辨析

法律虚拟和法律拟制是相近甚至具有属种关系的概念,但两者并非同一概念。既然这是两个不同的概念,就一定有其具体的区别所在。那么,两者的区别究竟何在?这需要从究竟什么是法律虚拟谈开去。杨奕华对该概念作出了如下的解释:

---

① 杨兆龙:《大陆法与英美法的区别究竟在哪里?》,载孙莉主编:《东吴法学先贤文录·法理学卷》,中国政法大学出版社2015年版,第98页。

② 例如《民法通则》第15条规定:"公民以他的户籍所在地的居住地为住所,经常居住地与住所不一致的,经常居住地视为住所。"这种情形,笔者称为法律拟制中的"视为肯定";再如最高人民法院《关于适用〈中华人民共和国担保法〉若干问题的解释》第32条规定"保证合同约定的保证期间早于或者等于主债务履行期限的,视为没有约定……"这种情形,笔者称为"视为否定"。

③ 温晓莉:《论法律虚拟与法律拟制之区别》,载《北大法律评论》(第8卷第1辑),北京大学出版社2007年版,第240页。

“在日常生活经验里,除了具象可见的事物,可用人的五官去感觉去认识之外,还有许许多多心智认识的对象(objcets)。法律虚拟即是属于这种有赖人以抽象思维去认识的事物。在现实经验界里,我们常常会发现既有存在的知识概念,无法涵摄当下必须解决的问题,为突破眼前的困境,穷则变,变则通,虚拟的概念遂应运名世而诞生”;

“法律虚拟不是法律学者的无病呻吟,而是基于事实需求,为解决生活经验上的问题,所采取的一种手段,将经验知识所无的,以虚拟的述说型塑出一个新事物(new entity),为的是以此虚拟事物来追求一种真理——一种能解决实际生活中,无法以既有的经验事物解决问题的真理。”①

如前所述,杨氏的相关论述,和笔者前文中有关法律拟制的第一重含义区别不大。事实上,杨氏自身在行文中也自觉不自觉地将虚拟和拟制两词混用,例如,他在引证富勒的观点时,就把富氏的相关论述翻译为“拟制”,而不是虚拟。与此同时,他又不加区分地把富勒有关法律拟制的观点运用于阐释、印证其法律虚拟的论述上来。论者甚至在“法律虚拟之存在现象及其考察”项下,径直用“拟制概念之虚与实”,②足见其对这两个概念的混用。

对此,温晓莉已经撰文以揭橥。她指出:

“杨奕华教授文章中‘法律虚拟’的英文表达为‘Legal Fiction’,这与梅因、富勒乃至庞德、卡多佐等学者的表达是一致的,但与近年德国法哲学学者的表达有别……克尼佩尔(klippel)……明确提出法律未来的前景是形成‘真实过程虚拟的继续发展’,是法律的进一步‘虚拟化’。他所用的‘虚拟’已不是富勒的‘Fictions’,而是‘Virtualität’(德文),即‘数字化虚拟’意义上的‘虚拟化’。他认为其他科学作出的‘很大努力’支持了法律的变革,它将使法律的‘调控和可预见性更精确’;‘法律行为中的错误将被减少至最低限度’。”③

---

① 杨奕华:《法律虚拟与法学研究》,载葛洪义主编:《法律思维与法律方法》(第1辑),中国政法大学出版社2002年版,第111页。

② 杨奕华:《法律虚拟与法学研究》,载葛洪义主编:《法律思维与法律方法》(第1辑),中国政法大学出版社2002年版,第110~116页。

③ 温晓莉:《论法律虚拟与法律拟制之区别》,载《北大法律评论》(第8卷第1辑),北京大学出版社2007年版,第236~237页。

笔者赞同论者基于法律拟制和法律虚拟两分的立场,对杨氏有关法律虚拟论的批评。但究竟何为法律虚拟,还须仔细研究。这里不妨仍以温晓莉有关法律虚拟的论述说开去。她认为:

"'法律虚拟'(Legal Virtuality)发生在20世纪中后期高科技兴起后,哲学与法律认识论受到自然科学发展的启发的时代背景下";

"'Legal Virtuality'作为真正的'法律虚拟'不仅仅是'法律拟制',第一,它包含了对'数字化虚拟'带来的一系列人类认知变革的新理解,它使人类通过对'数字化虚拟'的思考,重新审视人类创造的法律世界的各个方面,它不仅要研究'以假为真'的'法律拟制',还要回答人类'何以能'以假为真?这种'以假为真'构成了一个怎样的世界?第二,'法律虚拟'不仅包含了'法律拟制'的内容,而且包含了'法律假定'和'法律推定',包含了法律思维、法律中介系统、法律实存空间三个方面的法律认知与创造问题。第三,由此,'Legal Virtuality'要把法律认识论和方法论放在一个大历史背景下进行考察,其词义突显的是更复杂的法哲学问题和人们何以'创造'世界的问题。"①

从引文中不难发现,论者心目中的法律虚拟是包含了法律拟制在其中的,这样一来,两个概念之间就变成一种属种关系——法律拟制不过是法律虚拟的一个种类。这似乎并无大碍,但只要进而稍加分析,其间的逻辑瑕疵昭然若揭:其一,既然法律拟制是已存在数千年的概念或做法,那何以新近出现的法律虚拟能够包含、吸收法律拟制呢?与此相关,其二,法律拟制既然是法律虚拟的一部分,那么,是否意味着法律虚拟这一概念是新近出现的这一结论本身无法成立?当然,更重要的还在于其三,作为对人类法律予以诠释地、诗性地、修辞地思考的方式——法律虚拟,能不能吸纳、甚至包含试图对人类法律超越诠释、诗性和修辞,而向科学地、理性地、逻辑地思考的方式予以拓进的法律拟制(这样讲,并不意味着法律拟制一定是科学、理性和逻辑的,毋宁说它只是为人们寻求科学、理性和逻辑地理解、解释当下的问题拟制了一种诠释的、诗性的和修辞的前提)?如果不能有效地缓解上述逻辑紧张,论者说理的有效性就得大打折扣。

在笔者看来,法律虚拟在广义、中义和狭义上可以有不同的解释和

---

① 温晓莉:《论法律虚拟与法律拟制之区别》,载《北大法律评论》(第8卷第1辑),北京大学出版社2007年版,第238页、239页。

界定,因之,也与法律拟制之间有三种不同的关系。可以说,它是这样一种事物:在广义上,法律虚拟表达的是人类思维以及人类所创造的法律与社会控制、社会关系、社会秩序等广泛的社会事实之间的关系。具体来说,则究竟是"天定胜人"还是"人定胜天",或者至少要探究究竟是"社会决定着法典",还是"法典决定着社会"①这样的问题。这时,它和立法上的法律拟制表达的是同一意思,是一种重合关系。因为它们都表明人类思维对存在、词对物的重构和创造性。在中义上,法律虚拟要表达以思维定义存在,以词来命名规范物(社会关系)的必要性和可能性。这时,它和法律拟制间是种交叉关系。因为法律拟制也是要寻求既有的某种法律概念或规范对当下社会关系或社会事实的可命名性、可规范性。在狭义上,法律虚拟毋宁是对人类交往秩序的一种诗性描述和修辞预设,是一种立法者或司法者近乎首创的虚构的命名和规范。这时,法律虚拟和法律拟制是一种并列关系,因为后者更强调以法律为前提的逻辑属性(法律拟制一定有既存的命名和规范可参照。本文所指的法律虚拟,是就后者,即狭义的法律虚拟)。

如此看来,对法律虚拟的界定,就并非前述论者所强调的那一个方面。在笔者看来,一方面,法律虚拟是人类对其思维能力和主体地位高度自信的产物。它表明人类借助其思维、运用其所创造的概念和规范来控制世界、支配交往、构建秩序。但另一方面,它也是人类对其思维能力和主体地位自觉不足,高度怀疑的产物。这也表明人类思维面对浩瀚的对象世界、交往关系和秩序理想的一种无可奈何、只好如之。因此,它以艺术的手法,来结构一切对象事实、交往关系和人类秩序。对此,笔者愿意引用一位学者的如下结论:

> "从纯粹科学意义上来看,法学不是精确的科学,而是艺术。科学以事实为基础,假设和假说只是作为一种认识工具才有意义,虚构不具有终极的价值。艺术则不然,虚构的美是不必受谴责也不必被揭穿的。法学作为一种艺术,并不是一个比喻,而是另一个视角的白描。在作为法学主要研究对象的法律

① 这看似一个明朗的问题,我们所熟知并容易接受的观点是:"法国民法典并没有改变历史,而是历史改变了法国民法典"(付静坤:《〈法国民法典〉改变了什么》,载《外国法律译评》1996年第1期)一类的"正确观点"。诚然,在历史的终极过程中,这一观点并没什么错误,但在现实的法律秩序中,问题比这要复杂得多。例如,只要相关法典有效,生活在该法典中的人们,其交往行为就无不受法典的支配。这一支配往往所影响的不是一个人,而是无数人;不是一代人,而是数代人。

和政治现象中，到处充斥着虚构。为了形成制度和秩序，那些在缺乏事实或无法确定事实时所制造的虚构的事实和关系，在真正的事实出现或被证明后，也不受到影响，因为拟制是不以事实为基础的，不顾事实是拟制的固有属性，现实的需要和价值上的考虑才是其真正的基础。这些虚构和拟制不是作为认知实验才有意义，而是具有实践意义和终极价值的。"①

笔者以为，论者虽然在名义上说的是法学和法律拟制问题，但实质上更符合笔者在本文所讲的法律虚拟。② 尽管一方面，笔者不完全赞同作者把法学命名为艺术，因为毫无疑问，立法必须讲究科学，司法必须讲究逻辑。特别随着人类和对象关联关系的不断深入和拓展，有关人与对象关系的立法，必须建立在对象与人关系的科学基础上。例如，饮用水的水质问题，在何种标准下符合人的身体健康需要，在何种标准下不适宜于人类饮用，这必须是科学标准。其他诸如环境质量、产品质量、运行速度……的标准，莫不如此。与此同时，另一方面，笔者也不赞同论者强调的"拟制是不以事实为基础的，不顾事实是拟制的固有属性，现实的需要和价值上的考虑才是其真正的基础"这一结论，因为笔者以为这种法律虚拟或者价值需要本身构成不同于物质事实和社会交往事实之外的另一种事实，即精神—认知事实（或者精神现象）和制度事实。实际上，我们人类既生活和交往在物质事实世界，也生活和交往在精神事实世界，更生活和交往在跨越了物质事实和精神事实的制度事实世界。

这三种事实对人类的影响都足够大，在三者之间要比较谁主谁次，实在是难之又难的事体。对物质事实探求的结果有两个：在思维、语词和规范能够明晰表达的领域，形成了可量度的科学；反之，在思维、语词和规范无以明晰表达的领域，形成了只能信仰的宗教。对精神事实的探求结果也有两个：在思维、语词和规范能够明晰表达的领域，产生了心理学和认知科学；反之，在思维、语词和规范不能明晰表达的领域，产生了诗学以及哲学。对制度事实的探求结果还是有两个：在思维、语词和规范能够明晰表达的领域，以符合逻辑的语词表达为具体的规范和规定；在思维、

① 卢鹏：《从法律拟制到政治拟制》，复旦大学 2003 年博士学位论文，第 16 页。

② 事实上，作者在行文中也每每将拟制、虚拟和虚构诸词互用。例如，作者强调："拟制就是不可推翻的虚构……在政治中事实和真实固然是重要的，但是虚构也是重要的，因为政治结论本身往往并不以事实或真实为基础，虚构同样能形成适当的判断。政治认识追求的不是正确性，而是适当性。"参见卢鹏：《从法律拟制到政治拟制》，复旦大学 2003 年博士学位论文，第 8 页。

语词和规范不能明晰地表达的领域，就通过虚拟和拟制的方式加以规制和规范。可见，在这三者中，人类最有把握的部分，还是制度事实。

这都表明，制度事实既包含着通过科学的认知、确定的规范和有效的逻辑所表述的规范性事实，也包含通过诗性的假定、伸缩的规范和必要的修辞所虚拟的规范性事实。在这个意义上，法律虚拟和法律拟制一样，也是人类在制度事实的创制过程中早已存在的现象。只要言有尽而意无穷，但人类又不得不在既定的规范体系中言和行，就意味着法律（规范）的虚拟体系对客观的物质现象和精神现象的支配。由"君子爱财，取之有道"而来的不得偷窃、不得抢劫、不得受贿、不得贪污等规范，决定了"君子爱财"这一精神事实的制度联想和制度界限。同样，因"物性天然，因势利导"所决定的环境质量、产品质量、国家专营、市场放任等规范，则决定了"物性天然"这一物质事实的制度联想和制度界限。由此可见，制度事实和人类秩序性交往之间的密切关联，也表明制度事实对人类而言，比其他两种事实更为现实。在一定意义上，人类的日常生活和交往，就是由制度事实所安排并保障的。制度事实的缺席，既是人类日常生活和交往的无序，自然，也是人类交往自由的无据。

这也表明了法律虚拟和修辞预设对人类生活的一般意义。可以认为，所谓法治"使人类行为服从规则之治的事业"，[①]这本身就是一个伟大的修辞预设和法律虚拟。[②] 为什么世间如此多样的人、如此复杂的思想、如此纷杂的行为、如此多变的社会关系和社会事实……都要接受定于一尊的法律，或受它的保护，或受它的制约？法律是不是在此有些"致命的自负"？庄周反对法律，强调因任自然的"法律虚无主义"[③]是否反而更有道理？人类企望通过法律而实现法治这种自信、进而对法治作为

---

① ［美］富勒：《法律的道德性》，郑戈译，商务印书馆2005年版，第124页。

② 参见谢晖：《法治预设与设问修辞——制度性修辞研究之三》，载《文史哲》2014年第2期。

③ 庄子曰："故纯朴不残，孰为牺尊！白玉不毁，孰为珪璋！道德不废，安取仁义！性情不离，安用礼乐！五色不乱，孰为文采！五声不乱，孰应六律！夫残朴以为器，工匠之罪也；毁道德以为仁义，圣人之过也。

夫马，陆居则食草饮水，喜则交颈相靡，怒则分背相踶。马知已此矣！夫加之以衡扼，齐之以月题，而马知介倪、闉扼、鸷曼、诡衔、窃辔。故马之知而能至盗者，伯乐之罪也。

夫赫胥氏时，民居不知所为，行不知所之，含哺而熙，鼓腹而游，民能以此矣！及至圣人，屈折礼乐以匡天下之形，县跂仁义以慰天下之心，而民乃始踶跂好知，争归于利，不可止也。此亦圣人之过也。"参见（战国）庄周：《庄子·马蹄》，载（清）郭庆藩辑：《庄子集释》（第2册），中华书局1961年版，第336页、339页、341页，这就是后世之人把庄子作为法律虚无主义之典型代表的根据和理由。

一种修辞预设和法律虚拟的信赖,究竟源自何处?这些,都是在法律拟制和法律虚拟命题基础之上需要继续探讨的话题。不过,囿于本文主题的限定,笔者将在下文中重点探讨法律拟制和法律虚拟各自对制度修辞而言意味着什么?或者探究法律拟制和法律虚拟的制度修辞之维。

二、作为制度修辞的法律拟制

在前文中笔者强调,法律拟制和法律虚拟相比较,更倾向于逻辑层面,特别倾向于类比推理这种逻辑选择。但这一结论,其一,是基于司法中的法律拟制而言,而非立法中的法律拟制而言。为什么?因为立法中的法律拟制,在一定意义上就是法律虚拟(尽管并非全是,因为立法活动并非全部是虚拟的创造性活动,详见下文论述),它和笔者前文中所讲的广义的法律虚拟是重合的,所表达的是同一意思,即立法往往是在没有命名参照的前提下,对某类社会关系、社会事实、生活方式和秩序追求所做的命名。① 但司法中的法律虚拟则不同,它更多地基于既有的法律规范而拟制性地、类比性地处理当下的社会纠纷以及纠纷中的社会事实。其二,即便司法中的法律拟制,也不仅仅表达类比推理,而且蕴含有对处理纠纷事实的价值追求。只要有价值追求在其中,司法拟制中的修辞因素就不能避免。“拟制是改变法律应用的一种手段,此种手段依赖于对于法律事实进行二分之间的张力。”②进言之,类比推理,本身是一个蕴含了价值以及围绕价值追求的诠释和修辞因素的思维活动,甚至所有逻辑推理行为无不与修辞相关。③ 因此,这里拟继续探讨如下两个问题:作为

① 这里或许有必要论及在法律继承和法律移植背景下,立法者的法律拟制问题。人类的法律总有时间纵向上的继承性和空间横向上的借鉴性。前者表现的是法律继承,后者表现的是法律移植(参见谢晖:《价值重建与规范选择——中国法制现代化沉思》,山东人民出版社 1998 年版,第 7 ~ 12 页)。这两种情形皆表明被继承和被移植者已经有了别人对社会关系命名的参照。那么,对被继承者和被移植者而言,立法是否意味着法律虚拟?这确实是一个值得认真探讨的问题。在笔者看来,这时候作为立法者的被继承者和被移植者,主要所做的是法律拟制活动,而非法律虚拟工作。因为这是一个把当下的社会事实或本国的具体国情带入既有的法律命名框架下比照并确认的过程。当然,这并不否定法律继承和法律移植也是一种智慧的和创造的活动,因为法律拟制本来就是一个把当下实情尽量合乎逻辑、也合乎价值要求地带入既定法律命名或者既有法律规范中的创造性活动。不过其前提所在,即在于事先有“比照”或“参照对象”。

② Kenneth Campbell, Fuller on Legal Factions, *Law and Philosophy*, 1983(2), p. 339.

③ 笔者曾提出这样的命题:修辞是演绎推理的大前提,是归纳推理的结论,(参见谢晖:《论法律制度的修辞之维》,载《政法论坛》2012 年第 5 期),因为演绎推理的大前提总需要人们不断去证明其真实性,所以,以它作为大前提,本质上是个修辞性假定和预设,是一种虚拟性活动;同样,在人们对归纳事项不可能搜罗周延的背景下,得出一个全称肯定的判断和结论,其修辞性和虚拟性特征也毋庸置疑。在此,笔者同时要强调修辞还是类比推理的预设前提,即它预设了可类比的事物之前提条件,类比必须以修辞预设的前提条件而展开。

制度修辞的立法拟制与作为制度修辞的司法拟制。

(一)作为制度修辞的立法拟制

在此讲立法拟制时,为了不至于把它和法律虚拟相混淆,需要严格界定本文中立法拟制的范围,即把上文中提及的立法中和法律虚拟相关、重合的那部分内容排除在这里的立法拟制之外,置于下节要讨论的法律虚拟之中论述。这样,立法拟制就大体上剩下两样的内容:

其一,针对当下待法律规范的社会关系,立法者比照既有的命名工具(概念术语),并把其纳入("视为肯定")法律规范或排除于("视为否定")法律规范,即或作为法律上的命名,或否定用该规范命名类似的事物,如文物这个概念,在立法者未将其纳入法律中时,它作为对一类特定物品的命名早已存在。那么,即使这一命名与法律待规范的社会关系之间还有一定出入,但只要该命名被作为法律概念后,能在法律上足够地起到保护文物和规范相关社会关系的应然作用,那么,立法者就可以把相关概念带入法律中。立法者的这一思维过程,显然具有把日常命名带入到待法律规范的事实中的拟制性。这一拟制思维和过程的肯定结果,就是把日常生活语言和命名,上升为法律上的规范语言和命名。①

其二,针对此时此地待法律规范的社会关系,立法者比照历史上的、其他国家的,或本国类似的法律规范对相关社会关系是如何规定的。如果历史上的、其他国家的或本国当下类似的法律所规范的对象,虽然和此时此地待规范的对象有一定区别,但立法者尚没有更好的词汇来命名这些社会关系,且历史上的、其他国家的或本国已有的既存法律规范、法律术语能更好地规范、命名此时此地待规范的社会关系时,立法者也可将这些历史上曾经存在,或者在国外立法中业已存在,或者在本国规范其他社会关系的法律中客观存在的概念,吸纳、确认为此时此地规范类似社会关系的概念。当然,也可根据此时此地的社会关系及其特征,以"视为否定"的方式把这些事实排除于相关概念之外。运用这一思维进行立法的过程和结果,也属于立法拟制的范畴。

如上两个方面,之所以都被笔者称为立法拟制,因为当立法者把这

---

① 当然,"法律上的规范语言和命名"这种说法,是一个相对的结论,因为所有语言文字作为对天人关系、群己关系和身心关系的命名,作为思维与存在、精神与物质、或者词与物的关系应对,都具有规范性(参见谢晖:《法哲学讲演录》,广西师范大学出版社 2007 年版,第 9~148 页)。只是相较而言,两者的基本区别是:日常语言及其命名的规范效力(特别是其空间效力)和强制性要弱一些,而法律语言及其命名的规范效力要强一些而已。

些概念或命名或者比照于日常生活中的命名,并吸纳进法律之中,或者把古代的、外国的、现有的法律拿来为笔者所用、为当下所用、为另一社会关系所用时,对此时此地之社会关系的调整、规范而言,都只是起到了近似的命名效果,谁也不能以恰如其分地形容这种"命名的位移",而只能说舍此无他,只好如之。所以,这里表现的是立法者"权衡的理性",而非其"科学的理性",进而是立法者"修辞的理性",而非其"逻辑的理性"。

所以,立法活动总是一个意义诠释的过程,是不同立法者之间商谈、对话的过程。商谈和对话活动,看似"真理越辩越明"的过程,但事实上,这种理论的丰满并不能取代实践的骨感——在社会领域,"真理"未必一定越辩越明晰,有时候反而会越辨越模糊。所以,论辩和商谈可以增进共识,但也会加深分歧。商谈伦理学的主旨,不是追求唯一的、至上的真理,而是寻求宽容与妥协的活动。所有的立法活动,哪怕前现代社会的立法活动,也都凸显这种商谈博弈的逻辑。因此,立法并不总是一个科学证明的境界,它往往是阐释、交涉、博弈、对话、协商、妥协的境界。作为一种诠释活动,它始终离不开诠释学的一般训导:

"所有这种理解最终都是自我理解……在任何情况下都是:谁理解,谁就理解他自己,谁就知道按照他自身的可能性去筹划自身";

"本文的意义超越它的作者,这并不只是暂时的,而是永远如此的。因此,理解就不只是一种复制的行为,而始终是一种创造的行为"。[①]

这种哲学意义的说明,适之于政治上立法的交涉、博弈和决断,更有意义。因此,不但在法律解释活动中,人们对不同的法律文本会各持异见,从而只要有理解,理解便会有不同,更因为立法中的主体都各有其自身的利益以及由各自利益所决定的"前见",故而有时候即便理解并无不同,但也要在意义表达中刻意寻求不同,从而在理解和解释之间制造张力。这在民治社会的立法活动中更为明显。例如,你在台湾和一家两政(丈夫属蓝营,妻子属绿营,或者相反)的一对夫妻私下交谈,他/她们对台湾前途的理解并无不同,但在进行公共表达和解释时,为了其各自所在的党派利益,一定要表达的有所不同。

---

① [德]汉斯—格奥尔格·伽达默尔:《真理与方法——哲学诠释学的基本特征》(上卷),洪汉鼎译,上海译文出版社1999年版,第335页、380页。其中前段引文与该书内容有出入,这里参考了洪汉鼎:《理解的真理》(山东人民出版社2001年版)第194页的相关引文。

在这个意义上,"理解即解释"的结论或许并不合其宜。因为解释与理解间在这里不但有张力,而且在刻意寻求张力。所以,在一定意义上,立法活动通过这种理解和解释间的分裂,变成一种具有广场效应的表演行为,而非严谨地寻求科学论证的逻辑行为。在这里,意义先行往往盖过了事实先行,所以,形成笔者给友人们在微信里留言时所表述的如下情形:"在社会领域,宽容即真理;在自然领域,真理才宽容。"这虽是个不太经意的留言,但也在一定程度上表明了立法活动的本质,就在于不同观点之间的协商、交涉、冲突和妥协。

对此,美国的制宪史很能说明问题。《辩论:美国制宪会议记录》一书的译者曾用富有修辞和艺术的情调这样写道:

> "美国宪法像一套精巧的连环体系,由三个机组构成。我不禁想走进设计美国宪法的现场,212 年前在费城独立厅举行的联邦制宪会议。了解了解这套体系的设计者们是怎样的人物,看看每个机组由哪些部件组成,装配时增加了哪些配件和附件,打听打听他们为什么要把这套体系设计成这样,而不是别样,出于哪些动机,是否有人提出过不同的设计方案,制宪代表们彼此如何商讨协调,如何达成共识,最后怎样完成这项工作";
>
> "从 5 月 25 日到 9 月 17 日,费城的天气越来越闷热,代表们穿着呢绒燕尾服,不仅关上房门,而且紧闭窗户,宁可汗流浃背,唯恐隔墙有耳。经过 116 天辩论,代表们终于达成若干妥协。他们取得明确一致的看法,体现为宪法中的刚性条文;取得大体共识的部分,体现为宪法中的柔性条文;取得初步共同意向的部分,体现为宪法中留待联邦议会完成和继续发挥的条文;达不成一致看法的部分,一律在宪法中隐去;此外,他们为后人修改宪法留下可行,但不易实现的途径。"①

另一位研究美国宪制的学者也以生动的笔触强调:

> "对于参加 1787 年费城制宪的美国的'国父们'来说,制宪的目的不是创造一个十全十美的、正义民主的、能流芳百世让后人和他人景仰的政治体制,而是为了寻求一种现实的、有效的、能够及时挽救正在走向失败边缘的美利坚联邦的政治途

---

① [美]麦迪逊:《辩论:美国制宪会议记录》(上,译者例言),尹宣译,辽宁教育出版社 2003 年版,第 3 页及该书中尹宣文:《联邦制宪会议记录的解密和成书》,第 4 页。

径。为了保护已有的利益,各州的代表(和他们所代表的不同的利益集团)必须建立一种高于各自利益的公共利益和一个高于各自权威的公共权威来贯彻公共利益,宪法因此而得以建立。参与立宪的利益(或利益集团)是多元的,立宪的过程必然是一个协商和妥协的过程,由此产生的宪法也必然是一个多元利益相互妥协的产物。"①

笔者不厌其烦地引证这些论述,一是要强调立法,特别是近现代立法事实上就是不同利益、不同主张之间的冲突、交涉、协商、宽容和妥协的过程。二是对这一过程的描述,是要说明立法活动的拟制特征。它不是对事物关系的科学的、逻辑的、理性的、精确的说明,不是要阐明那种一加一等于二的、无可更改的真理,而只能是对事物关系的诠释的、修辞的、诗性的、妥协的描述。换言之,是要表达"诠释的真理"。三是想借此进一步厘清立法拟制和制度修辞之间必然的内在关联。

所以,立法拟制在本质上讲,就是立法者有关"法律解释"的活动,它与后文将要提到"解释法律"是两个并不相同的概念。② 这种解释本质上不是对"事物关系的法的规定性"予以说明,而是把既有的法律规范的前见——认知前见以及和之相关的利益前见代入的一种意义交涉活动,因之,是一种特殊的"意义先行"活动。在这里,立法者总是以各自的前见和预设作为其论证的逻辑起点,但这种前见和预设本身是修辞性的,而不是终极确定性的。更兼之所有的立法商谈和交涉活动,作为利益博弈与利益妥协机制,至少要获得两方面的接受,其一是参与立法的所有主体的接受,其二是立法后所有被法律调整的主体的接受。在这个意义上,立法更是一种寻求"可接受性"的活动。"可接受性"这个概念不应当专属于司法,③而且也为立法所追求。这更进一步决定了立法拟制的制度修辞属性。故麦考密克说:

"我总是怀有某种倾向,倾向于提醒我的同事们,让他们不要忘记确定性是可望而不可即的,让他们不要忘记一个人所能做的顶多是去努力减少不确定性到某种可以接受的程度而已。

---

① 王希:《原则与妥协——美国宪法的精神与实践》(前言),北京大学出版社2000年版,第7页。

② 参见谢晖:《解释法律与法律解释》,载《法学研究》2000年第5期,第15~27页。

③ 关于可接受性和司法关系的专门论述,参见孙光宁:《可接受性:法律方法的一个分析视角》,北京大学出版社2012年版,第69~289页。

何种程度的不确定性是可以接受的，取决于从正在出现但当前仍无法预见的情形看，其他价值(包括正义在内)是否处于危险当中这一事实……”①

以上种种，正是立法拟制与制度修辞勾连的前提和基础。

(二)作为制度修辞的司法拟制

司法中的法律拟制(以下简称司法拟制)，事实上导源于人们对司法创造性的认识。倘若人们把司法视为一架法律的自动售货机，从而司法只能亦步亦趋地接受法律的规范和左右，不能越雷池一步，那么，司法就只能是一架任由法律支配的判决机器，不存在什么司法拟制。但是，倘若把司法视为一种在法律、先例面前具有能动性和创造性的活动，那么，司法即使面对白纸黑字、一清二白的法律，但只要法律和当下事实之间存在不睦情形，就可以以拟制方式，把当下的案件事实通过一定的解释，代入到既有法律规定之中(“视为肯定”)，或排除于既有法律规定之外(“视为否定”)。

一般来说，法学者和法律家们的成长过程，往往会有如下的经历：“没读书前总以社会打量法律；读了书后总以法律裁量社会。”其实，“这是法科生、法学家和法律家的病！认了这个病，你就是法学家或法律家，不认这个病，你就仍是哲学家或社会学家。”②在这种观念之下，不仅司法、甚至在法律规制下的整个社会，都是“根据法律”来打量、裁剪的一种秩序体系。司法作为法律的守护神，作为法治秩序的最后“防波堤”，更应该坚持“根据法律”来所作所为。但事实上，再坚固持久的法律，也不可能做到事无巨细，毫无破绽，甚至如果一旦事无巨细，或者没有破绽，就无法成为法律。前引两位论者有关美国制宪活动的论述，已经颇能说明问题。这里不妨再引述一位论者对美国宪法这种一方面作为“超稳定性系统”，另一方面又通过司法判例来不断“重塑宪法”面貌的情形所做的描述：

“20世纪是人类公认的巨大变化时期，同时也是全世界范围内法律制度发生重大变化的时期。在过去的整个20世纪中，美国的方方面面都发生了沧海桑田般的变化。宪法修正案、最高人民法院的判例一直在重塑着宪法，浩如烟海的司法

① [英]尼尔·麦考密克：《修辞与法治——一种法律推理理论》，程朝阳等译，北京大学出版社2014年版，第14~15页。

② 这是2016年5月4日笔者和一位友人的梦中对话，也发表在当天微信朋友圈。

判例和成文法规像蜘蛛网一样布满各行各业；上百万名律师们涌动在这个国家的城乡内外、大街小巷。然而，稍微细心一些的人会发现，这个国家宪政的基本骨架在过去的两个世纪里并没有动摇过——不变的合众国联邦共和制、不变的九人最高人民法院、不变的两党轮替执政。一个世纪的风风雨雨中，技术革命、文化革命甚至是性革命都曾呼啸而过，但并没有什么实质意义上的政治革命在美国发生。用……劳伦斯·弗里德曼教授的话说：美国的故事，其实是一个在变化过程中发生的稳定性的故事，其实是一个新酒不断倒入了旧瓶里的故事。”①

这两种具有明显张力的不同向度之同时存在，至少表明这样的情形：一方面，法律具有稳定性和确定性；另一方面，它也具有需要司法根据社会事实不断补充、修正和续造的必要性。这两个向度的同时存在，也足以说明法律的保守性和与时俱进（变迁性）这两种属性。司法在这两种属性之间，既是法律守成性的看家人，同时也是法律变迁性的微调者。司法拟制的结果，不是增加法律的规范内容，而是给法律规范增添更多的调整对象和内容，把既有法律规范尽管没有明令规定，但具有近似性的社会关系纳入（“视为肯定”）或者排除（“视为否定”）于相关规范的调整项下。《牛津法律大辞典》从司法视角如此解释法律拟制：

“简言之，将甲案件假定为是乙案件，并在法律上如同它是乙案件的实例一样加以对待。拟制常用于避免使法典或法令发生障碍。在罗马法和英格兰法中，广泛地使用拟制作为发展法律的手段，将规则扩展至原来未包括在内的案件。”②

尽管这个解释所涉及的仍仅是司法拟制中的“视为肯定”，但它准确地表达了司法通过拟制活动而“发展法律”，给法律规范填充社会关系，扩充调整对象的意涵。诚如前述，司法拟制不仅能通过这种填充手法“发展法律”，给法律“增肥”，而且还可通过排除手段而“缩减法律”，给法律“瘦身”。司法拟制即使并不像立法拟制那样，专注于运用“视为”这样的“规范词”来规范司法结果，但裁判活动本身，必然会表现出“视为”的含义和意义。

---

① 周大伟：《美国宪政基本骨架何以成为“超稳定系统”？》，载 http://view.inews.qq.com/a/20160518O6309600，2016 年 5 月 23 日访问。

② ［英］戴维·M. 沃克编：《牛津法律大词典》，邓正来等译，光明日报出版社 1988 年版，第 335 页。

对司法拟制的上述描述,无不预示着它和制度修辞之间的关联:

首先,为何司法能够对法律进行拟制的"微调"?而其他机构或个人,如行政机关、社会团体以及公民个人不能对法律进行此种拟制和"微调"?换言之,这种"微调"是基于逻辑和真理,还是一种有关司法更容易保证公平、正确的修辞预设和前提假定?笔者想不言自明。尽管现代宪制创造者们赋予司法以维护社会公平、裁判公平的使命,并通过种种技术手段尽量保障司法公平,但即便如此,司法能否公平,仍然只是一种假定,它可通过技术手段尽量促使司法公平,但并不能保障司法一定会导向公平。因此,司法借助法律拟制对法律的"微调",只是通过制度"赋予"它的使命,因而并非其天经地义地、合乎逻辑地、科学理性地合当承担这种使命。这一"赋予"过程,固然有科学的、理性的和逻辑的因素,但更是一个诠释的、诗性的、修辞的结果。因为事实上,无论法院,还是其中的法官,都是凡俗化的,只是制度预设和修辞,才使其获得"神圣":

> "大法官也是凡人,他们对问题有着复杂的、不可预知的见解。在美国(以及作为我们法律传统来源地的英国),法官都身着黑色法袍。如此安排,背后的理念是:让所有法官看起来都相近,几乎不可分辨,这样他们就更容易被假定为中立的法律适用者。'法官皆同'在理论上是可能的,但现实却并非如此,且有趣得多。"①

可见,即使连法官们的形象、装扮这些内容,都是借助预设的规范所做的一种修辞性处理,更不用说其用来微调法律的权力了。法院也罢,法官也罢,不存在天然符合逻辑地微调法律的权力,只存在根据修辞预设而由法律"赋予"的微调法律的权力。

其次,司法通过拟制对法律的微调,所遵循的是逻辑原则,还是修辞路线?这一问题,在前面疏证司法拟制这一概念时,似乎已经能够说明。既然司法拟制和立法拟制一样,所运用的规范词是"视为",其基本内容表现为"视为肯定"或"视为否定",那么,在"视为"的背后所被规范的事实,就与本该规范的事实之间有张力、有分歧、有性质和内容上或强或弱的区别。不但如此,这种"视为肯定"和"视为否定"一旦被确定后,还会产生和既有法律规范内容相吻合的事实一样的法律效果。有区别的事实在无区别的同一规范调整下,能获得一样的调整效果,那不是突出主

---

① [美]杰弗里·图宾:《誓言:奥巴马与最高法院》(中文版序言),于霄译,上海三联书店2013年版,第2页。

观预设的修辞,还能是严丝合缝的逻辑吗?卢鹏曾指出:

> "《说文解字》:'拟,度也',有比照、模拟、设计的意思;'制,裁也,从刀从未,未物成有滋味可裁断,一曰止也。''拟'、'制'合在一起,便有决断性虚构的意思。尽管人们对拟制的理解是纷繁复杂的,但有一点是相同的,即拟制是指一种法律上的不容反驳的推定或假定,是一个'不可推翻的推定'、'一个善意的错误'、'一个法律的假定'、'一个超现实的虚构'。"①

这种类似比照的裁断,即使有逻辑的构设,但背后的决定因素仍然是凌驾于客观事实之上,以规则来裁剪事实的一种制度修辞。从制度修辞视角观察,它是一种通过论证而可接受的结果。换言之,它是由于人们的可接受性而成为真理(诠释的真理)的,而不是因为其是科学的或真理的而具有可接受性。

最后,为何司法拟制的结果会被人们所接受?司法拟制不仅关乎法律,而且更关乎经由法律调整、裁断的社会纠纷。任何一种社会纠纷,都有对立的两造、对立的诉求和对立的证据。司法拟制尽管可以出现在具有立法性质的法律解释中,②但就普遍情形而言,更多存在于个案裁判的司法决断中。在司法裁判中,它是法官的一种"决断性虚构"。即使在我国的司法解释体制上,尽管个案裁判中的司法决断,包括具有拟制性的司法决断,并不被视为法律解释,但其在本质上仍属于一种真正的司法解释。其目的就是获得当事人的接受。

那么,面对一例在法律上尚未明确规定的社会纠纷以及这种纠纷背后的社会关系或社会事实,为何法官拟制地解决的结果——无论"视为肯定"还是"视为否定"——当事人会(要)接受?这取决于两种因素,其一是法官论证的逻辑力量或说服效果;其二是法律规定法院生效的裁判必须接受。如果说第一种因素既有逻辑的力量,也有修辞的效果的话,那么,第二种因素就主要是一种修辞性设定:当事人为何必须接受司法拟制?因为法律规定如此!可见,法律本身对司法裁判的修辞效果。所以,在笔者看来,如下引文的结论,只是找到了司法拟制可接受性的一半真理,而没找到另一半真理,就是法律规定:

---

① 卢鹏:《法律拟制正名》,载《比较法研究》2005 年第 1 期。

② 众所周知,这种法律解释存在于当今中国的法律解释体制中,或者说是中国独具的法律解释体制和解释方式(参见张志铭:《法律解释操作分析》,中国政法大学出版社 1998 年版,第 220～259 页)。

“在纯粹的客观事实无法达致的前提下，法律拟制是法律职业群体的法律思维的体现，同时又能够满足社会的不同层次的需要，这些因素都决定了法律拟制对法律人和法治社会来说都是不可或缺的。”①

笔者要强调的是，司法拟制满足社会的需要，固然是纠纷主体接受的重要的“修辞性基础”，但如果没有法定的司法拟制的必行性权力及其权威这一修辞性基础，纠纷主体对纠纷解决的可接受性往往会荡然无存——反而“公说公有理，婆说婆有理，大家都有理，只有法无理”的拒绝接受情形，会蜕化为真实。

三、作为制度修辞的法律虚拟

如前文所言，本文采行狭义的法律虚拟概念，即法律虚拟是“是对人类秩序交往的一种诗性描述和修辞预设”。这样，法律虚拟和法律拟制就是一种并列关系，从而论及虚拟与法律的关系和拟制与法律的关系时，不会显得过于交缠，也便于把两者分别作为法律中制度修辞的面向界分清楚，以更好地领会虽然法律虚拟和法律拟制都是法律中制度修辞的关联性表现，同时也揭示法律虚拟作为制度修辞和法律拟制作为制度修辞的明显区别。那么，究竟法律虚拟是如何与制度修辞勾连的？它作为制度修辞又具体体现在何处？

（一）法律虚拟、诗性预设与制度修辞

法律虚拟在本质上是一种诗性预设，它体现着法律中的诗性精神。无论借助法律以实现社会的秩序整合，还是借助它来实现个体的自由追求，其背后都以对人性的感性经验和诗性判断为前提。换言之，诗性判断的基本出发点就是感性经验。只有充分赋予人的感性经验以合法性，诗性预设和判断才会相应具有合法性，经由社会批判的法律才构成一种制度修辞：

“人的感性实质上就是实践的对象化的存在。这是说，它不仅能创造一个对象世界，而且也为它所创造的这个对象世界所规定。人的感性本身已标明人是由先定的对象所创造的，从而也就表明了人拥有一个既定的对象世界，这就是历史的现实社会。现实社会既是人的感性的构成体，又是人的感性的规定和确证。感性个体为了能够实现自身，就必然需要通过与他相

---

① 孙光宁、武飞：《“决断性虚构”何以成立——法律拟制及其原因解析》，载《甘肃理论学刊》2006年第5期。

对的先定的对象(社会现实)来表现自身”;

“确立了感性及其社会现实的本体论的优先地位,进而予以社会历史的批判,这不但是新马克思主义美学的突出特征,也是他们企求本体论的诗的出发点。在他们那里,本体论的诗就是人的感性及其现实社会的审美解放,就是通过诗的审美力量去打破毁灭性的和屈从性的社会关系,打破被僵化的谜一般的社会现实,从而使每个感性个体的命运中所包含的普遍性照亮这些个体自身所处的特殊社会状况,改变必然性之成为抉择、异化成为自我实现的历史困境,也使现实社会的事物更透明、更独立,更令人感兴趣。本体论的诗成了人与社会的审美解放。”①

如果说感性经验是人类作为主体与作为客体的对象世界互动的产物的话,那么,人类面对对象世界所无法克服的约束和控制,同时也面临更多经由灵性所感知的诗性现实,换言之,人类所面临的现实社会,并非皆是可以借助理性来丈量确认的。哪怕一种科学的突破,也每每建立在“科学假说”基础之上。如果说“科学假说”具有明显的诗性特征的话,那么,社会秩序的建构,更难用一是一、二是二的科学理性加以组织和安排。反之,任何一种制度、任何一种法律都是利益博弈和妥协的结果,是诠释和交涉的结果。当人们津津乐道于“以法律为准绳”时,并不是说法律一定就科学并合乎理性,而是说人们通过利益博弈和社会契约,接受了法律,并“相信”法律是理性与科学的。“相信”自然代表不了事实,也代表不了科学,但毫无疑问,“相信”可以带来秩序,带来社会的稳定和交往的有效,可以带来行为的预期和心理的安定。

所以,经由感性经验带来的诗性判断,在一定意义上具有灵性的性质,是一种灵性的结果。在古代,无论中国还是西方,都曾有把法律和神灵结合起来的观念——法律或者是神灵给人间的启事,或者直接就是神灵的理性。

众所周知,在中国,殷商时期我国主要是一个神权国家。法律作为规范人们交往行为的工具,也常常与鬼神祭祀紧密相关。所以,“殷人尊神,率民以事神,先鬼而后礼,先罚而后赏……”②山林川谷丘陵,能出云,

① 刘小枫:《诗化哲学》,山东文艺出版社1986年版,第252页、255~256页。

② 《礼记·表记》,载宋元人注:《四书五经》(中)之(宋)陈澔注:《礼记集说》,中国书店1985年版,第294页。

为风雨,见怪物,皆曰神。有天下者祭百神……"①周朝而下,虽然世俗观念大大超越了鬼神信仰,但中国法律中敬天悯人的传统并未改变,反之,无论周秦、汉唐、还是宋元、明清,都不难见神权观念与法律的内在关联。如周代的"以德配天"、汉代的"天人感应"、唐代的"崇道弘法"、宋代的"天理人欲"等,明清以来,神权观念虽在法律中有所降位,但"社稷宗庙"、秋审制度、神明裁判、法庭起誓等和神灵观念息息相关的制度或习惯,仍然深深地影响着这期间中国的立法和司法,甚至还影响着遭受刑罚制裁的罪犯的改造心理和行为。② 所以,如下说法即便不是说对中国古代法律的曲解,但至少也可说是对它的误解:

> "有史以来,没有一个中国人认为任何一部成文法源于神的旨意,即便是最完备的成文法也不例外";
>
> "在中国,最初促使法律产生和发展的,既不是宗教因素,也不是经济因素。毫无疑问,经济的发展,在促使封建的中国社会产生对成文法的需要的过程中,起到一定作用。然而,当法律出现以后,它却既不维护传统的宗教价值,也不保护私有财产。它的基本任务是政治性的:对社会施加更加严格的政治控制。"③

把此种结论和夏之乾在"神判"研究中的结论相比较,可谓适成对照。夏之乾指出:

> "神判……所要达到的目的主要在于两个方面:其一是用以解决有关财产方面的争执,即维护财产的私有制;其二是用以解决由于通奸之类的非正当两性关系所引起的纠纷,即维护以男性为主导的一夫一妻制或一夫多妻制婚姻……在早期的一夫一妻制和一夫多妻制婚姻中,妻子即是属于丈夫所有的财产。因此,同已婚妇女通奸,实际上也是对其丈夫的私有财产的一种粗暴侵犯行为。可见,用以解决通奸之类的两性纠葛的

① 《礼记·祭法》,载宋元人注:《四书五经》(中)之(宋)陈澔注:《礼记集说》,中国书店1985年版,第253页。

② 参见杜文忠:《法律与法俗——对法的民俗学解释》,人民出版社2013年版,第77~283页;夏之乾:《神判》,上海三联书店1990年版,第1~113页;邓敏文:《神判论》,贵州人民出版社1991年版,第1~135页;张建智:《中国神秘的狱神庙》,上海三联书店2000年版,第1~102页等。

③ [美]D.布迪、C.莫里斯:《中华帝国的法律》,朱勇译,江苏人民出版社1995年版,第6页、7页。

神判，其实质也是为了维护男性的财产私有制。也就是说，维护财产私有制几乎是一切神判的根本目的所在。"①

显然，在夏之乾的笔下，中国古代的是非裁断，既借助神明裁判，也保护私人财产，因此，和布迪等人的前述结论大相径庭。布迪等人之所以会得出上述结论，无疑是被以刑法典为代表的法律形式所蒙蔽。可事实上，中国古代人的法律生活，除了和刑法相关的规范生活外，还有和礼教（主要为民事法律）、政制（行政法律）和宪制（国家法律）相关的规范生活。不系统地进入古代中国人的规范生活世界，对古代中国法律的观察就只能一知半解。

而在希伯来、希腊、罗马、巴比伦、印度以及后来的伊斯兰世界，法律自来就与神性相关。如下笔者不妨引证一位学者通过对比《创世纪》、基督教《圣经》和《古兰经》后，对三者与法律关联的看法，以说明在域外文化中神灵和法律的关联：

"把《创世纪》与基督教的圣经及回教的《可兰经》做对比，三者之间的差异并没有那么难以理解。后两部经书跟《创世纪》相比，都较少处理法律发展的课题……到了耶稣的时代，律法早已行之有年，就耶稣的观点，那套律法甚至已经流于僵化，其中需要仁慈、恩惠与法条的适用。耶稣以行善与义行，指出一条路来超越犹太律法的僵化。

……《可兰经》在律法方面，相对而言是较为晚近的制度，它是建立在犹太教与基督教圣经基础之上，自然比新约圣经所处理的层面更为广泛。而且穆罕默德也能以身作则，不显露《创世纪》里的人物所表现出来的人性弱点。

既然上帝是最终的立法者，是所有法律与正义公理的体现，而且《创世纪》是法律最初发展的起点，所以《创世纪》的上帝是发展中的上帝，是一位如同早期的法律制度一般会犯错误且承认错误的上帝，在尝试错误中学习。之后的基督教圣经与回教《可兰经》里的上帝，则是近乎完美的上帝，正如他的律法已较为完美……"②

为何在前文中笔者不厌其烦地引文以论证神灵和法律的关联？其

---

① 夏之乾：《神判》，上海三联书店1990年版，第96~97页。

② ［美］艾伦·德肖维茨：《法律创世记——从圣经故事寻找法律的起源》，林为正译，法律出版社2011年版，第171~172页。

目的不过是进一步说明作为社会控制的法律,并不像约定俗成的一些观念所表达的那样,完全是一种合乎科学逻辑的理性选择,而往往是一种源自经验的诗性表达。神灵对法律及法律控制的“点化”业已表明:法律主要是一种诗性思维的结果,而不完全是什么“神学理性”的结果;它需要更多的论辩、诠释和证明,而并非因循天理、严丝合缝、毋庸置疑的既成结论。因此,它往往是一种基于灵感①的诗性预设,而不完全是基于理性的科学证成。这种基于灵感的诗性预设,在本质上是一种法律虚拟,而非法律拟制。一方面,它不排除人们的经验,甚至还很重视经验的积累。不过经验只是灵感的源泉,并非灵感本身。因之,它只是法律虚拟的参照,并非法律虚拟本身。另一方面,它也不排斥人们的理性论证,甚至理性论证每每是其重要特征。但是,这里的理性论证,并非科学意义上,毋宁是诠释学意义上的。与此同时,这里的理性论证,不是法律虚拟本身,而毋宁是为法律虚拟寻找合法性。例如,法律虚拟强调“无罪推定”,但究竟能否“无罪推定”,如何实现“无罪推定”;等等,却是需要通过理性论证来说明的。有学者在谈及“君权神授”这一虚构的观念及其现实政治意义时指出:

> “用‘君权神授’宣扬政权的合法性是古代各个政治体系的普遍做法。虽然‘神’是一个假设和虚构,‘君权神授’更是无稽之谈,但是当这种假设与人们的宗教信仰结合在一起的时候,其说服力是惊人的,政权的正当性和合法性由此得以确立。”②

事实上,不仅“君权神授”这样的理念,举凡所有推进制度变革、社会转型的理念、主张和口号,无不具有此种虚拟的性质。这样看来,法律虚拟显然不是一种逻辑证明机制,而是一种基于灵感的诗性预设,从而也就是一种设证性的制度修辞。固然,一部杰出法律的创制,和人们精心的策划、理性加工息息相关,但即使如此,法律创制中的经验归纳、灵感启示、诗性预设以及与之相关的制度修辞都不但不能被否定,而且往往

① 用灵感这个词来描述法律,乍看起来,有点突兀,但稍加考究,这是一个与神圣法律理念息息相关的概念。众所周知,神灵无法证成、至少至今人类还没有证成,故对其只能付诸信仰的情感世界,而无法付诸经验证明或科学理性以证成。所以,法律的神启,毋宁是人类灵感的惊鸿一瞥。灵感是什么?有人这样总结了它的三大特征,即突发性、突变性和突破性。具体说来,(1)“从认识的发生看,灵感是一种突发性的创造活动”;(2)“从认识的过程看,灵感是一种突变性的创造活动”;(3)“从认识的成果看,灵感是一种突破性的创造活动”(参见陶伯华等:《灵感学引论》,辽宁人民出版社1987年版,第5~8页)。

② 卢鹏:《从法律拟制到政治拟制》,复旦大学2003年博士学位论文,第9页。

是法律理性论证的基本前提。这在一定意义上再次说明了笔者一再论述的“修辞是演绎逻辑的大前提,是归纳逻辑的结论”①这一判断。抛开诗性、灵性和制度修辞视野,法律治理这样的命题就难以想象。

(二)从立法看法律虚拟之于制度修辞

立法活动常常面对着多样的、不断变幻的社会关系,但是,它绝非把所有社会关系和主体行为都无所区别地纳入法律保护或法律制裁的规范体系,而是必须区别社会关系的不同性质和特征进行规制。不过究竟哪些社会关系需要法律进行保护性调整?哪些社会关系需要法律予以放任性调整?哪些社会关系需要法律给予奖励性调整?又有哪些社会关系需要法律作出矫正性或制裁性调整?② 尽管人类常常会有一般的、普遍的价值观念来解决这些问题,但这并不意味着一般的、普遍的价值观念会放之四海而皆准地调整所有的社会关系。事实上,即使那些一般的、普遍的价值观念,在不同时期和不同地方,法律上也常会有完全不同的对待。譬如卖淫、同性恋等行为及其社会关系,虽然在一般道德上人们并不予其以肯定评价,但在不同国度的法律上,具有截然不同的规定。有些国家视其为非法行为,并予以严厉打击和取缔,而在有些国家的法律上,却视其为合法行为,给予必要的肯定和保护。显然,无论选择打击、取缔也罢,还是选择肯定、保护也罢,都意味着立法者对这类行为或有害于社会,或无害于社会的一种假定和虚拟。再如对于“投机倒把”,曾几何时,这是我国当代法律史上的“重罪”,而如今,在刑法上不但取消了这一罪名,而且根据市场经济的一般要求,还在法律和政策上鼓励人们长途贩运、互补余缺。可见,同样一种行为和社会关系,在同一个国家的不同时期,法律给予完全不同的价值评判和规范处理。在理论上,这可以被视为“拟制”,但就其影响的时间和空间而言,笔者更愿意将其看做一种虚拟,因为它自身构成一种价值参照。除了这一价值参照,它再没有可“视为”的参照对象。

在此意义上,毫无疑问,所有的立法活动,本质上是一种法律虚拟活动。按照事物的本来性质,世间本无所谓好坏与可否,所有的好坏与可否都是人类基于自我的需要而预设的现象。所以它并不必然体现那种

---

① 参见谢晖:《论法律制度的修辞之维》,载《政法论坛》2012年第5期。

② 笔者把法律调整的方式一分为四,即放任性调整(针对权利)、导向性调整(针对义务)、奖励性调整(针对模范道德行为)和制裁性调整(针对违法行为)四类(参见谢晖:《法理学》,北京师范大学出版社2010年版,第189~210页)。

一是一、二是二的客观性;反之,它是经由人类的主观选择而后才成为对人们具有一是一、二是二的规范功能和效力的。对此,有学者指出:

"法虽不是一门以美为目的的审美艺术,但却是一门以善为目的的政治艺术或公正艺术。法律实现公正的过程,并不像科学发现真理的过程一样,殊途同归于一个正确答案,在法律公正中,不是'条条道路通罗马',而是'大道条条通乐郊',罗马在地图上只有一个,而'乐郊'在人心中却有许多。《尹文子·大道上》有言:'凡天下万理,皆有是非,我所不敢诬。是者常是,非者常非,亦吾所信。然是虽常是,有时而不用;非虽常非,有时而必行。故用是而失有矣,行非而得有矣。是非之理不同,而更兴废,翻为我用,则是非焉在哉?'可见,认识上的是非不同于行动上的得失,科学上的真假不同于法律上的善恶,数学运算的逻辑不同于政治统治的逻辑。

在科学上,事实只能是客观事实;但在法律上,事实不过是法律事实和主观事实。行为上的法则与良心上的事实常常是一回事……'精确表达的最佳途径是尽可能地搞清预测和建议、所说与所指的关系。'在法学中,所说与所指之间的鸿沟,也许只有诗的语言才可能跨越,而法律拟制就是这种'诗的语言'的典型。法律拟制中那种'好像'或'视为'的逻辑过程,就是一种典型的诗性思维过程:借用某种已知的概念或原理来比喻性地解释某种未知的法学问题;借用某种既定的法律属性或关系来类比性地处理某种待定的法律情况。"①

这种把法律和诗性思维紧密勾连起来的观点,之于立法而言尤为重要。只是诗性思维不仅关乎法律拟制,更关乎法律虚拟。如果说比较、比喻和对比等修辞方式为通过法律拟制的诗性思维提供了重要的修辞基础的话,那么,预设、假定或设问作为修辞方式,则为通过法律虚拟的诗性思维提供了基本的修辞基础。立法活动就是以某种价值预设为基础而做的虚拟活动。如果说"法律既是一门艺术,也是一门科学。作为一门科学,它是关于人类的与神明的事物之一种知识,是关于是与非的

---

① 卢鹏:《法学中的诗性思维》,载葛洪义主编:《法律方法与法律思维》(第6辑),法律出版社2010年版,第187页。

一种理论;作为一门艺术,它乃是对善与公正的事物之促进"①的话,那么,立法活动,就是把艺术事项科学化的活动,把价值预设实证化的过程,把诗性思维理性化的努力。因此,它是艺术与科学、价值与实证、诗性与理性、修辞与逻辑的有机统一。这样说不是要刻意掩盖其艺术的、价值的、诗性的和修辞的面向,毋宁说正因为这一面向,才开启了法律的科学的、实证的、理性的和逻辑的面向。这样看来,法律虚拟是法律实证的前提,正如在演绎推理中,作为假设的大前提——修辞是逻辑的基本前提一样。因此,只要肯定了立法活动是以价值预设为基础的虚拟活动,也就必然因为虚拟的修辞性质而把立法活动带入到制度修辞之域。所以,从立法视角看,法律虚拟决定了立法的修辞之维。

(三)从司法看法律虚拟之于制度修辞

接着再来看司法、法律虚拟与制度修辞的关联。尽管在有些法律制度特别是判例法制度下,司法作为判例法的创制活动,往往承担着立法的职能。在这个意义上,司法和立法具有一而二、二而一的特征。但是,即便在判例法制度下,司法毕竟有"遵循先例"原则的制约,即先例在上,司法必须受制。这样一来,司法中就很难呈现法律虚拟行为。只要司法者所遇到的案件不是疑难案件,就意味着其能够在既有的法律或判例体系中找到裁判的规范根据。因此,无论在判例法体系还是制定法体系中,法官的法律虚拟行为,只有在如下三种情形下才有必要,也才有可能:

第一种情形是法律所面对的冲突,既非不同层级效力之法律间的冲突,也非水平效力之法律间的冲突,而是法律与它所要调整的社会事实——社会关系间的冲突。因此,既无法通过效力位阶的识别来解决法律(层级效力)间的冲突,也无法通过利益或价值衡量来消解法律(水平效力)间的冲突,而只能通过法官以事实替代的方式来解决纠纷。所谓事实替代,是法律规范针对其所想调整的对象而"调整不能"的产物,其实质上是以社会事实(社会关系)的规定性替代法律本身的规定性。笔者曾经这样描述它:

"一种法律制定之后,要么在整体上,要么其部分规范,和法律所欲调整的对象之间,达不到调整的社会效果。例如我国曾制定的'全民所有制工业企业破产法'、'全民所有制工业企

① [意]A. P. d'Entréves:《自然法——法律哲学导论》,李日章译,台湾经联出版事业公司1984年版,第14页。

业法’,几乎可说在整体上对相关的社会关系没起到调整作用。当立法者没有找到妥帖的解决方案时,司法者面对当下的案件,必须寻求法律和其所欲调整的事实间的冲突解决方案。这种解决方案,我把它命名为事实替代方案。”①

这种情形的出现表明,司法和法官此时已不是被动的法律适用者,因为当下的案件事实无法被装置于既有的法律规范中。法官只有面对当下案件事实,“发现”其内在规定性,并把这一发现虚拟为解决案件的裁判方案或裁判规范。因此,法官的法律虚拟、诗性预设在这里就和制度修辞相勾连。法官不仅是“根据法律”裁判,而且还在预设和论证“关于法律”的问题,在以修辞的方式来理解、解释并适用法律。法官的此番作为,与立法活动无异。

第二种情形是当法官面对法律漏洞时,在既有的法律规范中找不到可以类推适用的法律规范,从而只能把视线投向其他社会规范,如传统习俗、社会道德、民间规约、社团纪律、宗教规范、法律学理、生活常理等来解决问题。此种情形,就是司法中的法律发现。尽管对法官而言,法律发现可以有内部发现(法律体系中)和外部发现(法律体系外)之别,但法律的内部发现,仍是法官“根据法律”的思考,而非“关于法律”之思考。因此,这种思考主要遵循科学的、逻辑的面向,而不是诗性预设和制度修辞的面向。但外部发现却不同。

“法律的外部发现是指当法官在现行法律中无法找到可适用于当下案件的具体规定时,挪移目光于法律之外,在案件事实或与案件事实相关的其他社会规范中寻找当下案件的裁判准据。”②

法官之所以在法律之外寻找裁判案件的规范,并据之构建裁判规范,其基本缘由是法律内部没有可妥适地裁判当下案件的规范,因此,不得不去选择“外部发现”。但“外部”的、和当下案件相关的规范每每是多元的、冲突的。在这些冲突的规范中,法官为何最终选择其中某一种规范以构建裁判规范,而排斥其他规范作为当下案件裁判的根据?法官固然会认为其选择与当下案件事实最相吻合,从而做到了某种“客观性”,但事实上,如果站在客观真实的立场,法官的抉择并不符合,毋宁说这一抉择,不过是法官对客观存在的诸多规范根据当下案情的需要所做

① 谢晖:《法律哲学》,湖南人民出版社2009年版,第241页。
② 谢晖:《法律哲学》,湖南人民出版社2009年版,第329页。

的主观加工、自由裁断的结果而已。此种情形,可谓法官根据当下案件的一种虚拟:一方面,法官借助之构建裁判规范;另一方面,法官在此设置了一个修辞性前提,用以作为司法推理的逻辑根据。显然,在这里,具有想象性、艺术性的修辞预设成为司法裁判的逻辑起点,所以,司法在此种情形下的制度修辞因素昭然若揭。

第三种情形则是法官面对法律漏洞时,既无法在法律内部找到类似的法律条文作为类比推理和裁判的根据,也无法在法律外部找到合适的规范构造裁判规范。这时,法官只能在当下的案件事实中寻求其内在规定性。这种情形,笔者称为法官的"法律续造"。尽管这和拉伦兹有关法的续造观点有所出入,[①]但在笔者看来,这更能反映法律续造作为法官在司法中创造性的一面,也更能说明司法的制度修辞之维。

法官在案件事实中发现"事物规定性"的活动,并不像自然科学家那样,是在客观事实中发现事物的规律,而是根据当下案情,发现两造都可接受的案件处理方案。一例在当事人之间诉求相反、举证相反的案件,最终经由裁判,要获得两造的共同认可和接受,要么是法官完全揭示了案件的内在规定性,当事人屈于道理,不得不如此;要么是法官在当事人之间做了充分博弈的工作,当事人的接受基于法官的博弈;要么是法官运用法律规定的强制权力,通过调解或诉讼程序终了,调解或裁判在法律上业已生效,从而迫使当事人接受。

上述三种情况,只有第一种完全属于"客观的"结果,后两种则明显都具有法官主观介入的色彩,即法官把对案件的经验观察、诗性预设作为虚拟裁判规范的前提。从而,法官针对当下案情的创造性裁判,成为司法性的制度修辞。尽管它并非对逻辑的悖反,甚至还是法官展开推理、裁判案件的逻辑前提,但这一前提却是修辞性的。

四、从制度修辞的观点看法律

一直以来,法律似乎被作为理性的代名词。如果没有理性这一标

---

① 拉伦兹把法的续造两分为"法律内的法的续造"和"超越法律的法的续造"。"法律解释与法官的法的续造并非本质截然不同之事,毋宁应视其为同一思考过程的不同阶段。此意谓:如果是首度,或偏离之前解释的情形,则法院单纯的法律解释已经是一种法的续造,虽然法院多未意识及此;另外,超越法律界限之法官的法律续造,广义而言亦运用'解释性'的方法。狭义的解释之界限是可能的字义范围。超越此等界限,而仍在立法者原本的计划、目的范围之内之法的续造,性质上乃是漏洞填补 = 法律内的法的续造;假使法的续造更逾越此等界限,惟仍在整体法秩序的基本原则范围内者,则属超越法律的法的续造。"(参见[德]Karl Larenz:《法学方法论》,陈爱娥译,台北五南图书出版公司 1996 年版,第 277 ~ 278 页。)

签,法律似乎就不成其为法律,就无以规范纷繁复杂、品物万类的社会关系以及人和对象的关系。在一定意义上,这是有道理的。毕竟法律是要把感性的世界结构在相对统一、和谐、有序的规范体系中。这样一来,情感必须接受形式的规范,诗性必须接受理性的约束,修辞必须接受逻辑的检验。因此,说法律是理性的——无论它是客观真理意义上的理性还是主观交涉、博弈、商谈意义上的理性,都并不为过。法律固然是理性的,任何人都不能回避法律的理性属性,问题是如何解释理性和法律理性——这将直接决定能不能从制度修辞的观点看法律。

(一)理性的宏大叙事与法律的制度修辞观

什么是理性?同所有人类思想史上具有普世性的观念(概念)一样,这也是一个众所纷纭的问题。但最基本的理解,理性是和感性、情感等相对的概念,是人抛开了经验的羁绊而能够达到的认识的限度。康德作为理性研究的集大成者,把理性分为纯粹理性(思辨理性)和实践理性(纯粹思辨理性)两种。他关于理性的基本观念是:

> “我的理性的全部旨趣(既有思辨的旨趣,也有实践的旨趣)汇合为以下三个问题:
>
> 1. 我能够知道什么?
>
> 2. 我应当做什么?
>
> 3. 我可以希望什么?”①

对此,有学者进一步解释道:

> “……(‘我能够知道什么?’)是纯然思辨的。所谓‘纯然思辨的’,就是说人类理性对于能够认识到的什么只具有理论方面的兴趣,仅仅关心我在‘何种范围内’对‘什么’能够真正地知道……人类有限的理性只能认识现象界中的‘显象’……
>
> ……(‘我应当做什么’)是纯然实践的。所谓‘纯然实践的’,必然是离开了单纯思辨的范围而与自由的行为相关联,从而彰显人类理性中纯然存在的‘善’的兴趣……作为意志自由的主体,人类应该并且能够作出出于责任的行为,也就是说,人类应该并且必须排除一切欲望偏好(支配行为的经验性动机)而按照理性的纯粹道德命令行事……
>
> ……(‘我可以希望什么?’)既是实践的,同时又是理论

---

① [德]康德:《纯粹理性批判》,李秋零译,中国人民大学出版社2004年版,第591~592页。

的……纯粹理性全部努力所最终指向的目标显然不会是理性思辨使用的结果……也不会是理性之实践使用的结果……

实践的东西不是希望的目标，但却是合理地实现作为目标的希望所必需的前提条件。当人追求指向幸福的希望时，做应当做的，就成为人有理由期待在道德和幸福之间因果性关联的逻辑根据……我们只有道德地行动才能成为幸福的配享者……

……将道德与感性满足及愉悦联合在一起的对象，指向纯粹理性之唯一的、至上的永福概念，即至善……"①

笔者不厌其烦地引述他人对理性的论述，是想说明，即便法律是理性的，但理性本身却是因为人类认知有限性的存在才引出的一个概念。假设人类能够如神灵般无所不知、无所不晓、无须判断求证，就可以让各种社会关系和社会秩序各安其位、各尽所能时，理性、科学、真理这样的词汇也就可以焚之一炬了。恰恰因为理性的这一条件约束和限制，才需要人们在处事交往时，格外关注理性，尽量摒弃意气用事，克服人性的弱点。以道德的理性与善行通达感性的幸福和愉悦。以"克己复礼"的精神去关照"男女饮食"的欲望。

不难发现，当这样理解理性的时候，理性本身就是一个与感性、虚拟、诗性以及修辞伴生的概念，进而法律并不只是秉有理性和逻辑这一面向，而且它同时还秉有诗性与修辞这一面向。无论从法律作为一种宏大的制度设计而言，还是就法律作为一种和人们交往行为息息相关的微观层面的权利义务规范而言，都是如此。作为一种制度设计，法治具有一种神话般的属性：

"从源流上看，法治确实发源于神圣的宏大叙事，如为了维护人类的正义体系、人类的与生俱来不可剥夺的天生权利、神圣的上帝意志的体现等，从这个意义上来说，它具有神话性质……围绕法律的一切设置和制度安排无不体现出一种庄严、神秘、崇高的气氛。黑袍加身、假发披冠的英国法官固然给人一种作秀的感觉，身穿官服、高坐公堂、由手持杀威棒的衙役两边伺候的中国古代官老爷又何尝不是被一种剧场化的效应烘

① 傅永军：《绝对视域中的康德宗教哲学——从伦理学到道德哲学》，社会科学文献出版社2015年版，第1~5页。

托着?”①

这种神话般的设计,并不意味着设计本身就一定符合真实、真理,也不意味着设计一定是理性的,毋宁说如此这般明显具有诗性和修辞特征的设计,是为了寻求一种法律控制的社会效果,也是为了给人们的交往行为提供一种便利或方便。这种便利或方便,源于人们根据规范,就能对未来的交往行为及其后果有基本准确的预知,就能够避免没有预设、没有虚拟、缺乏共识、前路一片混沌所带来的心理恐惧。所以,与其说宏大的法治设计是人类认识的真理之结果,不如说它不过是人们利害权衡,两害相权取其轻,两利相权取其重的结果。

这种对法律发生学的理解,必然使其投向诠释学境域,而不是科学境域。始终把法律和法治置于科学的观念下打量,法律或许呈现于人们面前的是百般不是;只有把法律和法治置于诠释学观念下打量,才有可能让其通过严格论证、认真博弈、严肃商谈,而渐趋科学的境界。因为在法律世界中,在其没有制定前,人人都期望法律更多地表现自身的利益追求,从而人们很容易以自身的利益追求揣测、把握或模拟天下人的利益追求。但法律毕竟不是某个人利益追求的表达,它必须在无数人的利益追求、意义寄托中寻求这些利益得以共存、这些意义能被共同接受的支撑点。这一支撑点虽具有慎重抉择的科学、理性和逻辑面向,但归根结底,它又主要是一种利益权衡、交涉博弈的诠释、诗性和修辞面向。即便在人和对象的关系领域,法律也很难做到整齐划一的科学境界。否则,就难以理解为何都是汽车尾气排放的法定标准,欧标、美标和我国国标会有那么大的区别;也难以理解为何同样是饮用水的法定标准,为何有些国家自来水管流淌的水,可以随便饮用而无虞,但有些国家自来水管流出来的水,必须煮沸了才能饮用,不然会遗祸无穷。这不正说明法律产生的诠释学性质吗?这不正说明即便看上去很合乎科学的、理性的、逻辑的立法内容,也具有明显的诠释的、诗性的、修辞的性质吗?

(二)权利的价值开放与法律的制度修辞观

即便法律已经制定,人们对它也寄予着多重意义。换言之,并不是说法律一旦制定,人们的意义追求也就定于一律。众所周知,法律的微观结构由权利和义务两方面构成,法律就是由权利和义务共同构造的一个意义共同体。如果说义务更多地趋向于意义统一的话,那么,权利这

① 葛洪义:《法律与理性——法的现代性问题解读》,法律出版社2001年版,第271页。

个概念自来展现的就是对主体意义的开放性,对主体不同价值追求的兼收并蓄。因此,它更趋向于展现现实世界里人们的多元意义追求。这种情形,在技术上是由权利这个概念本身的选择特征和自由特征所决定的。权利作为主体交往行为的选择性规范,其基本要义就在于自由。规范只有赋予人们自主选择的资格,才可能趋向自由。进言之,只有在主体自主的选择中,才会实现人们的"萝卜白菜,各有所爱",才会释放主体完全不同的意义追求。所以,法律规定权利,其实就是在法律中开放了诠释学,开放了人们自由选择的诗性修辞。德沃金的原则理论[①]就近乎这里的诗性修辞:

> "通过把我们的法律原则建筑在道德原则基础之上,我们允许法律在面对一个问题时考虑道德因素。在此问题上,权利理论给那些主张即使是在明显违背道德时也应该服从法律的法学家们提供了一个答案。当法律规则和道德看起来是相互矛盾的时候,法律必须权衡所有有关的原则,而不应该机械地服从法律规则。权利理论也给以牺牲道德判断来促进法律思考,因而对法律的运用具有疑问的怀疑论者提供了一个答案。法律原则允许我们把法律思想和道德思想联系起来,它们允许我们保证我们的法律发展和道德发展携手共进。"[②]

这种把道德引进法律、以价值作用于法律的理念,毫无疑问,更加开放了人们在法律运用中的选择、权衡空间,因此,与其说权利理论是一种理性的逻辑论证,不如说它是一种诗性的修辞论辩,它把道德原则和价值判断作为权衡地运用法律原则的基础,就事实上在法律中扩展了诠释

---

① 与法律权利一样,法律原则也是法律中的一种开放性机制,也会实现诗性的修辞开放效果。因为和法律规则的确定性相比较,法律原则具有明显弹性和可供司法者、法律适用者能动处理不同利益主张、价值追求和意义选择的修辞空间,因此,它为法律运行中的修辞进入提供了条件。不过法律原则的修辞开放性和法律权利的修辞开放性毕竟还有所不同。一方面,后者作为一种开放机制,在法律中是天经地义的,如果权利不向不同的利益主张、价值追求、意义选取开放,意味着权利是假的;与此同时,另一方面,权利的修辞开放性面对所有权利主体;再一方面,权利的修辞开放性主要针对权利主体的选择。而法律原则的修辞开放性则要受到更多的制约。所以:(1)法律原则在具有修辞开放性的同时,也具有义务强制性;(2)尽管主体可以在法律原则的空间内交涉、博弈,实现或部分实现自己的修辞选择,但并不能借口任何理由而放弃、否定法律原则;(3)法律原则的修辞开放性更多地面向权力主体的选择(自由裁量)——因为作为具有义务性的法律规定,法律原则更需要权力主体出面寻求保障其落实的可选择方案。当然,这并不意味着它反对或排除权利主体根据之而进行博弈、商谈与交涉。

② [美]罗纳德·德沃金:《认真对待权利》(中文版序言),信春鹰等译,中国大百科全书出版社 1998 年版,第 20 页。

学被广泛运用的空间。这或许是德沃金同时也十分关注法律阐释问题，并强调“法律是一种阐释性概念”①的缘由吧？

可见，法律权利、法律原则的开放性、包容性以及与此相关的法律权利和法律原则对不同道德追求和价值选择采取的是“交涉性求解”，而不是“强制性决断”。所谓“交涉性求解”是指对参与交涉的主体而言，透过权利的行为交涉所能达到的只是其相对的意义追求，这种获得在本质上即所谓的“舍得”——有舍才有得。如果说这里所呈现的也是一种理性，那只能是所谓“交往理性”，而不是“科学理性”，进而意味着这一过程并不是符合逻辑或科学要求的一加一等于二，而是符合修辞或诠释要求的善和包容。因为交往理性的实质是“上帝死了”，从而“理性下移”的产物，它不是任何一位神圣者的命令和旨意，反而存在于“主体间性”中，存在于人与人的互需与共养、多元与一体、个性与共性同在的交往关系中：

> “共识并不……必定会抹杀个性，取消话语的多元性，相反，是建筑在对个性和多元性的承认之上的。但承认多元性和个性决不意味着异质多元的话语可以不遵守任何规则，可以超越语言交往的有效性要求。问题的实质在于，通过何种途径来达到差异中的同一。真正的共识绝不会否定差异，取消多元性，而是要在多元的价值领域内，对话语论证的形式规则达成主体间认识的合理的一致，并将这一前提引入语言交往。因此，它所依据的乃是建筑在逻辑合理性之上的话语规则的统一，目的是使论证的有效性要求在形式和程序上的实现获得保证。换句话说，符合有效性要求的、在平等的主体间达成的共识，强调的是一种程序和规则的合理性，它所反对的恰恰是社会压制，所追求的恰恰是这种压制的否定和摒弃，它所努力寻找的恰恰是一条将人从社会压制下解放出来的道路。”②

在这种符合“理想言谈情境”的程序性对话体系中，人和对象的关系越来越被遮蔽，但人和人之间的关系，或主体和主体之间的关系却越来越被突出，越来越被置于前台。即使人与对象的关系，也需要借助人与人的关系的解决才能进一步彰显。可见，人类越来越多地生活在“精神现象”界，人与对象的关系，反倒退居其次。人在“精神现象”界的这种生

① [美]德沃金：《法律帝国》，李常青译，中国大百科全书出版社1996年版，第80页。

② 章国锋：《哈贝马斯访谈录》，载《外国文学评论》2000年第1期。

活，归根结底又典型地、突出地表现为言语交往。因此，言语这种本来是工具的现象，如今却凌驾于主体之上，成为支配主体交往行为的异化力量。进言之，所有言语交往，只有被置于符合逻辑理性的交往—言谈形式或程序中时，言谈才是有意义的。这样，言谈的形式和程序再次凌驾于主体之上。要获得有效的言谈，所有主体就必须遵守形式和程序。只有这样，才能导致"主体间性"的真正有效，实现人们交往行为及其效果的相互性。

> "……主体间性所形成的认识论，对于制度分析的启发在于，制度不仅有效反映了个体行为与群体维系的内在机制，也提供了个体互动从而保持群体存续的行为规则结构。而在主体行为与知识传统之间，能够充当桥梁的介质，恰好就是规约人类互动行为的规则和制度……正是主体间性的关系场和认识论前提才引致了制度的产生。换言之，没有主体间性就没有制度，而主体间性所附着的互动交往行为，则更主要地取决于商业交换的行为倾向。"①

以上论述，恰切地表达了法律特别是现代法律面对复杂的交往关系时，必须解决的"现象世界"及其背后的理性。此种现象世界，即所谓"精神现象"或"心理事实"；此种理性，即所谓"实践理性"——"一般实践理性批判有责任阻止以经验性为条件的理性想要单独充当唯一对意志进行规定的根据的佞妄。"②所以，只要法律无法不去包容人们完全不同的利益主张、价值追求和意义选取，那么权利设定就对交往行为中所有主体的利益、价值、意义而言是不可或缺的。但与此同时，只要法律不能斩钉截铁地判定谁的利益主张、价值追求、意义选取是"正确的"，反而必须包容完全不同的利益主张、价值追求和意义选取，就十足地表明法律权利本身是对"精神事实"和"实践理性"合法性的一种虚拟，进而表明权利之修辞性质。

（三）义务的主观确证、时代变迁与法律的制度修辞观

法律权利的自由开放性特征是权利合法性虚拟的证成基础，也是法律权利必然勾连制度修辞的证成根据。那么，这是否意味着法律义务之"丁是丁、卯是卯"的特征，就必然是科学的、毋庸置疑的规定？换言之，

① 顾自安：《制度演化的逻辑——基于认知进化与主体间性的考察》，厦门大学2006年博士学位论文，第221页。

② ［德］康德：《实践理性批判》，邓晓芒译，人民出版社2003年版，第17页。

在法律义务视野,存在不存在制度修辞问题?这是需要继续探究的重要话题,否则,说法律是一种制度修辞就在逻辑上得不到圆满的贯彻。

诚然,义务规范作为法律中的必行性、强制性或禁止性内容,在贯彻落实过程中,必须强调义务法定原则,即没有法律的明令,任何个人、组织不得为其他公民和组织设定具有一般性和普遍性的义务。这表明,公民之间、法人之间以及公民与法人之间,尽管可以约定合同性的义务,但这种约定义务的范围,仅仅限于合同有效的时空范围和主体范围,而不能推演为公民的一般性义务。此种情形,不禁使人感到义务的肯定性、明确性和不容选择性。然而,一方面,这仅仅是立法之后义务法定的后果,它不能表明法律制定过程中立法者的权衡和选择过程;另一方面,它也不能表明即使法定的义务,也不是个"天不变、道亦不变"的静态的固定结构,而是一个随着社会变迁而变迁的动态的变迁结构。

前一问题表明,在立法者眼里,究竟什么才能成为义务,这是一个需要认真考量的问题。毕竟在法律的世界,义务有时比权利更为重要,因为义务关联着人类交往之基本秩序的建立。义务不存,秩序也就不在。权利在秩序体系中只决定着秩序的管控或调整程度,而义务则决定着秩序的性质和有无。如果说法律具有自由和秩序的双重价值的话,那么,权利更多指向自由价值,义务更多指向秩序价值。① 自由和秩序两者,究竟何者居先?究竟豪迈的"不自由、毋宁死"居先还是略显消极的"好死不如赖活着"居先?这或许是个言人人殊,难以定论的话题。但对绝大多数普通民众而言,能够有秩序地活着,或许是生存的底线,至于活的质量高低、自由与否,是在这一底线基础上的发展问题。如果这一假定没错,那么,说"有秩序聊胜于无自由"也就言之不虚,进而义务优先于权利,也就不难理解。

"……在自由与秩序两种基本价值中,法律追求的首要目标不是自由,而是秩序";

"秩序之所以是人类社会的首要价值,是因为这种生活状态满足着社会成员的基本需要,从而对社会成员有益";

"'义务重心说',是指法作为社会控制、规范手段,主要通过义务性规范来实现自己试图达到的目的。也就是说,当法的价值目标确定之后……立法者应将侧重点、注意力放在法的义

① 参见谢晖:《法律双重价值论》,载《法律科学》1991 年第 6 期。

务规范，以及违反这些义务规范所要招致的不利后果的精心设计上，以便使法具有可操作性……法律作为一种实用性很强的社会控制工具，就在于它的可操作性。这正是它和道德、习惯规范相区别的根本点之一。离开这种可操作性，将使其价值下降到和道德习惯规范几乎无区别的地步。”①

进而需要考虑的是，义务虽不排除立法者根据某种科学标准来规定，但它并不总是根据科学标准来规定的。在很多时候，究竟哪种行为被立法者宣布为义务，哪种行为不宜纳入义务规范，是立法者以及其他社会主体间交涉权衡的产物，它往往只能是诠释性的权衡，而非科学性的决断。至于这种权衡符合人们的需要、符合社会发展的要求等，都不过是立法者的虚构和预设。它是预设性的，未必一定符合科学；它是诗性的，未必纯粹合乎理性；因此，它是修辞性的，未必必然符合逻辑。这正决定了义务设定的制度修辞之维。

后一问题表明，法律义务经由立法者制定后，绝非一成不变的事物，反而随着时移世易、风俗变化，法律义务的变迁是毋庸置疑、自然而然的事。所以，在我国历史上，一系列伟大的思想家都对此作出了论述。如管仲云：“故以其理动者，虽覆屋不为怨。不以其理动者，下瓦必笞”；②庄周云：“礼义法度者，应时而变者也”；③商鞅云：“礼法以时而定，制令各顺其宜”；④韩非云：“不期修古，不法常可，论世之事，因为之备”⑤；刘安云：“世异则事变，时移则俗易。故圣人论世而立法，随时而举事……是故不法其已成之法，而法其所以为法。所以为法者，与化推移者也。”……⑥

这种理念，在西方法学家的笔下亦是，如：

“有科学精神的法律学家，不能忽视一种事实，那就是法律

① 张恒山：《义务重心论》，山东人民出版社1999年版，第11、20页。

② （春秋）管仲：《管子·形势》，载（清）黎翔凤撰：《管子校注》（下），梁运华整理，中华书局2004年版，第1184页。

③ （战国）庄周：《庄子·天运》，载（清）郭庆藩辑：《庄子集释》（第2册），中华书局1961年版，第515页。

④ （战国）商鞅：《商君书·更法》，载高亨注译：《商君书译注》（第1册），中华书局1974年版，第13页。

⑤ （战国）韩非：《韩非子·五蠹》，载梁启雄：《韩子浅解》（下册），中华书局1960年版，第466页。

⑥ （西汉）刘安：《淮南子·齐俗训》，载刘康德撰：《淮南子直解》，复旦大学出版社2001年版，第538页。

的本身含有一种种子，使它的发展按照社会接受的价值系统前进。”①

不但法学家对法律以及法律义务因时而变、因地而宜的理念多所论述，而且法律发展的事实早已昭告天下：法律上尽管存在不变的义务，但并不是所有法律义务都一定永远、一成不变。但法律义务因何而变？究竟哪些需要变，哪些无须变？这也并没有一个精确到分毫不差的数量标准。它只是立法者根据自己对社会变迁的判断所作出的一种诠释性确信，而非科学性断定。那么，这是否意味着人类不存在永恒的价值和永恒的义务？当然不是。所以，似乎可以把法律义务以能否变迁变化为标准分为三个层面：

第一层面是不能变迁的法律义务。不能变迁的缘由在于这样的义务，表达和记载的是人类永恒的价值。即使一种法律在整体上变迁了，这样的价值及其义务载体也不会发生变化——除了义务表述方式之外，其他皆永恒存在。例如，尊老爱幼、敬畏自然、顺天应民、爱护生命等，是在古今中外法律中皆可见到的加于所有主体的义务内容。

第二层面是因地而变迁的法律义务，即对同样的行为，在不同的地方或以义务对待，或不以义务对待。这不特指在不同的国家立法中是如此，也指即使在同一国家的不同区域，对同样的行为是否以义务对待，也会有不同的规定。前者自不待言。后者如我国清代在全国统一法律之外，对苗疆六厅根据苗俗治理的规定可谓典型。② 而在当下，在全国统一的法律之下，针对民族自治地方、特别行政区等实行的法律治理，也形成了区别对待的、独特的义务和宪制安排。③

第三层面是因时而变迁的法律义务。法律义务的变迁，更多地体现为因时而变。这不仅体现在不同性质法律的变迁中，而且也体现在同一性质之法律的变迁中。前者如子女对父母的绝对服从义务在权利平等

---

① ［英］丹尼斯·罗伊德：《法律的理念》，张茂柏译，台北联经出版事业公司1984年版，第100页。

② 参加周相卿：《清代黔东南新辟苗疆六厅地区的法律控制》，载《法学研究》2003年第6期。类似的对不同地区或不同主体区别化安排的治理规范，在有清一代，在在多有。参见成崇德：《清代边疆民族研究》，故宫出版社2015年版，第201～344页；杜文忠：《边疆的法律——对清代治边法制的历史考察》，人民出版社2004年版，第1～342页等。当然，历史上对待边疆少数民族地区的政策举措并非“区别对待”这一种，除此之外，还有其他更多的举措。对此，可参见王明珂：《华夏边缘——历史记忆与族群认同》，浙江人民出版社2013年版，第61～306页。

③ 参见常安：《统一多民族国家的宪制变迁》，中国民主法制出版社2015年版，第147～256页。

时代完全被解构,父母子女在法律人格、人身和自由等方面都具有平等地位;后者如前面提及的刑法上对投机倒把行为的除罪化处理等。当然,这只表明了义务向权利的变迁。其实,要强调义务的因时而变,还必须得关注义务在一个国家不同时期的增量问题。这一问题的实质是立法者把权利义务化的过程。

从此不难看出,所谓法律义务的变迁,实质上是立法者针对人们同一的行为或者同一的关系,在不同时空里把其从"义务虚拟"变为"权利虚拟",或者相反,从"权利虚拟"变为"义务虚拟"的活动。既然是一种虚拟活动,则即使立法者也会尽量寻求它得以证成的科学根据和逻辑基础,但归根结底,这是一个在不同时期,依靠立法者的诗性诠释和修辞预设而建立的规范体系。因此,在实质上,义务变迁是一个虚拟性的制度修辞活动。

(本文原载《现代法学》2016 年第 5 期)

论法律的模糊/局限性与制度修辞

法律是明确的、肯定的规范，但法律又不可避免地会出现意义模糊的情形，是谓法律的模糊性。法律对所有人际间的交往关系，都要作出或肯定与保障、或否定与制裁、或放任与自治的安排。这样一来，法律对公共交往而言，毋宁说是一种"全能的"调整者。但是，法律同样又不可避免地面对无限多样又不断变换的社会关系，常常捉襟见肘、束手无策，是谓法律的局限性。就逻辑关系言，法律的局限性和模糊性之间应是属种关系，即模糊是局限的一种具体表现方式、一个独特的方面。不过因两者之于制度修辞而言有所不同，故在本文中笔者将其予以两分、但又关联地处理，即以"模糊/局限性"来表达之，以探究它们和制度修辞间的关系。本文拟探讨的问题主要包括法律模/局限性之缘由，在敞开的世界中如何实现法律的逻辑限缩和科学理性？这中间修辞的意义何在？法律模糊性与局限性的修辞表现各自是什么？制度修辞又如何使经由逻辑限缩了的法律意义得以敞开，并在敞开的社会关系中进一步完善其逻辑体系？

一、法律的模糊/局限性探因

（一）法律的模糊性与局限性

"始起先有太初，然后有太始，形兆既成，名曰太素。混沌相连，视之不见，听之不闻，然后判清浊，既分，精曜出布，庶物施生。精者为三光，号者为五行。五行生情性，情性生汁中，汁中生神明，神明生道德，道德生文章。故《乾凿度》云：

'太初者,气之始也。太始者,形之始也。太素者,质之始也。阳唱阴和,男行女随也。'"①

"天地浑沌如鸡子。盘古生在其中,万八千岁,天地开辟。阳清为天,阴浊为地。盘古在其中,一日九变。神于天,圣于地。天日高一丈,地日厚一丈,盘古日长一丈,如此万八千岁。天数极高,地数极深,盘古极长。后乃有三皇。数起于一,立于三,成于五,盛于七,极于九,故天去地九万里。"②

相信对关注我国古人有关世界—天地起源论的人们而言,这两段文字可谓耳熟能详。但在这两段文字中,一方面表明天地万物曾是一个混沌不分的模糊体系,但另一方面存在一个神圣的灵性,通过其不懈的智慧活动,经历"万八千岁",才"剖判清浊"、"天地开辟",终然使混沌不辨的世界变得日渐清晰起来。这个灵性的存在,在我们的古人笔下就是盘古。而在西人的笔下,众所周知,则是上帝创造了世间的一切,创造了天地万物。③

可见,无论在中国,还是西方,在对世界原初的想象性描述中,天地总是混沌的。如今,随着人类对对象世界的格物致知、正本清源工作的日益深入,似乎整个世界在人类面前呈现的相貌是越来越清晰,世间天地万物,无论宏大,还是微末,都在人类认知的掌控之中。但事实上,人类至今仍然艰难地行径在模糊性的认知之谜中。什么是模糊性?有人这样解释道:

"所谓模糊性,就是人们认识中关于对象类属边界和性态的不确定性。模糊认识是人类不确定认识的基本形式和本质

① (汉)班固撰:《白虎通义·卷九·天地》,载(清)陈立撰:《白虎通疏证》(下),吴则虞点校,中华书局1994年版,第421~422页。

② (三国)徐整撰:《三五历纪》,载(唐)欧阳询撰:《艺文类聚》(一),上海古籍出版社1965年版,第2~3页。

③ 《圣经》中如下有关《创世纪》的神话,人们并不陌生:"起初,神创造天地。地是空虚混沌;深渊上一片黑暗;神的灵运在水面上。神说:'要有光!'就有了光。神看光是好的,他就把光暗分开了。神称光为昼,称暗为夜。有晚上,有早晨;这是第一日。神说:'众水之间要有穹苍,把水和水分开!'事就这样成了。神造了穹苍,把穹苍以下的水和穹苍以上的水分开了。神称穹苍为天。有晚上,有早晨;这是第二日。神说:'天下的水要聚在一处,使旱地露出来!'事就这样成了。神称旱地为地,称水的聚处为海。神看这是好的。神说:'地上要长出青草、结种子的蔬菜和结果子的树木,各从其类,在地上的果子都包着核!'事就这样成了。于是,地上长出了青草和结种子的蔬菜,各从其类;又长出结果子的树木,各从其类,果子都包着核。神看这是好的。有晚上,有早晨;这是第三日……到第七日,神造物的工已经完毕,就在第七日歇了他一切的工,安息了。"(参见《圣经》,中国基督教三自爱国委员会、中国基督教协会2009年版,第1页。)

特征……有两种基本类型：一种是由于主体在把握对象类属和性态时缺乏明确边界或精确的划分产生的，是被动的模糊认识。另一种是主体有意识地把事物之间的区分和界限加以模糊化处理，然后再通过压缩，抽象出若干相对明晰的界限，以达到对事物较精确的认识。这种……模糊认识是主动的。亦可称认识的模糊化或模糊化思维。然而，不论是被动的还是主动的模糊认识，都是在人类认识客观进程中产生的，都具有其产生的客观根据。"①

这表明，人类并没有因为现代科技的高速发展，显微通幽地解决我们所面对的物质世界的终极真相，同时，也没有条分缕析地解决人类交往中自身所面对的种种难题。甚至人类在认知中，有时还要刻意模拟一种模糊化的情境，或者有意模糊事物的界限，以便获得某种可接受的认知。所以，一方面，无论"感知上帝"也罢，还是"认知你自己"也罢，在终极意义上，都是人类为其设置的必须但又未必必能，可望但又未必可及的目标。有了这种目标，人类才会"有趣味"地生活、交往和认知；这种目标的丧失，只能意味着人类的饱食终日，无所事事。另一方面，因为有了这种现象，人类在处理纷繁复杂的社会事务时，才会按照"归类"安排的原则，裁剪有些事物之间的边界，把它们纳入同一类事物中予以类型化、规范化处理。在命名体系中，所谓集体名词、抽象名词以及不可数名词等，大致上都具有模糊化处理对象的特征。可见，如果说在古代社会，由混沌导致的模糊性主要指向人们所认知的对象的话，那么，如今模糊性这个词，更多地针对的是人的认识能力、认识方式和认识水平。

在人类社会领域的所有作业中，最企求明晰性、准确性的作业莫过于法律了，因为制定法律的目的，就是要给主体们根据或违背法律而为时，得失成败的一种准确预期。法律就是一种预期机制，依照它，人们能够获得更多利益的享有；违背它，人们不但会失去应有的利益，反而必然会得到惩罚性、报应性的结果。这是笃信法律和法治的人们矢志不渝的一种理念，一种对法律确定性的追求，一种在法律规范下诚实交往、自由有序、惬意生活的愿望。诚然，此种追求并无不妥，因为人们追求在动态交往中的安定性，本身是包含于人类秩序价值中的基本内容，也是人作为群体合作的动物，能够完成其合作的条件和基础。一旦秩序混乱、预

① 李晓明：《模糊性：人类认知之谜》，人民出版社 1985 年版，第 12 页。

期不存,人们之间就不但无以合作,反而尔虞我诈,必然成风,钩心斗角,焉能避免?这样,人间便不再充满美好与舒适,反而只能会丑恶和紧张;不再充满怡然自得的洒扫应对,反而只能陷于惴惴不安、人人自危。

但是,人类对法律的此种确定性、明晰性追求。进言之,人类对其交往行为有序性的追求,所借助的是语言这种用来概括和命名对象世界、社会关系以及交往行为的符号工具。无疑,语言特别是文字语言,是人类历史迄今为止最伟大的创造。如果说“天不生仲尼,万古如长夜”这个判断成立的话,那么,我们不妨进一步说,“天不生语言,混沌如初年”。语言,尤其文字就是人类逃离混沌的对象世界,而进至天地有分、万物有别、人伦有序、交往有道的相对清晰的“文明秩序”的关键所系,也是人类摆脱野蛮时代,进入文明时代的纽带。这或许正是近代以来的西方哲学,把其全部精力投入到人类精神现象和精神哲学,以及与精神现象密切相关的语言现象和语言哲学的基本原因吧?①

尽管语言文字如此重要,以语言文字来表达清晰的、肯定的、可预期的法律,其重要性更是不言而喻,可问题是,语言果真能给人们呈现出一个幽微显明、无所遮蔽的世界吗?能把事实世界通过语言全部敞开给人们吗?语言究竟是烛照,还是混沌?这自然是值得继续探究的有趣话题。俗云:“人类一思考,上帝就发笑。”上帝面对人类思考而发笑的缘由,就在于人类语言总是顾此失彼、捡东拉西,它往往在表达某种事物的时候,同时也在遮蔽另一种事物。而作为法律的语言和文字,更是经过了人类主观价值的过滤和洗礼,它在规定人们应当如何或不应如何、必须如何或不得如何时,同时也以否定的方式遮蔽了人类交往行为的其他选项。尽管法律权利的选择性和开放性可以对由此带来的遮蔽予以一

① 近代以来的西方哲学,与其说是主、客体二元关照的哲学,毋宁说是在“上帝预设”的(客观的)敞开空间里,寻求主体精神现象能够达到的至善之限度的哲学,或者说,是人类无可奈何地在上帝面前顽强伸展其主体精神的哲学,从而实现幸福与至善、人世与上帝的勾连。“我们应当力图去促进至善(所以至善终归必须是可能的)。这样,甚至全部自然的一个与自然不同的原因的存有也就被悬设了,这个原因将包含有这一关联,也就是幸福与德性之间精确一致的根据……自然的至上的原因,只要它必需被预设为至善,就是通过一个知性和意志而成为自然的原因(因而是自然的创造者)的存在者,也就是上帝。因此,最高的派生的善(最好的世界)的可能性的悬设同时就是某个最高的本源的善的现实性的悬设,亦即上帝实存的悬设。现在,我们的义务是促进至善,因而不仅有权,而且也有与这个作为需要的义务结合着的必要,来把这个至善的可能性预设为前提。至善由于只有在上帝存在的条件下才会发生,它就把它的这个预设与义务不可分割地结合起来,即在道德上有必要假定上帝的存有。”参见[德]康德:《实践理性批判》,邓晓芒译,人民出版社2003年版,第171~172页。

定的救济，但法律毕竟是权利和义务共存的规范体系。在纯粹法律义务的范围内，面对强制义务所隐含的遮蔽，即使权利出场，也无济于事。这或许就是在人类法学史上，究竟什么是法律，究竟如何理解法律这一法学的原点问题被人们不断追问的缘由（当然，人们之所以如此热情且不遗余力地追问它，是因为它一旦被制定或被在学理上确定，就直接关联着在法律效力范围内所有主体的利益分配、义务付出、秩序模式和生活方式）。对此，哈特曾动情地写道：

> "关于人类社会的问题，极少像'什么是法律'这个问题一样，持续不断地被问着，同时也由严肃的思想家以多元的、奇怪的，甚至是似是而非的方式提出解答。即使我们将焦点限缩在最近一百五十年的法理论，而忽略掉古典的与中世纪的关于法律'本质'的思辨，我们将发现一个任何其他独立学术专业、系统性研究的科目所无法比拟的情况……就法律的情形而言……奇怪的东西却经常被提出来，而且不仅仅是提出，甚至是被热情且雄辩滔滔地极力主张，好似这些主张就是对法律真理的揭露，而这些真理长久以来已被对于法律本质之谬误陈述遮蔽了。"①

法律的模糊性已经意味着其局限性。但法律局限性除了模糊性之外，还可以在其他视角进行理解。例如，法律无以解决生老病死的终极关怀问题；法律虽然可以缓解，但无以消除人们对痛苦的规避。法律虽然可以增进，但无法永葆人对快乐的追求；法律虽然可以给给定的时间单位内的交往行为以相对明晰的预期，但不能给未来天人关系、群己关系、身心关系的变迁以预期；即便法律自身具有一定的内容圆融性，但法律一当和复杂的、变迁的社会事实相遇，就会出现逻辑破绽；立法者尽量追求法律的逻辑自洽，但执法者、司法者和运用者未必一定根据逻辑而行动……这种种情形，都无不指向法律的不确定性和其他局限性。因此，法律无法逃离修辞学之镜。这种情形，无论在法律上，还是司法上，都是如此。就法律而言：

> "法律并非总是实证的、经验的（或者，笼统来说）属于社会学的。法律也不必总是如此。当代的社会法律实证主义，如同每个思考法律的其他进路一样，有其特定的范围和界限，并且，

① ［英］H. L. A. 哈特：《法律的概念》，许家馨等译，法律出版社 2006 年版，第 1 ~ 2 页。

在这些限度之内,也有其个别的开放地带,通往海德格尔和福柯所说的未思……之境”;

“修辞学家指出,法律试图解决的,恰恰是如何行为这一该由哲学家关注、但哲学(如修辞学)还没有普遍解决的问题。法律在事实上告诉其受众该如何行为。无论人们的法律概念和理论怎样,法律都在做这件事,并且它以不同的方式做这件事。这些方式既能与众多理论相容又不被任何一家理论所归约。法律不管是神定的……还是人定的……无论是文本还是行为,或者既是文本又是行为,法律都告知——示意、指示、表明、揭示、规定、说明、威吓,或者命令——它的受众或者主体什么是必须做的。如将要看到的,法律这样做时,既可以用语词也可以不用语词,既可以用规则也可以不用规则。”①

法律的修辞学之镜,在背后折射的恰恰是其局限性。其投射到司法中时,照例如此:

“在诉讼中,精确的科学标准往往要服从于法律制度的实践性考虑,比如,争议的快速解决以及对陪审员判断力的怀疑。同样,社会和制度的因素使法院不可能一直等到发现了事实或者获得了所需的信息之后再作判断。相反,从事解释选择的法官应当对那种以科学作为类比的说法和主张进行试验的观点保持警惕。”②

法律的修辞出场,就意味着法律模糊性和局限性的存在。因为制度修辞在这里,就是以一种诗性的方式,来救济法律模糊性和其他局限性的基本方式。

(二)法律的模糊性与局限性探因

法律模糊性与局限性的成因,可说是复杂多样的。但概括起来,笔者以为不外乎如下五点:

第一,法律多元。究竟“什么是法律”?诚如哈特所言,这是至今在法学界仍聚讼不休的话题。在笔者看来,前述引文中所提到的哈特的喟叹和批评,对于在理论上追求法律的确定性,阻止刻意对法律做不确定

---

① [美]玛丽安·康斯特布尔:《正义的沉默——现代法律的局限和可能性》,曲广娣译,北京大学出版社2011年版,第13页、23页。

② [美]阿德里安·沃缪勒:《不确定状态下的裁判——法律解释的制度理论》,梁迎修等译,北京大学出版社2011年版,第177页。

的或模糊化处理的行为而言,固然是值得肯定的。但不得不指出的是,法律自身的历史,绝不像边沁和奥斯丁以来的分析实证法学派所主张的那样,是青红皂白、一清二楚的一种历史存在,反而,法律在人类历史的长河中,是以相当不同的面目所呈现的。举凡原始习惯规范、民间自治规范、宗教教义教规、社团纪律章程以及国家统一的法律,无不对人们交往行为中的权利义务发生影响,无不具有规范人们交往行为的法的性质,无不左右、构织人们洒扫应对、衣食住行的生活秩序。这在 19 世纪以降的法理学研究中,特别是法社会学和法人类学的研究中已给予充分说明。这也表明,在宏观上,究竟什么是法,并不是某些法学家的无事生非,出离想象,而是不同文化体系和不同时代变迁中法的多样性、流动性事实,只能让法学家们想方设法在不同视角以不同方法,探寻不同文化情境和历史背景中的法,并通过归纳比较、去粗取精、熔裁镜鉴,为人类未来的法律制定、秩序走向、生活安排在多视角规划和描绘蓝图。

在法律认知上的这种差异,或者对法律究竟是什么的不同回答,本身是法律模糊性和局限性的渊薮。因为一个事物是否肯定、明确和普遍,首先存在于人们的认知领域。当人们对法律是什么本身出现认知如此大的分歧的时候,法律的肯定、明确和普遍不可能不出现动摇和挑战,法律不可能不存在模糊性和与此相关的种种局限性。这时,如何克服法律的模糊性和局限性,尽力寻求法律的澄明之镜,就是法学和法律的重要使命。

第二,复杂对象与语言模糊。当然,法律的模糊性不仅因为法律多元带来的解释困境,而且还来自法律调整对象的无限复杂、多样和立法者立法时以法言法语命名对象能力的有限性。一般来说,人类交往中面对三种关系:其一是天人关系。表面上,这一关系不受法律直接调整,但由于人类交往行为中的权利获取和义务履行,每每直接涉及天人关系——人和对象的关系,所以,天人关系——主体对物的所有、占有、使用,尽管通过人与人的交往中介而投入法律调整的框架,但法律必须调整这种关系是毋庸置疑的。其二是群己关系,即人与人的交往关系,它作为法律的调整对象理所当然,众所周知。其三是身心关系,这一关系,在不少人眼里是法律不入之地,但只要认真对待权利这个必然关乎自由——行动(身)自由、思想(心)自由的概念,那么,身心关系与法律调整的关联便昭然若揭。[1]

引出法律调整对象的如上问题,是要说明,法律以其有限的语言或文字,来命名无限杂多的对象世界,如何可能?如何不陷于模糊之境?只要人类立法者不是上帝般无所不知、无所不晓的"立法者",或者只要不是上帝为人类立法,而是人类自己为自己立法,那么,人类主观认识上的顾此失彼、捉襟见肘就实难避免(所以,历史上才有那么多的立法者,宁愿自己在法律史上籍籍无名,也要把立法的成果归功于上帝名下,以求得其法律的"合法性")。有语言学家甚至认为:"语言的非精确性,即模糊性是语言的本质属性之一。"[2]这一观点进一步证成了以模糊性的语言来企图精确地命名无限杂多的对象世界时的重重困难,也证明法律具有模糊性乃理所当然。完全透明、清晰,不具有模糊性的法律反倒令人不可理喻,更不要说"言有尽而意无穷"、"法有尽而事无穷"客观的情势对法律模糊性的必然影响。

第三,认知能力。与此同时,面对人类对对象世界把握能力的有限性和人类必须设法通过尽量明晰的规则来交往行为这种两难境地,立法者首先要考虑的,不是非得对对象完全穷根究底,做到彻底明辨是非之后才去立法,而是为了解决当下紧迫的需要和问题,即使立法条件还不成熟,认识还不到位,也要想方设法去创造条件、促进认识以实现马克思所强调的那种"肯定的、明确的、普遍的规范"。[3] 但问题是在此种认识前提下,究竟如何才能做到法律之肯定、明确和普遍?这需要的究竟是科学/逻辑的智慧,还是诠释/修辞的智慧,这是需要特别探究的。在探究这些问题之前,首先说明人的认知能力对法律模糊性的影响。

迄今为止,人类是万物之灵,是到目前为止,智慧程度最高的动物。人类具有梦想,如今上九天而揽月,下五洋而捉鳖,在人类的智慧面前已经呈现为事实。人类在飞速发展过程中,明显还有更为宏大的抱负和更为智慧的认知能力。但是,这是否说人类已经足以睥睨天下,傲视四海,"上穷碧落下黄泉",无所不知,无所不晓呢?诚然,这是人类的一种自负和追求,但问题是,我们能否真正认识世界?如果能,又如何样才能认识

---

① 参见谢晖:《论对话的法律全球化》,载《政法论坛》2013 年第 4 期。

② 伍铁平:《模糊语言学》,上海外语教育出版社 1999 年版,第 132 页。

③ 马克思曾有如下名言:"法律不是压制自由的手段,正如重力定律不是停止运动的手段是一样。恰恰相反,法律是肯定的、明确的、普遍的规范,在这些规范中自由的存在具有普遍的、理论的、不取决于个别人的任性的性质。法典就是人民自由的圣经。"(参见[德]马克思、恩格斯:《马克思恩格斯全集》(第 1 卷),人民出版社 1956 年版,第 71 页。)

世界？

这不仅是一个需要借助各种预设的逻辑前提而思辨地解决的问题，而且更是一个需要不断进行经验验证的问题。无论康德的“上帝悬设”还是培根的经验论证，都没有解决人类智慧对世界的终极性把握问题。自然，站在人类作为一个物种也有从生到死的立场，站在迄今为止，其认知总是捉襟见肘、顾此失彼的经验立场，只能得出人类对天人、对群己、对身心的认知是相当有限的。以有限的认知来命名无限变迁的社会关系和社会交往事实，如何保障法律完全是肯定、明确和普遍的，并同时摒弃法律的模糊性、局限性呢？但无论如何，不可避免的是，人类必须带着不完善的认知及认知能力去为自身立法。这样的立法，如果不借助于人类的某种“模糊自制”，尽量去模糊边界，提纯共识，就不可能使法律获得可接受。

第四，模糊自制。“自然立法”除外，人类迄今为止的立法史大致经过了四个阶段：一为神灵立法阶段，即超然物外、可望而不可即的神灵替人类立法。人类的一切交往行为，只有符合神灵们为人类的立法限度，才是有效的。在所有的宗教世界，大体遵循这样的立法。二为专制（君主）立法阶段，虽然专制，但并非人们夸张传说的所谓“口含天宪”、“言出法随”，反之，越是专制的君主，越强调统治合法性的神圣来源，越不敢怠慢神灵的应有位置。因此，此种立法，尽管不见神灵立法的名头，但一定会借助神灵的威严强调其合法性。三为代议制立法，这是近代以来才诞生的立法方式，它以民主作为立法合法性根据，但民主必须经过代议机构和代表们的过滤。四为全民公决制立法，它强调民主的多数决，一个法案，只要符合选民多数决的比例要求，就可以成为法律。

可见，在这四种立法方式中，前两种的合法性由头是神灵，后两者的合法性基础是民主。但无论上述哪种立法方式，都不能在科学/逻辑意义上给人们完美地解释立法的合法性，更不能提供法律一定是肯定、明确和普遍性规范的科学根据和理性基础。但即使如此，现实的法律仍要被解释为是肯定、明确和普遍的规范，否则，法律就不但无法获得立法根据的合法性，同时也难以获得规范运行的合法性。职是之故，立法者也罢，法律的受众也罢，宁可牺牲事实之间钉是钉、卯是卯的事实边界，模糊概念以及由概念所代表的事实之间的细微区分，模糊人们在社会交往中的需求冲突，尽量以“合意”的要求去看待立法和法律。所以，立法每每不得不把存疑视为“肯定”，把模糊视为“明确”，把局部视为“普遍”——只要这种处理结果能被人们所接受，特别是能被民主时代普遍主体化了的民众所接受。

在上述意义上,尽管立法所追求的是肯定、明确、普遍,但立法者并不必然是以与这些要求相契合的方式——所谓科学方式而追求之,而是用诠释的方式追求之。诠释学和科学的基本不同在于科学是非此即彼的,它不但不能,而且反对亦此亦彼、模棱两可。而诠释学却必须开放和包容亦此亦彼、模棱两可。① 但问题是,这种对亦此亦彼、模棱两可的包容尽管符合自由德性、符合(社会的)事实,也符合我们所面对的对象的复杂性,但并不符合社会有序、人心安定的人类的另一种基本需要。面对此境,究竟以人类需要裁剪模糊事物,还是以模糊事物羁束人类需要?自然,这是一个重大的权衡。这时,人类无可例外地选择了"天道远、人道迩"的有效性原则,无论假借神灵名义也罢,还是依赖民主原则也罢,都把人类需要"挺在前面",为人间贡献了无数法律成果。可以认为,这种主观的选择、刻意的设计和有意的模糊,客观上取得了"模糊的清晰效果"。故哲人有言:"模糊性是智慧的美德"。

笔者很欣赏有学者采用的一个书名:《模糊性:精确性的另一半》。② 它恰切地表明人类认知的独特特征,也表明人们只有在模糊情境中才可能开放出清晰的认知来。对法律而言,应当更是如此。法律的肯定、明确和普遍属性,就是以对冲突事物或者模糊事物进行模糊化处理后的一种镜像。它虽给人们以肯定、明确和普遍的外观,但在其背后,这种外观不是定于一律的,而是开放的。人们只能在开放性及其所包含的模糊性参照中更好地开示法律的肯定、明确和普遍。这应当是法律模糊性的终极因素。

第五,经验模仿。须说明,法律生活是人类的一种经验积累,人们总是在经验的模仿中完成法律调整的使命。有人说法律是模仿性的,或者模仿性决定了不同主体行动的一致性:

> "……'生活塑造了行为的模子,而后者在某一天又会变得如同法律那样固定起来。法律维护的就是这些从生活中获得其形式的形状的模子。'我们可以在人类的法律经验历史中得出这样一种结论:一切法律上的行动,均是模仿性行动。法律的实践,只不过是对某种行为模式(或行为范本)的模仿或效仿,或者说,是对典型案例或事态中行为方式的模仿。"③

① 参见谢晖:《科学与诠释:法哲学研究的两种理路》,载《法律科学》2003 年第 1 期。

② 该书由刘应明、任平著,由清华大学出版社和暨南大学出版社 2000 年出版。

③ 杨勇:《法律语义系谱学:事实、规范与裁判》,人民法院出版社 2012 年版,第 479 页。

作者强调“一切法律上的行动,均是模仿性行动”,未免言过其实,但法律不能抛开人类经验的支撑而发展则是事实。经验是法律积累的历史性维度,有了这一维度,才有法律的历史合法性。这一维度的丧失,必然是其历史合法性的湮没。历史合法性是法律保持确定性的一个重要维度,这从胶东人讲理时动辄说:“我们老辈子就是这样做(说)的”这一理据中,不难体会此中三昧。然而,对历史合法性的强调,只能说明历史上、经验上就是如此,并不能进而说明为什么会如此,因此,它虽然是具有诠释意义上的肯定性,但并不具有科学意义上的明确性。所以,法律的经验模仿特征,决定了法律不可能是超越性的存在,也决定了法律在尘世的世界里不得不面临各种模糊性的挑战、羁绊和制约,因此,只要人们不得不对法律进行历史解释、经验解释,那么,法律的模糊性和局限性就永远和经验模仿性的法律一起,如影随形、跬步不离。

二、世界无限敞开中的制度修辞

(一)人类在无限敞开的世界中思考和生活

人类的制度建设,总是以人类对世界的认知为基本前提的。人类认知到什么程度,制度建设也才能进展至何种程度。但不得不指出的是,诚如古人所云,“学无止境”。无止境的缘由何在,乃是人类所面对的世界,无论从时间还是空间上,从自然对象、社会对象还是心理对象上,相对于每个认识个体,自然是无限敞开的;相对于作为认识主体的人类,它照例是无限敞开的。能够正视人类认知对象的这种敞开性,就不但能够提供“知识就是力量”的学习和认识动力,而且也能够提供“认识即使命”的道义感和精神源泉。前述康德所谓上帝“上帝预(悬)设”的意义,其作用不仅是在人们面前设立一种无法逾越的信仰,而且更是为人类认识的无限开放和无穷创造预设本体论的基础和根据。同时,此种预设,也是人们在无限敞开的空间里认知、发现和创造的同时,必须相信、崇敬和服从“上帝”的重要根据。

> “由于所有的宗教都在于,我们把上帝看做对我们所有的义务而言都应该普遍受到崇敬的立法者,所以,在规定宗教时,在我们与之相符合的态度方面,取决于我们知道,上帝愿意如何被崇敬(和被服从)。”①

自然,上帝作为终极的存在,也作为对世界万物终极的立法者,他究

① [德]康德:《纯然理性界限内的宗教》,李秋零译,载《康德著作全集》(第6卷),中国人民大学出版社2007年版,第104页。

竟愿意人们如何崇敬他、服从他，这本身是一个无限敞开的话题。借用人们习用的"有一百位读者，就有一百个哈姆莱特"这种说法，则完全可以说，有一百位上帝愿意如何被崇敬的解释者，就会有一百种不同的相关解释。这样一来，似乎"上帝预设"的过于开放，不但没有给人们带来认识、知识和科学的希望，反倒让人们望洋兴叹，迷茫一片。诚然，一种事物总会呈现出其不同的面向，尽管这种在无限开放的时空里叫人们趋于迷茫和止步的情形难以避免，但知识的认知、发现和创造，自来不是每个人的事，即使今天因为互联网而使知识大为普及、人类智慧大为提高的时代，更多的人只是在接受知识，而非发现和创造知识。因此，"上帝预设"所敞开的时空、所蕴含的知识、所开放的进取精神，首先面向的是那些大无畏的知识精英。

如果说上帝是终极立法者，那么，这些知识精英，就是终极立法的不断解释者。他们的任务，就是通过上下求索、"瞻前顾后"、笃力探究，去认知终极"立法"，并给芸芸众生传达其中的知识。尽管他们所传达的知识是有限的、片段的，甚至是片面的，但这些知识又直接影响、决定和支配着人们的交往和生活——既指精神性的交往和生活，也指物质性的交往和生活。在此意义上，知识不但是力量，而且是生活，因此，也是道德——因为这种生活是朝向"上帝预设"的。这样的知识，虽然不是如孟子所言"人之所不学而能者，其良能也；所不虑而知者，其良知也"①的那种"良知"，但也完全符合康德的如下说法：

> "一种教会信仰补救或者预防一切宗教妄想的基本原则是：除了它迄今为止不能完全缺少的那些规章性信条之外，它在自身中还必须包含一种原则，即把善的生活方式的宗教作为真正目的引进来，以便有朝一日不要那些信条"；
>
> "作为永福的手段和条件，凡是不能凭借我自己的理性，而是只能凭借启示为我所知，并且仅仅借助于一种历史性的信仰才能为我认信，但除此之外与纯粹的道德基本原则并不矛盾的东西，我虽然不能相信并且保证它是确定无疑的，但也不能把它当做肯定错误的东西予以拒斥。不过，虽然就这方面而言并未规定什么，但我仍然期望其中能够包含某种能为人降福的东西。如果我不由于缺乏对一种善的生活方式的道德意念而使

① 《孟子·尽心上》。

自己不配享它，它就会给我带来好处。在这一准则中，蕴涵真正的道德上的安全，即面对良知的安全。”①

所以，人类的一切真知，不过是接引人和神（自然）、有限和无限、当下和终极的一个过程。人类认知只能接近于神、趋向于无限、向往于终极，但无法也不可能真正接引神灵、汇通无限、达致终极。所以，人类的精神世界和知识追求，永远“在路上”，且是“林中路”：

“科学在归属于主体性的同时一道构成了绝对之绝对性……科学对黑格尔来说就是关于作为存在者的真实存在者的存在—有神论上的知识。它以双重方式把其整体展开为‘精神现象学科学’和‘逻辑学’。在当时，黑格尔的‘逻辑学’是绝对的有神论，而不是存在论。而存在论则被展开为‘意识经验的科学’。现象学是‘第一科学’，逻辑学是在被理解为存在者本身之真理的第一哲学范围内的真正科学。存在者本身之真理乃是形而上学的本质。”②

在海德格尔这种晦涩语言背后所开放出来的东西，不仅说明黑格尔的逻辑学之于有神论——“上帝预设”的关联，而且在笔者看来，其更深刻之处在另一方面，与其说他预设了逻辑学的“有神论”，不如说“上帝预设”本身是一种精致的修辞预设，这样，完全可以说逻辑学的最终根据，只有在修辞那里，才能找到其“神性”。因此，笔者更愿意说修辞学才真正是一种“有神论”的预设机制，也只有在修辞学这里，才为人们开放了无限广袤的思维空间——这种广袤，比海洋、天空、宇宙更宽阔！对此，海德格尔曾引用里尔克的话而强调说：

“不管‘外部世界’多么广大，所有恒星间的距离也无法与我们内心之深层思维相比拟，这种深不可测甚至连宇宙的广袤性也难以与之相匹敌。因此，如果死者和后人都必须有一个居留之所，那么，还有何种庇护之所比这想象的空间更合适、更宜人呢？”③

如果说这个想象的空间，这个深层思维的居所，这个人类精神的圣殿……在实体上就是人的精神存在（或精神性的人类存在）的话，那么，

---

① ［德］康德：《纯然理性界限内的宗教》，李秋零译，载《康德著作全集》（第6卷），中国人民大学出版社2007年版，第179、194页。

② ［德］马丁·海德格尔：《林中路》，孙周兴译，上海译文出版社1997年版，第207页。

③ ［德］马丁·海德格尔：《林中路》，孙周兴译，上海译文出版社1997年版，第312页。

其外在的形式表达,便是修辞。修辞给了人类思维最广袤的、没有疆域限制的时空。“在任何一个社会中,修辞学皆是市民生活的基础组成部分,同时它也是任何社会每一个层面所必需的基础。”[①]因为修辞,才有了人类无边无际的想象,也才有了人们为此种想象所做的理性的、逻辑化和科学化的努力。所以,在本体意义上,“上帝预设”给了人类思维无限敞开的时空,但在形式意义上,“上帝预设”是修辞的,是修辞给人类的逻辑思维、理性认识敞开了时空,因此,“上帝预设”与“修辞预设”名异而实同。因为“上帝预设”,人类的认知充满了道德感、神圣感和使命感;因为“修辞预设”,人类的认知又充满了诗情、灵动和活力。只有把“上帝预设”搭架在“修辞预设”基础上,才能使超验获得可经验的机会,才能更好、更多地获取科学认识和理性知识,才能不但有开放的时空,而且在这个开放的时空里,有活跃并充塞其间的灵动的精神意识和主体;才能让主体在这个无限广袤的时空里不断地行进在求知的路上,也生活在精神不断丰盈的路上;才能使“敞开者允许进入”——“引入和嵌入那纯粹牵引之吸引的未被照亮的整体性中去”。[②]

(二)法律,人类在敞开世界的有限封闭

人们的认知在无限敞开的时空里进行,并且只能以修辞面向为前提,才能更好地展开科学认知和逻辑思考这一结论,运用到对法律的理解时,会呈现出路向相反的境况:法律所要做的,虽然不是、也不可能是对人们思维世界的封闭,甚至法律一旦制定,还必须给人们开放解释——不仅开放给有权解释主体,而且也开放给那些自由解释者。不过,法律对人们行为的调整,尽管在权利选择上以“可以”为规范词,采取明显开放的态度,但在义务履行上,却大体采取封闭的态度——既有以“不得”为规范词的强制禁止性规范,也有以“必须”为规范词的明令必为性规范,还有以“应当”为规范词的道义导向性规范,甚至也有以“视为”为规范词的实践拟制性规范。[③] 凡此种种,都说明法律是以特定的规

---

① James J. Murphy, *The Origins and Early Development of Rhetoric*, James J. Murphy, Ed. A Synoptic History of Classical Rhetoric, London: Hermagoras Press, 2003, p. 13.

② [德]马丁·海德格尔:《林中路》,孙周兴译,上海译文出版社 1997 年版,第 290 页。

③ 相关论述,参见喻中:《论授权规则——以“可以”一词为视角》,山东人民出版社 2008 年版,第 4~339 页;魏治勋:《禁止性法律规范的概念》,山东人民出版社 2008 年版,第 38~448 页;钱锦宇:《法体系的规范性根基——基本必为性规范研究》,山东人民出版社 2011 年版,第 19~324 页;周赟:《“应当”一词的法哲学研究》,山东人民出版社 2008 年版,第 51~320 页;刘风景:《“视为”的法理与创制》,载《中外法学》2010 年第 2 期。

范词为规范方向，寻求人们交往行为的确定性以及行为结果可预期性的一项事业。这意味着法律的主旨倾向于限缩性的规范追求，为此，人们甚至竭尽全力把法律修饰为理性和逻辑的事业，似乎它和诗性与修辞没有关联——这显然与前述人类认知时空的敞开性有些“背道而驰”。

诚然，理性的、符合逻辑的、因循法律的交往和行为，只能是一种限缩性的事业。那无限敞开的时空，提供给社会精英们的是诗性和修辞的畅想，以及在此畅想中的知识追寻。因此这是一项不需去寻求，也无法寻求归宿的事业。它的基本写照，是永远“在路上”，在那里，我们所能做到的，只能是、且仅仅是“诗意地栖居”，因为只有“诗意地栖居”，人才能与神性和谐、统一，并摆脱因为或过于主观执着或过于客观托从而带来的孤单与失落。

> “人徒然地在一种太主观的状态中，一如在一种太客观的状态中寻求达到他的规定，这一规定在于，他认识到自己作为统一包含于神性的和谐对峙者中，正如反之，神圣、统一、和谐对峙者包含在作为统一的自身之中。显然这仅于美而神圣的情感，神性的感觉中才可能，一种情感，既非单纯地舒适幸福，亦非单纯地崇高强大，亦非仅仅为统一和宁静，而是同时是这一切，并且只能如此，它因此才美……”①

但是，法律却要求人们的交往行为尽量遵循单一的理性尺度、“科学”规划和逻辑精神。只有符合这种要求的交往方式、生活方式、公共秩序以及私人谋划，才是合法的、确定的和可普遍化的，并因此而受法律的保护。正因如此，我们可能因此变成马尔库塞笔下的由技术理性所操控和支配的“单面社会”、“单面思想”和“单面人”。

> “在这个行为域，词和概念倾向于重合，或更确切地说，概念倾向于被词同化。前者除了由语词在大众化和标准化用法中指定的内容以外别无内容，而人们期望，语词除了大众化和标准化的行为（反应）外别无对应。语词变成了老生常谈，它作为老生常谈支配着谈话或写作，交谈就这样妨碍着真正的意义发展。”②

马尔库塞所反思和批判的，正是人类的法律生活所追求的——这种

---

① ［德］荷尔德林：《荷尔德林文集》，戴晖译，商务印书馆2000年版，第233页。

② ［美］赫伯特·马尔库塞：《单面人》，左晓斯等译，湖南人民出版社1988年版，第74～75页。

情形，可以称为法律在开放世界中的“有限封闭”追求。这是对复杂性世界的简单化处理，是对多样性需要的单面化化约，也是对变动性社会的静止化理解。自然，法律对社会的这种处理方式，有其合法性根据，这就是人们虽然生活在一个无限开放的时空中，但人们不能因为时空的无限开放而失去对生活的信心，丧失对确定性的追求，不能耽于理想的意义，而放逐当下生活的意义。因此，借助法律而推进某种单向度的选择，自是情非得已——毕竟耽于诗性生活的人们，自由人格和自由精神全面发展的人们，不断行进在上帝与生活、诗性与理性、修辞与逻辑或者诗与思之间的人们，他们只是人类中的理想主义者，也只是人类中的极少部分。他们的行止，尽管会若隐若现地呈现于每个人的交往行为和日常生活中，但并不总是如此。如果按这种高标准的要求来组织人类交往和社会秩序，我们只能面对一个乌托邦，而不可能构筑真正的“君主国”或者“共和国”……所以，人们的交往行为和现实生活，需要人类作茧自缚，自我“单面化”——即通过法律的技术理性和“科学”逻辑，限制人在过度的时空开放中的漂移不定，寻求某种可欲的、算计性的、能预期的、更现实和实际的人类交往和生活。

不过，问题不在于人类这种寻求规范性的生活是否需要，而在于这种规范的、可预期的、能算计的生活方式是否可能，且如果可能，又在多大程度上有可能。这一质问，直指“法律自足”的逻辑假定(或修辞预设)。如果法律能够做到逻辑自洽、内容自足，那么，法律对开放世界的封闭化处理自然成立也有效；反之，如果法律不能做到逻辑自洽和内容自足，那么，法律面对开放的时空，而去封闭化、单面化地处理人类的交往行为，安排人类的交往—生活秩序，无疑有“致命的自负”之嫌——对法律的此种怀疑，正是开发法学发展，并反过来进一步推动法学发展和法律完善的认识动力和思想基础。

众所周知，法学史上几乎所有重要的话题，都紧紧围绕着法律的明晰性和模糊性、确定性和不确定性、守成性和开放性而展开。坚守法律明晰、确定和守成的学者，总是经不住抱守法律模糊、不确定和开放的学者们的事实质疑，因此，他们要么把法律委身于上帝、权威、科学或者理性，其逻辑结果必然是：法律的明晰、确定和守成，其“根性”在于上帝的启迪，权威的命令、科学的导引或者理性的训诫。在此种追问面前，就连坚守“纯粹法学”的凯尔森，为了博取人们对法律纯粹性的足够信赖，造出了一个被他唤作“基础概念”的产品：

“不能从一个更高规范中得来自己效力的规范，我们称为‘基础’规范……可以从同一个基础规范中追溯自己效力的所有规范，组成一个规范体系，或一个秩序。这一基础规范，就如一个共同的源泉那样，构成了组成一个秩序的不同规范之间的纽带。一个规范属于某一规范体系，属于某一规范性秩序，只能通过这样的办法来检验，即确定它是从构成秩序的基础规范中得来自己效力”；

“基础规范并不是由造法机关用法律程序创造的。它并不是像实在法律规范那样由一个法律行为以一定方式创造的，所以才有效力。它之所以有效力是因为它是被预定为有效力的；而它之所以是被预定为有效力的，是因为没有这一预定，个人的行为就无法被解释为一个法律行为，尤其是创造规范的行为。”①

凯尔森这种言不及义的表达，尽管并未能确切地给读者宣告什么是“基础规范”，但他敏锐地觉察到了其“纯粹法律”说的逻辑漏洞。而对“纯粹法律”之逻辑漏洞的揭示，也开放出了更为尖锐且诱人的问题：法律究竟是无所破绽、逻辑自洽、内容自足的一套规范体系呢，还是必须借助一定修辞，才能自圆其说，并展开逻辑推演的规范体系？进言之，立法者在敞开的世界中，如何能够做到逻辑无缝地给人们的交往行为以某种周备无遗的安排？或者，这种安排有没有可能？如有可能，其效力渊源究竟何在？这是下文需要继续论述的问题。

（三）封闭、修辞预设与法律的逻辑努力

既然世界是无限敞开的，人们的认知也只能行进在无限敞开的时空里，也就意味着时空永远在节制人类科学认知的限度与理性的限度。法律作为人类的交往理性，作为对人类多元需要和多元行为方式进行协调和调适的方式，其明晰、确定和普遍的属性，无论如何都会受制于敞开时空的不确定性影响。在一定意义上，法律的模糊、不确定、时滞等局限性是绝对的，反倒其肯定、明确和普遍性是相对的。在这种参照和语境下，所谓法律的自足性、自洽性、明晰性、确定性和普遍性追求，只是法律的一种修辞预设。这正如宗教法学家们为了说明法律是必要的且合理的，而不断搬出神灵、上帝、真主……这种修辞，自然法学家们为了说明法律

---

① ［奥］凯尔森：《法与国家的一般理论》，沈宗灵译，中国大百科全书出版社1996年版，第126页、132页。

的应当取向，而强调自然理性、自然正义、天赋人权等。新自然法学派的菲尼斯就认为，“若一种观点认为，法律义务的形成和存续与奉行自由裁量且静止不变的习惯性秩序是有区别的，那么这种观点应被视为一种道德理想，除非它是为伟大的正义所要求，由此这种观点也就成为了法律中的核心问题。”①这种修辞，作为纯粹法学之领袖的凯尔森，为了强调所有规范的效力总源，而制造出“基础规范”这种修辞性概念产品……一样，法律作为调整人类交往行为的一种肯定的、明晰的、普遍的机制，更需要修辞预设来助力其完成系统的逻辑建构。

众所周知，把法律做成一种具有一定闭合性的逻辑体系，无论立法者也罢，还是痴迷于法律的法律人也罢，都为此付出了无尽的努力。在成文法世界，建立一套包罗万象、无所遗漏的法典体系，是人们对法律的最高理想。为此，拿破仑作为一位在战场上指挥千军万马而叱咤风云的人物，执政后却聘请了四位著名法学家起草民法典，并前后组织召开了102次草案研讨会。在这些研讨会中，尤为令人钦佩的，是他亲自主持的会议达半数以上！正因如此，当其回忆自己戎马倥偬、建树非凡的一生时，不无自豪地宣称：

> “我的光荣不在于打胜了四十多个战役，滑铁卢会摧毁这么多的胜利……但不会被任何东西摧毁的，会永远存在的，是我的民法典。”②

此种对法典的钟情，直接影响德国、瑞士、苏俄、日本、中国等崇尚成文法的国家。至今在我国，制定一部足以全面地调整民事、商事交往关系的民法典，成为“几代民法学人的梦想”。③ 由此足见包罗万象、构建宏大的法典在大陆法系国家对人们的吸引力。

在英美法系国家，虽然判例法和成文法并存，但一方面，在看似杂乱无章、分散无序的判例法中，寻求其内在的体系化，一直是法学家和法官们努力的内容。由此开放出了众所周知的遵循先例原则，以保障判例法的相对统一和逻辑自洽。另一方面，在判例法国家（如美国），除了公法领域的成文化努力外，即使在私法领域，也有向法典化的努力，并出现了

---

① John Finnis. Natural Law and Natural Right . Oxford: Clarendon Press,1980,p. 181.

② 王作堂等:《〈法国民法典〉及其新变化》,载《法国民法典》(中译本代序),马育民译,北京大学出版社 1982 年版,第 1 页。

③ 殷泓:《民法典:从过去走向未来——从纪念民法通则颁布 30 周年展望民法典编纂》,载《光明日报》2016 年 4 月 18 日。

所谓“法典化运动”。这一运动,从英国法学家边沁向美国总统麦迪逊毛遂自荐、主持起草一部法典未果而开其始,中经克罗德福、萨缪尔·威利斯顿等法学家起草《统一流通票据法》《统一买卖法》等法律而助其兴,直到著名法学家卢埃林组织起草了引世人瞩目的美国《统一商法典》,美国的“法典化运动”方终其成。[①]

那么,这种对“健全的法典”之追求,是否全然解决了法律的逻辑自洽和内容自足问题?是否能让法律全然对应于主体交往行为和社会有序的要求?对此,无论在学理上,还是实践上,都作出了否定性结论。因此,种种救济法律逻辑瑕疵和内容不足的理论和技术便应运而生。尤其法律解释理论和法律方法理论,就是针对法律的种种意义瑕疵——要么“意义模糊”,要么“意义冲突”,要么“意义空缺”而采取的救济措施和技术。[②]

在这个意义上,法律乃是一个解释或诠释的体系。尽管在有些人的笔下,法律的诠释如同宗教经典的诠释一样,是“独断型诠释”[③]——因为它们都追求的是一种合乎目的的有权解释,但在伽达默尔笔下,法学诠释学的典范意义恰恰不在其独断型,而在于其和历史诠释学、语文诠释学一样的探究精神。所以,他这样写道:

> “……法学诠释学其实不是特殊情况,而是相反,它正适合于恢复历史诠释学的全部问题范围,并因此重新产生诠释学问题的古老统一性,而在这种统一性中,法学家、神学家都与语文学家结合了起来。”[④]

这表明,即使法律诠释和法律诠释学,在寻求法律在当下案情中的应用的同时,也在对法律作出某种创造性的、具有开放性的理解和解释。在这个意义上,不难得出如下的结论,所谓法律的体系封闭、逻辑自洽和

---

① 参见孙新强:《美国统一商法运动述评》,载美国法学会、美国统一州法委员会:《美国〈统一商法典〉及其正式述评》(第一卷·导读),孙新强译,中国人民大学出版社 2004 年版,第 7 ~ 20 页。

② 参见谢晖:《法律哲学》,湖南人民出版社 2009 年版,第 36 ~ 66 页。

③ “独断型诠释学”是“探究型诠释学”的对称,它“旨在把卓越文献中早已众所周知的固定了的意义应用于我们所意欲要解决的问题上,即将独断的知识内容应用于具体现实问题上。它的前提就是文献中的意义是早已固定和清楚明了的,无须我们重新加以探究。我们的任务不过只是把这种意义内容应用于我们当前的现实问题。神学诠释学和法学诠释学是它的典型模式。”参见洪汉鼎:《诠释学——它的历史和当代发展》,人民出版社 2001 年版,第 16 页。

④ [德]汉斯·格奥尔格·伽达默尔:《真理与方法——哲学诠释学的基本特征》(上),洪汉鼎译,上海译文出版社 1999 年版,第 422 页。

意义自足，即便经过了立法者的仔细考量和认真订定，但也只能是一种修辞意义上的结论。进言之，体系封闭、逻辑自洽以及意义自足等，不过是立法者和法律人们对法律的一种修辞性预设和富于诗性化的安排。它是诠释的结果，而非科学的必然；是可接受性的选择，而非真理性的信条。

有了这种修辞性预设，才使人们可能"信法为真"，把法律纳入和生活交往须臾不可分离的人生结构中，并从中可能生成人们对法律的信仰。进言之，即便一种法律所表达和记载的是真理，是"事物的客观规定"，但也免不了人们根据其需要和所好对这种规定性进行裁剪。譬如，核武器能够大规模地杀人，这是事物关系的规定性。但在法律需要上，或主张无核，或主张有核。法律的任务，不是规定核武器可以大规模杀人这一"事物的规定性"，而是根据人们的需求以及需求博弈的结果规定禁止核试验或者允许核试验；禁止率先使用核武器或者允许率先使用核武器……显然，立法者只能在不同的主张者间，要么综合各家需要，要么根据多数需要立法。无论综合的各家需要，抑或多数需要，都不一定必然代表着"科学理性"或"必然真理"，毋宁说这是一种"交涉性真理"。既然是"交涉性真理"，人们还必须遵从之，这取决于商谈决定或多数决定的逻辑合法性，也取决于"信法为真"的修辞合理性。而这里的"逻辑合法性"，在根上仍奠定在"修辞合理性"基础上。正是"修辞合理性"，才为"逻辑合法性"提供了人们"信法为真"，信商谈为真，也信多数为真的基本逻辑前提。

可见，立法者每每企图以封闭、自洽和自足的法律体系，构造一种符合逻辑的人类交往秩序体系，但法律归根结底是人们知识的产物和结晶，当人类知识所面对的只能是敞开的时空时，可以想见，人类的知识只是有限的知识。把这种有限的知识作为制定人类交往秩序规则的根据，其捉襟见肘、顾此失彼自不难理解。但即使如此，人们也必须信法为真，否则，因为知识的有限、相对以及由此所导致的法律的不太完美而排斥法律，人类就只能陷于完美追求的无穷无尽的烦恼之中。因此，我们宁可像德沃金那样寻求对法律的整体性的完美诠释，也不能像庄周那样因为规范（法律）的不完美而绝圣弃智，因任自然——

> "……整体的法律……认为，法律的要求是阐释性的判断，因此将回顾与展望的因素合在一起。它们所阐释的是被视为正在逐渐展开的政治叙述的法律实践。因此，作为整体的法律

认为纠缠于法官究竟是发现法律或是创造法律这个由来已久的问题于事无补,它认为只有弄清法官发现并创造法律与法官既未发现也未创造法律之含义,才能理解法律的推理。"①

显然,这是一个对阐释以及法律的整体性不乏乌托邦理想的要求,因此,也是一个不乏修辞精神的预设。然而,恰恰是这种理想、这种修辞预设、这种作茧自缚后的破茧而出,才为法律更趋于完善、社会更趋于正义、秩序更趋于稳健而开放了必要的解释空间。

三、模糊/局限情境中的法律修辞

(一)模糊情境中的法律"明确修辞"

在无限敞开的世界中,逻辑清晰的能力是有限度、有疆界的。所谓科学、逻辑和理性这些追求确定性或明确性的词汇,都具有"内卷性"、限定性的特征,其限定手法就是修辞。只有在修辞所预设的前提和限度内,才可能做到科学合理、逻辑清晰、理性实用。跨越这一疆界,科学、逻辑就很难理性地完成清晰法律的使命——这确实是一个悖论,但也正是法律有趣之所在。法律作为一套科学的、逻辑的和理性的体系,运用科学知识组织其具体内容,厘定其调整对象,运用逻辑语言安排其篇章结构、遣词造句,并以之来安顿人世的规范生活和秩序模式,毫无疑问,明确性是其首要之追求。法律如果模糊不明,模棱两可,那么,它不但不会是社会秩序的缔造者,反而是社会秩序的破坏者与解构者,是人们交往行为的麻烦制造者——因为含混不清的法律会让受它调整的人们两眼茫然、好坏莫辨、无所适从。甚至这种情形,还会使法律不成为法律,反倒是法律所反对的东西,从而使逻辑不成为逻辑,反倒是逻辑所否定的对象。

"十分明显的是,含糊和语无伦次的法律会使合法成为任何人都无法企及的目标,或者至少是任何人在不对法律进行未经授权的修正的情况下都无法企及的目标,而这种修正本身便损害了合法性。从污浊之泉中喷出的水流有时可以被净化,但这样做的成本是使之成为它本来不是的东西。"②

可见,法律一旦含混不清,首先所危及的是法律这个词,或者这种调整机制本身的合法性与有效性——从而最终危及法律所调整的社会关系和社会秩序。换言之,只要寻求法律调整的合法性与有效性,法律的

---

① [美]德沃金:《法律帝国》,李常青译,中国大百科全书出版社1996年版,第201页。

② [美]富勒:《法律的道德性》,郑戈译,商务印书馆2009年版,第76页。

清晰性或明确性就是一个必须具备的条件。混沌的水流不可能开显水下多姿多彩的万物;模糊的法律不可能调整纷繁复杂的社会关系。

然而,法律的明确性这一界定,本身却是一个极富修辞色彩的命题。表现在:

一方面,如果明确性是指“科学”意义上的——也就意味着某个问题能被科学公理或科学定理所证明。但如前所述,科学上的明确性,并不一定是法律所肯定的明确性。科学认知的结果往往并不能直接规定为法律。例如,分布在大自然中的果蔬,究竟哪些有毒,哪些无毒?哪些不能食用,哪些可以食用?这些显然都是以主体(人)规定性和对象规定性的科学认知为标准的。但是这些科学认知的结果未必都一定要表达在法律中。一种科学认知的结果要表达在法律中,必须把这种认知结果代入到人的需要中。因为有毒、无毒、可食用、不可食用等,本身都是人的需要的鉴别体系,是一种“精神现象学”。因此,当这一科学认知结果升华为法律上的肯定或否定(如允许可食用的果蔬上市,禁止不可食用的果蔬上市)时,已把人的需要和其“精神现象”熔铸其中。这时,科学意义上的能被公理或科学定理所证明的内容,已被主体化了。这一过程,乃是把客观规定性根据人的需要予以主观处理的过程,其中的选择指向,不再纯粹是科学的规定性和明确性,毋宁说是人们需要的确定性和明确性。另一方面,如果明确性是指“诠释”意义上的,那么,众所周知,其基本特征是强调“前见”的合法性,这与科学一味排斥先入之见、偏见或成见的情形适成对照。不但如此,而且在诠释学看来,“前见”或“前理解”是一切“理解的条件”。

> “……理解首先意味着对某种事情的理解,其次才意味着分辨……并理解他人的见解。因此一切诠释学条件中最首要的条件总是前理解,这种前理解来自与同一事情相关联的存在……正是这种前理解规定了什么可以作为统一的意义被实现,并从而规定了对完全性的先把握的应用。”①

特别是社会-精神现象,本身是人们交往行为的产物,其规定性隐含在不断变迁的多元性中。尽管人们经常尝试通过心理学的研究,以便对人们交往行为的心理机制给予某种肯定的描述,并进而控制人们的行为,甚至还有种设想,通过给人脑中植入智能芯片,一方面让人变得像阿

① [德]汉斯·格奥尔格·伽达默尔:《真理与方法——哲学诠释学的基本特征》(上),洪汉鼎译,上海译文出版社1999年版,第378页。

尔法狗一样聪明;另一方面也使人接受机械的控制。但毕竟归根结底,人作为万物之灵,是一类有机的存在,而不是机械的存在;是一种精神的存在,而不是物质的存在。因此,人类交往中最大的确定性,乃是人们对一种存在状态、生活方式以及社会规范的共识。这种共识,既非"科学"的结论,也非命令的结果,而是商谈或诠释的结果,是在"交往理性"下的"视域交融"、"重叠共识"或者"同情理解"。

"通过交往理性决定的主观性,反对自我为了自我维持的反自然化。交往理性不像工具理性那样,包含一种无反抗的盲目的自我维持。这种交往理性不是表现在一种自我维持的主体上,即一种通过阐述和行动涉及客体、或涉及针对一种周围世界而保持标准的体系的主体上,而是表现在一种象征性结构化的生活世界上;这种生活世界是通过它的成员的解释成就进行构思的,并且只是通过交往行动加以再生产的。因此,交往理性不是简单地存在于一种主体、或者一种体系的状态上,而是参与所应该维持的东西的结构化。调和和自由的空想的展望,是要求具有个人的一种交往社会化的条件的,这种展望已经包含在类的语言再生产的机制中。"①

法律作为人们交往行为的、明确的规范预设和制度安排,其所遵循的除了科学意义上的明确性外,更多地遵循的其实是诠释学或者交往理性意义上的明确性。即使科学意义上明确性,一旦运用到法律领域的时候,也要遵循诠释和商谈的规则,从而呈现出所谓规则竞争的情形。法律规则并不是,或者不完全是主权者命令的结果,而是人们因为合作或联合的需要而商谈—竞争的结果。因此,法律规则不可能不存有模糊性。诚如奥肯肖特所言,

"'法治'这个词语确切地理解,指一种只依据承认已知的、非工具性的规则(法律)的权威的道德联合模式,它将在做自选行动时同意限定条件的义务强加给所有在它们权限内的人";

"'法治'这个词语意指已经在实践中被概略瞥见,但还未经反思,人们断断续续享有,一知半解,不太清楚的人类关系模式:反思的任务不是要发明某种迄今还未听说的人类关系,而是要通过尽可能精确地区分它的状态赋予这种有点模糊的关

① [德]哈贝马斯:《交往行动理论》(第1卷),洪佩郁等译,重庆出版社1994年版,第506页。

系一种清楚表达的特征”。①

所以,作为法治的人们的合作与联合方式,本身并不像形式主义法治观所揭示的那样,总是清楚明白的;反之,人类运用法治的联合方式,往往具有模糊性、偶然性、不确定性和非连贯性。因此,才需要理性去反思,去寻求对模糊关系的清楚表达。但问题是这种“清楚表达”有没有可能?或者在何种程度上才有可能?这才是面对法律模糊性时更应关注的。

这表明,无论在“科学”意义上,还是在“诠释学”意义上,法律的明确性都是一个值得悬疑的话题。我们只能用相对明确性这个业已富有修辞特征的词汇来表达明确性。在这个意义上,所谓法律的明确性,本身不过是立法者的一种修辞。奥肯肖特所期望的所谓“清楚表达”,也只能是制度修辞意义上的清楚表达,而不是我们所期望的科学、逻辑、理性意义上的清楚表达。问题的麻烦之处还不止于多元性、对话性和交涉性的诠释与商谈所必然包含模糊,而且更因为以片段性经验和知识为基础的法律,总是要面对无限开放的时空,面对无限多元和变换的交往合作需要与交往合作关系。因此,其明确性的有限性理所当然。

这表明,明确性的认知和法律一定是附条件的,有界限的。而模糊性对人们认知以及建立在认知基础上的法律而言,是无条件的、无边界的。在如此这般的模糊世界中,寻求法律的明确性,必然使这种明确性本身秉有了制度修辞的意味。制度修辞的开放特征,使其面对模糊的世界,给人们开放了一种信心和信念。法律的明确性就是在模糊背景下,给人们开放出一种信念。因为有这一信念,人们才“信法为真”,也才真正地在开放的修辞境遇中展现人的精神存在的本质,伸展人的个体主体性,并进而完善法律。如果把明确性纯粹当做一种逻辑上的事实或者科学意义上的结论,这不但不不符合法律运作的事实,而且同时还会因为人们过分地执着于法律、盲目地依赖于法律而丧失对法律缺陷本身的观察能力,也放松对法律更趋明确、肯定和普遍的主观努力和追求。所以,制度修辞论不是、也不可能是故意寻求让法律趋于模糊的理论,反而是界定并不断开放法律明确性的理论。这是在法律模糊情境中理解法律的确定性时,理应明白的一个制度修辞话题。

(二)局限背景下的法律“包容修辞”

现在再回过头来看看在法律局限性背景下的制度修辞问题。法律

① [英]奥肯肖特:《法治》,载《政治中的理性主义》,张汝伦译,上海译文出版社2004年版,第157页、170页。

局限性学说,在理论上是对法律万能论的一种纠偏,在实践上是对法律客观作用有限论的一种事实描述。尽管在学理上,笔者比较认同于在条件界定前提下的法律万能论。这个条件就是在调整人们的交往关系中,应当赋予法律万能的力量。这种交往关系,既指天人关系,也指群己关系,还指身心关系。在天人关系的调整上,法律拟解决的核心问题是信仰和利益的关系问题——究竟由信仰节制利益,还是由利益左右信仰?在群己关系的调整上,法律拟解决的核心问题是合作(契约)和利益的关系问题——究竟由契约安排利益,还是由利益败坏契约?在身心关系的调整上,法律拟解决的核心问题是良心和利益的关系问题——究竟由良心支配利益,还是由利益决定良心?当下人们对法律的研究和关注,更多地投注于群己关系,这本来无可厚非。但这绝不是说法律不涉及天人关系和身心关系,或者说天人关系与身心关系拒绝法律进入。如果按照笔者的这种事实描述和理念预设,那么,毫无疑问,包括信仰权利和自由、思想权利和自由等涉及天人关系、身心关系的内容,都是法律全能地调整的对象。尽管法律未必能完全解决人们的终极幸福问题,但即使这样的问题,倘若没有法律保障,则是不可想象的。

这似乎离题远了些,似乎按此设想,法律就根本不存在所谓局限性问题。但无论法律万能的设想,还是对法律肯定性、明确性和普遍性的期待,在揭示法律的独有特征之同时,也必然彰显法律的局限性。所以,这里所呈现的,具有逻辑和修辞、理性和诗性两方面的向度。

说法律万能,如同说上帝万能,这本身是建立在理想基础上的一种夸张性修辞。世间没有万能的事物,法律作为人造的规范,自不可能导向所谓万能的境地。提出法律万能,不过是像康德的"上帝预设"一样,或者像国人所谓"取法乎上,仅得其中"的用意一样,尽管不能实现至上,但至少为至上的实现敞开了时空、预设了条件。这或许正是西方世界的法学理论,长久以来不回避神法、自然法这类看似凌空蹈虚之观念的缘由,也是古典中国在法律之外,人们一定会强调天理昭彰,无所遁形;天网恢恢,疏而不漏的缘由。或者只有如此,才能"万物皆备于我",在法律的世界,实现那心物不二之境。

"先生游南镇,一友指岩中花树问曰:'天下无心外之物,如此花树,在深山中自开自落,于我心亦何相关?'先生曰:'你未看此花时,此花与汝同归于寂。你来看此花时,则此花颜色一时明白起来。便是此花不在你的心外。'"①

王阳明这段饮誉后世的心物不二质阐述,和笔者所谓法律万能的理想,虽范围不同,但取意接近,其目的,就在于借此而实现人们对世界——天人关系、群己关系和身心关系更高层次、更深程度的认知。这种取意,已然说明现实中法律的局限性。因此,这一取意不仅涉及对法律在逻辑上、理性上的服从,而且更涉及对法律的在修辞上、诗性上的态度和理念。

当人们说法律是明确、肯定和普遍的,是人们征诸逻辑工具、科学理性就可以证明或认知的时,在另一方面也必然表明它的局限:明确表明,法律只能对那些与规范内容完全吻合的社会关系才是适用的。一旦社会关系呈现出和法律规定的内容相悖的情形,其调整功能自然深受影响,或形成所谓面对法律的疑难案件。如财产概念向来指向物质或者物质的等价物,是有形的且直接可控的。但网络财产的出现,却导致了财产无论在内涵还是外延方面的明显变化,那么,网络财产算不算财产?如果算,如何处理既有法律的缺陷?如果不是,又如何在法律上界定其性质?可见,在法律明确性的背后,意味着社会关系也是明确的。但问题是众所周知,社会关系不但是多元的、变迁的,而且还处在不断新生和淘汰的过程中。因此,明确这一概念,在其逻辑的"内卷"属性之外,还必然会呈现出修辞的开放性。正因如此,明确才能经由解释而维系。

法律的肯定性和普遍性这两个属性,与明确性一样,不仅表现为规范的属性,更应适用于社会关系中时才能凸显。肯定性意味着法律所调整的社会关系及其意义也是肯定的——无论是正向的肯定还是负向的肯定。只有如此,肯定性的意义才不至于局限于法律规范本身,而且通过法律的调整,投射到人们的交往中,以理顺社会关系,组织社会秩序。可事实上,对同一种社会关系,究竟是正向的还是负向的,不同时空的人们有截然不同的评价标准。特别是在那些领土广袤、人口众多、文化悠久、民族关系复杂的大国里,就更是如此。这就必然为法律面对复杂社会关系时的肯定性调整设置了重重障碍。而普遍性也意味着法律规范只能更多地适用于具有普遍性的社会关系、交往合作中,这就必然意味着它要把那些特殊性的社会关系尽量地纳入事先预设的普遍谱系中。但问题是,事物关系的个别性是绝对的,其普遍性只是人们刻意抽象或修辞努力的结果,因此,在判例法世界,尽管遵循先例是个重要原则,但

① [明]王阳明:《传习录》(下),载《王阳明全集》(上),上海古籍出版社1992年版,第107~108页。

也绝不因为因循先例而忽视个案中社会关系的独特性,因此,才需要先例识别,并进而进行"现例创造",以便丰富更多的先例。在成文法世界,"普遍的"法律所面对的种种社会关系,也一定是具有个性特征的,因而,法官面对类似案件,在裁判上并不能奉行复制原则,而必须在说理和论证上呈现其不同的风格,展现其独特的裁判效果。

如上种种皆表明,在人们强调法律的如上特征之时,同时法律也表现着其局限性。所以,法律的局限性是和法律的独特性、有效性共在的概念,更不要说法律还因为前文已经述及的原因而表现其局限性。尽管法律具有不可避免的局限性,但法律面对人类交往的种种关系——天人关系、群己关系和身心关系,还要尽量地通过权利义务的安排,把这些关系吸纳到法律调整的麾下。这不应是法律的自大,也不能说是立法者"致命的自负",而是法律作为从古至今、从中到外之社会关系的最权威的调整方式,作为人类文明秩序的最重要的构造机制①所理应肩负的社会使命。但正是在这里,具有局限性的法律却提出了包容性的修辞

① 一般认为,对人类社会关系的调整规范和机制,可分为三种,即宗教调整、道德调整和法律调整。由此形成不同的文明秩序。於兴中指出:"为了协调人与人、人与自己、人与社会和人与自然这四种关系,人们需要一种赖以正常生活的基本框架。这个基本框架就是文明秩序";"文明秩序是人类文明的产物,其创始者是人。因此,理解文明秩序便不能脱离开对人的理解。假定人具有三种相互关联但又界限分明的属性:心、灵、脑,与这三种属性相对应,产生了三种秩序,分别为道德秩序、宗教秩序和法律秩序。感情发自于心,信仰凭借于灵,理智产生于脑,而道德诉诸感情,宗教诉诸信仰,法律诉诸理性。三者实为人类文明秩序建立和发达的首要条件。就理想而言,三者统一于某一文明秩序时,这个文明秩序便是完美的文明秩序,可以称为三维文明秩序"。(参见於兴中:《法治东西》,法律出版社2005年版,第34~35页、39页,并参见於兴中:《法治与文明秩序》,中国政法大学出版社2006年版。)这三种文明秩序究竟是什么关系?我们大体上可归纳为三种不同观点:(1)三者是平行关系。例如,谢遐龄在强调中国伦理文化和西方法治文化的区别时就强调两者是平行关系,中国伦理文化永远也不会走到那西方法治文化的路上(参见谢遐龄:《中国社会是伦理社会》,载《社会学研究》1996年第6期)。(2)三者是递进关系,其中一个递进路向是宗教和伦理秩序让位于法律秩序。如庞德就曾指出:"自十六世纪以来,法律已经成为社会控制的最高手段了。"(参见[美]庞德:《通过法律的社会控制、法律的任务》,沈宗灵等译,商务印书馆1984年版,第131页。)另一个递进路向,是从法律(理智)向伦理(直觉),再向宗教(现量)递进。梁漱溟强调:"照我的意思人类文化有三步骤,人类两眼视线所集而致其研究者也有三层次:先着眼研究者在外界物质,其所用的是理智;次则着眼研究者在内在生命,其所用的是直觉;再次则着眼研究者将在无生本体,其所用的是现量;初指古代的西洋及在近世之复兴,次指古代的中国及其将在最近未来之复兴,再次指古代的印度及其将在较远未来之复兴……"[(参见梁漱溟:《东西文化及其哲学》,载《梁漱溟全集》(第1卷),山东人民出版社1989年版,第503~504页。](3)三者是相容关系或交叉关系。也可分为两种不同的相容或交叉路向:其一是三者的平等互融。於兴中大致持这种主张:三种文明秩序不可偏废,也不可偏向,否则便会滑向某种"一维的文明秩序"。其二是三者以其中某一文明秩序为主轴,吸收、整合并借此扩展其他文明秩序,如在法律文明秩序中嵌入宗教文明秩序和道德文明秩序的内容,即以法律文明秩序吸收宗教文明秩序和道德文明秩序。笔者就主张三种文明秩序的此种相容性、交叉性、统一性,使文明秩序不但完美,而且有效。

要求。

法律的包容要求是指法律能对多元的社会需要和变迁的社会关系进行适应性调整。尽管这并不意味着法律要包容所有的社会需要,要接纳所有变迁了的社会关系,否则,法律的制裁性条款就没有对象,也没有任何意义,但对于那些并不违背人类基本价值和道义,不侵犯社会和他人权利的社会需要和社会关系,法律必须包容。显然,在强调法律的此种包容性的时候,我们也知道,法律在范围上不是严格了其是非标准,反而是放松了或扩大了其是非标准。对是非标准的放松和扩大,必然意味着法律所包容的内容——主体需要和社会关系相互之间的冲突。把"萝卜白菜、各有所爱"的个性爱好和法律统一、普遍、明确、肯定的调整合而为一,这自然需要独特的规则智慧和政治智慧。这一智慧的基本规范机制,就是把个性爱好结构在法律的权利体系中。所以,权利的包容机制并不是用来解决、判断科学上的真假是非问题,而是解决道德上的宽容和可接受问题。其基本的技术工具并非逻辑,而是修辞。

这样一来,我们就可以把法律在局限背景下的包容需要界定为是一种制度修辞的结果,其在人们交往行为中的一般表现是可接受的正确性,而不是科学理性的正确性。可接受性无论在立法上、执法上还是司法上,都是处理矛盾需要和矛盾社会关系的基本方式。有学者在研究可接受性问题时指出了这一概念的五个界定标准。在笔者看来,其中"带有折中的色彩或者因素"、"不确定性"以及"推崇形式与实质的分离"这三个特征尤为重要,①因为这些特征都表明法律在局限性背景下的包容需要,以及这种包容需要的制度修辞属性。

尽管包容需要本身是人们寻求法律调整社会关系时的一种理性处断机制,或者进一步讲,可接受性本身在社会领域中就是一种理性处理机制,因此,需要把社会(法律)领域中的理性和科学领域的理性作一分为二的处理。但笔者仍然要说,包容、可接受等制度修辞本身并非全然是情感的和非理性的东西。从它给理性思考、科学认知安排开放性时空这一视角看,这些制度修辞就是人们的一种权衡结果和理性预设。它不是理性的对立者,只是为理性的展开提供条件;它也不是科学认知的反对者,反而为科学认知提供时空。所以,法律局限性背景下的包容、可接受等制度修辞预设,正向哲学家笔下的"上帝预设"一样,不但不遮蔽理

① 参见孙光宁:《可接受性:法律方法的一个分析视角》,北京大学出版社2012年版,第16~18页。

性，反而为人们通往理性铺设道路，拓展时空，准备条件。它进一步证成在法律局限性背景下，法律的一切包容性努力，莫不与制度修辞息息相关。

（三）制度修辞与法律模糊/局限性的克服

为何法律的模糊/局限性需要引入制度修辞？修辞作为诗性思维的重要方式，不是更容易导致法律的不确定性、模糊性和局限性吗？这样的质疑看似有一定道理。因为在常人眼中，模糊性是修辞所秉有的天赋，因为修辞是和本来虚假的“神性”相关联的概念。

> “柏拉图正是以这种方法，把真正的哲学家苏格拉底描绘成时而是学园式的授徒者，时而是讨大众喜欢的辩才无碍的演说家。对话中的神话成分是修辞式的：神话就其内容来说有着可能性，因而不是讲授的对象，而是旨在从听众中激发某种意见……以此取得说服……之效。神话属精巧的童戏……之列：把修辞成分组合起来，恰如将前人写就的作品拼排一番，纯是为了娱戏。既不能以已写就的形态，也不能以修辞方式，来编织真理。片刻之间，无须入规合矩地讲解，此际，神话及修辞的成分便活跃起来。诉诸见证，是种模拟的修辞手段，柏拉图式的神话同样也经由诉诸见证来引入……柏拉图……区分了两类言说，一为真实，一为虚假：神话属于后者。”①

柏拉图一生厌恶修辞，就是厌恶其服务于神话的这种虚假性，以及由虚假性必然带来的模糊性。在笔者看来，修辞本身只是对复杂事物、多样性事物、矛盾事物的一种开示方式，它和逻辑一样，在向人们开示着模糊世界的意义。只是逻辑运用理性的可被证实的语言，而修辞运用诗性的开启人们想象的语言。只要逻辑和理性不能完全证实复杂世界的一切现象，那么，想象以及和它相关的诗性修辞就不但是必要的，而且是通往逻辑之途的不可或缺的导向。所以，柏拉图对修辞的厌恶，在另一视角揭示了修辞的本质：修辞乃是通往神性的路径。而对未知的神性的渴望和探求，是知识生成的最重要的通道。在一个宁愿知其然，而不愿知其所以然的地方，既没有超越日常的神性之牵引，也不会勾起人们追求“然”之“所以然”的欲望，因此，人类精神现象只能停顿于斯——“百姓日用而不知”，是以知识流于经验，精神趋于萎靡，社会不思进取。在此意义上，与其说修辞的本质是模糊的，不如说它是克服模糊性的，开启

---

① ［德］弗里德里希·尼采：《古修辞学描述（外一种）》，屠友祥译，上海人民出版社2001年版，第7页。

想象之途、迈向整体澄明的智识。修辞不仅是滔滔雄辩、翻云覆雨、左右逢源、模棱两可,更是牵引神灯、笃信意义、上下求索、坚守终极。修辞不是定义,而是开示。

进言之,人类知识不过是其智识中可证明的部分,是极为有限的部分,因为能够证明的智识的基本手段——语言本身是一种修辞。诚如尼采所言明的那样,

> "比喻……这非字面的意指活动,被看做修辞的最具巧艺的手段。然就其意义而论,一切词语本身从来就都是比喻。它们并不真正地呈示出来,却是呈现为声音形象,借着时日逝去而渐趋模糊:语言决不会完整地表示某物,只是展呈某类它觉得突出的特征";
>
> "……比喻不仅仅为偶然地添附到词语上去,而是形成了词语几乎全部固有的特性。它使得抬出'专有意义'不再有效,专有意义只在特殊情形下继续存在于另外一些事物中。
>
> 就如指称真实的词语和比喻之间几乎没有区别一样,直截了当的言语和施用修辞手段之间也没有什么界线。通常称为语言的,其实都是种比喻表达法。语言由个别言语艺术家创制出来,但由群众集体的趣味作出抉择,这一事实规定着语言。只有极少数的个人表出修辞手法……其功效则在成为众人的导引。倘若这些修辞手法没有盛行开来,那么,人人都会诉诸通常的惯用法层面,以显示种种手法的不规范,文理不通。某一修辞手法寻不到买主,就属谬误之物。一谬误之物被某些惯用法接纳,就成为一修辞手法"。①

尼采的这种精辟之见,表明人类的语词本身就是修辞,进言之,以语词所呈现的修辞,不仅是人们在整体上通往澄明之境的语言运用手段,而且是救济人们语言运用不足、有限时的方式和根据。修辞的这种救济功能,正是笔者把制度修辞这一概念引入模糊/局限情境下的法律世界的缘由。法律是有模糊性和局限性的,并不意味着人们面对之而听之任之;反之,人类的反思性和创造性本质必须寻求其补救手段。这种手段可一分为二,即倾向于证实的逻辑和倾向于导引的修辞。证实的逻辑给人提供的是一是一、二是二的确定性,它一定以诸多的限定为前提。但

---

① [德]弗里德里希·尼采:《古修辞学描述(外一种)》,屠友祥译,上海人民出版社2001年版,第20~22页。

导引的修辞并不提供这种确定性，在一定意义上，它就是提供前提，提供方向，提供可能性，或者提供希望。此种希望教导人们，不要在法律的模糊/局限性面前缩手缩脚、怯而止步，而应当遵循诗性的指引，举着火把，涉险向前。即使人们面对法律（制度）的种种不足而寻求一系列决策技巧——“对制度主义困境的一种更好回应不是去求助于公正（或埃斯科里奇主义者所说的那种公共价值），而是依靠一套在极端不确定状态下有限理性主体进行决策的技巧”，①但这类技巧依然是建立在经验、直觉基础上的“超科学”的：

> “与解释选择相关的经验问题常常是超科学的，即虽然它们本质上是经验的，事实上基于目前所掌握的信息却很难处理这些问题”；
>
> “总体上来看，就解释选择而言使超科学难题变得令人生畏的原因在于，制度变量太多使得决策者无法根据那种自信的直觉预感作出决策……”②

但尽管如此，人们完善、应对、救济法律模糊/局限性的基本手法，仍然是、甚至不可能不是“经验主义立场的”和“超科学”的，因为法律以及法律所面对的公共交往、主体自治、群体合作和社会关系实在过于复杂，实践中人们只能谋取对法律模糊/局限性的相对的解决，而每一次相对性的解决及其成果，在逻辑工具和科学理性视角看，是经验的相对确定性的，但在修辞手法和诗性精神看来，它只是逼近终极性澄明，解决法律模糊性/局限性困境的一个小小步骤而已，进言之，它只是应对法律模糊/局限性问题的人们，在制度修辞所开示的遥涯途程中所迈出的坚实一步。不过这小小的一步，其中的隐喻深刻而多元——在这小小步骤中，虽表明逻辑工具的有效，但同时不但不否定、反而证成修辞技术的有效——只有在真正的多元性、开放性中，法律的模糊/局限性才有补救的可能。

因此，只有小心翼翼地面对不可知、但又被修辞技术所包容的那些开放因素，才能更为珍惜当下每一次的小小一步、每一次的已知实践，并在不可知的路上树立起一支高高的可知的标杆，在这一标杆下，踩出一

---

① ［美］阿德里安·沃缪勒：《不确定状态下的裁判——法律解释的制度理论》，梁迎修等译，北京大学出版社2011年版，第168页。

② ［美］阿德里安·沃缪勒：《不确定状态下的裁判——法律解释的制度理论》，梁迎修等译，北京大学出版社2011年版，第176页。

步步已知的脚印。埃尔斯特的如下论述,既说明人们面对诸多未知事项时的无可奈何,也说明在未知途程中当机立断的价值。而种种的当机立断,每每和预设、假定等修辞领域、修辞手法息息相关,所以,"逻辑不够,修辞来凑"绝不仅仅是一种戏言,而是人类救济法律模糊/局限性的一种制度修辞。

> "在多数……决策中,与每一种方案联系在一起的都有大量的未知的和实质上无法知道的可能性,这些可能性的实现取决于世界的未来发展。当试图下定决心的时候,一个人不得不假定,每一边的这些和那些不可知的因素可以抵消,这样一个人才能集中精力于那些可知的因素。即使对那些可知的因素,一个人也不得不主要集中于那些已知的因素,因为收集和处理信息的直接成本和机会成本太高了。在接下来的决策中,尽管从全知全能的旁观者的立场来看,并不能达到理想状态的理性程度,但是至少能够达到预期的那种理性程度。"①

可见,这种能够达到预期理性程度的决策方案,并不是修辞放逐的产物,反而必须是关注修辞、关注预设、关注假定,同时也不抛弃"理想状态"的产物。所以,把制度修辞理论引入对法律模糊/局限性的说明和评析,不是加剧法律的模糊/局限性,而是为有效缓解这一问题提供可能的路径和希望之所。反倒是那种排斥制度修辞,在明知逻辑缺陷而强求逻辑有效的环境和理论假定下,法律的模糊/局限性永远失掉了光明的照耀和诗性的导引。

四、制度修辞与法律认识的敞开

(一)修辞的开放本质与法律的敞开

最后,笔者要通过前面的论述,回过头来集中讨论修辞和制度修辞与法律开放性的内在关联。众所周知,法律究竟是一种逻辑自洽的封闭体系,还是必须为解释留出空间的开放体系?这是法学领域聚讼不休的重要话题。这固然是个涉及立法者的理性能力以及法律本身所面对的人类交往关系的复杂程度等问题的话题,同时在技术方略上,必然是一个涉及如何看待逻辑技术和科学理性收缩性与修辞艺术和诗性精神开放性之关系的重要话题。如前所述,内敛和守成既是逻辑的特征,也是逻辑作用和展开的条件。在演绎推理中,如果失去必要的前件制约,后

---

① [美]阿德里安·沃缪勒:《不确定状态下的裁判——法律解释的制度理论》,梁迎修等译,北京大学出版社2011年版,第189页。

件——推理的结果就无从谈起；在归纳推理中，如果经验归纳的范围(条件)不足够大，也就无以得出大致准确的结论；在类比推理中，对象的可类比性是类比展开的必要条件，否则，异类不比。可见，只要把法律视为一种严谨的，不容修辞染指的逻辑体系，那么，法律只能走逻辑自洽的封闭体系。事实上，这也是制度理性主义者们的梦想。边沁以及有其所开创的法律实证主义的法律观，就坚守此种逻辑：

> "法律可以定义为，由一个国家内的主权者……所创制的、或者所采纳的、用以宣示其意志……的符号……的集合，该等符号是关于某个特定的个人或某种特定类型的人们在某个特定的情形……中应遵守的行为，而处在该情形中的该等人是、或者被推定是受制于主权者的权力；主权者的意志得以实现，要仰赖于对主权者所意图发生的具体事件的预期——如此作出的意志宣示在必要的时候是意志得以实现的手段，并要仰赖于这样的预期，即所宣示的意志对那些行为被规范之人来说，是作为其行为的一种动机而发挥作用。"①

尽管在今天看来，这是一个明显过时的定义，但笔者在此引用它的意图，不是说明其定义的意义，而是想说明其为了论证定义的有效性而所作的一系列条件限制，并进而证明笔者的上述结论：只要强调法律是一个逻辑自洽的体系，是一个排除修辞想象空间的体系，就必然意味着它也是一个受制于逻辑条件制约的体系。但事实上，这种完全排斥修辞想象的规范逻辑体系并不存在，且不说法律本来就是在公共治理中预设的一种大前提，从而具有修辞预设的特征，仅就法律规则本身是否真的存在这个话题，在法学界就有规则怀疑论、"开放结构论"等站在一定修辞立场反思法律逻辑能否自洽的理论。② 在笔者看来，规则怀疑论使法律彻底向修辞敞开，而"开放结构论"则使法律附条件地向修辞敞开。

所以，站在修辞的立场看待法律，意味着法律并不是一个逻辑自足的体系，反之，法律必须在敞开的时空中接受修辞的润色，才能不断补充内部概念、规范和结构上的瑕疵，适应社会关系不断进化的需要。这是因为修辞的重要特征，就是打开闭塞的世界，打开闭塞的社会和交往关系，也打开闭塞的精神现象，使精神在开放中与世界、与社会打通、勾连。

---

① [英]杰里米·边沁：《论一般法律》，毛国权译，上海三联书店2008年版，第1页。

② 参见[英]H. L. A. 哈特：《法律的概念》，许家馨等译，法律出版社2006年版，第119～136页。

“以后期维特根斯坦为代表的一些语言哲学家系统批驳了源于笛卡尔和洛克的心智观念，提出一切知识都在于社会和文化形态而非个人心智这一新信念。他们以‘有否意义’作为思考认识论这一问题的出发点，提出只有经由集体确认和保存的知识才是‘有意义的知识’，纯粹源于个人内省和反思的‘知识’则毫无疑义，任何跟知识或认知相关的事物只能在‘公共领域’……中获得其意义。在他们看来，学会一种语言其实是掌握正在使用者社群中流行的那些‘语言游戏和其他集体【语言应用】程序’。与此同时，许多以科学作为研究对象的哲学家也停止了对现代归纳逻辑的顶礼膜拜，转而重视知识的历史和社会语境。科学知识不再被看成是恒定、普世、超然的信息，而是跟某个‘科学家群体’或者‘科学范式’密切相关、具有特定‘归属’的一种特殊观点或意见。因此，在一定智力和社会语境中运作的‘学科或专业’究竟如何演变……对于‘科学知识’的形成、认定和发展影响甚大。对交流和论辩的深入分析和研究‘终于也将17世纪哲学家在逻辑和修辞之间树立起来的那些隔离带拆除掉’，使得‘交流和接受的格局跟科学推理的形式结构一样，成为认识论研究的课题’。”①

这段论述表明，修辞不是逻辑力量的反对者，反而是促成逻辑更为有效的开放/预设条件，是逻辑得以展开的根本前提。因为一切逻辑推理的大前提归根结底是假设、假定或预设性的修辞。人们在按照三段论展开推论时，小前提和结论的准确性归根结底取决于预设的大前提。大前提不正确，而小前提和结论正确，那只是巧合，而非逻辑推论。但问题是，作为假定、预设的大前提往往是难以证明的，是一种修辞预设。尽管如此，但如果放弃了此种预设，则按三段论进行逻辑推理的前提便不存在。人们按照归纳法进行推理时，其结论也往往具有修辞属性，因为只要用来归纳的经验、材料是不充分的，一个斩钉截铁的结论就必然蕴含修辞性肯定的因素。问题是，谁能保障自己在归纳时所用的经验或材料是周备无遗的？

显然，没有修辞，逻辑就难以为继。在一定意义上，正是修辞助成逻辑，修辞与逻辑相辅相成，诠释与科学相映成辉，诗性与理性并驾齐驱，

① 刘亚猛：《西方修辞学史》，外语教学与研究出版社2008年版，第285页。

情感与形式联袂出场，接受性与确定性同台表演。由是修辞的开放功能不仅及于人们在社会领域里对知识的开放性发现，而且直接作用于人们在自然领域里对知识的认知及其接受性意义，并由此引发了修辞和逻辑、诠释与科学、诗性与理性、情感与形式、接受性与确定性共同参与的认识论变革。修辞不再是一脸严肃的学究们诟病和排斥的话题，而是学术研究、知识发现及其运用必须认真对待的问题。

修辞开放性的这种禀赋，不仅对知识发现和认知具有如此重要的意义，对于法律而言，如前所述，更有意义。因为法律作为实践理性，作为一种语言表达和规范的人类交往工具，其关键在于运用。而修辞之于语言运用，可谓责无旁贷的工具——修辞就是语言运用的技术。

> “修辞学是……研究语言运用的效果的科学……分为实用性的修辞学与文艺性的修辞学。实用性的修辞学在语言运用上要求简明、准确、平实，使人读了十分明确……文艺性的修辞学在语言运用上要求形象、具体、显明、生动，塑造出艺术形象来感染读者……实用性的修辞学在语言运用上，结合对象和说话时的情境，说话要达到的目的，选择最适宜的词汇、句子、语调、篇章结构来表达，更多注意用词造句，以求收到预期的效果。文艺性的修辞学，在修辞运用上要求形象、具体，富有想象，富有情韵和含蓄，因而较多地运用比喻、夸张、摹状、比拟、婉曲、反复、对偶、排比等修辞手法，更多地运用修辞格。”①

修辞之于法律，尽管主要适用的是前述实用性修辞学，这似乎使其在法律中运用的开放性大打折扣。其实不然。一方面，即便是实用性修辞学，当立法者或法官们选择究竟在何种情境和何种语境下运用何种词汇、句子、语调以及篇章结构来表达，才更有利于法律被人理解，裁判被人接受时，业已预示着语言运用的充分开放性。很明显，它在追求真的逻辑之同时，更在追求善的修辞效果，追求法律和裁判的可接受性。另一方面，即使文艺性修辞学，法律并不完全排斥之。除了立法中的议会论辩和司法中的法庭论辩之外，即使在成文的法律文件和文书中，也会运用到和文学性相关的修辞格，如比喻、设证、摹状、排比等。这些修辞手法的运用，更进一步助成法律的开放性。法律固然要尽量寻求逻辑自

① 周振甫：《中国修辞学史》，商务印书馆1991年版，第1页。

足,内容自洽,但只有在修辞所开放的时空里,这种追求才不至于落空。① 之所以如此,端在于任何语言,即便尤为强调逻辑和理性的法律语言,也会存在“书不尽言、言不尽意”的情形,因此,开放一种能在法律制定和运用时“尽意”、“尽情伪”、“尽其言”、“尽利”、“尽神”的工具,乃是法律和法学的题中应有之义:

> “子曰:‘书不尽言,言不尽意。’然则圣人之意,其不可见乎?子曰:‘圣人立象以尽意,设卦以尽情伪,系辞焉以尽其言,变而通之以尽利,鼓之舞之以尽神。’”②

制度修辞理论就是为法律世界而“立象”、“设卦”、“系辞”,并经过“变而通之”、“鼓之舞之”,逐渐达致法律的“尽意”、“尽情伪”、“尽其言”、“尽利”、“尽神”。

(二)修辞助益法律在时空敞开中日臻完善

修辞的开放特征,或许使人们对修辞进入法律徒生了一番警惕和恐惧,似乎法律之于修辞,避之唯恐不及呢,还谈什么法律修辞、制度修辞?还如何以制度修辞来界定法律的开放意义?法律的意义开放是不是必然让法律流于空泛,失于无形?这种担心自然是有道理的。但笔者想更进一步论述的是,法律作为无法完善的逻辑体系,人们要力图设法去完善之,必须在修辞所开放的时空里追寻其完善的可能。倘若囿于法律的逻辑自洽追求,进而囿于逻辑的既有规训,那么,法律既被阻断了完善之路,也必将成僵死之物。因此,反倒是开放的修辞成为救济法律濒于将死、起死回生,并日渐完善的基本手段。为什么这么说?

这是因为法律从来是以某一时间节点上人们的认知状况为根据的,

---

① 当然,并非所有的修辞及其功能都是开放的。修辞也有其敛约性的一面,但修辞的敛约性目的与其说是为了准确,不如说是为了给准确的理解提供技巧和条件,因此,它不是封闭我们的思维,相反,是为了更好地给人们打开思维之视窗,实现“首尾圆合,条贯统序”这一“取法乎上”的思维追求。诚如刘勰言,“情理设位,文采行乎其中。刚柔以立本,变通以趋时。立本有体,意或偏长;趋时无方,辞或繁杂。蹊要所司,职在熔裁,檃括情理,矫揉文采也。规范本体谓之熔,剪截浮词谓之裁。裁则芜秽不生,熔则纲领昭畅,譬绳墨之审分,斧斤之斫削矣。

骈拇枝指,由侈于性;附赘悬疣,实侈于形。一意两出,义之骈枝也;同辞重句,文之疣赘也。

凡思绪初发,辞采苦杂,心非权衡,势必轻重。是以草创鸿笔,先标三准:履端于始,则设情以位体;举正于中,则酌事以取类;归余于终,则撮辞以举要。然后舒华布实,献替节文,绳墨以外,美材既斫,故能首尾圆合,条贯统序”。(参见刘勰:《文心雕龙·熔裁》。参见赵仲邑译注:《文心雕龙译注》,漓江出版社 1982 年版,第 283~284 页)。

② 《周易·系辞上》。详细解释参见高亨:《周易大传今注》,齐鲁书社 1998 年版,第 406 页。

无论制定法，还是判例法，都不能跨越时间情境而横空出世，指点人间。历史上一切伟大的法典，都是从当下的认知经验出发的，对未来作出一些预知性的规定。既然如此，则这些法典中除了当初那些最基本的法律原则和理念之外，其他具体的内容和规则，不可能被万古一贯，永久传承地维系。众所周知，在私法领域享誉世界的《拿破仑法典》(《法国民法典》)，自从制定以来是在不断修改和变迁中延续并完善的。[①] 而在公法领域垂范世界的长寿成文宪法——美国宪法，更是在不断的修正案(修正案的内容，无论就文字，还是就内容，已远远超过当初的宪法本文)中适应社会发展的需要，完善其内在体系和逻辑结构的。[②] 这至少表明两方面的问题：

其一，法律在制定之初即使并不完满，立法者依然要运用此种不完满的认知和事实通过法典。这一过程，尽管是立法者面对当下事实来构造法律逻辑体系的活动，但同时也是以当下的社会认知和知识水平，对未来相当长一段时间内人们的交往行为和社会关系做了一种独特的修辞化处理。任何立法活动，毫无疑问都需要经过再三推敲。在现代立法活动中，这一推敲过程每每伴随着不同主张、不同意见的人们之间激烈的修辞对抗。这种修辞对抗不仅表现和应用于语言文字领域，而且常常辅之以行动的表达，这就是人们在电视画面中习见的一些国家和地区的议会上所不断上演的“肢体式民主”——自然，这也是推敲，从而也是修辞的一种表现。通过此种推敲，法律在其内部获得了独特的修辞特征。

立法在空间上是关乎其有效范围内的所有主体展开其交往行为、互补余缺的事业，在时间上是关乎其有效时段内所有主体权利义务分配和保障的事业，因此，法律一定是追求文质相应的修辞事业。孔子曾指出：“质胜文则野，文胜质则史。文质彬彬，然后君子。”[③]孔子对君子的此种修辞要求，何尝不具有对现代立法的启迪意义呢？所以，他在评论彼时郑国的有关辞令时，对其严格的修辞精神——草创、讨论、修饰、润色予以高度肯定和嘉评：“子曰：‘为命，裨谌草创之，世叔讨论之，行人子羽修

① 参见张千帆：《〈法国民法典〉的历史演变》，载《比较法研究》1999年第2期；刘艺工：《法国民法的历史变迁》，载《河南政法管理干部学院学报》2002年第1期；叶秋华等：《论〈法国民法典〉的历史演进：纪念〈法国民法典〉颁布二百周年》，载何勤华主编：《20世纪外国民商法的变革》，法律出版社2003年版。

② 参见朱曾汶：《美国宪法及其修正案》，商务印书馆2014年版，第14页以下。

③ 《论语·雍也》，载宋元人注：《四书五经》(上)之(宋)朱熹：《论语章句集注》，中国书店1985年版，第24页。

饰之,东里子产润色之。'"[1]试想,作为对如此广泛的人们以及在如此开放的时空内具有强制约束力的规范,倘若率尔操觚、儿戏待之,如何能实现其令人接受的社会规范功能和长治久安的秩序治理效果?因此,修辞之于法律的作用,不让于逻辑之于法律的作用。关注法律与修辞的关系,如同关注逻辑与法律的关系——尤其当我们把法律视为一种可接受性概念,而不仅是确定性的理性概念时,更是如此。

其二,一旦法典制定通过,那么,立法者还要根据对未来的修辞性预知,为未来法律的发展开放必要的变动、修改和完善空间。如前所述,立法不过是以当下的知识认知和事实评估而预知未来的,因此,立法的任务和目的不在于确保当下立法的"成功",而在于确保法律在有效期间(未来)立法任务和目的的实现。这一实现过程,既可能是法官完全按照法律本文而亦步亦趋的活动,也可能是法官选择独特的解释手段、开放法律本文的活动。当然,在成文法国家,一旦在法律运行中,出现法律本文和社会事实之间的悖谬,那么,立法者照例需要通过废改立而开放法律本文——法律本文的开放,在实质上是法律本文向不断变迁的社会事实、交往关系、权利义务需要的开放。这种开放的内在根据,是前述法律所禀有的修辞性预设;外在根据,是变迁社会中的社会博弈、力量对比以及社会形势。这样,法律就因其内部的修辞特征而衍生到对外部时空的开放,从而在外部获得修辞的必要和可能。

所谓法律在其外部获得修辞的必要和可能,乃是指法律必须以不变应万变地运用于动态的社会关系,即法律总是以静态的逻辑规范体系来应用于动态的社会关系体系。这里所谓动态的社会关系体系,可二分如下:

一是既有法律规范完全能包容的社会关系。此时,即使社会关系本身千变万化,也万变不离其宗,既有法律可以游刃有余地把这些社会关系纳入其中。面对此种情形,执法者和司法者不过是按部就班地把相关社会关系事实机械地代入既有法律的活动;其他法律主体也不过亦步亦趋地按照既定法律的逻辑需要来安排其交往行为。社会秩序因此也较为顺利地完成。

二是既有法律关系不能完全包容、甚至完全不能包容的社会关系。这时,无论在执法、司法、立法上,还是在其他社会主体的交往行为中,都

① 《论语·宪问》,载宋元人注:《四书五经》(上)之(宋)朱熹:《论语章句集注》,中国书店1985年版,第39页。

面临着新的需要——或者经由司法解释和其他法律方法补充既有法律之不足,设法把既有法律不能包容的社会关系纳入其中;或者经由立法活动,修改或制定法律,使既有法律不能调整的社会关系变得有法可依。在此,无论是司法解释和其他法律方法的运用,还是法律的修改和制定,都意味着法律体系向着广阔的社会空间而开放,也意味着法律在修辞的开放空间里渐臻其完善之境。

这样一来,我们不难发现,法律,无论是立法还是司法,无论是公权力的行使还是私权利的保护和争取,都不但不排斥修辞,而且只有借助修辞,才既能在修辞所预设的开放空间里完善法律,也能在这一空间里更好地争取权利——无论是通过理性商谈还是必要的斗争。至此,我们尽管不能说修辞在法律中的运用,不存在人们所担心的那种情形:通过修辞而败坏法律,影响法律的确定性,但作为一种技术工具,修辞在法律中的作用与其他技术的作用一样,皆喜忧参半、良莠具存。所以,即使亚里士多德对立法和法律中的修辞充满了期待,但同时又对司法中修辞可能败坏法律保持了高度的警惕。[①] 但归根结底,他仍希望通过对具有或然性的修辞前提的运用,以简化并条理化人们对开放的、或然性的、复杂多样性的问题的理解和认知——事实上,简化和条理化,既是一种认知的技术,也是一种完善事物的方式(对本来缺乏必然性的法律而言,正是修辞的这种技术上的开放功能,才保障着法律在修辞认知、对话商谈、交涉论辩后的简化、条理化以及由此带来的进一步的完善):

"修辞术的功能在于研究我们有意研究却又缺乏这方面的技术的事物,或者针对有些听众不能总览演说论证的众多步骤

---

① 他指出:"……那些制定缜密的法律最应该尽可能地对所有案例作出规定,从而尽可能少地把事情留给审判者来裁决。首先,找到一位或少数几位具有良好实践智慧并能胜任立法和仲裁的人总比找到多人要容易;其次,立法是长时间深思熟虑的产物,而法庭判决却出自一时的抉择,因此审判者很难作出既公正又适宜的判决。所有之中尤其突出的是,立法者的判断并非基于某一特例,而是着眼于将会发生的情况,是普遍适用的;与此同时公民大会和陪审员却是对当下发生的已经确定的讼案进行裁决,其中时常夹杂着爱憎和个人利益,以致他们不再能够充分考虑事实真相,个人的快乐和痛苦给他们的判断蒙上了一层阴影。

……断定事情已经发生或未曾发生、将会发生或不会发生、存在或不存在,这些事情必须留给审判官员,因为立法者不可能预见它们。如此一来,就能一眼看穿添枝加叶的花言巧语,它们旨在扰乱其他所有确定的事情,比如应当如何提出诉讼和如何进行陈述,以及法庭审理的其他各种程序。他们心中除了如何造成某种性质的判决外不考虑别的事情。他们完全没有说明修辞术范围内的说服论证,而由此一个人才能达到推理论证。"[参见[古希腊]亚里士多德:《修辞术》,颜一译,载苗力田主编:《亚里士多德全集》(第9卷),中国人民大学出版社1994年版,第334~335页。]

或不能领会复杂的推理过程的情况。我们有意讨论的是显出两种可能的事物,至于那些在过去、现在和将来都不能有另一种可能的事物,没有任何明知如此的人愿意拿来讨论,因为在这上面没什么好多说的。也可以根据先前已有的推论进行推理或得出结论,也可以根据那些没经过推论但需要推论的没有得到公认的前提……必然的结果是,推理论证和例证所涉及的事物在多数情况下可以有另一种状态,例证是一种归纳,而推理论证是一种来自少数的前提的三段论,往往少于原初的三段论的前提,因为倘若某一前提是众所周知的,就无须提及,听者自己会把它添加上去……

修辞三段论的前提很少是必然的,因为要判断和考察的事物都可以有另一种状态。人们行为、意愿和筹谋的对象就是这类事物,行为的一切对象都属于这一种类,绝没有可以说是出于必然的东西。不过,经常可能发生的事物可以根据另一些同类的事物被推知,必然的事物则根据必然的事物……很明显,推理论证所依据的事物有一些是必然的,但大多数只是经常发生的。推理论证根据的是或然的事物和表证,二者分别与推理论证的每一种形式相契合。或然的事物是指经常会发生之事,但并非如有些人所说的是在绝对的意义上,而是允许有另一种可能的事物,这样的事物对于那些它们相对其而成为或然事物的事物,就同普遍的事物与各部分事物的关系一样。"①

(三)制度修辞,法律开放之技术

制度修辞强调世间一切制度,都包含修辞的成分,没有修辞,制度无以立基,因为在制度领域,无论演绎逻辑技术的大前提,归纳逻辑技术的结论,还是类比逻辑技术的可类比性,都依赖于一种修辞决断。所谓修辞决断,就是制度的建立者或运行者以某种修辞性前提、结论或类比事项,作为建立制度或推导制度运行的工具。在这一过程中,可能存在名实相副、名不副实、以实导名和以名导实等多种情形。众所周知,孔子强调为政之关键,在于名实相副,故正名是为政的首要任务,否则,名不正,则言不顺,言不顺,则事不成。子路和孔子的如下对话,至今仍是严肃修辞以为政立制的重要参照:

---

① [古希腊]亚里士多德:《修辞术》,颜一译,载苗力田主编:《亚里士多德全集》(第9卷),中国人民大学出版社1994年版,第341~343页。

"子路曰：'卫君待子而为政，子将奚先？'子曰：'必也正名乎！'子路曰：'有是哉？子之迂也！奚其正？'子曰：'野哉，由也！君子于其所不知，盖阙如也。名不正，则言不顺；言不顺，则事不成；事不成，则礼乐不兴；礼乐不兴，则刑罚不中；刑罚不中，则民无所措手足。故君子名之必可言也，言之必可行也。君子于其言，无所苟而已矣！'"①

不过不得不说的是，这种名实相副，为政正名的主张，尽管立意很好，但问题是：

一方面，"名"本身是个诠释性概念。同一个"名"，在不同"前见"的人中，会获致完全不同的意义，从而正名，究竟以谁家的认知和理念来正？是根据道家的、墨家的、阴阳五行家的、纵横家的……认知和理念，还是根据儒家的认知和理念？是根据立法者的立法意图、法律本文的常规意义，还是根据司法者、法律运用者的日常理解？是根据一部法律诞生当时的社会关系实际，还是根据一部法律运行了数十年、甚至数百年之后的社会关系实际？这显然是关键所系。或以为，一个词语，总有其约定的意义，因此，有其意义中心。人们的理解和解释，不能逃离词的意义中心。这种理解故无不错，但问题是影响制度实践的，不仅是法律中词汇的意义中心，同时法律中词汇的边缘意义也会对制度实践以巨大影响。倘从社会发展视角来看，词的边缘意义或许会对制度实践以更大的影响。只关注意义中心而忽视意义边缘，无疑过分拘泥于法律之逻辑和理性这样一种静态的制度实践，而未进一步关注法律中的，或必然面对的修辞和诗性可能包含的动态制度实践。另一方面，在制度运行的实践中，固然不乏以实导名、名实相副的情形，但在更多时候，却往往是以名导实、实附于名。特别是现代法治，就主要是一个通过形式正义来引导实质正义、通过正当程序来节制自由表意、通过预设前提来规范社会事实，并最终以名导实，构造秩序的事业，因此，它是使人们的行为服从规则之治的事业。在很大程度上，这里奉行的是语词中心原则，而不是事实中心原则。尽管在英美判例法国家，通过个案正义来节制语词对事实的凌驾，但正当程序原则的使用，使个案正义终然服从于程序正义；在大陆成文法国家，企图通过"以事实为根据，以法律为准绳"这样一个在事实和法律间不偏不倚、两相关照的原则，来解决法律语词和社会事实之

---

① 《论语·子路》，载宋元人注：《四书五经》(上)之(宋)朱熹：《论语章句集注》，中国书店1985年版，第54页。

间的关系，但其实践要求是必须把事实装置在既定的、预设的法律形式规范中进行考量，否则，预设必将失灵，法治必将不再，形式正义必将流产，实质正义也因之风雨飘摇——反之，“公说公有理，婆说婆有理。大家都有理，只有法无理”就成为正常。

可以认为，就人类的本性而言，集权、贪利、好逸恶劳、不劳而获近乎其骨子里生来就有的存在，而权力制约、权利平等、有劳有酬等，反倒是人性的例外，是人们利益冲突和博弈的一种偶然结果。但民主、法治、分权、平等等现代理念，恰恰要以这种例外来取代人类本性。现代的政治和法治的常识均以为，民主就是一种不同利益主体间实质性妥协的结果。但一位清醒的学者则提醒：即使民主也不可能做到实质性妥协，而只能做到制度性妥协：

> “解决民主化问题的途径是由一些制度构成的。既然这一假设看起来可能没有什么危害，那就让我强调一下，它意味着排除了民主制完全是实质问题上妥协……的结果这样一种可能性。当有关政治势力能够发现这样一种制度——保证他们的利益不会在民主竞争的过程中受到太多损害——的时候，民主制才可能。民主制不可能是一种实质性妥协的结果，但它可以是一种制度性妥协的结果。”①

这不但深刻地揭示了制度对社会事实的规范和形塑作用，而且也因此顺理成章地形成制度性妥协才是通向民主制的道路认知。事实上，近代以来在全球各地所发生的以西方法律为蓝本，进行法律移植的故事，无论这些法律和法律植入国既有的国情多么格格不入、凿枘不投，但也在顽强地改变着这些国家和地区的社会秩序、交往关系、人文风貌，以致在全球范围内出现了所谓以法制现代化为最终形式理性取向的社会现代化之路。② 这种情形，大致可以确证以名导实的法治在社会发展中的意义。法治的这种以名导实，也大致能够说明制度修辞对法律开放的意义。它不仅在开放中竭力完善法律，而且还是法律不断地保持开放的一种技术，从而法律既因修辞而臻于完善，也因修辞而保持开放。

制度修辞所指向的制度，就是以修辞预设的、具有逻辑属性的规范

---

① [美]亚当·普里泽沃斯基：《作为冲突的偶然结果的民主制度》，谢鹏程译，载[美]埃尔斯特等编：《宪政与民主——理性与社会变迁研究》，三联书店 1997 年版，第 74 页。

② 参见谢晖：《价值重建与规范选择——中国法制现代化沉思》，山东人民出版社 1998 年版，第 30～39 页。

(在正式制度中,主要是法律)为前提而构造的有序体系。在这个有序体系中,除了规范之外,还有受规范节制的理念、主体、行为以及对行为的监督和反馈。这是制度的五个要素,也是制度修辞所作用的全部领域。它表明,制度修辞不仅是一种静态的规范,而且是人们根据规范而为的动态的行为和实践,并进而黏化为人们的精神现象——理念。在这个意义上,作为具有修辞预设性的形式规范,不但直接支配和改变着人们的行为,而且进一步形塑一种新的精神现象和意识形态——法治的精神现象和意识形态。所以,说制度修辞是法律开放的技术,在制度体系内部已然可以得到证明:是法律的规范预设这种修辞决定,并开放了法律的实践和精神。

当然,制度修辞对法律的开放性功能还不止于此,因为法律的开放,不仅止于其作为规范而对社会事实——观念、主体、行为以及反馈的衍生,而且要直面处于动态变迁中的社会事实对于静态规范的挑战,并必须对这种开放性的挑战作出必要的回应。在这一挑战过程中,严格规则主义的法治必须直面正当程序主义的法治之挑战;[1]各执一端的"压制型法"和"自治型法"必须直面"回应型法"的挑战——从而不难发现,这三种法律的划分及实践表现,本身是种制度修辞:

> "现实主义和社会学的传统所具有一个首要论题就是打开法律认识的疆界。对所有冲击法律并决定其成效的因素都要有充分的了解。这仅仅是取得某种更广泛的有关法律参与和法律作用认识的一个步骤。法律机构应该放弃自治型法通过与外在隔绝而获得的安全性,并成为社会调整和社会变化的更能动的工具。在这种重建过程中,能动主义、开放性和认知能力将作为基本的特色而相互结合";
>
> "压制型法、自治型法和回应型法可以理解为对完整性和开放性的两难抉择的三种回答。压制型法的标志是法律机构被动地、机会主义地适应社会政治环境。自治型法是对这种不加区别的开放性的一种反动。它首要关注的是保持机构的完

① 尽管就我国的法制建设而言,还处在严格规则阶段,因此,笔者赞同有学者在近20年前提出的"严格规则主义是法治建设的首要任务"这一主张(参见葛洪义:《严格规则主义是法治建设的首要任务》,载《政治与法律》1997年第3期),但与此同时,我国法制现代化的建设和其他领域现代化的建设一样,也正经历着"历时性的共时性展开"这一情形。因此,正当程序主义、回应型法律等现象已然在这里热烈地呈现,亦是一项不争的、必须关注的事实。

整性。为了这个目的,法律自我隔离,狭窄地界定自己的责任,并接受作为完整性的代价的一种盲目的形式主义。

第三种类型……为回应的而不是开放的或适应的,以表明一种负责任的、因而是有区别、有选择的适应能力……回应型法相信,可以使目的具有足以控制适应性规则制定的客观性和权威性。"①

可以认为,法律面对社会开放性而可能采取的三种因应措施——压制型法、自治型法和回应型法,在实质上表达了修辞之于法律开放性的价值。它意味着法律在体系内部保有对调整对象的衍生的开放性,固然是法律有效性的典型表现,但法律保有对变迁的社会关系的开放性,也不是法律就遇到了洪水猛兽,其内容完整性、逻辑自洽性就会被完全颠覆。相反,正像笔者前文一再论述的那样,法律对社会的开放性,只要有制度修辞的辅助,就一定是使法律既能适应社会开放性,又能使其在逻辑上渐趋完善,在内容上渐趋完整的事业。有制度修辞的把关,不但可以克服法律随心所欲地跟从政治和社会变迁所带来的法律的随意和任性,也可以克服法律过于内敛、自我封闭、与世隔绝所带来的法律的机械和裹足不前,并进而克服有些学者所担心的"先定约束与民主的悖论",②实现法律开放中的逻辑自洽、内容健全、程序自治。

(本文原载《法律科学》2017 年第 1 期)

① [美]诺内特等:《转变中的法律与社会》,张志铭译,中国政法大学出版社 1994 年版,第 82 页、85～86 页。

② 参见[美]史蒂芬·霍姆斯:《先定约束与民主的悖论》。载[美]埃尔斯特等编:《宪政与民主——理性与社会变迁研究》,三联书店 1997 年版,第 223～278 页。

论社会契约、可接受性与制度修辞

把政治—法律统治视同契约,是人类社会长久以来的一种理念。这种理念,不唯在近、现代的西方国家存在,而且也存在于其他文明体中。例如,有人认为,契约论的观念,来自一位波斯商人的论述。而在我国,荀况早就形象地以水和舟作比喻,把庶人安政与君子安位的道理置于一种类似契约的理念下:"马骇舆则君子不安舆,庶人骇政则君子不安位。马骇舆则莫若静之,庶人骇政则莫若惠之。选贤良,举笃敬,兴孝弟,收孤寡,补贫穷,如是,则庶人安政矣。庶人安政,然后君子安位。传曰:'君者,舟也;庶人者,水也;水则载舟,水则覆舟。'此之谓也。"[①]在此意义上,社会契约观念明显具有普世性。但只要社会统治是社会契约模式的,就意味着它是社会博弈的结果,同样也是社会主体们在社会博弈中获得接受及可接受的结果。因之,法律的社会契约属性与可接受性要求这些理念,都在佐证着法律的制度修辞属性。本文即从社会契约和法律的可接受性视角,以证法律的制度修辞属性。

---

① (战国)荀况:《荀子·王制》,载(清)王先谦撰:《荀子集解》(上),中华书局1988年版,第152~153页。笔者认为,如果说荀况的上述见解是从正面阐述了类似契约论的观念的话,那么,孟子的如下见解:"君之视臣如手足,则臣视君如腹心;君之视臣如犬马,则臣视君如国人;君之视臣如土芥,则臣视君如寇仇。"[参见(战国)孟轲:《孟子·离娄下》,载杨伯峻译注:《孟子译注》(上册),商务印书馆1960年版,第186页],则从反面阐述了类似契约论的观念。这说明作为一种以交换为特征的社会契约观念,其萌芽也曾生于中土。

一、社会契约、乌托邦与法律

(一)作为乌托邦的社会契约

社会契约论"具有悠久的历史,它起源于古人的认识,即社会安排是协议的成果而非自然发展的结果。在这几个世纪中,社会契约论持续发展,尤其是理论家们聚焦于寻找那些能够判定和区分社会治理效果好坏的伦理标准"。① 社会契约论给人们勾勒了一幅美妙的社会治理画卷和严谨的社会秩序治理图式,它是在肯定个体自治的基础上,把每个个体结构于表达了个体意志自由的契约中,从而契约本身必然接受和服从每个个体自由意志的一种政治理想状态。在这种理想状态中,人人向公共捐出自我,因而人人也从公共那里获得自我。众所周知,作为社会契约论的集大成者,卢梭曾经对这个激荡时人、影响后世的政法概念,作出了如下振奋人心的规划:

> "……既然每个人的力量和自由是他生存的主要手段,他又如何能致身于力量的总和,而同时既不至于妨害自己,又不至于忽略对自己所应有的关怀呢?这一困难,就我的主题而言,可以表述为下列的词句:
>
> '要寻找出一种结合的形式,使它能以全部共同的力量来卫护和保障每个结合者的人身和财富,并且由于这一结合而使每一个与全体相联合的个人又只不过是在服从其本人,并且仍然像以往一样地自由。'这就是社会契约所要解决的根本问题。"②

而卢梭的先辈,另一位对社会契约论见解独到,并作出了深刻论述的霍布斯则这样写道:

> "当一群人确实达成协议,并且每一个人都与每一个其他人订立信约,不论大多数人把代表全体的人格的权利授予任何个人或一群人组成的集体(使之成为其代表者)时,赞成和反对的人每一个人都将以同一方式对这人或这一集体为了在自己之间过和平生活并防御外人的目的所作为的一切行为和裁断授权,就像是自己的行为和裁断一样……"③

① Michael Keeley, Continuing the Social Contract Tradition, *Business Ethics Quarterly*, Vol. 5, No. 2, Social Contracts and Business Ethics (Apr., 1995), pp. 241-255.

② [法]卢梭:《社会契约论》,何兆武译,商务印书馆1980年版,第18~19页。

③ [英]霍布斯:《利维坦》,黎思复等译,商务印书馆1985年版,第133页。

两位思想家对社会契约的表述,文字虽异,但其意涵相通。他们都设计了一种每个人都献身于社会契约,而社会契约又令每个人完全自由的契约理想状态。在西方学术史上,此种社会契约观念源远流长。在古希腊时期,伊壁鸠鲁就有如下名言:“任何人都不能在隐秘地破坏了互不伤害的社会契约之后确信自己能够躲避处罚,尽管他已经逃避了一千次。因为他直到临终时都不能确定是否不会被人发觉”,[①]已然表明彼时社会契约观念之深入。所以马克思曾指出:“国家起源于人们相互间的契约,起源于……【社会契约】,这一观点就是伊壁鸠鲁最先提出来的。”[②]而被人视为黑暗阴沟的中世纪,照例提供并践行着一种社会契约的理念,那便是上帝与选民之约。尽管这种约是单向度的,但这些约,无论是创世前的“伊甸园之约”、“亚当之约”、“挪亚之约”、“亚伯拉罕之约”,还是创世后的“摩西之约”、“帕勒斯坦之约”、“大卫之约”以及“新约”,都深深地培植和影响了西人有关社会契约的理念,并且因为有了神圣的印记,就尤为扎根深广、影响巨大。“社会契约论已经存续了几个世纪,这一事实是证明其实用性的铁证。根植于宏观社会假设契约这一概念体系,凭借对社会契约论的倚重,理性人在内容缺失的情况下仍然能建构社会,这不仅是对古典政治哲学的研习,更是对近年伦理理论和组织学理论研究的关照。”[③]

但行文到这里,读者也不难发现,无论是源自于古代,无论是在近现代被发扬光大的社会契约,还是在中世纪被神化了的上帝之约,都明白无误地给人类传达了这样的理念:只有生活在契约约定的社会中,才既是安全的、自由的,从而也是幸福的——无论该契约是国家与公民之间交涉订定的,还是上帝与人间约定的。对社会契约的此种尊崇,在世俗层面确实强化了西人的法律意识,因为法律,一般说来就是世俗层面的社会契约。换言之,社会契约的现实表达,就是作为人们交往行为规范的法律。法律作为契约,要么是通过人们的参与、博弈和交涉而形成的强契约,要么是通过单向的命令和服从(压制型法)或同样单向的(社会)压力和接受(回应型法)而达成的弱契约。作为强契约的法律,寄望

---

① [古希腊]伊壁鸠鲁、[古罗马]卢克莱修:《自然与快乐》,包利民等译,中国社会科学出版社2004年版,第42页。

② 《马克思恩格斯全集》(第3卷),人民出版社1960年版,第147页。

③ Jeffery A. Thompson, David W. Hart, Psychological Contracts: A Nano-Level Perspective on Social Contract Theory, *Journal of Business Ethics*, Vol. 68, No. 3, Contractualist Business Ethics (Oct., 2006), pp. 229-241.

于公平地，甚至均等地表达那些人同此心、心同此理的普世要求；作为弱契约的法律，即使不能期望从中实现立法表意的公平，但至少可能保障实现法律内的公平。因此，有法律总比无法律好，这正如有秩序总胜于无秩序。

但是，社会契约理论本身是一种修辞，因为社会契约的实现归根结底在于约——它不是自然对于人类的无可辩驳的指令，也不是上帝对于人类一言九鼎的发号施令；它不是什么规律在人间的表达，也不是人们进行严密论证的"科学"结果。社会契约一旦落实到人间，在实质上就是参与订约者的交涉、协商和博弈，最终的契约，只是意见和利益妥协的结果——它所表现的是人们对利益的权衡，而非其对科学的顶真。在这里，必然预示着对法律确定性的挑战：法律尽管要尽量体现出其确定性，但那是一种"追求中的确定性"，而不是铁板钉钉、不容更改的确定性。反之，从实践交涉的视角来看，法律总是不确定的，总是修辞性的——法律的不确定性和其修辞性之间具有内在相关性。麦考密克正从此入手，探讨法律修辞：

> "……即使法律涵盖或包括了大量的规则，它也可能成为各种痛苦且旷日持久的争论与争端之源。对法律规则的正确解释与适用，以及对和法律适用有关的事实作出证明和解释，可能也是个很大的问题。语言不确定性理论对法治支持者所宣告的法的确定性之可能提出了质疑。当人们提出的论证乃至质疑迄今似乎已经成为法律最为珍视的确定的东西的时候，问题也就显而易见了。承认法律领域是论证的所在地，是修辞及其全部优雅的与说服的、有时候亦是令人生疑的艺术之摇篮，跟承认法治是一种政治理想一样古老"；
>
> "……如果不可能存在法的确定性，那么法治怎么可能一如宣称的那样具有那一价值呢？又怎样才能将二者调和在一起呢？修辞学自身将是那个可以用来试图在这两个明显相互矛盾的常识之间找到一种有说服力的调和或平衡的东西。"①

可见，正是在法律意义的博弈和交涉中，修辞学在法律中获得了用武之地，并进而形制和铸造法律——社会契约的修辞品格。进一步的问题在于：这种对修辞的自信，进而对社会契约和法律的自信，既然建立在

---

① ［英］尼尔·麦考米克：《修辞与法治：一种法律推理理论》，程朝阳、孙光宁译，北京大学出版社2014年版，第17页、18页。

修辞基础上，是修辞的结果，同时自身也是一种修辞，并且既然这种修辞是可辩驳的，那么，我们如何保障现实的社会契约——法律的权威性和可接受性？对此，除了申明修辞本身的合法性，以及这种合法性对上述问题的当然寓意之外，还不得不涉及社会契约理论的乌托邦——理想特征。此种理想，恰如法治的理想一样。

一直以来，乌托邦、乌有之乡等表达人类理想的词汇，在中文语境中被赋予了一种近乎贬义的意义。所谓乌托邦，就是不切实际的空想。然而，人在本质上是会设定理想的动物——既能因势利导，变不利为有利，也会异想天开，把其肉身和精神寄托于某种美好的理想之境。人类前进的一切动力，就源于其对理想的设定和追求。乌托邦这一理想，人们可以在我国固有的“大同”理想中获得灵感，当然，还可以在柏拉图的《理想国》中得见其貌——这是一种依靠美德和智慧而构建的社会体系。在这里，或者人民是讲信修睦，极其善良的，或者统治者是大智大慧，集美德与智慧于一身，且能够得到人民普遍接受和响应的。这样的美妙理想，转换为人们的如花妙笔，就形成了人们都不陌生的如下文字：

“大道之行也，天下为公，选贤与能，讲信修睦。故人不独亲其亲，不独子其子，使老有所终，壮有所用，幼有所长，矜寡孤独废疾者皆有所养；男有分，女有归；货恶其弃于地也，不必藏于己；力恶其不出于身也，不必为己。是故谋闭而不兴，盗窃乱贼而不作，故外户而不闭，是谓大同。”①

“除非哲学家成为我们这些国家的国王，或者我们目前称为国王和统治者的那些人物，能严肃认真地追求智慧，使政治权力与聪明才智合而为一；那些得此失彼、不能兼有的庸庸碌碌之徒，必须排除出去，否则的话……对国家甚至我想对全人类都将祸害无穷，永无宁日。我们前面描述的那种法律体制，都只能是海客谈瀛，永远只能是空中楼阁而已”；

“只有在某些必然性碰巧迫使当前被称为无用的那些极少数的未腐败的哲学家，出来主管城邦（无论他们出于自愿与否），并使得公民服从他们管理时，或者，只有在正当权的那些人的儿子、国王的儿子或当权者本人、国王本人，受到神的感化，真正爱上了真哲学时——只有这时，无论城市、国家还是个

① 《礼记·礼运》，载杨天宇撰：《礼记译注》（上），上海古籍出版社2004年版，第265页。

人才能达到完善……假如果真不可能,那么……被叫做梦想家,就确是应该的了。"①

当然,众所周知,虚构了一个对后世影响甚大的"乌托邦"的,是托马斯·莫尔《乌托邦》一书,在其中我们可以窥乌托邦之全豹——那是一部"关于最完美的国家制度和乌托邦新岛的既有益又有趣的金书"!在那里,"乌托邦人"有"非常贤明而神圣的制度……他们中间法令极少而治理得宜,善必有赏……由于分配平均,人人一切物资充裕……"②

可见,自古以来,从中到外,乌托邦就是一种理想,因为有这种理想,人类才更完美,才更彰显其是一种精神实在,而不仅仅是物质存在。社会契约理论毋宁是另一种乌托邦,是人类趋向理性生活的一种乌托邦式的制度设计。这种乌托邦并不意味着纯粹空想,并且事实上也没有耽于空想,相反,恰恰是因为这一乌托邦式的理想,人们才竭力在实践中推动了一种"取法乎上,而得其中"的制度事实,这就是通过人们积极地参与、商谈和博弈所带来的、具有明显修辞属性的法律制度。那么,如何理解法律是一种社会契约?法律究竟在什么意义上是社会契约?是不是所有的法律都具有社会契约的属性?

(二)法律,社会契约从乌托邦到现实化?

当我们强调法律是社会契约的时候,在人们的脑海中,立马会想到长期以来盛行的、且被广泛接受的奥斯丁那个有关法律的理念——法律是主权者的命令之理念——作为主权者命令的法律,难道也能与社会契约相挂钩吗?要理解这一问题,还需要略微回顾一下"法律是主权者的命令"这一理念。众所周知,这一理念最著名的主张者是奥斯丁,③在他看来:

---

① [古希腊]柏拉图:《理想国》,郭斌和等译,商务印书馆1986年版,第215、251页。

② [英]托马斯·莫尔:《乌托邦》,戴镏龄译,商务印书馆1959年版,目录后插页、第43~44页,并参见该书第二部对"乌托邦"的系统论述。

③ 这不意味着奥斯丁是这一理念最早的主张者。在英国法学史上,其前辈布莱克斯通、边沁等都对这一概念的提出作出过贡献。例如,后者就明确指出:"法律可以定义为,由一个国内的主权者(sovereign)所创制的、或者采纳的、用以宣示其意志(volition)的符号(signs)的集合,该等符号是关于某个特定的个人或某种特定类型的人们在某个特定的情形(case)中应遵守的行为,而处在该情形中的该等人是、或者被推定是受制于主权者的权力;主权者的意志得以实现,要仰赖于对主权者所意图发生的对具体事件的预期——如此作出的意志宣示在必要的时候是意志得以实现的手段,并要仰赖于这样的预期,即所宣示的意志对那些行为被规范之人来说,是作为其行为的一种动机而发挥作用。"(参见[英]边沁:《论一般法律》,毛国权译,上海三联书店2008年版,第1页)。

> “准确意义上的法(Laws),具有命令(Commands)的性质。如果没有命令的性质,无论何种类型的法,自然不是我们所说的准确意义上的法”;
>
> “所有实际存在的由人制定的法,或者,我们径直而且严格地使用‘法’一词所指称的法,是由掌握主权的个人,或者群体,对独立社会之中的一名成员或一些成员制定的。掌握主权的个人,或者群体,在独立的政治社会中,是独一无二的,或者是至高无上的。换句话说,所有实际存在的由人制定的法,或者我们径直而且严格地使用‘法’一词所指称的法,是由独揽权力的主体,或者地位至高无上的主体,对处于隶属状态的一个人,或者一些人制定的。”①

但“法律是主权者的命令”和“法律是社会契约”这两个命题,并不必然是冲突关系。

在前一命题中,命令并不必然导致有效,因此也未必必然取效。命令要能够有效且取效,必须存在对命令的服从。这意味着一种作为命令的法律要能成立,需要命令者和服从者这样两个向度、两种主体。只有命令而没有服从,意味着法律不能取效。无法取效的规范,即便它被命名为法律,也徒具法律之名,而无法律之实。可当作为命令的法律一旦被服从者服从,就意味着命令者与服从者之间达成了一项相关的契约。只是这样的契约,在不同的法律情境中有不同的特征:或者是弱的契约,或者是强的契约。前者是指命令者(压制型法)或压力者(回应型法)在法律中处于绝对优势地位,而服从者只是对命令、压力权衡利弊后的接受,有时甚至是无可奈何的,但只要接受之,就成契约之一方。后者是指命令者同时也是服从者,并且命令者优先要服从其命令,以便收到“上行下效”、“厉法禁自大臣始,则小臣不犯矣”②的效果。在这个意义上,“法律是主权者的命令”这一命题,只有表现为具体的或弱或强的契约时,才说明法律取效之可能。

在后一命题中,表面上看,似乎契约与命令毫无关联,但事实上,契约就是一种命令,不过这种命令对所有参约的主体而言,具有相互性。因为契约的特点是权利义务的相互性。一方对另一方付出义务,同时,

---

① [英]约翰·奥斯丁:《法理学的范围》,刘星译,中国法制出版社2002年版,第2页、11页。

② (宋)苏轼:《策别六》,载《苏轼全集》(下),中国书店1986年版,第735页。

一方从另一方获得权利。此种情形,不仅存在于民事契约中,而且也存在于社会契约中。社会契约的重要目的,就是要在社会与国家、权利和权力、个人和组织之间取得相互性:公民权利的让渡,是为了获得更可靠的权力保护。权力的行使,不是权力者的任性,而是根据法律的约定或者权利者的请求。所以,没有保障权利、保护社会的正当目的,那么,权力的设置就是非法的、多余的。权力不能与民谋利争利,缘由即在此。契约不仅在当事人之间是一种相互性的命令,而且对于第三人也具有命令的属性:对当事人合法地或合理地达成的契约,第三人尽管可以评论,但不能干预。因此,第三人应尊重契约。

契约的命令属性,其实也取决于契约的社会属性。麦克尼尔把契约的本质总结为社会:

> "要理解什么是契约,我们就必须摆脱自己强加的智识隔绝状态,接受一些基本的事实。没有社会创造的共同需要和爱好,契约是不可想象的;在完全孤立、追求功利最大化的个人之间的契约不是契约,而是战争;没有语言契约是不可能的;没有社会的结构和稳定,契约——仅从字面上看,也是不可思议的,就像远离社会的人不可思议一样。契约的基本根源,它的基础,是社会。没有社会,契约过去不会出现,将来也不会出现。把契约同特定的社会割裂开来,就无法理解它的功能。"①

其实,当我们说契约的基础、乃至其本质是社会的时候,所指的正是在社会结构和社会交往中人们的相互性——相互命令、相互服从。由此,契约才能型构社会、安排秩序,并且增进团结——契约型团结。这一点,对于社会契约而言,尤为重要。如果说体现经济内容的民事契约主要在微观层面,或者私人交往层面增进私人之间的团结——私人之间因为经济利益的互需而达成一种有机团结的话,那么,体现政治—社会内容的社会契约,则主要是在宏观层面或者公共交往层面增进公共主体之间的团结,因此,其团结的内容、方式和效果更值得人们特别关注。如果没有权利与权力、社会与国家、个体与集体之间的相互依赖——相互命令以及相互服从,社会契约就不可能现实化为公共团结和有机团结。

我们知道,对于这种契约(社会契约)团结与有机团结的关系,涂尔

---

① [美]麦克尼尔:《新社会契约论》,雷喜宁等译,中国政法大学出版社 1994 年版,第 1 ~ 2 页。

干采取了一种切割和分离两者的立场,因此,他并不认为契约就是有机团结的条件,相反,要真正实现建立在劳动分工基础上的有机团结,就必须彻底否定这一契约论的前提。他在引述了斯宾塞的一些观点之后,笔锋一转,对于有机团结和契约团结的关系,作出了如下的评论:

> "斯宾塞的意思并不是说,社会是建立在正式或非正式的契约基础上的。恰恰相反,社会契约的假设完全是与社会分工的原则不相容的。这就意味着,分工越是显得重要,我们就越应该彻底否定卢梭的前提。因为若要使这种契约成为可能,在某个特定时期内,所有个人意志都必须赞同社会组织的共同基础,继而所有个人意识也都为自己提出了一种普遍的政治问题。但是,要想做到这些,每个人就必须跳出自己的圈子,在社会中扮演同样的角色,即都以政治家和立法者的姿态出现。不妨设想一下,如果有一天社会真的按照这种方式确立了契约,如果所有人真的达成了共识,那么,所有意识也就都千篇一律了。这样,社会的团结起因就与劳动分工丝毫没有联系了";
>
> "社会契约的概念在今天已经不堪一击,因为它与事实之间毫无瓜葛。观察者从未欣逢其面。不仅不存在任何根源于契约的社会,而且在社会结构中,连契约组织的蛛丝马迹也无从谈起。它既不是某种历史固有的事实,也不是历史发展所呈现的趋势。"①

涂尔干站在社会实证立场上对于社会契约的批判、甚至解构,自无可厚非,因为他和所有最终决定论的思想家一样,阐述了一种社会和法律、社会和契约究竟谁在最终意义上决定谁的问题。尽管这种宏大的论述揭示了法律(契约)和社会关系的事实,但问题是两者之间的关系不仅在原初意义上或者结果意义上,而且更在过程中。只要人们将法律(契约)和社会的关系置于过程中观察,就会发现,一个社会只要有法律(契约)存在,人们都会把其权利和义务尽量委由法律去解决。这正是法治之所以横空出世的事实,也是它能够在一定程度上结构社会并型塑社会的缘由。因此,基于最终决定论的立场而断言并宣告"契约的死亡",并

① [法]埃米尔·涂尔干:《社会分工论》,渠东译,三联书店2000年版,第160页、161页。

不能阻断人们在其他视角寻求“契约的再生”。[①] 更何况契约理论一旦扩展到社会交往中，成型为社会契约，则其基本的外在表现就是法律，或者说法律就是社会契约的外在形式。因此，说“契约的死亡”，在推而广之的意义上，也就意味着“法律的死亡”。但这可能吗？即使在涂尔干的笔下，也强调一种法律的式微并不表明法律在整体上就式微，而只是法律改变了其存在的形式而已。所以，他深刻且正确地指出：

“一种法律越是原始的，它的规模就越小；反之，一种法律越是现代的，它的规模就越大。当然，法律规模的扩大并不意味着个人活动领域的缩小……在社会生活所受的规定越来越多的同时，它的范围也扩大了。这充分说明，社会纪律也没有逐渐松垮下去……在许多形式中间，有一种形式发生了退化，但与此同时，其他形式却变得更加丰富，更加复杂，并逐渐拥有了自身的地位。如果说压制法正在丧失自己的基础，那么起初不曾存在的恢复法却在逐步发展壮大。如果说社会不再强迫每个人去实施某种一致性的规则，但它却确定和规定了不同社会职能之间的特殊关系，那么社会的干预并不因为换了一种性质，就变成软弱无力的了。”[②]

事实上，涂尔干在这里一方面指出了法律不可避免地与时而变，但另一方面却否定了契约以及作为契约的法律对社会的型构作用，这在逻辑上是很成问题的。对此，麦克尼尔基于其“关系契约论”的立场，特别

---

① 吉尔莫就以“契约的死亡”为书名。在该书中，他指出：“……古典契约理论提倡自由却不可能也产生同样的‘最好结局’，原因在于古典契约理论之自由把法律责任压缩至最小范围，也把对违法行为的制裁减到了最低点”；“……20世纪的观念已不同于19世纪的观念，如今，如果有那么一种理论体系只鼓励人们去做自己的事而不管对其邻人有何损害的话，我们就会将它视为为富有者和权势者谋利的体系。因为这些有钱有势的人能够在该体系之中自我照顾和自由行动。也就是说，他们能够进行自我保险……契约一般理论与放任主义经济理论的衰落，可以看作对19世纪的个人主义向福利国家与超福利国家的转变所作出的最初反应”；“另外……契约理论之衰落还有某些特殊立法因素，这有助于解释为什么契约在过去能具有特殊的形式以及为什么现在又逐步丧失其特有形式及其曾经拥有的法律创造力和想象力。”（参见［美］格兰特·吉尔莫：《契约的死亡》，曹士兵等译，中国法制出版社2005年版，第126～128页）。但如上理由，只能说明契约的因时而变，并不能表明契约就真的“死亡”了。因此其他学者才能在另一视角，特别是“关系契约理论”视角提出“新社会契约论”（参见［美］麦克尼尔：《新社会契约论》，雷喜宁等译，中国政法大学出版社1994年版，第10～108页）；强调“契约的再生”（参见［日］内田贵：《契约的再生》，胡海宝译，载梁慧星主编：《为权利而斗争》，中国法制出版社2000年版，第159～326页）。

② ［法］埃米尔·涂尔干：《社会分工论》，渠东译，三联书店2000年版，第163～164页。

强调了法律与团结之间的内在关联,并提出了"契约团结"——"使交换保持不破的规范"——的概念。他指出:

"……作为一种具有稳定性的制度,法律的存在就像市场和无数其他的现实存在的相互依赖的形式一样,对团结的信念产生的重大影响……在现代社会中,普遍有效的法律制度是有机的团结的基本前提";

"除了提供普遍的稳定以外,法律还……以二种关键的方式起着直接的促进作用:第一,它为合作的完成提供了条件……第二,它的强制执行的机制保证了那种不借助于这种机制就可能会消失的相互依赖关系的继续存在。"①

正是在这个意义上,可以认为法律作为社会契约理念的现实表达,其运行即社会契约的现实化——社会契约并非逃离社会现实的苦思冥想,其恰恰是用来取效的制度设计,且人类既往的合作历程,所展示的无非是契约合作的历程。正是在这里,法律既是社会契约,也是承载了契约意涵的制度修辞。

(三)透过法律的社会契约属性一证法律之为制度修辞

法律作为社会契约的判断,不仅指向民治时代以来的法律,而且指向人类一切时代行之有效的法律。所以,笔者社会契约的界定和判断,并不是采取的高标准的乌托邦立场,而是采取低标准的社会实践的立场。只要一种法律被人们在实践中所接受,那么,它就是一种契约。为什么?因为法律在实践中的行之有效,意味着它被实践中的各方主体所接受。对施令者(立法者)而言,意味着"君子一言,驷马难追";对接令者(守法者)而言,则意味着"受人之命,忠人之事"。这种情形,是法律作为社会契约之最低限的标准。如果进一步把法律作为公共参与和社会商谈、交涉的结果,则会更进一步彰显法律的社会契约特征。在这里,笔者不准备继续讨论法律的这一属性,而想透过该属性,进一步探讨何以法律是种制度修辞。在论述这一问题时,先不妨回忆一下奥斯丁的这下论述:

"……实际存在的由人制定的法(法理学的真正对象),与其他一些社会现象,是由于人们较为贴切的或十分牵强的类比式修辞活动,而产生相互联系的。这些社会现象,包括上帝法、

---

① [美]麦克尼尔:《新社会契约论》,雷喜宁等译,中国政法大学出版社 1994 年版,第 83 页、85 ~ 86 页。

实际存在的社会伦理规则(这里既指属于准确意义上的法的那部分实际存在的伦理规则,也指属于依赖舆论而设立的法的那部分实际存在的伦理规则)和隐喻意义上的法。"①

众所周知,奥斯丁被称为分析实证主义法学的开山祖师,②他一方面视法律为主权者的命令;另一方面又把法律当做法学这个生产车间里待加工的主要原材料。可即使如此,他仍然用"类比式修辞活动"这样的描述来表达对法律的看法。这足以说明修辞之于法律特别是立法的重要性,也足以说明在修辞的立场上理解法律的必要性。下文笔者将拟深入到如何从法律作为社会契约的视角,来理解其与制度修辞之间的内在关联。

如前文所言,所有契约乃是人们意志的表达。契约无论强弱,都在一定意义上表达着人们的意志。其区别不过在于弱契约的一方主体表达自由意志的程度较弱,而强契约的所有主体,表达其自由意志的程度在理论上均等而已。不表达意志的契约并不存在,即便一个人在契约关系中,纯粹是被动的接受者,也在一定程度上表明其接受的意志——尽管其未必一定是理想的"自由意志"。

当人们把契约——无论社会契约,还是民事契约作为意志交涉的结果,从而把其本质界定为"合意"时,契约本身的修辞属性便暴露无遗。任何意志,都是主观世界的产物,是人们在众多可选择的事物面前进行决断的心理活动和心理状态。不但如此,而且意志是人类心理发展的最高阶段,其基本功能就是进行决策或决断。此种决断,所针对的尽管是客观对象,但其自身却是对客观对象根据主观需要所作出的。这对契约决断而言自然适用。

既然如此,则势必意味着契约,以及作为社会契约的法律并不必然表现为客观的、逻辑自足的存在,反而是主观意志裁剪、加工与决断的结果。尽管在这一过程中,可以肯定契约决断者必然会参照种种客观实情

---

① [英]约翰·奥斯丁:《法理学的范围》,刘星译,中国法制出版社2002年版,第3~4页。

② 或许人们会提到奥斯丁的老师边沁对分析实证主义法学的贡献,但正如一位论者所言,"在英国,尽管杰米里·边沁用一生的时间去努力,但英国还是没有拥有能够彰显实证主义精神的法典或任何外部发展。然而边沁有关法律作为主权者命令的表述……被他年轻的学生约翰·奥斯丁……承继了下来,并使之体系化……他就这一问题所作的讲座,于1832年以'确定法理学的范围'为题出版,它远远算不上是里程碑式的著作,但是却在20世纪成为英国以及普通法世界其他国家的主要理论"。(参见[爱尔兰]J. M. 凯利:《西方法律思想简史》,王笑红译,法律出版社2002年版,第300页)

而作出决断，但同时无可疑义的是这种决断，乃是在众多可能性中不断进行类比，最终选择了一种最能接受，也最符合其需要的事实而予以加固，成为契约。可见，即使法律决策者、契约参与者作出最有利于人们或自身利益的决断，也不影响决断仍然是决断，仍然是主观判断的结果，也仍然是利益权衡的结果。所谓谈判、交涉和博弈，都不过是面对多种可能性时进行抉择的一个过程和一种方式。

正是在这里，契约获得了修辞属性，这种修辞未必表现为具体的修辞格，而表现为作为修辞话语的法律话语。在实质上讲，修辞话语是和科学话语相对照的概念。法律话语永远无法达到科学话语的境地，尽管法律话语可以尽量设法接近修辞话语，因为所有法律话语毫无例外，都要涉及以人为标准（无论这里的人是少数人、绝大多数人还是全体人）的利益权衡和选择，涉及人对科学的利害关系之打量与择取。[①] 正因这样，在涉及相互利益或众人利益时，法律不可能不采取模糊性的修辞语言，而径直采用科学语言。

> "法律的魔术形式……在很多相互联系的意义上可被证明是修辞的。从广义的引起争议的语言学意义上讲，法律语言不可理解或许可被视为它的不指称特征造成的。从这个角度看，模糊的术语以及法律表达的比喻和隐喻手段基于语言的象征轴或内涵轴而运作，这种语言轴距离由外延或指称组成的'真正'语言领域只一步之遥。不严格地讲，语言的修辞用法被视为通过象征或比喻手段，使得本性倾向于对抗和冲突的社会力量和制度力量相互合作和调和。也就是说，法律修辞是一个精巧复杂的、杰出人物的语言代码或言语变体。"[②]

正是法律语言的这种修辞特征，才使其担当了社会契约现实化的使命：一方面它需要且必须表达公共需求；否则，就不能作为公共合作的前提。另一方面它也必须掩饰公共合作中不必要的争议与纠葛，或者对其进行模糊化处理，从冲突的对立状态变成合作的平缓状态；或者不将其带入语言或语言表意的规范世界，刻意隐藏或遮蔽这种冲突，而只开放

---

① 这表明，科学性、有利性及有效性等是不同的概念。科学性固然能够在一定程度上带来有利和有效，但并不总是如此。有时候科学性反倒是妨碍有利和有效的因素。法律所追求的恰恰是有利和有效，而不是、或者至少不完全是科学性。如果有人把法律对有利、有效的追求，也勉强说成是追求科学性，那这里所谓科学，也一定是修辞比喻意义上的，而非科学公理或定理意义上的。

② ［美］彼得·古德里奇：《法律话语》，赵洪芳等译，法律出版社2007年版，第83页。

人们合作的有关条款。显而易见,如果不经过这种修辞化处理,而一味呈现那种针尖对麦芒的对立状态、意见纠纷和事实冲突,那么,人们就不可能获得契约,也不能获得作为契约的法律。这或许正是罗马法谚所谓“枪炮作响法无声”的寓意所在。

对法律而言,尽管这种情形也会导致以公正以及权威的外形而掩盖实质的不平等,以及利益集团之间的钩心斗角,①但法律不采取这种修辞形式,契约不能尽量消除人们之间的歧义(哪怕其仅仅是形式层面的消除),那么,还会有法律及法治吗?还会有契约交往、关系互动与社会合作吗?所以,在这一视角上,完全可以说作为契约的法律是修辞性的,是一种制度修辞。但这并不表明法律的修辞性特征就一定是理想的、至善至美的。反之,契约也罢,法律也罢,成于修辞,也败于修辞。修辞使契约成为契约,使法律成为法律,使对话、商谈、交涉、博弈者有所取舍,获得合作机会,争取迈向成功。但毕竟与此同时,它也不可避免地掩盖了很多真实。所以,作为修辞的、在一定时空内固化了的社会契约——法律,给人们呈现出来的并非事实——过程的真,而只是形式的真、利益交涉结果的真和需要博弈终端的真。

与此同时,还必须强调,契约也罢,作为社会契约的法律也罢,归根结底是社会利益能够妥协的结果,在社会利益根本无法得到妥协,而只能通过战争形式决定胜负和利益得失的所在,契约不可能诞生,进而法律也不可能存在。所以,契约的妥协特征在对法律作为制度修辞的论证基础上,更加补强了作为社会契约的法律,其实质上是一种制度修辞的结论。因为在妥协的契约—法律形式背后,还隐藏或遮蔽了更多的细节和社会内容。这些细节和社会内容并非无关紧要,只是人们为了更为紧要的,而暂时“舍象”掉了它们。随着时空与条件的变迁,这些被“舍象”掉的内容,或许会成为未来契约—法律的内容,而当下作为契约—法律内容的那些规定,则可能被未来的契约—法律所“舍象”掉。这不正表明契约—法律的妥协特征,以及人们合作内容本身的开放—变迁性之内含的制度修辞意义吗?

---

① 对此,有人在分析边沁对英国宪法的抨击时指出:“……以一种类似解开疑团的语调描述英国宪法的模糊概括性:‘集结在宪法周围:即集结在滥用周围,集结在掠夺周围,集结在压迫周围,集结在欺骗周围——在地方法院的欺骗,在高级人民法院的欺骗,在每个法院的欺骗。’边沁的论点是,借助于授予它的权力,模糊的语言概括性被修辞性地用来掩盖宗派利益以及它在实际实践中的不平等。所以,它能宣称自己是崇敬和尊敬的对象,而不会成为他认为它应该成为诋毁的对象。”(参见[美]彼得·古德里奇:《法律话语》,赵洪芳等译,法律出版社2007年版,第82页)。

下面进一步的问题是，作为契约的法律是如何成为契约的？或者，是如何成为人们信守的法律的？是否有了法律的外在强制力，作为契约的法律就有了人们信守它的全部要素和真正的力量来源？如果不是，人们信守法律还需要其他什么条件？

二、法律，可接受的真理

（一）什么是可接受性？

一直以来，以法律的强制力作为法律效力来源的理论长盛不衰，“在法理学思想发展的早期，人们习惯于从被粗糙理解的法律义务和控制权力的视角观察、分析法律现象，这样，对法律义务和控制权力的实现的期待，使人们寄希望于‘制裁’，也因此，人们深信没有‘强制力’的法律便是无源之水无本之木”。[①] 尽管在有些学者的理论中，这种观念正在弱化：

> “虽然‘强制力’的观念在西方法理学中长期占据着支柱性的位置，但在理论上，这种观念毕竟未能对复杂纷然的法律现象作出令人信服的诠释说明。在大多数当代西方法理学家看来，这一观念不能圆满地解释法律内容、法律作用、法律活动和法律适用范围的多样性和复杂性，它具有牵强附会的人为因素，实际上，它是对法律某些现象（甚至病态现象）的过度关注与夸大的结果。于是，在21世纪50年代末60年代初，法律‘强制力’的观念终于遭到了法学家的全方位的严厉发难，其主导地位终于飘浮动摇。而这一影响深远的全方位发难肇始于英国新分析法学家哈特（H. Hart）和美国新自然法学家富勒（L. Fuller）。”[②]

需要追问的是，这种变化的实质，仅仅是观念的变化，还是同时也是法律本身的变化？严格说来，法律的“强制性”观念主要建立在对“压制型法”和“自治型法”的经验领会上。在人类法律发达史上，“压制型法”占据了文明史以来的几乎90%的时间历程，而“自治型法”从产生到现在，也有了数百年的经历。经验表明：无论“压制型法”，还是“自治型法”，强制性都是法律不可或缺的重要属性。法律的规范性本身已经包含某种意义的强制性。哪怕法律是社会契约的现实化，是人们交涉博弈

---

① 刘星：《法律“强制力”观念的弱化——当代西方法理学的本体论》，载《环球法律评论》1995年第3期。

② 刘星：《法律“强制力”观念的弱化——当代西方法理学的本体论》，载《环球法律评论》1995年第3期。

的结果,作为契约,它对法律的全体参与者仍然具有命令和强制的性质。因此说,法律是社会契约的表达,并不意味着对法律强制性的豁免,只是法律强制性通过另种形式呈现出来而已。不但如此,即便国家强制力保障意义上的法律强制性,在确保法律的有效实施方面,仍干系重大。完全可以说,没有国家强制保障的法律,如同没有牙齿的老虎:有形而无力。当然,我们的时代已然呈现出"回应型法"理想的特征。诚然,"回应型法"的强制性和前两种类型的法相比较,发生了重大的转型,但这也不意味着法律强制性的消逝,正如前述引文的论者所言,它只表明法律强制力"观念的弱化"。

法律的强制性和其可接受性有何关系?这确实是一个颇值探究的话题。乍一看,法律的强制性和可接受性乃是一对对立的概念或命题,然而,在笔者看来,即使强调法律的强制性,也不否定法律的可接受性。或者说人们对法律强制性的公共认可,本身是接受法律的重要前提。如果把法律的强制性二分为私人强制性(在合法的契约关系中,只要一方违背约定的契约或合同义务,那么,另一方就可以通过命令施加语言上或者物质上的强制,如留置、抵押、质押等)和国家强制性的话,那么,完全可以说:无论哪种强制性,都不过是人们约定的结果。私人强制性是人们根据法律在私人交往中所约定的相互强制的关系体系——只要一方不按约履行义务,另一方就有强制的权利和资格。而国家强制性则存在于另一种约定中,即社会契约的约定中。因为作为社会契约的法律及其秩序机制在实践中难免受到挑战,因此,所有法律的参与者都有权利,也有义务约定一种保障法律实施的公共强制力量。这种强制力量就是国家及其强制。既然法律的强制性是公共约定的,而不是任何某个个人或组织自我赋予的,那么,法律强制性与其可接受性之间的内在逻辑关联不是昭然若揭了吗?

所以,在强调法律的可接受性时,刻意回避法律的强制性并不是妥当的举措,而把法律的强制性和其可接受性对立起来的看法,更似是而非——尽管法律之可接受并非完全来自其强制性,但可以肯定,没有强制性的法律,人们肯定不会去接受,因之也就不存在可接受性——因为法律既是人们日常交往行为的指南,同时更是一种预期性的保障机制。根据它,一旦人们无法自力地解决其权利义务纠纷,维护其人身、财产和其他权利时,就可以请求作为强制保障机制的公权力出面予以强制保障——公权力存在的本质,就是用来保障强制落实法律秩序的。只要法律本来是一个权利与义务、权利与权力相得益彰的修辞构造体系,那么,只有权力的在场,法律才是可接受的。权力一旦退场,或者人们完全能够通过自力而解决所有交往问题,那么,一是法律丧失了存在的必要;二是即使有法律,也是不可接受的。

笔者从强制性和可接受性这两个看似对极的概念出发,说明它两者之间的逻辑关联,旨在进一步说明,所有法律的核心问题之一,就是法律的可接受性。法律的强制性也罢,自主性也罢,都因为其可接受性而真正担当社会契约的现实化的任务。那么,究竟何为法律的可接受性?要辨析清这一问题,还需要从"接受修辞"谈起。有学者指出:

> "在修辞过程中,接受者不仅是不可缺少的,而且是至关重要的。接受者作为言语交际的一方,从不同角度、不同层面参与修辞表达的意义生成";
>
> "'产品在消费中才得到最后完成'。马克思的这一著名论断同样也适用于人类的精神生产。修辞活动作为人类主体精神的自我实现过程,同样是在消费(接受)中才得到最后完成的。
>
> 当接受者的主体经验能够使他对给定修辞话语作出审美反应时,表明了相对意义上最佳交际效果的实现。反过来说,实现最佳交际效果的可能性大小,以接受者言语经验、审美经验和文化经验的丰富程度为前提。"①

可见,接受或者可接受性,事实上表达的是表演与观众、讲演与听众、文本与读者以及立法者与运用者之间"交往"的一种关系性概念。法律作为一种制度修辞,其接受也表现在法律文本和法律运用的关系中间,从而进一步体现为立法者和法律运用者之间的修辞关系。法律要能够被接受,必须把法律运用者带入到法律的游戏活动之中,他们不仅是听众、看客、读者,而且是参与法律修辞活动的主体。没有他们的参与,法律修辞就不过是一出独角戏,成为立法者的自娱自乐,无法在普罗大众中间产生其自由与秩序被法律所结构的审美体验和修辞效果。因为修辞活动毕竟是"言语交际双方共同创造最佳交际效果的审美活动"。②

所以,作为社会契约的法律修辞活动,既需关注立法者的立法文本,也需关注立法活动及立法文本的修辞效果,这就势必将法律的读者这一可接受性的关键元素,带入到法律修辞和社会契约的缔结过程中。因

① 谭学纯等:《接受修辞学(增订本)》,安徽大学出版社2000年版,第28页。

② 谭学纯等:《接受修辞学(增订本)》,安徽大学出版社2000年版,第13页。

此，接受和接受者就是作为制度修辞的法律必须面对的问题：

> “受众是修辞学中的基本概念……从修辞学研究传统来看，受众主要是指听众，二者几乎具有相同的含义……从修辞论证看来，所谓的接受，实质上就是一个从言说者语境到受众语境的再理解的过程，一个从意义颠覆到意义重构的过程。因此，言说者应当针对受众进行不断调试，而当代修辞的交流性和交互性也使得受众成为言说者建构的一部分……这一点对法律论证而言同样如此。”①

尽管作者把接受过程描述为“从意义颠覆到意义重构的过程”有些言过其实，也名实不符，但毫无疑问，接受活动如哲学诠释学所谓理解活动一样，一定是一个带着“前见”的再理解过程，也是一个在包容先前意义基础上的意义再造过程。至于法律的接受，其实质更是如此。一方面，它不能抛开法律的有效性，无论成文法世界的“以法律为准绳”还是判例法世界的“遵循先例原则”，都确定了法律接受的基本原则和意义框架。另一方面，自然，法律接受者并不是任由立法者摆布，特别在民治社会，所有法律的接受者都会抱着一种“审视”，而不仅仅是欣赏的立场去接受。因此，在成文法国度，司法者必要的自由裁量和法律解释，是其接受法律，在个案中再造法律意义的基础条件，而在判例法国家，法官的“先例识别技术”，是先例获得尊重，并为法官所接受的关键因素，②也正

---

① 孙光宁语，载焦宝乾等：《法律修辞学导论——司法视角的探讨》，山东人民出版社2012年版，第168~169页。孙光宁在其《可接受性：法律方法的一个分析视角》（北京大学出版社2012年版）一书中，对可接受性的基本含义及其修辞学和非形式逻辑的理论渊源进行了具体阐述（第3~38页）。其实，除了这两种理论之外，哲学诠释学、商谈理论、现代民主—正义哲学等皆在理论上对可接受性给予深刻影响。所谓“视域交融”、“重叠共识”、“同情理解”、“融贯理论”等当今社会科学的主题词，都和此问题息息相关。在国内，从司法视角对可接受性的研究，还可参见张纯辉：《司法判决书可接受性的修辞研究》，法律出版社2012年版，第69~94页；郭倍倍：《论刑事裁判的可接受性》，法律出版社2015年版，第1~218页。惜乎两书皆对可接受性理论的一般问题深入不够。

② 其实，法律接受中的此种情形，与文学接受、美学接受颇为接近。有学者指出：“艺术作品的历史本质不仅在于它再现和表现的功能，而且在于它的影响之中……一方面……只有当作品的连续性不仅通过生产主体，而且通过消费主体，即通过作者与读者之间的相互影响来调节时，文学艺术才能获得具有过程性特征的历史；另一方面，假如‘人类现实不仅是新事物的产生，而且也是一种对于过去（批判的、辩证的）再生产’，只有将其独立出来，我们才能观察到艺术在这一不间断的总体化的过程中的功能。因为艺术形式的特殊成就不再被定义为模仿，相反被辩证地视为一种能够形成和改变感觉的媒介，艺术过程中首先发生的是‘感觉的形成’。”（参见[德]H.R.姚斯、[美]R.C.霍拉勃：《接受美学与接受理论》，周宁、金元浦译，辽宁人民出版社1987年版，第19页）

是在这里,判例法国家的法官,不仅是先例的接受者(法律运用者),而且是先例的创造者(法律创制者)。①

综上所述,法律在文本和读者、立法者和法律运用者的互动中实现,即它必须在接受中才能把法定的、规范的契约意义变成现实中的权利义务关系,实现意义从规范到事实、从立法者到法律运用者的重新结构——这就是法律的可接受性。不过具体说来,法律的可接受性因为法律类型的变化,又可表现为不同的情形。

(二)压制(说服)的可接受与商谈的可接受

何为压制的可接受?前文已述及,文明史以来的人类法律,主要是以压制型法为代表的强制命令性法律。其特点是命令与接受的不平衡性,即法律主要是作为命令者的作者意义上的,而不是作为接受者的读者意义上的。法律的意义,主要是作者——命令者的构造,而读者——接受者则基本上是被动者。尽管命令者的命令也有接受者不堪忍受、揭竿而起、坚决抗命的情形,但这种命令者和接受者不能实现契约性共存的局面,恰恰说明压制没有获得效果,或者压制超出了可接受的范围。在一般情形下,哪怕对压制的法律,人们之所以接受,仍然是在权衡利弊的情况下利益选择的结果。因此,作为法律读者的接受者在这里并非绝对是被动的。但无论如何,这种情形改变不了压制的可接受之本质特征,即命令与接受之间的不平衡性。在我国古代,商鞅就通过"定分"之说,已经或显或隐地阐述了这种事实:

> "法令者,民之命也,为治之本也,所以备民也。为治而去法令,犹欲无饥而去食也,欲无寒而去衣也,欲东【而】西行也,其不几亦明矣。一兔走,百人逐之,非以兔【可分以为百也,由名分之未定】也。夫卖【兔】者满市,而盗不敢取,由名分已定也。故名分未定,尧、舜、禹、汤且皆如鹜焉而逐之;名分已定,贪盗不取。今法令不明,其名不定,天下之人得议之。其议,人异而无定。人主为法于上,下民议之于下,是法令不定,以下为上也。此所谓名分之不定也。夫名分不定,尧、舜犹将折而奸之,而况众人乎?此令奸恶大起、人主夺威势、亡国灭社稷之道也。今先圣人为书而传之后世,必师受之,乃知所谓之名;不师

① 当然,这并不意味着所有法律接受者,都能获得这样的角色。对于普通民众而言,其对法律的接受更多地和法律的利益诱导、外在强制相关——尽管在他们的接受中,也使法律的修辞意义变得更加圆润。

受之,而人以其心意议之,至死不能知其名与其意。故圣人必为法令置官、也置吏也,为天下师,所以定名分也。名分定,则大诈贞信,巨盗愿悫,而各自治也。故夫名分定,势治之道也;名分不定,势乱之道也。故势治者不可乱,【势】乱者不可治。夫【势】乱而治之愈乱;势治而治之则治。故圣王治治,不治乱。"①

在此,商鞅即把法律作为"圣人"治理天下的命令,定分止争的准则,驭民统政的工具,但同时,它又是和作为接受者的民众利益、生命息息相关的规范,因此,法律不仅是"圣人"之事,而且也是万民之事。既然如此,则必须把法律置于"圣人"和"万民"的关系体系中予以制定和安排。虽然在这种关系体系中,民众作为接受者是被动的,但一当没有法律、法律不明或者尽管法律明确,但人们并不接受时,意味着政治统治或难以为继,或功败垂成。"圣人"事业也就要大打折扣。正是基于此,商鞅甚至设计了在立法上,必须以最普通的民众为基础,使法律明白畅晓、通俗易知的法律语言思路。他深刻地指出:

"夫微妙意志之言,上知之所难也。夫不待法令绳墨,而无不正者,千万之一也。故圣人以千万治天下。故夫知者而后能知之,不可以为法,民不尽知。贤者而后知之,不可以为法,民不尽贤。故圣人为法,必使之明白易知,名正,愚知遍能知之;为置法官,置主法之吏,以为天下师,令万民无陷于险危。故圣人立,天下而无刑死者,非不刑杀也,行法令明白易知,为置法官吏为之师,以道之知,万民皆知所避就,避祸就福,而皆以自治也。故明主因治而终治之,故天下大治也。"②

上述文字,尽管是站在更好地驭民统政的立场上而提出的,但同时又客观地把接受者——民众纳入法律叙事体系,从中更可看出即使在压制型法的时代,民众绝非法律的局外人,绝非法律只是"肉食者之事";反之,法律必须在"圣人"和民众之间形成互动,才能够真正形成上行下效、上令下从的局面,才能够取得压制性统治的社会效果。可见,在一种真正追求取效的制度体系中,即便该体系是压制型的,是命令性的,是命令

---

① (战国)商鞅:《商君书·定分》,载高亨注译:《商君书译注》(第4册),中华书局1974年版,第541~543页。

② (战国)商鞅:《商君书·定分》,载高亨注译:《商君书译注》(第4册),中华书局1974年版,第548~549页。

者和服从者之间明显信息不对称的,也要尽量设法使作为法律命令者的作者和作为法律服从者的读者共同置于法律叙事体系中,以法律的既有叙事内容来结构处于不同位置的社会主体,使人们分有所定、利有所取、位有所安、名有所归,也使每个主体在法律秩序体系中角色明晰,并最终取得法律的可接受性,是一切法律统治的题中应有之义,当然也是压制型法的题中应有之义。

这表明,即使在压制型法中,只要法律能够获得统治效果,照例存在法律的可接受性问题。只是接受者——读者在这一体系中是从属性的,而命令者——作者在这一体系中是主导性的,因此,这是一种作者中心论或者文本中心论的接受模型。并且值得一提的是,即使在今天,在所谓逐渐进入了"回应型法"的时代,作者中心论的事实并没有完全被改观,法律之压制的接受性依然是一个事实,因此,"以法律为根据""遵循先例""法治天下""法治国家"等不无压制/命令意义的口号,就得以广泛流行并被广泛接受。这也证成了另一个事实,法律的叙事,并不是割断了脐带就割断了历史的联系;反之,它是历史包容性的结果,也是在立法/命令者和运用/接受者之间包容性的结果。

何为商谈的可接受?如果说压制的可接受性是文明史上法律可接受性的基本形态的话,那么,随着工业化特别是信息化所带来的主体智识水平的不断提高,主体社会参与能力的日渐增强以及法律制度自身所承载的对人们意义的包容性处理机制———种"回应型法"[①]的机制的诞生,在法律的言语交往关系中,以往作者中心主义的叙事策略有了很大改观。尽管我们不能说此种言语交往关系把读者置于中心的位置,并且事实上,只要有强制性和命令性存在,读者在法律言语交往中,不可能被完全置于中心地位,否则,法治的根基便会坍塌。虽然后现代法学、批判法学以及法律现实主义等法学流派的学者们,试图抵制法律叙事的作者中心主义,否定法律具有的确定性,批判法律逃离正义、而向权力靠拢,

---

① 严格来说,"自治型法"同样表达的是商谈的可接受性,只是因为"委托/代理"关系的影响,参与法律商谈的主体相对有限——主要是作为代理者的议员们,故不仅限缩了商谈接受的规模,也应行了商谈接受的典型性。从社会契约视角来看,回应型法反倒遏制了意思自治和契约自由,因此,是一种特定的"弱契约"的法;而自治型法更有利于契约自由,因此是"强契约的法"。因此,表面来看,商谈程度与契约的强弱之间应是一种正相关关系,但事实上,当商谈的社会压力足以全局性地影响到立法者,从而令立法者不得不回应它时,它反倒弱化了社会契约,回应型法变成弱社会契约的法律。对此,本文第三部分将会论及。

强调经验对于法律的价值以及司法活动自身的创造性和自主性等,①但在笔者看来,即便有民众的普遍参与、完全意义上的商谈和"回应型法",从而使读者在法律叙事中的作用越来越显重要,但法律走向读者中心主义是不可能的,并且对法律的这一意义定位,也是危险的。它意味着法律的基本确定性将可能被完全解构,法律变成意义多中心的存在,因此,企图通过法律来构建统一的、和谐的和有效的秩序,便是徒劳的。因此,只要法律不能放弃取效,法律的意义就不可能是读者中心的,文本主义、作者中心会永远据有一席之地,并且这一席之地是主导性的。

这里涉及在回应型法中,立法/命令者和运用/接受者的角色互换问题,从而进一步涉及对商谈接受性的理解问题。所谓命令者和接受者的角色互换,是指在回应型法中,法律的产生,多是社会主体广泛参与的结果。特别在全民公决式立法中,参与公决的民众既有命令者的角色,也有接受者的角色,因此,它既不像压制型法时代,命令者和接受者完全处于近乎隔离的两端,命令者就是命令者,接受者就是接受者;也不像自治型法时代,命令者和接受者之间还有一定间隔,那就是代议制所缔造的政治"委托-代理关系"。接受者虽然也参与委托活动,但毕竟没有亲临立法的商谈和博弈过程,因此,无法作为命令者,只有其代理人才有作为命令者的资格。因此,自契约的一般要求而言,委托人必须接受代理人的代理结果。

但是回应型法却完全不同,在这种法律中,主体本身参与了法律的博弈和商谈活动,因此,其既是立法/命令者,也是运用/接受者。其一身二任,角色经常发生变化。因此,商谈参与者之间除了博弈,还必须达成共识。正是共识,才可能成为法律;也正是共识,赋予商谈参与者集命令者与接受者于一身,从而一身二任的角色特征。故共识在此具有决定性:

> "如果说听众的细致分析成为实现可接受性的前提,那么共识……就是贯彻可接受性的出发点。在共识缺位的情形下,任何的理论或者言辞都不会得到听众的接受……而共识越多,则达成听众的接受的可能性就大得多,毕竟,相同或者相似的背景结构将导致听、说双方的思维结构和知识体系有着很多的共性,在面对相同或者相似问题的时候,得出相同或者相似结

---

① 参见[英]韦恩·莫里森:《法理学——从古希腊到后现代》,李桂林等译,武汉大学出版社2003年版,第7~10页、476~557页。

论的可能性大大增加……”①

笔者想进一步说的是，回应型法及其商谈的接受，其共识已经超越了命令者和接受者之间关系情状。和前述命令者与接受者的角色互换性以及角色一身二任的情形相适应，这里的共识也具有命令/接受、接受/命令的相互性，即命令与接受之间完全体现为平等的、无压迫的、商谈的相互性。在这里，命令和接受的关系不仅表现为两者二分下的如下情形：

“在表达语境中发生的修辞活动，进入接受语境，才是真正进入了意义生成的空间。

当接受语境与表达语境叠合，或者部分叠合的时候，才能实现接受者和表达者的沟通。当接受语境偏离表达语境的时候，便可能产生背离性接受。”②

而且还表现为两者合一下的情形：所有参与商谈的主体既是命令者，也是接受者。这一结论，表明在此存在两种关系：其一，在自我世界，自我作为自我的命令者，也作为自我的接受者；其二，在交往关系世界，人们相互是对方的命令者，也相互是对方的接受者。因此，这里体现的是在妥协、共识、相互性基础上的商谈“共和”精神——它在当今世界，不仅是“商谈乌托邦”，③而且是离现实越来越近的“商谈共和国”。

（三）透过妥协、共和再证法律之为制度修辞

无论压制的可接受还是商谈的可接受，内中逻辑地蕴涵着两个要素：妥协与共和。

妥协是利益博弈者之间进行合作的基础，它不仅存在于回应型法中，也照例存在于压制型法和自治型法中。如前所述，压制型法中命令者和服从者的关系，尽管具有单向性，但命令者要让其法律获得更大的社会效力，要被服从者所接受，就必须想方设法去调适法律自身的内容、表达方式以及运行机制等。面对接受的困难，如果命令者一意孤行，毫不妥让，则法律的取效追求也便大打折扣。前文所引商鞅的观点，已然

① 孙光宁语，载焦宝乾等：《法律修辞学导论——司法视角的探讨》，山东人民出版社2012年版，第172页。

② 谭学纯等：《接受修辞学（增订本）》，安徽大学出版社2000年版，第95页。

③ 章国锋称“交往行为（商谈）理论”为公正的“乌托邦构想”。参见章国锋：《关于一个公正世界的“乌托邦”构想——章国锋解读哈贝马斯〈交往行为理论〉》，山东人民出版社2001年版，第114～210页。参见［德］尤尔根·哈贝马斯：《交往行为理论：行为合理性与社会合理性》（第1卷），曹卫东译，上海人民出版社2004年版，第94～101页。

表明这层意思。这种情形,在罗马法上,无论是共和国时期、君主制时期,还是帝制时期,都有明显表现。对此,有学者就此指出:

"生活变得日益复杂,这要求制定出符合新情况的法律规范;万民法扩展了法的适用领域,人们开始把诚信原则(bona fides)作为规范标准加以采纳;这一切都为法学理论的解释(interpretatio)提供了更广泛的用武之地。争论(disputito)的公开性,诚信标准的伸缩性,对定义和规则的探讨和整理,以及科学体系的建立,这些特点均与法学理论的发展相伴随;在这种发展中,物权和契约形式大量地增加(但类型化原则仍然继续保留),出现了许多错综复杂的后果和情况。

法(ius)通过保持传统的连续性和对法律思想的整理而得到发展……面对这种发展,裁判官发挥着伟大的、直接反映公平要求的作用(运用他的诉讼手段)。这种对偶的制度在各方面发挥着作用,使罗马人能够把建设性发展的直线性同社会发展所要求的公平以及据此而进行的不断修正和调整活动协调起来……"①

至于代议制立法及其对法律自治性、法官独立性的强调,虽然推出了一个"自治型法"的时代,但在法律的命令和接受的关系上,命令者和接受者的角色仍然是固定的——立法者(无论议会立法还是法官立法)总是命令者,其他社会主体总是接受者。这种角色的二分更要求在两种角色之间能够妥协,才可能使法律真正取效。

这种情形,在成文法(制定法)世界,就是所谓原则性和灵活性的相结合,就是法律的确定性和法律通过解释来适用的结合,就是法律的稳定性和法律废、改、立的变迁性的结合,也就是法律的普遍性、一般性与其在个案(事)适用中的具体性、特殊性的结合。正因如此,法律适用尽管要谨守法律至上的法条主义原则,要坚守以法律为准绳的基本理念,但法律适用的具体工作,从来不是完全被动的,而往往是创造性的,是法官和其他法律适用者、运用者创造心智的结果。这种创造性本身表现了妥协和法律治理之间的内在脉络。

至于在判例法国家,如前所述,尽管遵循先例是一条颠扑不破的原则,但毕竟先例太多,且众多的先例之间内容也并不统一。面对此情此

① [意]朱塞佩·格罗索:《罗马法史》,黄风译,中国政法大学出版社1991年版,第265页。

景,法官在适用法律时,究竟要遵循哪个先例?这种情形,使先例识别技术应运而生。所谓先例识别技术,归根结底,就是法官把诸多先例和当下的案情相结合,选择最恰当的、符合当下案情的先例作裁判。不仅如此,当法官认为之前所有的先例,与当下案情虽然类似,但在此情此景下已不符合该案时,还可以从事创造性的裁判,这就是"现例创造",从而法官真正创造判例、创造判例法。这样,从遵循先例的原则性,到先例识别的灵活性,再到"现例创造"的开拓性,法官的事业,也走的是一条法律刚性和法律适用弹性的妥协之路。在一定程度上,正是这种原则与妥协、刚性与弹性,成就了英美法治。

可见,自治型法虽然强调法律之规范自治性、逻辑自足性和司法独立性,但这三者之间,本身就蕴涵法的刚性与弹性、原则与灵活、自治与妥协。规范自治性和逻辑自足性支持法的原则与自治,而司法独立性却不得不面对法官本身对法律的能动性——只要法官不是机械人,只要法官不是法律的"自动售货机",那么,他就是把法律原则性和法律适用的灵活性巧妙结合起来的艺术大师,就是实现命令者和接受者之间妥协的杰出的操盘手。

而全民公决式立法以及回应型法,其本来在角色上是命令者和接受者的合二为一,从而既是每个主体自己对自己的命令和自己对自己的接受,也是主体之间的相互命令和相互接受。因此,妥协在这里是一种常态,也因如此,才导致再激烈的矛盾,都被作为妥协的结果法律——或者换言之,在法律本身的妥协机制下得以软化、柔化并最终包容和消化。

法律的这种妥协性,就是法律获得可接受性,就是一种制度性的"接受修辞"。妥协必然勾连着修辞,因为妥协意味着人们面对争论事项、利益纠葛以及观念主张,有放弃有坚持。放弃的是那种在不同主体之间无法形成共识的部分,而坚持的则相反,是在不同主体之间能够达成共识的部分。但众所周知,人们所放弃的,未必一定是谬误,而人们所坚持的,也未必一定是真理。所以,对妥协以及共识的坚持,并不是为了坚持一种"科学的真理",而是坚持"商谈的真理"。所谓"商谈的真理",归根结底就是"修辞的真理"。在此意义上,商谈也罢,妥协也罢,共识也罢,这些词汇天然地和修辞相关联。因此,只要对法律从命令和接受的叙事结构中进行研讨,那么,法律就必然秉有修辞的属性。

法律之命令和接受之间的妥协及其决定下的修辞效果,不仅决定了法律的被接受性,从而实现法律的取效要求,而且意味着法律必然是一

种社会共和的规范机制,因为修辞本身意味着共和——特别是在法理学中,“修辞是共和主义的”:

> “我认为,修辞学作为一门学科的持久价值和可应用性应该通过它分析、整理机构话语实践中公众特点和政治特点的能力来判定。它是对制度和管理决定社会意义的研究,如研究成文法文本过程中固有的常被掩盖起来的说服水平、辩论水平和胁迫水平,批判地评估当代主要以排斥对话偏好和专制独白为立法基础的法律文化和实践。它是一个局限于被专业化且难理解的语言特征的文化,反过来又受到特有法律语言单义性观点的法理学的支持,在这个法理学中,法律的制度意义总是已被给出,只需传达……修辞诞生于社会实践,它主要的研究对象是与涉及的实质问题和听众不可分割的、用于说服的法律辩论……它的对象对它而言是外部的,它的方法(技巧)是功能性的,它的结果是对话语实践的分析和整理,它被视为实践而不是真理(静止)。所以即使在古希腊,修辞也被看做对帝国主义哲学动机的威胁,这种哲学动机只是在后来通过使修辞从属于逻辑和必然的概念才凌驾于修辞之上……”;
>
> “修辞的共和主义精神也许最突出地体现在这样一个直观的言语社区形象中,在这个社区中,权力和权力高于意义的概念被驱散了而不是占据统治地位,变化着、流动着而不是静止的、确定的。所以如果修辞学具有哲学和政治意义,那么它将是历史的和实践的——人的理性特征和知识特征。修辞学作为对偶然的研究,与任何依赖理性或必然这些绝对化的范畴来描述知识是相对立的。”①

尽管上述法理学的“修辞共和主义”精神未必一定能够表现为法律的“修辞共和主义”精神,相反,人们通常所见到的,更多的是法律借明确、肯定和普遍属性而实施的专横、强制和压迫,但正如前述,即使再专横、强制和压迫的法律,只要人们面对之而不去选择揭竿而起,反而尽量配合法律之内容,遵循法律之规定,依法求取法定的利益,那么,可以肯定,人们对法律仍然抱着一种接受态度,从而法律仍然获得了契约的属性,哪怕它是一种弱的契约或者压制的接受。只要人们能够在法律面前

① [美]彼得·古德里奇:《法律话语》,赵洪芳等译,法律出版社2007年版,第92~93页。

自主地做到"两害相权取其轻,两利相权取其重",那么,在法律交往的话语结构中,就已经呈现出了某种角色区别和不同角色的相互依赖。这种相互依赖既是契约性的,也是修辞性的。对法律的压制的接受是如此,商谈的接受则更是如此。它们都表明法律在实质上是一个命令和接受的修辞共和体系。共和立场的退场,意味着法律功能的不再,也意味着法治不过是可欲而不可期、可望而不可即的空中楼阁。

这样一来,在社会契约—法律—妥协—共和这些看似风马牛不相及的概念词汇之间,却凸显出一条十分明晰的逻辑链条。把这些词汇串联起来的,反倒不是逻辑本身,而是能够确定逻辑前提、界定逻辑范围、敲定逻辑边界的思维工具——修辞。法律,无论其作为社会契约,还是其作为可接受性的公共交往机制,无论是其为实现可接受而做的主体之间的相互妥协,还是因为相互妥协而导致的法律的共和,皆表明,法律是实践的、修辞的领域,其真理属性是实践真理、诠释真理、商谈真理,因而最终是修辞真理。

三、弱契约的法律、强说服的可接受性与制度修辞

(一)弱契约的两种含义——"压制型弱契约"和"福利型弱契约"

在本文中,弱契约这个概念,在外延上可以一分为二:其一是和压制型法对接的命令—服从状态,即接受者面对一种压制性命令,经过利弊权衡而接受该命令,从而形成压制/接受的弱契约,简称压制型弱契约;其二是和福利资本主义以及社会本位对接的命令—服从状态。在此,因契约自由受到了福利主义和社会压力的外在制约,主体的意思自治也受到法定的约束和限制。自由竞争市场下那种意思完全自治、行为完全自由的契约形式被明显弱化,从而出现另一种弱契约,即福利型弱契约或者"关系性契约"。前一种弱契约,笔者在前文中已有论述,这里不再更多论及。如下想进步一展开的是:为何后种情形,也被称为弱契约?

我们知道,任何契约,都应当建立在当事人意思自治基础之上。在现代民法上,意思自治、私权神圣以及契约自由,构成其三大基本原则。尽管随着自由主义经济模式的衰退和社会公共利益的出现,致令这种完全建立在意思自治基础上的自由契约日渐衰退,甚至出现了"契约的死亡"的情形,与此相关,人们反而在不断地追求超越契约的更公正的法律——因为既有的契约理论,特别是意思自治的自由契约理论,对人做了一种匀质化的理解:它取材于经济学和利己主义的道德原理,即以利己的经济人或理性人来看待法律上的人:

“把资本用来支持产业的人，既以谋取利润为唯一目的，他自然总会努力地使他用其资本所支持的产业的生产物能具有最大价值，换言之，能交换最大数量的货币或其他货物”；

“……他受着一只看不见的手的指导，去尽力达到一个并非他本意想要达到的目的。也并非因为事非出于本意，就对社会有害。他追求自己的利益，往往使他能比在真正出于本意的情况下更有效地促进社会的利益”；

“关于可以把资本用于什么种类的国内产业上面，其生产物能有最大价值这一问题，每一个人处在他当地的地位，显然能判断得比政治家和立法家好得多。如果政治家企图指导私人应如何运用他们的资本，那不仅是自寻烦恼地去注意最不需注意的问题，而且是僭取一种不能放心地委托给任何个人、也不能放心地委之于任何委员会或参议院的权力。把这种权力交给一个大言不惭地、荒唐地自认为有资格行使的人，是再危险也没有了。”①

这就是所谓著名的“理性人假说”的基本描述和最早描述。这三段话分别表明：第一，人是逐利的动物，是经济人，自然就会设法盘算其利益所在；第二，人的逐利行为是受“看不见的手”所支配的，因此，经济的规律不能抗拒；第三，每个人自己会判断其利害得失和投资取向，任何公权力不能对之越俎代庖，否则，既不利于保障人们的利益获取，也不利于政府和权力自身职能的发挥、形象的维护。显然，这种理性人假设，是对人的智慧匀质化处理的假设。这一假设自然利于那些智慧特别是经济智慧先天就高于一般人智慧的人。因此，这样的立法虽然有利于自由竞争，但并不利于对那些智慧特别是经济智慧较低的人之权利的公平保护。因此，在法律的应对策略上，必然既是自由主义的，也是个人主义的，还是精英主义的。这种看似有理的主张，事实上却瞻前顾后、顾此失彼，因为现实社会中的人本身是不平等的，国民无论在经济智慧，还是在其他智慧上，匀质的情形不曾存在，也不可能存在。所以，对人们的智慧、逐利倾向以及理性能力匀质化处理的制度修辞，虽然推出了一种以意思自治为基础的自由契约理想，但一考虑到现实世界人们的意思自治能力完全不同，这一理想就蒙上了阴影。毕竟现实的法律，既要考虑一

① [英]亚当·斯密：《国民财富的性质的原因研究》（下卷），郭大力、王亚南译，商务印书馆1972年版，第27页、27～28页。

般情形,也得考虑例外。这样一来,我们就既能同情地理解压制型法时代的区别对待,也能进一步同情地理解当代法律从“强者中心主义”向“弱者中心主义”转化的现实必要性。

事实上,现代法的发展,明显地越来越把权利保护的目光投向“弱”和“愚”的人:

> “……在现代法中被特别对待的‘具体的人’的特长与近代法中的‘人格’相较而言,如前所述,是‘弱’的人,特别是贫穷的人。毋庸讳言,此处强者是作为抑制的对象来对待的,其目的是为了保护弱者,故而可以说,法律的中心转移到弱者。即那些在大企业面前是经济、社会力量弱小、仅靠个人的能力最终不能与之对抗而达到自己愿望的人……”;
>
> “……在现代法前提之下……以……‘愚人’的命题为前提的规定,可以说这与近代法典编纂时期处于民法典背后的人像之有力英俊的状态相对比,显现出令人惊讶的鲜明对照。实际上,正如拉德勃鲁赫与牧野英一博士所言,近代法意义上的人像是‘虚构’的、‘拟制’的。人不一定能够正确地认识自己利益,即使认识到了,也不一定去追求,这是因为人并不只是被利益所驱动的。”①

如果说,在民事契约领域出现了这种“弱者中心主义”的保护思路的话,那么,它在社会—政治契约中的折射,则是“权利中心主义”,即在权利和权力两者的关系中,从昔日的“权力中心主义”转向如今的“权利中心主义”,权利优于权力,权力为权利而设,权利是目的,权利是手段。严格说来,这种“权利中心主义”的保护思路在自治型法中已经呈现,并且表达的比回应型法时代更为彻底。但是,既有的“权利中心主义”过分执着于人的平等,并且把理念的、匀质的平等视为现实生活中的平等,从而忽视了现实生活中实际的不平等(或者至少忽视了人的“非匀质平等”)——如能力不平等、智慧不平等、生活条件不平等、出身不平等以及受其所决定的机会不平等。

其实,在现实世界,平等是相对的,不平等是绝对的。那么,法律的价值天平究竟应导向对相对性的关注还是对绝对性的关注?如前所述,个体本位的自由资本主义及其法律——自治型法把相对性当作绝对原

---

① [日]星野英一:《民法中的人——以民法财产法为中心》,王闯译,载梁慧星主编:《为权利而斗争》,中国法制出版社2000年版,第368页、369~370页。

则来保护,强调意思自治和契约自由,结果导致社会的苦乐不均。而社会本位的公共(不仅是国家)干预主义及其法律——回应型法,则转换了视角,强调社会福利和弱者优先——而这里的弱者概念,却是一个对所有人都可能开放的概念,特别是在风险社会中。因此,它并没有抛弃"权利中心主义"的理念,也没有复兴"权力中心主义"的历史,而只是把权利的均质性保护微调为权利的非匀质保护,即通过盘活市场、刺激投资、调节税负和增进福利等措施,锐化能力/智慧的不平等,而柔化财产分配的不平等。

但无论如何,对于有能力、有财产、有地位的人而言,权力的制约因素更多,意思自治和自由契约的景象明显褪色,权力干预、公共介入的景象明显增色。因此,才出现前述吉莫尔所谓的"契约的死亡"之说。但是,我们知道,它并不是契约的死亡,且只要人类需要交往合作,需要相互妥协,需要权力保障,那么,无论民事契约,还是社会契约,不可能死亡。死亡的,只是人们对意思绝对自治、契约绝对自由的迷恋和想象。

在这个意义上,所谓福利性弱契约,本质上并不弱,不但不弱,而且国家、社会强者和社会弱者三者之间形成了更为复杂的契约合作关系——在国家救济的名义下,强者负担更多税收,弱者收获更多福利,其合理性究竟是什么?为什么强者愿意通过高税负救济弱者?强者在付出了高税负之后能从国家那里获得何种保护和保障,或者从国家那里获得了什么样的权利?为什么弱者理所当然地从国家那里获得救济,其获得救济后对国家有何义务,对强者又有何义务?这一切都是福利性契约所面对的新问题。唐纳森(Donaldson)和邓菲(Dunfee)曾提出了"综合性的社会契约"理论,"这一理论设计的初衷是矫正社会契约概念的衰弱性,但并无损于社会契约论的优点",他们认为,"所有具有理性的人们都已经注意到他们有限理性的本质,因此会同意一个假设的社会契约。这一契约包括宏观社会契约,即契约通过保留对个性经济社区极为重要的道德自由空间,在这一空间中它们通过实际的微观社会契约生成了自己的经济行为的规范"。① 由此进一步开放的问题是,对弱者(少数人)权

① Mark Douglas, Integrative Social Contracts Theory: Hype over Hypernorms, *Journal of Business Ethics*, Vol. 26, No. 2 (Jul., 2000), pp. 101 - 110.

利要不要专门保护。对此,自由主义者和社会群主义者[①]有截然不同的主张:

> "坚持个人自律的自由主义者反对少数群体权利,认为对个人的强调是适当的,而少数群体权利偏离这一点则是不必要和危险的。相反,社群主义者则把少数群体权利看做保护集体免受个人自律的腐蚀作用的侵害,是对集体价值的确认。"[②]

可见,当法律最终取向于通过增加税收、减损强者权利,倾向于对不平等的绝对性予以特别关注,以尽量救济相对平等资源的稀缺,进而赋予弱者(少数)群体以更多的福利,给予"加强型"保护时,毫无疑问,对于强者而言,降低了契约的自由度;对于弱者而言,照例降低了契约的自由度。[③] 但尽管如此,人们都接受了这样的法律,从而使法律仍然秉有契

---

① 两者的基本区别是:"自由主义者坚持个人有权自主决定自己的幸福观,赞成把个人从任何既定的或与生俱来的状态中解放出来。自由主义的个人主义者认为个人在精神上优先于集体,集体之所以重要,不过是因为它有利于其属员的幸福,一旦属员发现维持现有的文化习俗已经没有什么意义,集体就没有任何单独的利益去保持这些习俗,因此无权阻止个人改革或抛弃这些习俗";"社群主义者质疑'自律个人'这一概念,在他们看来,人'置身于'一定的社会角色和社会关系中,这样的自我不会形成或改变他们自己的幸福观念;相反,他们继承了一种生活方式,这一生活方式为他们规定了什么是幸福。社群主义者把个人看做社会习俗的产物,而不把群体习俗看做个人选择的产物。而且,他们通常否认集体利益可以分解为属员的个人利益,因此,给予个人自律以特权被看做有害于集体的。一个健康的集体应该在个人选择和保护集体生活方式之间保持平衡。并且设法限制前者对后者的损害程度。"(参见[加]威尔·金里卡:《少数的权利:民族主义、多元文化主义和公民》,邓红风译,上海译文出版社2005年版,第5页)。

② [加]威尔·金里卡:《少数的权利:民族主义、多元文化主义和公民》,邓红风译,上海译文出版社2005年版,第5页。值得一提的是,在该书中,作者已经对自由主义框架内关于这一问题的争论予以特别关注,并强调:"在有关少数群体权利的争论中,绝大多数并非自由主义多数群体同社群主义少数群体之间的争论,而是自由主义者之间有关自由主义的意义的争论。"(该书第7页)。

③ 法律的这种变化,其实也就是从消极自由向积极自由的变化。消极自由强调最小的干预能够实现最好的自由,因此,小政府、大社会是绝对的真理。权力以及政府,乃是迫不得已的恶。而积极自由则强调对自由的外在保障。因此,必要的干预不可或缺。伯林对这两者是这样界定的:"……'消极的自由',和针对以下这个问题所提出的解答有关,亦即:'在什么样的限度以内,某一个主体(一个人或一群人),可以、或应当被允许,做他所能做的事,或成为他所能成为的角色,而不受到别人的干涉'……'积极的'……自由,则和以下这个问题的答案有关:'什么东西、或什么人,有权控制、或干涉,从而决定某人应该去做这件事、成为这种人,而不应该去做另一件事、成为另一种人?'这两个问题的答案,虽然可能有重叠之处,但却显然是不同的问题。"(参见[英]I.伯林:《两种自有概念》,陈晓林译,载《公共论丛·市场逻辑与国家观念》,三联书店1995年版,第200~201页)。不得不指出的是,消极自由理论,如同"理性人假说"一样,对关系交往和对弈中的人的能力,包括实现自由的能力,做了一种匀质化的假设和处理,因此,其理论以及对所有人公平对待的理想是美好的,但对人的实践能力考虑不周,反致实践中以意志的平等取代事实(包括机会、财产、行动等)的不平等。因此,毫无疑问,积极自由,以及偏向于积极自由的干预主义及其法律,是对它的一种有效的纠偏。

约的属性。尽管和自由资本主义时代的契约(法律)相比,它是一种弱契约。

(二)弱契约的法律、制度要素与法律制度的"命令/接受转型"

弱契约既然是弱的,为什么还能获得人们的接受?这首先取决于在法律的规范性和强制性面前,人们的利益权衡,即如果人们在实践中不按照法律的规定所作所为,就必然意味着利益的损失,反之,人们按照法律的要求所作所为,就必然意味着利益的所得(或者即使没有所得,也不会减损利益,而使利益保值)。这对弱契约的法律而言也是如此。法律的这一层的可接受缘由,人们并不陌生,且笔者在前文中已略作交代,此不赘述。惟须说明的是:一般情形下,弱契约的法律,其在接受上的基本特征是"命令(或压制)—接受型"的,因此,它所贯彻的理应是"命令中心主义"。但是,如今这种情形却发生了转型。这就是下文笔者将要阐明的"接受中心主义"(接受压力/命令接受)——不同类型之弱契约的法律之间,存在一个"中心转型",或"命令/接受转型"问题。即在此出现了受众中心或本位的问题:"受众(听众)本位是可接受性的最重要特征……是可接受性理论中最重要的出发点和归宿,其他特征都是围绕这一特征而展开的。"①

为阐述这一问题,需要把法律代入到制度和制度结构的概念中。可以认为,所有法律(包括弱契约的法律)都是制度的要素。一种制度,总是一个诸要素的结构体系。作为制度的结构体系,其结构内部是如何融贯的?进而如何获得社会的可接受性的?这既涉及法律可接受的制度内部缘由,也涉及法律可接受的技术问题。我们不妨先从制度结构的要素谈起。

任何制度,都是一套结构体系。通常人们简略地把制度等同于规范,似乎只要有了规范,就有了制度。诚然,规范属于制度,但"属于制度"和"是制度"是两个完全不同的命题与判断。可以认为,规范是制度的前提要素,是制度建构的事实(制度事实)前提,同时也是结构制度其他要素的基础。规范在这里的作用,恰如一幢大厦的图纸,大厦的建设,自然要根据图纸来施工,因此,图纸是建设大厦,并把钢筋、水泥、砖瓦、预制板等大厦的建筑材料结构在一起的前提,但是图纸不能替代大厦,图纸更不可能等于大厦。

---

① 孙光宁:《可接受性:法律方法的一个分析视角》,北京大学出版社2012年版,第17页。

“在笔者看来,任何制度,都是如下五个要素的有机结构,即作为制度前提的规范要素、作为社会评价的理念要素、作为行动者的主体要素、作为实践方式的行为要素和作为效果反馈的监督要素。”①所以,制度在这里表现为一种结构,而不是任何单个的要素。那么,什么是结构?对此,需要借助皮亚杰对结构主义的定义:

> “……把结构观念的积极特征作为中心,我们至少能够从所有的结构主义里找到两个共同的方面:一方面,是一个要求具有内在固有的可理解的理想或种种希望,这种理想或希望是建立在这样的公设上的:即一个结构是本身自足的,理解一个结构不需要求助于同它本性无关的任何因素;另一方面,是已经取得的一些成就,它达到这样的程度:人们已经能够在事实上得到某些结构,而且这些结构的使用表明结构具有普遍的、并且显然是有必然性的某几种特性,尽管它们是多样性的。”②

在此基础上,皮亚杰强调了任何一种结构,都存在三个基本的属性,即整体性、转换性和自身调整性。③

制度作为一种结构,其照样符合皮亚杰的结构定义,即一方面,它具有相当的逻辑自足性,特别是法律制度,本身被人们、尤其是分析实证主义法学家们视为一个逻辑自足的体系,同时也是与其他规范体系能够分离的、独立存在的体系。因此,对法律的研究,无须求助于道德,无须求助于神灵,甚至也无须求助于社会,尽管法律是社会制度。④ 另一方面,

---

① 谢晖:《司法法源,还是事实参考?》,载《甘肃政法学院学报》2016 年第 6 期。

② [瑞士]皮亚杰:《结构主义》,倪连生等译,商务印书馆 1984 年版,第 2 页。

③ [瑞士]皮亚杰:《结构主义》,倪连生等译,商务印书馆 1984 年版,第 3 ~ 11 页。

④ “很明显,法律被理解为是一种重要的社会制度,这种社会制度对所有生活于社会中并受法律规制的人(今天几乎遍及所有的人)具有重要意义……法律作为特殊制度类型有助于塑造公众的普遍法律良知”;“……法律的制度性观念与某些自然法主张不相符,有两点原因:法律制度特性的第一个逻辑结论是:它具有局限性……表现在:它既不包含所有的正当性标准(道德或其他),也没有必要包含所有的社会规则和习俗,而仅包含其中一部分,即那些与制度关联性的标准。这与下述观点不相容:法律不能形成分离的标准体系,尤其是法律和道德(或者法律与社会道德)之间没有区别”;“法律制度特性的第二个逻辑结论是,不能以道德因素作为判断某一体系或规则是不是法律规则体系的条件。法律的制度特性也不包含这些条件。如果法律是一种特殊的社会制度,那么所有属于这种制度的规则都是法律规则,不管它们在道德上多么令人反感。法律可能拥有某些必要的道德属性,这仅缘于所有或某些具有制度关联性的规则必然具有道德属性。将道德因素作为法律确认的条件必然意味着:并非所有构成重要社会制度的规则是法律,而某些不是社会制度组成部分的规则却成为法律。这样,法律不再是一种社会制度。”(参见[英]约瑟夫·拉兹:《法律的权威:法律与道德论文集》,朱峰译,法律出版社 2005 年版,第 39 ~ 40 页)。

它必须也必然是一个实践体系和实践结构，即制度的各要素间具有整体的实践功能，每个要素往往一荣俱荣、一损俱损。法律结构的实践功能，更要求其要尽量考虑实践中的具体要求，并把这种具体要求一般化和普遍化。这不同于纯粹的言说，也不同于非制度的、仅限于私人领域中的那些道德。①

所以，在一定意义上讲，法律制度应当是、也必然是结构化的，它理应处在一种结构状态中。这其中的缘由，就在于法律必须是实践理性的。按照实践理性之要求，法律必须取效，无以取效的法律，仅具有语言游戏的意义，不具有实践意义。对此，孟轲已经做了精辟的阐释。他强调要进行社会治理，仅仅有善心善德是不够的，同样，仅仅有法律规范也是不够的，因此，必须把具有善心善德之人和必行之法结合起来。他强调说：

> "离娄之明，公输子之巧，不以规矩，不能成方圆；师旷之聪，不以六律，不能正五音；尧、舜之道，不以仁政，不能平治天下。今有仁心仁闻而民不被其泽、不可法于后世者，不行先王之道也。故曰：徒善不足以为政，徒法不能以自行。诗云：'不愆不忘，率由旧章。'遵先王之法而过者，未之有也。圣人既竭目力焉，继之以规榘准绳，以为方员平直，不可胜用也；既竭耳力焉，继之以六律正五音，不可胜用也；既竭心思焉，继之以不忍人之政，而仁覆天下矣。故曰：为高必因丘陵，为下必因川泽。为政不因先王之道，可谓智乎？是以唯仁者宜在高位……"②

孟轲的如上阐述，对于准确认识法律制度的结构而言，其基本启发是，仅仅有法律规范，只是具备了法律制度的前提。如果没有接受法律规范的主体，没有具体执行法律规范的人，法律只能被束之高阁。所以，把孟轲的主张视为证明其鼓吹"人治"的典型论断，实在是厚侮先贤。③孟轲比他的这些读者高明之处在于，他只是强调作为一种制度，仅仅有

---

① 当然，严格来说，即使私人领域中的道德，也是主体意志自由、意思自治的产物，因此，理应被建制性地纳入人们权利的范畴。在这个意义上，举凡社会道德或私人道德，皆可以被结构在作为社会制度与社会契约的法律框架下。参见谢晖：《法治讲演录》，广西师范大学出版社2005年版，第130～196页。

② （战国）孟轲：《孟子·离娄上》，载杨伯峻译注：《孟子译注》（上），中华书局1960年版，第162页。

③ 参见张晋藩主编：《中国法律史》，法律出版社1995年版，第83～84页。

人是不够的，仅仅有法律规范也是不够的，必须把先王之法和贤圣之人结合起来。因为法律必须以实施并取效为其追求。不能实施、无以取效的法律，如何能规范人们的交往行为呢？这样的法律，从实质上来讲，并没有获得人们的接受，因此，也就不可能真正因其实践价值而取效。

所以，即使作为弱契约的法律，其依然能够取效的基本根据，就在于法律的实质，在于实践，而只有把法律置于某种结构体系中去时，才能使其具备实践的技术要求。由此再回过头来看笔者前述的结论，就不难发现，法律制度的每个要素都是重要的：

没有法律规范，法律制度就无所依凭、无从谈起。所以，作为前提，法律规范是导生法律制度的基本规划。没有法律观念，法律规范就不会在观念上或理念上被人们接受，从而法律规范对人们而言，只是外在的，而不是内在的，人们就不可能以自觉意识使法律事半功倍地被贯彻落实。这大概正是在所有的宗教世界，为了贯彻教法教义，不惜采取一切手段给信徒们宣讲教法教义，并使其真正入心入脑的缘由吧？没有法律主体，既意味着法律失去调整对象，也意味着主体游离于法律之外，而没有被结构在法律的修辞体系之中，进而普罗大众和法律没有关系，他们既不会计较于法律权利，也不会存心于法律义务。这样一来，法律对主体而言，就只能是一条条僵死的规范而已。而法律行为，更是法律实践化的直接表达，或者说，法律作为实践理性的外在标志，就是人们的交往行为——无论权利的享有，还是义务的行使，皆从法。如果说法律理念是法律规范被人们接受的内在表现的话，那么，法律行为就是法律规范被人们接受的外在表现。至于监督要素，作为反馈，它检验着法律实践的运作状况，并据之对法律实践运行中偏离法律规范的情形或给出原因说明，或进行直接矫正，前者为法律规范以及法律制度的调整做准备，而后者则对实践中逃离法律规范的观念、主体、特别是行为，按照法律的要求，重新将其结构在法律规范的框架内。

由此可见正是法律独特的制度结构以及被结构于其中的制度要素，提供了法律可接受的技术保障。在法律的如上制度要素中，如果说法律规范就是命令的话，那么，其他要素就可概谓之接受，从而，形成法律规范/命令：法律理念/接受命令、法律主体/接受命令、法律行为/接受命令和法律监督/接受命令这样一个结构—技术体系。因此，在法律制度中，法律规范要素表达的是命令，其他要素都为接受这一命令而展开，并借此把法律真正推向实践。

显然,即便在弱契约的法律中,法律一旦制定,规范一旦产生,核心的、关键的问题就是接受的问题。在此意义上,古往今来的法律制度,都是"接受中心主义",而不是"命令中心主义"的。"命令中心主义"的法律制度结构在取效意义上是不存在的。这意味着,无论压制型法及其压制型弱契约制度结构、自治型法及其强契约制度结构还是回应型法及其福利型弱契约制度结构,在取效意义上所贯彻的都是"接受中心主义"。这正是古往今来的法律,都必须根据社会现实、民众需要不断进行校正和修正的原因,也因此是法律不断取效的原因。

如上也表明,法律的制度结构,本身是一个意义表达和意义理解的实践结构,它既是言语实践结构,这突出地表现在法律规范/命令—法律理念/接受两者的关系上;同时它也是一种独特的行为实践结构,这突出地表现在法律规范/命令—法律行为/接受这一对关系中。如此一来,如果说法律制度的"接受中心主义"这一结论能够成立的话,那么,法律制度的"读者中心主义"也就理所当然、一目了然。《盐铁论》曾有如下的记载:

> "《诗》云:'舍彼有罪,沦胥以铺。'痛伤无罪而累也。非患铫耨之不利,患其舍草而芸苗也。非患无准平,患其舍枉而绳直也。故亲近为过不必诛,是锄不用也;疏远有功不必赏,是苗不养也。故世不患无法,而患无必行之法也。"①

这表明,即使在我们古人的眼心目中,对法和法之必行两者,更看重后者,说明他们对法律制度的"接受中心主义"或者"读者中心主义",早有深刻洞察。这或许正是即使在古代,即使在压制型法的时代,法律依然被人们所接受的理论认知基础。

(三)从弱社会契约、可接受性三证制度修辞

无论是契约概念还是可接受性概念,本身都是修辞性概念。契约本身表达的是人们之间的合意及合意程度,合意也罢,合意程度也罢,其表面的精神内容是双方的意见达成一致,但其背后的逻辑是对合意双方意见并不一致的那些内容,一定得隐去。如果不隐去、反而彰显这些内容,合意这一契约的关键修辞就无以成立。可见,只要在合意彰显的背后有隐藏,有不同意见,就意味着彰显的部分也只是修辞选择。可接受性作为表达对契约之态度的词汇,照例是修辞的。除了可接受的理由之外,

---

① (汉)桓宽:《盐铁论·申韩》,载王利器校注:《盐铁论校注》(下),中华书局 1992 年版,第 580 页。

在它的背后,还可能隐藏着那些不接受的理由。因此,只要一种接受性是隐去了不接受理由之后的彰显和表达,那么,可接受性就一定是修辞性的。换一个视角来看,完全可以说修辞的基本功能就是叫人接受,就是获取可接受性,特别在演讲者和听众、作者和读者之间,演讲者们和作者们所努力的重要方向,就是获得读者的接受,或者就是说服。因为听众或读者不接受、不被说服,意味着演讲和写作没成就,即无法取效。进而言之,修辞的功能不仅在于叫人接受,说服听众或读者,而且在于找到让人接受的方法:

> "说服论证是一种证明,因为我们认定事物得到了证明之时就是我们达到了最大限度地信服之时。修辞的证明就是推理论证,它在单纯的意义上可以说是最有力的说服论证";
>
> "……修辞术不限于任何一种确定的事物对象,而是和辩证法一样,而且它是有用的。它的功能不在于说服,而在于发现存在于每一事例中的说服方式。"①

亚里士多德在这里显然对修辞和修辞术做了区别。毫无疑问,修辞就是设法叫人们信服,所以,修辞是"知"的范畴,而"修辞术"则是如何叫人信服的一般技术,属于"知识"的范畴。我们知道,"知"不同于"知识"。所谓"百姓日用而不知",说的正是这个意思。"知"是视觉、听觉、嗅觉、味觉、触觉等感觉系统的功能,而"知识"则是脑认知的功能,是反思、批判和建构的结果。强调这层,是想说修辞引导人们信服,乃是一个"知"的范畴,而"修辞术(学)"探讨说服的一般方式,则是"知识"的范畴,前者是"然",后者是"所以然"。因此,强调修辞术的"说服方式"功能,并不是否定修辞的说服这一技术功能,反倒是寻求修辞说服的基本方式和普遍形式,从而是为了更好地说服,更好地寻求可接受性。

此种情形,不仅是古代修辞术的基本追求,即便在现代的"新修辞学"理论中,也照例是如此。"新修辞学"和亚里士多德的修辞术一样,都着墨于法律论辩话题,并把可接受性或者说服作为法律论辩的重要考察对象和探究内容,甚至不惜假定一个被法律排除的受众,并把这个受众全力地拉到法律秩序体系中,从而在法律这种"意识形态的范例"中,"试图超越其语用和物质语境进行概括的、论证和规范性修辞的方法论",引导人们进入"法律规范的封闭的、迂回的游戏中":

---

① [古希腊]亚里士多德:《修辞术》,颜一译,载苗力田主编:《亚里士多德全集》(第9卷),中国人民大学出版社1994年版,第336页、337页。

"……决定必须是可接受的，但对那些询问如何可接受以及被谁接受问题的人，答案是：它必须在公平公正原则的新伪装，或至少是在一系列以实用为目的的法律规范的新伪装下被法律受众所接受……法律秩序，至少在抽象的修辞图式中，只是法律受众的一种，且即使是最墨守法规的修辞学家也会承认政策问题或行政或政治秩序问题与法律是相关联的，无论它们之间联系多么模糊。正是在这里新修辞学作了一个重大决定：在短暂地承认特定的决定使得法律和社会有了直接接触时，它使得修辞考虑法律辩论由公众的、非法律领域被排除的受众决定的物质决定。虽然它们在理论上存在，但是这些非法律受众并没有成为任何扩展的讨论或分析的对象。法律外听众是新修辞学所假定的；它具有同质性；在任何给定的时刻它都存在于一种就价值或道德秩序所达成的均衡和一致状态中；它不仅接受法律而且将它当成是令人想望的和权威的，它将它自己的论证视为令人信服的。也就是说，在描述法律的修辞时，新修辞学为了使社会成为一个整体，花了大量篇幅赋予它法律地位并规范了它。"①

社会契约和可接受性的如上修辞特征，决定了只要在学理上认可所有法律在前提约定的条件下，都是一种社会契约（无论是弱契约，还是强契约），都需要人们接受并获得可接受性，那么，也就意味着在社会契约和可接受性视角上，法律的本质也是修辞的，法律就是表现为社会契约的制度修辞，从而也是寻求可接受性的制度修辞。法律作为制度修辞固然无法逃离修辞的技术性，但它更旨在为人们的交往行为提供一种正当的、可接受的说理理由。

这种制度修辞表现在弱契约上和表现在强契约上的性质并无区别，有区别的只是对弱契约而言，一方面是其单向主导特征，即修辞的形成过程要么是命令者主导的，要么是接受者主导的。前者主要表现在压制型法中。如前所述，压制型法并不纯粹是压制，即使最野蛮的压制型法，只要其寻求取效，寻求对社会交往的规范，就需要被压制者的接受。在这里，接受本身是一种利益权衡，哪怕在命令者和接受者之间明显地具

---

① ［美］彼得·古德里奇：《法律话语》，赵洪芳等译，法律出版社2007年版，第116～117页。

有不平等性。在回应型法的理想模式①中,即使社会目的——决定目的的接受者成为社会契约的决定性因素,从而出现“接受中心主义”,命令者跟着接受者的脚步前行,也仍然是一种单向主导的,从而使契约在意思表达上不像自治型法时代那样,坚守意思自治和意志自由。事实上,当我们在语词上把一种契约及其接受表述为“弱”的时候,已经明确地表明它的修辞特征:如何种意义上的“弱”?“弱”到什么程度?针对谁言而“弱”?等等,即一个“弱”字,能勾起人们无限丰富的修辞联想,并开放出一系列有关“弱”的不同的修辞解释来。也因为这种“弱”,不但在规范上形成了这种契约的字面特征,而且举凡与这一字面特征相关的理念、主体、行为以及监督等制度要素,都被该种规范所“规训”,使其成为像“弱”这一修辞所要求的那样而存在,而发展,而交往。另一方面是其强说服特征。在弱契约中,合意本身具有压服的特征,它不是或主要不是双方当事人之间通过博弈、协商的合意而达成的,而是面对不得不接受的事实(规范),或者如果一方不接受抑或接受程度低时,对命令者或压力发出者而言,无法取效,对于潜在的接受者而言,如果不选择接受,可能对其利益而言,会遭到更大的损失。因之,对潜在的接受者(压制型法中的接受者和回应型法中的命令者)而言,只要选择接受,是其利益之所在,那么,接受就具有必然性。而对压制型法中的命令者或回应型法中的压力者而言,如何让接受者(压制型法)或命令者(回应型法)接受其命令,或其压力,是需要通过或者教化说服,或者压力说服的方式而实现的。这种情形,可称为“强说服特征”。此种“强说服特征”,本身意味着契约所要求的自治、自愿以及平等等因素,受到言语行为的外部压制、干扰、影响甚至控制,因此,自治型法时代那种理想的合意状态受到挟

---

① 直到目前为止,回应型法只是论者笔下的一种理想模式,它既要具有法律对社会目的需求的开放性和灵活性,也要具备自治型法所包含的某种程度的自治性,从而在压制型法和自治型法之间寻求某种“中道的权衡”。对此,论者已经明确意识到并阐述了其理想性。回应型法要求:“(1)法律发展的动力加大了目的在法律推理中的权威。(2)目的使法律义务更加成问题,从而放松了法律对服从的要求,使一种较少僵硬而更多文明的公共秩序概念有了形成的可能。(3)由于法律取得开放性和灵活性,法律辩护就多了一种政治尺度,由此而产生的力量虽然有助于修正和改变法律机构的行为,但是也有损害机构完整性的危险。(4)……回应型法最困难的问题:在一种压力环境中,法律目的的持续权威和法律秩序的完整性取决于设计更有能力的法律机构。”(参见[美]诺内特、塞尔茨尼克:《转变中的法律与社会——迈向回应型法》,张志铭译,中国政法大学出出版社 1994 年版,第 87 页),可见,尽管回应型法在当今法治的现实生活中已然若隐若现,但作为一种理想模型,现实法律或许只能不断趋近于它,而永无可能完全实现它。也就是说,现实中的法律,既不会是完全压制型的,也不会是完全自治型的,同样也不会是完全回应型的。

制。但即便如此,它只要被接受,只要作为契约的法律在实际交往行为中有效,则仍然是契约,仍然是通过强说服而被接受的社会契约。也是在这里,当我们强调作为社会契约的法律是通过说服而被接受或达成的时候,它的修辞特征则昭然若揭。它意味着人们面对其他的法律方案或者社会压力,照例可以寻找强说服的方式,以取得接受的效果。

可见,即便在压制型法背景下,法律方案不是唯一的,同样,在回应型法背景下,社会压力和需要更不是唯一取向的。但无论哪种方案或者哪种取向,只要其能被说服,获得接受,取得合意效果,成为公共交往行为准则的法律,就意味着它成为社会契约,成为一种建立在特定方案预设基础上的修辞。这种修辞,不仅具有契约意义、法律规范意义,而且因为它的约定和规范,使人们的观念、主体设置、行为方式以及监督等,都被结构在这一契约或规范体系中,使得其成为约定的“修辞性观念”、“修辞性主体”、“修辞性行为”和“修辞性监督”。在这个意义上,“弱契约”的法律,和笔者在后文将要论述的“强契约”的法律一样,其修辞效果都是把所有社会关系纳入或结构到法律契约的修辞体系中。

四、强契约的法律、商谈的接受与制度修辞

(一)强契约的概念及特征

严格来说,所谓“强契约”所指的就是在“理性人”假设之下,不同主体在自由市场条件下自由地进行意思表达,并因此而达成合意的行为和结果。此种情形,不仅表现在私人交往的民事契约中,而且表达在公共交往的公共契约中,也表达在社会与国家关系的社会契约——法律中。众所周知,近代以来的社会,是一个由自由市场所决定的自由的、民主的和多元的社会。整个经济发展、政治取向、文化选择以及建立其上的社会结构,总体上体现为经验主义的,而不是建构理性主义的。尽管建构理性主义的理想仍然存在,甚至启蒙时期的许多政治理论,就是一种建构主义,和自由主义关联密切的主权在民、权力分制、社会契约、代议政府等等,本身具有明显的建构主义特征,但在这个时代,更符合时代特征,也更受人们青睐的却是经验进化主义及其扩展性的社会秩序。这种秩序正如哈耶克指出的那样,

“……人类赖以取得成就的许多规章制度,已经在没有计划和指导思想的情况下产生出来,并且正在发挥作用。我们还会发现,正象亚当·弗格森所指出的:‘国家的建立是偶然的,它确实是人类行动的结果,而不是人类设计的结果’;那些由自

由人的自发联合所制造的事物,往往比他们个人的头脑所能全部理解的东西更加伟大”。①

只有这样的个人主义,才是真正个人主义的,而不是如卢梭以及重农主义者等深受笛卡尔理性主义影响的人所坚持的容易导向集体主义的“假个人主义”。所以,“真正的个人主义……首先,它主要是旨在理解那些决定人类社会生活的力量的社会理论;其次,它是一套源于这种社会观的政治行为规范”。也正是在这个崇尚个人主义的时代,才产生了那种堪称为“大社会、小国家”的真正的社会契约结构,产生了崇尚自由主义的契约性政治—社会秩序。可问题在于,诚如俗语所言,“人类一思考,上帝就发笑”。当人们醉心于这种自由自发扩展的秩序模式时,人类能力、财富、权力、机会、环境等的不平等,客观上支持或制约了人们自由的意思自治能力,使人们的意思自治能力本身不平等。有了这一前提的不平等,再奢谈平等的“强契约”,自然就误以不平等为平等了。不过这是另一个话题,且在前文的相关论述中已经涉及,这里不再赘述。这里需要继续论述的何以自由竞争的市场经济以及在此基础之上的民治政治、多元文化缔造了一种自治型法,并推出了一个“强契约”时代?

众所周知,市场经济是以主体分工为前提,并由人们自由参与的市场来配置资源——劳动力、劳动工具、原材料以及产(商)品的经济形式。这要求所有市场主体必须是完全自主、自治和自由的,但与此同时,所有完全自主、自治和自由的市场主体,又是无以自足的,因此,在“自足不能”和自主、自治和自由之间就具有明显的相互排斥性质。那么,如何解决“自足不能”的问题?最佳的解决方式就是每个人的自主、自治和自由与他人的自主、自治与自由之间进行交换。但是,只有在不同主体的自主、自治与自由内容是异质的情形下,交换才是可能的;反之,如果不同主体之间的自主、自治和自由是同质的,那么,则只有叠加,不会有交换。叠加的结果不可能增进人们需要的满足,而只能凸显需求供给渠道的稀缺。好在社会分工及在此基础上产生的不同分工主体间各自产品剩余

① [奥]A. 哈耶克:《个人主义与经济秩序》,贾湛等译,北京积极学院出版社 1989 年版,第 7~8 页。对这段话,邓正来的翻译条理更为清晰:“第一,人类赖以取得成就的许多制度乃是在心智未加设计和指导的情况下逐渐形成并正在发挥作用的;第二,套用亚当·弗格森的话来说,‘民族或国家乃是因偶然缘故而形成的,但是它们的制度则实实在在是人之行动的结果,而非人之设计的结果’;第三,自由人经由自生自发的合作而创造的成就,往往要比他们个人的心智所能充分理解的东西更伟大。”(参见[英]哈耶克:《个人主义与经济秩序》,邓正来译,三联书店 2003 年版,第 12 页)。

的事实,足以满足其相互需求不足的交换要求。这正是市场经济必然需要社会交换,并一定能够实现社会交换,从而最终在人们的交往行为中型构出"强契约"社会的缘由。可见,"强契约"的含义取决于市场社会的需要,也保障着市场经营能够自主、自治地推进,并自由地展开和实现,从而"强契约"乃是市场分工主体自治以及自治主体相互需要的必然结果。这一结果不仅体现在经济领域,而且经济的决定性自然将其延伸到政治领域(政治市场)和社会领域(公共交往)中。

这里主要看它在政治领域的表现。尽管政治和经济是两个不同的学术领域,也是两个不同的实践领域,但这种一清二楚的分类,更多地具有分析性意义,很难在实践中完全割裂其间的关系。因此,无论说"政治是经济的自然延伸"也罢,或者说"政治是经济的集中表现"也罢,都有道理。经济的合意与合作、契约性交往与公平,本身内蕴并要求把此种人间交际的一般化情形升华为规定的情形。这种规定的情形就是通过修辞预设,从而逻辑地构造人们交往行为的方式。这一要求,在经济—社会领域里,适时地推出英国判例法和"法国民法典"这些自由市场经济的"代表作"。这些看似纯属经济领域的法律,事实上已然形塑着人们的契约交往习惯和精神,形塑了"有钱的人不怕有权的人"这一重要观念,形塑了货币对权力、或者权利对权力的制约事实,①也形塑了以民事契约为原型,建立社会—政治契约的实践。

> "契约精神强调主体的自主参与、平等协商、合作宽容、相互妥协以实现互利双赢。契约中的这种主体的自主意识、自治意识、平等协商意识、积极的合作意识、自我限制自己权利扩张的妥协意识以及契约实践中形成的一整套订约、履约和违约的责任制度与程序,直接为近现代宪政提供了制度雏形。如契约订立中的自主平等协商制度直接为宪政的议会讨论与政治协商提供了范式;合同中的委托代理与公司、合伙企业中的选举为近现代宪政中的普选制、代议民主制、权力制衡机制提供了不少经验;契约当事人有约必守、违约必究的契约诚信规则和责任制度为近现代法治理念的树立和有效的司法制度、违宪审查制度的建立提供重要的启示。可见契约中主体的自主、对权利的重视、对规则的信守,这种契约精神以及依契约而产生的

---

① 有关民法与权力控制的论述,可参见徐国栋:《民法典与权力控制》,载《法学研究》1995年第1期。

契约机制，对现代宪政中的普选制、代议制、权力制约、责任政府、司法独立和以权利为本位的人权保障理念的建立和宪政秩序的确立，具有直接的参考价值。”①

这样，自古即有的社会契约观念被成功转换为近代的宪制实践。社会契约观念之所以在这个时代能发扬光大，并且被作为宪制的四大基本理念——人民主权、社会契约、代议政府、权力分制之一，就在于它不仅能张扬人民主权的精神，而且能把这种精神技术化、实践化。或以为，社会契约自身是一种乌托邦，人类的社会实践中不可能产生真正的代表人民和政府双方合意的社会契约。但事实表明，社会契约并不是乌托邦，反之，它是实现人民主权这一乌托邦预设的基本方式，经由这一方式，已经开发出了社会契约的成功实践——这就是法律特别是宪法自身作为一种社会契约，并且是一种“强契约”。宪法中权利制约权力、权力相互制约的精神宗旨，即是社会契约的典型表达。与此相关的代议政府、全民公决、行政法治、司法独立、违宪审查等，都是宪法作为社会契约的具体运作和落实方式。因此，宪制的核心精神，就是契约精神，宪制就是通过公民与政府间的契约关系，把社会关系、主体交往结构在强契约的法律中。

高屋建瓴的宪制及其社会契约的修辞性预设，不仅在政治—社会层面规范着人们的政治交往行为、政治关系模式、官民互动机制、权力制约机制、正义实现手段等，而且反过来进一步强化了民事—经济交往中的契约精神和契约意识。也进一步巩固了法律和契约的自治特征，这种自治似乎具有“自创生系统”的特征——外界对法律的变化影响甚小，即便是外界对法律变化的影响，仍要通过法律内在系统的“认证”、“吸纳”才有效。有人认为：

“非法律过程对于法律中变化的发生只具有一种‘调节’的作用。外部世界的事件对系统内部所进行的事情实际上没有多大的影响。环境因素只作为在其内部可能的改变的刺激物而起作用。社会冲突刺激了合法地系统提出特别预期的冲突的法律内部过程。最终负责法律中的革新的是这些；但是它们与争端各方的社会冲突没有多少共同点。社会冲突并非仅仅被‘翻译’成法律术语；它们被重构为法律系统内自治法的冲

---

① 李步云、肖海军：《契约精神与宪政》，载《法制与社会发展》2005年第3期。

突。他们成为分歧的法律预期或者分歧的事实陈述的冲突。法律日常所进行的并使它进化的轻微变化不是社会冲突的直接产物,而是从法律自身之内以一种无法被认出的形式向参与者的沟通。所以,关于'冲突的征用'的抱怨,非法律化运动的理想主义要求,以及要求'替代法律'都是这类情况。类似地,在立法过程中导致法律改变的不是社会利益,能具有这种革新作用的是被在法律自身系统的屏幕上看到的那些社会压力。法律学说的革新过程也是这个道理。外部革新的成功在这里有赖于它们被按照法律学说的'相关的标准'系统提出的程度。"①

这种对法律的"自创生系统"或"自治性"描述,事实上也是对一种理想的强契约模式的描述。宪法和法律的自治,实质上也就是社会契约的走强。

(二)强契约的法律、制度要素与法律接受的"合意(对话)中心主义"

弱契约的法律存在一个接受问题,强契约的法律照例存在一个接受问题。换言之,人们接受与否,是法律能否从修辞性规范,转化成一套逻辑性制度的重要基础。之所以如此,是因为法律作为修辞,是制度的逻辑起点和逻辑前提。所有制度的其他要素——制度理念、制度主体、制度行为以及制度监督等"制度事实",归根结底,都建立在修辞性规范的预设基础上。显然,如果人们接受了修辞性规范,则意味着理念、主体、行为、监督等制度要素与规范要素是同构的,因此,法律才能结构为制度体系,从而会形成法律对社会的改造和形塑。反之,如果法律无法获得人们的接受,那么,法律就无法以自身的规定内容来调整、结构社会理念、主体、行为以及监督等内容,从而,法律和其他制度要素间是两张皮。法律就不可能是一个自治的或者自创生的系统。可见,即使强契约的法律,也存在接受性问题。

不过,相较于弱契约的法律,强契约的法律在人们之间更容易达成接受效果,因此,也容易形成法律秩序、构造法律制度,即社会理念、社会主体、社会行为和社会反馈(监督)等都围绕着法律规范而展开,法律的修辞效果不但及于规范本身,而且及于必须被结构在规范体系内的其他

① [德]贡塔·托依布纳:《法律:一个自创生系统》,张骐译,北京大学出版社2004年版,第70~71页。

制度要素,于是,形成前述那种制度修辞效果,即修辞性规范、修辞性理念、修辞性主体、修辞性行为以及修辞性监督——这些要素以规范为前提的内在和谐互动,才形成有效的法律制度结构。这既是一个以法律规范为前提的逻辑结构,也是一个把法律修辞理念渗透其中的修辞体系,即制度修辞体系。

之所以强契约的法律,更容易被人们所接受,其原因在于这种法律总是人们商谈、博弈和交涉的结果。那么,究竟什么是交往行为?交往行为理论强调,人们的沟通行为关联着三个世界,即客观世界、社会世界和主观世界。人们只有把语言代入语用学层面时,才能够达成和命题之间或言语行为之间的意义沟通,并与世界建立起联系和关系。哈贝马斯就此指出:

“对于交往行为模式来说,语言只有在语用学的层面上才具有如下意义,即言语者为了运用命题达成沟通,而与世界建立起联系,但不是通过直接的方式,而是通过反思的方式,这一点和目的行为、规范调节行为以及戏剧行为都有所不同。言语者把三个世界概念整合成一个系统,并把这个系统一同设定为一个可以用于达成沟通的解释框架……言语者不再是直接与客观世界、社会世界或主观世界中的事物发生联系,而是用其表达的有效性可能会遭到其他行为者的质疑这一点来对自己的表达加以限制。沟通充当的是协调行为的机制,但这仅仅表现在,互动参与者通过他们所要求的有效性,即他们相互提出并相互认可的有效性要求达成一致。为了让一个可以批判检验的要求生效,言语者通过他的‘表达’至少与一个‘世界’发生关联,并运用如下事实要求对方拿出合理的立场:即行为者与世界之间的关系基本上是可以得到客观评价的。交往行为概念把语言设定为沟通过程的媒介,在沟通过程中,参与者通过与世界发生关联,并且彼此提出有效性要求,它们可能被接受,也可能被拒绝”;

“……言语者要求其命题或实际前提具有真实性,合法行为及其规范语境具有正确性,主体经验的表达具有真诚性。从中我们很容易就再次看到行为者与世界之间的三种关联,它们和社会科学家迄今所提出的行为概念是联系在一起的,并且又和交往行为概念一起被纳入言语者和听众自己的视角当中。

行为者本身在寻求共识,衡量真实性、正确性和真诚性。而且依据的是言语行为与行为者通过表达而与之建立联系的三个世界之间是否吻合……来加以衡量……”①

尽管哈贝马斯设置了一种理想的交往行为模式,从而使达致共识的前景充满了乌托邦的色彩,但他仍然深刻地揭示了交往行为的基本要求,阐述了在人们的言语交往行为中“理想言谈情境”的必要性。这种情形,在近代以来自治型法的建立中,几乎是一个普遍的事实。无论代议制立法,还是新近越来越受关注的全民公决制立法,都明显地突出立法过程中的利益交涉和意义协商。在代议制立法中,不同党派及不同利益集团的代表们,其基本使命就是把各自代表的利益集团之主张置于议会的立法论辩中,在立法中表达其主张和需要,并最终求同存异,订立代表们所能接受的法律——社会契约。而在全民公决制立法中,似乎法律——社会契约的建立不过是赤裸裸的少数服从多数的票决,因此,这似乎不像代议制立法那样,代表们或议员们事先还有充分磋商的空间和余地。但事实上,在票决之前,不同主张者通过舆论工具的宣传鼓动,甚至不同主张者直接深入选民中间的演说鼓动,本身即票决前的商谈博弈行为,所以,票决行为不过是商谈博弈的最后程序,并不代表整个商谈博弈过程。

与此同时,还应关注的是,无论代议制立法还是全民公决制立法,法律的产生本身绝不仅仅是商谈的结果,或者绝不仅仅是言语交往的结果。法律的产生,可以运用言语交往行为而预演,并在预演中实现哈贝马斯笔下对交往行为的那种目的预期:

“……交往行为模式并没有把行为和交往等同起来。语言是一种交往媒介,它用于沟通,而行为者通过相互沟通现实行为的协调一致,追求各自的目标。因此,目的论结构是一切行为概念的基础。但是社会行为概念之间的差别在于,它们着手协调所有参与者的目的行为的方式各不一样:要么是以自我为中心相互介入,算计得失(这种情况下冲突和合作随着利益格局的变化而交替出现);要么根据文化传统和社会化,在社会一体化层面就价值和规范达成共识;要么在公众与表演者之间建立起一种信任关系;再就是在协作解释过程中达成沟通。不论

① [德]尤尔根·哈贝马斯:《交往行为理论:第一卷,行为合理性与社会合理性》,曹卫东译,上海人民出版社2004年版,第99~100页。

如何,目的行为结构的前提都在于,行为者具有确立目标和实施目的行为的能力,对完成其行为计划也充满了兴趣。”①

可问题在于,纵然言语行为能够进行目的沟通,达成目的共识,但这种共识仍然不是、也不可能是作为契约的法律本身。作为契约的法律不但是通过言语行为的合意,而且必须是直接行动的结果,即便已经通过言语行为而达成合意,还需要借助非言语的行动之表决才能确证此种合意。更何况在很多时候,人们的言语行为并不能达成合意。所以,公共领域的言语交往、商谈和博弈,显然不同于私人之间的言语交往、商谈和博弈。后者毕竟要简单得多,只需要商谈者之间能够达成简单的共识与合意,就足以签订契约,因此,合意与签约行为之间几乎可以合二为一。但公共商谈、立法博弈却不是如此,经由言语行为的合意表达必须转换为经由非言语行为的行为表决时,合意才有可能成为契约、作为法律。可见,无论代议制立法,还是全民公决制立法,都不可避免地需要投票行为证成合意的真实性。而投票行为的结果众所周知,只能表现为多数决定——既不可能以少数来决定,因为那样,决定就不会获得接受,也不可能以全体来决定,因为那样,过于理想,不太现实。因此,所谓合意,在行为表决中,每每变成了多数决定,这是公共交往行为的必然结果,也是作为契约的法律(社会契约)和作为契约的合意(民事契约)之间绝不相同之处。这样一来,就不难发现,在公共交往中,作为社会契约的法律之达成,实体意义上唯一的共识或合意就是多数决定制;程序意义上唯一的共识就是竞争、交涉、投票等行为必须符合正当程序。

这种对立法中交涉的两分法——言语行为和票决行为的划分,都不否定在自治型法时代,主体对法律形成过程的参与以及法律的自治特征所导致的人们对法律的认同和接受。哪怕代议制或全民公决制下的票决,所贯彻的是多数决定制,因此,对少数人的主张而言,在特定的投票行为中,一定是损害,但这也不足以影响人们对票决行为的接受。因为一方面,多数决定制是既成的共识,是已定的合意。它已然决定了法律作为契约的基本底色。另一方面,多数决定制在投票行为的实践中乃是流动性概念,而不是一定永远的。所谓流动性概念,是指设若甲、乙、丙为具体的投票人,在第一次投票中,甲、乙意见相同,成为多数,而丙成为少数;在第二次投票中或许甲、丙意见相同,成为多数,乙反而成为少数;

---

① [德]尤尔根·哈贝马斯:《交往行为理论:第一卷,行为合理性与社会合理性》,曹卫东译,上海人民出版社2004年版,第101页。

而在第三次投票中,乙、丙意见相同,成为多数,甲却成为少数……这当然是一种理想模式,但在无数的投票行为中,任何人的意见,不可能永远被沦为少数。多数和少数总是在流动中体现其动态平衡的。流动性也就是开放性,它必然会更进一步决定法律的可接受性。

或以为,尽管在不同的投票行为中,多数和少数的关系是流动的,但这种流动性对作为契约的法律而言,或许是无效的。因为法律规范的基本要求之一是稳定性。一旦投票行为决定一部法律产生,其效力是稳定且持久的。这种质疑是不无道理的。但如前所述,法律的稳定性、确定性是相对的,变迁性、不确定性是绝对的。因此,法律是一种“开放体系”。尽管在自治法背景下,作为“自创生系统”的法律具有逻辑自足性,但逻辑自足并不意味着法律是闭合的或封闭的体系,它仍然是通过法律修正而不断被创生的体系。只是它有足够的能力,以自己的程序、方式和标准,把变迁中的社会事实纳入预设的法律体系而已。与此同时,法律所涉及的领域是多方面的,因此,一个国家不可能只有一部法律,在这部法律的投票中,一位投票人居于少数,但在另一部法律的投票中,或许就不是如此。凡此种种皆说明,多数决定制的投票效力原则,并不是人们拒绝接受作为契约的法律之理由,反倒是接受它的根据。

因此,可以认为强契约的法律,其容易被接受的基本缘由就在于上述人们或通过其代表,或自身直接参与了法律的博弈和制定过程。此种参与,无异于表明:参与者就是立法者,他们通过其参与行为,将其意愿表达在法律中。法律既不是造物主的启示,也不是自然法的规定,甚至还不纯粹是实在法的教条。法律就是主体参与其中的博弈结果。即便法律是一个逻辑自足的“自创生系统”,它也是在实体和程序的基本合意前提下,诸种因素动态博弈的结果,因此,对不同社会利益的冲突以及不同学术观点的冲突,总要通过博弈决出某种倾向性。正是在这种博弈中,置于其中的人民才能真正领受到获得感,并作为接受根据。

> “世上并不存在神圣的道德法则,真正存在的是以造物主权威为护符的人类法律。世上没有源自人性的道德法则,只有人类为控制邪恶并发扬人性善良而做的努力。任何将法理学建立在造物主言语或自然造化之上的尝试终将失败,因为造物主或自然从来不曾以人类可听闻或可理解的声音发言。法理学也无法建立在法律实证主义之上,因为这种法律取向不具有实质的道德内容。法律实证主义只描述法律是什么,却未能指

示人们该做什么。最后,结合自然法与法律实证主义于事无补,因为在面临两者间不可避免的冲突时,最终还是要决定哪一种取向具有优先性”;

“在民主制度里,真正的统治者最终还是人民。如果司法判决和公民的深刻经验相抵触,这样的判决不可能长存……我们必须将我们对权利所作的论证带到民众当中。我们必须不断证明权利是有用的,是防止恶行的必需之物,也值得我们付出代价为之追求。由于人类及人类组成的政府总是不断在其他人类身上施加新的恶行,因此我们必须持续建构新的权利。由于权利是获得自由与公平的过程而非目的本身,因此权利的斗争永远没有获胜的一天。由于恶行总是存在,因此权利也永远长存。”①

德肖维茨以诗一般的语言,对人们权利的此种深刻论述和揭示,事实上提醒我们,人们参与其中,争取权利、建构权利、甚至为权利而斗争的活动,其实就是为建立契约型法律而博弈的活动,就是通过权利约定、制约权力恣肆的活动。在这一过程中,参与博弈的主体们通过相互博弈、相互说服、相互证明的方式取得合意,哪怕是强大的政府及其代理人,只要事功取效,就必须参与其中;只要参与其中,就必须平等博弈;只要平等博弈,就必须寻求妥协共识,以取得“视域交融”、“同情理解”或“重叠共识”的融贯性效果,最终把博弈各方置于统一的契约—法律框架内。这样的法律,自然不需要“强说服”(一旦遇到法律不被接受的情形,只需要“弱说服”就能奏效),人们就能够大体接受——因为法律本身表现了强契约的特征,表达了参与者的意思,也记载了博弈者的需要和利益。

(三)从强社会契约、可接受性四证制度修辞

说弱社会契约在实质上是种制度修辞,其可接受性就是制度修辞的具体表现自然容易理解,那么,强社会契约及其可接受性是否也意味着制度修辞?其实在前文的论述中,笔者已就此做了原则性的回答:一切契约以及相关的可接受性都是修辞性概念,都只能作出修辞性证成。所谓修辞性证成,所指的就是对一个话题,可以从不同视角、针对不同的结论,作出不同的证成。譬如对于一位律师而言,同样一例案件,如果他为

---

① [美]艾伦·德肖维茨:《你的权利从哪里来?》,黄煜文译,北京大学出版社2014年版,第66页、199页。

原告代理,就必须在原告的视角、主张上寻求有利于原告的证据、法律规定和证成方式;反之,倘若它为被告代理,则必须在被告的视角和主张上寻求有利于被告的证据、法律规定和证成方式。这自然不是说律师就是无正义感的那类人,反之,律师在这里正是通过修辞论证寻求正义——因为正义在原告和被告眼里并不是一样的,在社会公众眼里,它也是"公说公有理,婆说婆有理"的。所以,这种技能,乃是律师必须具备的,否则,律师就不可能适应并服务于社会。

在我们的文化传统中,向来对此种情形,抱着严厉反对的态度。所以《荀子》《吕氏春秋》等古典名著在论及具有此种思维特征的惠施、邓析时,都充满偏见(后者甚至将此类言论上升到足以妨害治国的高度,加以论述;当然,前者也客观地发现这种论证方式的说服功能和意义所在):

> "不法先王,不是礼义,而好治怪说,玩琦辞,甚察而不惠,辩而无用,多事而寡功,不可以为治纲纪;然而其持之有故,其言之成理,足以欺惑愚众,是惠施、邓析也。"①
>
> "言者,以谕意也。言意相离,凶也。乱国之俗,甚多流言,而不顾其实,务以相毁,务以相誉,毁誉成党,众口熏天,贤不肖不分,以此治国,贤主犹惑之也,又况乎不肖者乎!惑者之患,不自以为惑,故惑惑之中有晓焉,冥冥之中有昭焉。亡国之主,不自以为惑,故与桀、纣、幽、厉皆也。然有亡者国,无二道矣";
>
> "郑国多相县以书者。子产令无县书,邓析致之。子产令无致书,邓析倚之。令无穷,则邓析应之亦无穷矣。是可不可无辨也。可不可无辨,而以赏罚,其罚愈疾,其乱愈疾,此为国之禁也。故辨而不当理则伪,知而不当理则诈,诈伪之民,先王之所诛也。理也者,是非之宗也";
>
> "……以非为是,以是为非,是非无度,而可与不可日变。所欲胜因胜,所欲罪因罪。郑国大乱,民口欢哗。子产患之,于是杀邓析而戮之,民心乃服,是非乃定,法律乃行。今世之人,多欲治其国,而莫之诛邓析之类,此所以欲治而愈乱也。"②

---

① (战国)荀况:《荀子·非十二子》,载(清)王先谦撰:《荀子集解》(上),中华书局 1988 年版;第 93~94 页。

② (战国)吕不韦:《吕氏春秋·离谓》,载许维遹撰:《吕氏春秋集释》(下),中华书局 2009 年版,第 486~488 页。

但问题是,反对归反对,社会生活归社会生活。在社会生活和交往关系中,无论一起案件,还是一例契约,抑或一部法律,人们都完全可以基于不同的立场来立论,并且在不同的立场上能够自圆其说,因此,人们之间的争论和论辩,事实上就是修辞论辩。那种不允许别人参与修辞论辩,而只允许当政者给社会施加命令,或裁判者径直孤独裁判的观念,似乎看上去逻辑周延,但其实所表达的是典型的绝对主义立场和专制主义风格。他们似乎是真理的唯一拥有者,其他人以及其他主张就不配享真理,也不配享阐释真理。因此,那些手握权力的人,每每以杀人灭口来对待那些擅长修辞论辩者,并美其名曰结果是"民心乃服,是非乃定,法律乃行"。于是,我们文化传统中多元性、商谈性、修辞真理论的因子就这样被扼杀。好在"东方不亮西方亮",我们在亚里士多德的相关论述中,会进一步理解这种和社会生活相关的实践理性的价值,重燃对修辞论证的信心,并重新发现法律的真理,乃是人类修辞的真理,而非绝对真理,或者上帝启示的绝对信条、自然法规定的绝对律令。

> "修辞术的功能在于研究我们有意研究却又缺乏这方面的技术的事物,或者针对有些听众不能总览演说论证的众多步骤或不能领会复杂的推理过程的情况。我们有意讨论的是显出两种可能的事物,至于那些在过去、现在和将来都不能有另一种可能的事物,没有任何明知如此的人愿意拿来讨论,因为在这上面没什么好多说的……";
>
> "修辞三段论的前提很少是必然的,因为要判断和考察的事物都可以有另一种状态。人们行为、意愿和筹谋的对象就是这类事物,行为的一切对象都属于这一种类,绝没有可以说是出于必然的东西……推理论证所依据的事物有一些是必然的,但大多数只是经常发生的。推理论证根据的是或然的事物和表证,二者分别与推理论证的每一种形式相契合。或然的事物是指经常会发生之事,但并非如有些人所说的是在绝对的意义上,而是允许有另一种可能的事物,这样的事物对于那些它们相对其而成为或然事物的事物,就同普遍的事物与各部分事物的关系一样。"①

作为强社会契约的法律,当其制定后尽管是其管辖下的人们所普遍

① [古希腊]亚里士多德:《修辞术》,颜一译,载苗力田主编:《亚里士多德全集》(第9卷),中国人民大学出版社1994年版,第341页、342~343页。

接受的事实或者其所应普遍接受的事实,但一方面,它只是多种可能方案中被采纳的一种方案,而不是唯一的方案。立法实践中,涉及某一种法律的方案可能还有很多,为了这些方案,人们会经过商谈博弈、交涉论辩,选择一种交涉者可接受的方案。所以,方案本身不是唯一的。例如,我国正在准备制定民法典,众所周知,仅仅在学界,就有梁慧星方案、王利明方案、徐国栋方案等。经过立法的商谈博弈、交涉论证,可能会吸取众方案之所长而制定法律,但并不能认为人们所接受的方案——哪怕是妥协吸纳了众方案的方案,就是唯一合理的,那些被否定了的方案,或者被否定了的某一方案的其中某些部分,就一定是没有道理的、不合时宜的、理所当然应当被否定、被淘汰的。所以,立法者所采纳的方案,不过是诸多方案中的一种。我们所尊重的立法,仅仅是因为在修辞论辩后,我们采纳了这种而不是那种修辞结果。在立法者所择取和法律接受者们所遵循的背后,被法律所隐去的那些修辞论证绝非可有可无,因为只要法律自身是修辞论证的结果,被法律所隐去的那些修辞论证就可能随时向法律发起挑战。

因此,另一方面,已经被立法者择取、被其他社会主体所接受的法律,哪怕它是强契约的法律,不是,也不可能是永远地定于一尊的。随着社会的发展、需要的变化以及法律在实践中的不断磨损,法律不可避免地存在废除和修改的问题。因此,即使作为"自创生系统"的法律,也必须面对社会事实而打开大门,开放其视界,既向过去开放,向过去既存的方案开放,更向现在和未来开放,向现在和未来可能的方案开放。因此,即使法律制定之后,它仍然处于博弈、商谈和交涉之中。在判例法世界,法官在遵循先例之外,必须掌握先例识别技术和"法官造法"(笔者在前文中所指的"现例创造")技术,以尽量克服既有先例的不足和问题。而在成文法国家,尽管"以法律为准绳"的"严格规则主义"(或"法条主义")是其基本要求,但当法官面对的法律不断出现意义模糊、冲突或者空缺时,面对当下的案件,法官必须作出和案件事实吻合的裁判方案,从而不得不对法律进行解释、识别、利益衡量、事实替代、类推、发现甚至法官造法。[①] 至于作为用法和守法主体的普通民众,更是在日常运用和遵守的同时,根据其固有的行为准则,如传统习惯、公共道德、社团纪律、社区规则、乡规民约、家法族规甚至个人兴趣而增减法律在私人生活中的

① 对这一问题的相关系统论述,参见谢晖:《法律哲学》,湖南人民出版社2009年版,第1～403页。

内容和地位——尽管人们都是在制度修辞规制下的规范人,但不同的主体对制度修辞的实际领受、领受方式以及领受内容等总是大相径庭。其基本原因是,即便在法律面前,人们也不是法律的绝对的规范者,人和法律仍处于交涉与互动中。只要法律所要调整的是人们的社会关系,是两人以上的交往关系,那么,他们不仅针对交往关系中的对方,而且也针对法律本身的交涉就是永无止境的。这不禁让笔者想起了如下观点:

> “巴赫金认为……话语永远都是发生于至少两个社会成员之间的一种‘回应性互动’。互动涉及的各方,不管是‘自我’还是‘他者’,在一个根本意义上都是积极主动的‘言说者’,因此不能从他们中间区分出‘主动的说者’和‘被动的受众’。之所以如此,是因为‘自我’在话语中使用的每一个言辞必将在作为接受方的‘他者’身上产生某种效果,促使他作出某种反应,包括只发生于内心,藏而不露的那种反应。这一认识已经为一切称职的言说者所内化,成为在语言应用的整个过程中发生作用的一个预设。”①

这样的观点不仅适用于具体的人与人之间的话语行为,而且适用于其实际的肢体交往行为;不仅适用于人们能够直观地发现的行为主体之间的行为,而且适用于具体的人与抽象的事物(如法律)之间的互动中。下面笔者想进一步论述的,就是后者。

当一个人的行为与法律之间进行互动时,每每既表达着其对法律的运用和尊重,也表达着其对法律的反思和修正。人们既可以在法律内寻求对自己最有利的行为方案,也可以在法律权利的框架范围内,在法律和其他社会规范之间寻求更为妥适的行为选择。这表明,即使面对已经成为制度事实,并且是其他所有正式制度事实发生根据的法律规范,人们对它既可以抱着逻辑的立场,把它当做无可更改的大前提,作为逻辑三段论展开的根据。但与此同时,也可以在法律争议的立场上、在政治争议的立场上、在利益争议的立场上……把法律规范作为修辞论证的对象,甚至作为“行动的修辞”,从而置其于修辞论证和修辞体系中。

可见,强社会契约的法律,并没有、也不可能消除人们对法律的修辞对待,原因在于这种法律与其他所有法律一样,在事实上传达的是一种修辞理性,或者修辞的真理。即使它经由人们的商谈与合意而形成,也

---

① 刘亚猛:《西方修辞学史》,外语教学与研究出版社2008年版,第304页。

仅仅是呈现了合意的部分。这是否意味着被合意遮蔽、掩盖的那一部分就不值一提,就永远不见天日?是否意味着被呈现出来的合意部分,就一劳永逸、无可指摘,只能有一种评说,而不能有第二种评说?法律实践的事实对如上问题都做了否定的回答。被合意的社会契约——法律所遮蔽的那些主张及其理由,一旦遇到合适的机会和条件,会适时地再次呈现出来,作为新的商谈、对话和博弈的根据与理由;而已经作为社会契约、作为法律所呈现出来的合意内容,也会分裂出多种解释,并且还会因时过境迁而改弦更张。故归根结底,强社会契约的法律,或者具有自治性特征,并很容易被人们所自觉接受的法律,并没有、也不可能,当然更不必要抛弃制度修辞的属性——既然是法律的属性,怎么能被抛弃呢?

不但不能抛弃,而且即便是强社会契约的法律,要真正体现其实践理性的特征,还必须借助修辞论证而取效。因为一方面,法律必须面对现实社会的多元性和多样性;另一方面,法律必须有助于权威地解决多样的社会纠纷。毫无疑问,当法律面对多元性和多样性时,它既要有权威,又要考虑多元性和多样性的并存,给多元性与多样性的修辞论证提供规范空间;同时,当它面对社会纠纷时,必须为主张对立、证据对立、利益内容对立的两造,提供能够充分说理、表达意见的程序和条件。所以,法律在这里更多地表达的是对不同面向的包容性,而不是只可如此、不能如彼的"真理决断"属性,更不是只及其一、不及其二的偏三向四特征。法律对多元性的包容不仅通过正当程序的方式以满足,而且通过实体内容的规定以确保。只有在法律作为修辞时,才能有如上的包容,才能为不同的人们提供各自表达、论证其主张和要求合理性的前提,也才能借此使法律在运行中取效。所以,法律的包容性就是其修辞性。强社会契约的法律更具有包容性,因此更能为人们提供修辞说理的条件。一旦人们不能透过或借助法律来实现上述对自我主张的修辞论证,法律也就丧失了包容性;一旦法律因为过于追求所谓"科学"而排斥其他,法律就无异于专断的代名词。行文至此,不禁想起德肖维茨有关权利来源于经验的论述。笔者想,把他文中的"权利"一词改为法律也照例适用:

"权利来自人类经验,特别是不正义的经验。我们从历史的错误中学到,为了避免重蹈过去的不正义,以权利为基础的体系以及某些基本权利(例如表达自由、宗教自由、法律平等保护、正当法律程序与参与民主)至关重要。由下而上,从不正义经验的反乌托邦观点出发,而非由上而下,从完美正义的乌托邦理论入手,我们将权利建立在灾难、错误以及人类独有的从错误中学习以免再次犯错的能力上。"①

事实上,对来自经验的权利的强调,对自下而上的不正义经验的反思,对完美正义的乌托邦理想的警惕,以及对权利与法律关联关系的肯定②等,都是对法律包容性的肯定,从而也是对法律作为制度修辞的肯定。借此,完全可以说,法律的社会契约属性越强,越具有包容性,从而也越能够彰显其制度修辞的特征——因为只要法律凸显权利,就必然意味着其凸显社会契约——权利作为结构性概念,既表现在社会交往的相互性中,也表现在社会契约——法律所提供的规范内容的相互性中。

(本文原载《法学评论》2017 年第 3 期)

---

① [美]艾伦·德肖维茨:《你的权利从哪里来?》,黄煜文译,北京大学出版社 2014 年版,第 8 页。

② 尽管德肖维茨强调"权利并非只来自法律"(参见[美]艾伦·德肖维茨:《你的权利从哪里来?》,黄煜文译,北京大学出版社 2014 年版,第 8 页),但在这一表述中,从另一方面看,也明显地透露出作者对权利也来自法律(至少在形式理性的意义上)的肯定。

论立法与制度修辞

人类文明的标志,是能用语言或文字给所认识的万事万物以命名,并经由命名在相互交往中传递一定符号、信息和信号,规范人类的交往行为,从而实现自然事实向社会事实的转化。在此意义上,一切命名,本来已经是具有一定制度效力的修辞行为。只要一种命名被交往行为中的人所接受,那么,命名就是人们交往的规范。可见,所谓人类文明过程,实际上是从行为放任到行为规范的过程,进言之,是从自然事实向社会事实(命名)进化的过程。立法作为人类社会管理的高级技术活动,更是一种典型的对和人们交往行为相关的事物之命名活动。立法的工具尽管会随着人类对对象命名工具的不同而有变化,从而在人类发展的不同阶段会有所区别,①但所有立法不过是把复杂的事物通过立法命名而简单化,并让人们在纷然杂陈的事物间方便判断、方便行动的公共活动。这

① 笔者把人类对对象的命名工具分为三种:其一,反复的行为,它以人们的行为命名对象。如有人打听去路,被打听者顺手一指,便可视为对被打听对象的命名活动。它在打听者和被打听者之间形成一种因命名而生的指令关系。其二,声音或语言行为,即声音本身作为一种符号,具有表意和命名效果。如领队号令:齐步走,所有参与者都按其指令行动。这样的行动本身是通过对“齐步走”这种行为的命名来实现的。其三,文字行为。这是最为典型的人类命名方式。上述三种命名都会形成命名—秩序的规范效果,因此,都可能因之而立法。但在文明史中的立法史上,最重要的立法命名工具,非文字莫属。离开文字命名的立法,不禁使人觉得空空荡荡、空洞无形。人类的法律和规范,在命名工具上也表现为这样三种(参见谢晖:《法哲学讲演录》,广西师范大学出版社2007年版,第44~58页)。

一活动的本质在于修辞，在于对复杂事物的修辞性或简单化处理；因此，它是一项制度性修辞作业。本文在笔者以往对制度修辞论述的基础上，专门从立法视角理解和解析制度修辞问题。

一、立法，复杂事物的简单化(类型化)

人类作为整个自然生物链上的一个链条，作为自然世界体系中的一部分，但又是和自然对象分庭抗礼、二元对峙的存在，自来就既面临着林林总总、无限复杂、光怪陆离、变幻多端的对象世界，又面临着需要多元、各怀心事、熙来攘往、行动驳杂的主体世界。这种多样性，尽管会提供人们认知和经历的多样享受，但对人们生活和交往的安全感、安定感以及行为的准确预期而言，无论如何，如上种种，并不是一件有益的事。如果没有立法作为导向，安顿人们的心魂，人们就只能深陷于所谓"丛林法则"，而不得不接受弱肉强食的交往和生活。[①] 那么，这是否意味着文明社会的立法就能全然逃离这种弱肉强食之状态？

诚然，即便在文明社会中，究竟谁能作为立法者，仍是自然竞争的结果，甚至是"马上得天下"或者"枪杆子里面出政权"的结果。因此，摒弃立法者迷信，追求人民立法、人民制宪就是近代西方从学界(尽管并不是所有学人)到民间的普遍追求。但在此需要强调的是，无论是专制者的立法，还是民治者的立法，除了立法主体以及相关的立法理念不同之外，在立法的出发点以及立法所带来的效果方面，都有可比拟之处：所有立法，都是把复杂的事物简单化、类型化的处理过程；所有立法，都以约定给交往行为中的人们提供方便，因此，都给人们的交往行为以预期；相应地所有立法，都有社会契约的特征，只是有些属于民治的社会契约，有些属于专制—接受的社会契约；因此，立法活动的实质，是一种面对多样性的需要，人们进行修辞论证的活动，因此，其也是一项制度修辞活动。

---

① 众所周知，霍布斯的自然状态，既不同于韩非的"古者丈夫不耕，草木之实足食也；妇人不织，禽兽之皮足衣也。不事力而养足，人民少而财有余，故民不争"的"上古之世"[参见(战国)韩非：《韩非子·五蠹》，载梁启雄：《韩子浅解》(下册)，中华书局1960年版，第466~467页]；也不同于卢梭的"既无所谓邪恶也无所谓美德"的"自然状态"(参见[法]卢梭：《论人类不平等的起源和基础》，李长山译，商务印书馆1962年版，第97页)，而是一个类似于进化论者所谓"物竞天择，适者生存"的"自然状态"。在那里，秩序不是根据有效的立法和社会契约来建立的，而是建立在弱肉强食这一"丛林法则"基础上的。"丛林法则"也是一种秩序的形成方式，但归根结底，它是一种远离普遍主体性的秩序框架，是胜者为王败者寇的秩序框架。因此，如何寻求更为公正的秩序形成机制，以克服"丛林法则"对人类的困惑和困扰，是霍布斯"社会契约论"的核心(参见[英]霍布斯：《利维坦》，黎思复等译，商务印书馆1985年版，第93~97页)。

（一）立法是对复杂事物的简单化处理，这种简单化处理本身是一种修辞性的结果

如前所述，无论就人类面对的对象世界看，还是就人类自身的交往行为看，人类从来身处于复杂的关系世界中。在复杂的关系世界中要能够作出冷静、理性和有效的选择，必须将复杂事物简单化。那么，如何将复杂事物简单化？在立法者或者命名者那里，这主要是依靠类型化处理或者逻辑归类来实现的。那么，何为类型化处理或者逻辑归类？它与修辞又是何种关系？

所谓类型化处理是指认识主体对多元（认识）对象按照一定分类所采取的形式化的归类和命名方式。譬如，在刑事立法中，立法者把世间形形色色的危害社会、违反刑法、应受刑罚的行为，统一命名为“犯罪”，以区别于其他社会行为。在犯罪中，又把所有故意所为的犯罪统称为“故意犯罪”，以区别于过失犯罪等。再如，在民事立法中，立法者以合同命名一切双方（或多方）合意的民事交往行为，以区别于单方的民事行为。在合同中，又按照不同内容对合同进一步作出类型化处理，以使不同的合同有所区别。这种情形，既是立法者根据对象的特征所做的形式化、规范化的命名，也是对对象所做的类型化处理。这是立法和法学作用于社会秩序的基本方式。所以，有人在谈及法学的任务时指出：

> “发展一些既能取向于一般评价观点及原则，又能兼顾事件及类型的关联性之标准，借以促成有弹性的判断，此仍是法学的任务。”①

在笔者看来，与其说这是法学的任务，毋宁说这是立法和立法学的任务。

但是，毕竟命名（概念）还不同与类型，不同于归类。概念所强调的，往往是“是”或“不是”的一种肯定结构，是按照一个概念只能如此、不能如彼的封闭结构。② 而类型则奠基于事物的类似基础上，但它仅仅是一种类似。因此，类型及类型化本身意味着可能性，也意味着类型化处理只提供一种相似性分析，从而类型是一种开放性结构。不过这并不意味着命名（概念）和类型没有关联。事实上，法律上的所有命名（概念）都

---

① ［德］卡尔·拉伦茨：《法学方法论》，陈爱娥译，商务印书馆2003年版，第115~116页

② 有关命名理论，参见［美］索尔·克里普克：《命名与必然性》，梅文译，上海译文出版社2001年版。

是从经验类型上升到逻辑类型，再进一步升华到规范类型的结果，[①]换言之，法律上的命名、概念与类型之间天然存在逻辑关联。不经由经验类型和逻辑类型的概念界定、规则安排（规范类型）几无可能。也正因如此，法律概念的确定性总是有很大局限。所以考夫曼指出：

"法律概念除了少数数字概念的情形外，并不是明确的，没有抽象普遍的概念，只有类型概念，次序概念。在这些概念中没有非此即彼的关系。"[②]

法律概念的此种特征，事实上标示着立法对事物本质认识的相对性，也意味着以逻辑类型来规范经验类型的立法的有限性。

把这种有限性权且作为"真"来看待，从而"认法为真"，本身是一个修辞活动或修辞过程。所以，立法只是近似地提供了人类对对象的认知和命名，它既不是对事物的精确复写，也不能为司法和其他法律实践提供中规中矩、毫无偏差的"自动售货机"。那种对立法逻辑无缝、规范自洽的期待，不过是烂漫的幻想，是"立法者天真的纪念碑"。[③]因为：

"在法律中，绝对确定的概念是罕见的……大多数法律概念至少是部分地不确定……人们能在不确定的概念中区分出概念核和概念晕。只要我们想弄明白概念的内容和范围，我们就与概念核相干了。出现疑惑的地方，概念晕就开拔了。"[④]

这种情形，既取决于立法者本身认知能力的有限性和事物本质的复杂性，也取决于立法者必须以自己有限的认知能力，以修辞的方式，去剪裁、析取，并规范其所认知的事物——从而把复杂事物简单化、可操作化的"职业"需要。

---

① 对类型的这种类型学划分，是科学哲学家卡尔·亨佩尔（Hempel）和保罗·奥本海姆（Oppenheim）在《新逻辑学中的类型概念》（Der Typusbegriff im Lichte der neuen Logik，1936）一文中提出来的。这一分类与法学界一些同时代学者的分类高度吻合（例如与考夫曼和拉伦茨等法律学者在相关著作中的观点。参见［德］考夫曼：《类推与"事物本质"——兼论类型学理论》，吴从周译，学林文化事业有限公司 1999 年版；［德］卡尔·拉伦茨：《法学方法论》，陈爱娥译，商务印书馆 2003 年版等），这种分类方式通过这些学者论著的广泛影响，进一步影响到更为广泛的学术界，特别是法学界。

② ［德］考夫曼：《法律哲学》，刘幸义等译，法律出版社 2004 年版。第 142 页。

③ ［德］考夫曼：《类推与"事物本质"——兼论类型学理论》，吴从周译，学林文化事业有限公司 1999 年版，第 13 页。

④ ［德］卡尔·恩吉施：《法律思维导论》，郑永流译，法律出版社 2004 年版，第 133 ~ 134 页。

（二）立法者把复杂事物简单化的缘由是为人们的交往行为提供预期和方便

但这种预期和方便也只是一种修辞化处理，它可产生一定的逻辑效果，可其大前提是修辞性、而非逻辑性的。[①] 诚如分析实证主义者们所期望的那样，立法的效果，就是要通过所有主体，无论是私权主体，还是公权主体对法条的无条件恪守，实现法律治理的秩序。即便事实上具体的法条是存在问题的，也不能从法条中寻取问题所在，而只能努力完善人们的知识结构。这种对法律的高度自信，无疑是立法中心主义和法治国家意识形态使然。它尽管借助制度修辞可能缔造立法和法律权威的氛围，但并不能全然解决立法和法治存在的问题。这正是分析实证法学的检讨者和修正者们不遗余力地寻求诠释法律，并进而把法律带入实践中以发展的缘由。

毫无疑问，为人们的行为提供预期和方便，既会让人们在心理上获得安全、踏实感，也会在实践中节省因判断失误而支出的成本。但问题在于作为制度修辞的立法并不能提供一种复制人们交往实践的模板。人们的交往实践，哪怕最需要严格遵循法律规定而展开的司法实践，不得不面建立在类型化基础上的法律命名所可能、甚至必然带来的纰漏和问题。因为类型化的法律命名和概念，本身意味着法律不可能和实践一模一样。对此，拉德勃鲁赫指出：

> "相同性不是一种存在事实，所有的事物与人类均不相同，'一模一样'亦即相同性，永远只是在某种观点之下，由现存的不相同性中的一种抽象作用而已。"[②]

"法作为当为和存在的对应"[③]关系，一旦出现当为和存在之间的裂缝时，究竟以当为的规则去纠正存在的事实，还是以存在的事实来纠正当为的规则？这从来是学术史、甚至司法史上聚讼纷纭的问题。然而立法者（尤其理性建构主义立法者）的浪漫在于只能选择前者——除非立法者自己纠正，至于其他主体，哪怕面对立法的种种错误，也只能无条件服从。这既反映了立法作为制度修辞给人类交往行为提供的方便，当然

---

① 参见谢晖：《论法律制度的修辞之维》，载《政法论坛》2012年第5期。

② ［德］考夫曼：《类推与"事物本质"——兼论类型学理论》，吴从周译，学林文化事业有限公司1999年版，第28页。

③ 参见［德］考夫曼：《类推与"事物本质"——兼论类型学理论》，吴从周译，学林文化事业有限公司1999年版，第21～27页。

也反映了这一修辞可能存在或潜存的将错就错的失误和和断于一律的专断。

但回过头来可以说,人类在复杂事物面前寻求简化交往方式(当为)的努力,本身是把复杂事实简化处理的一种修辞策略和行动。尽管其中会存在很多问题,甚至存在立法的谬误与专断,但只要人类、哪怕是立法者不是全知全能的圣贤,就不可能不对纷繁复杂的事实世界作出简化的修辞性处理,以适应人们在交往中取效的需要。显然,这是一种"人类一思考,上帝就发笑"的过程,然而,上帝却不能不叫人类不思考,否则,"人类不思考,上帝就胡闹"。立法对人们交往行为的方便,尽管不能洞穿事物本质,但毕竟在朝探索事物本质的方向迈进。所以,人们的交往实践虽不能满足于立法的制度修辞,但又不得不依赖于立法的制度修辞。只要人们依赖制度修辞来立法,寻求法律对人们交往行为精确性的预期,就又必然面临萨维尼的如下诘难:

> "法律的精确性取决于法律之获得有效执行,因此,在这方面,很可能所得必有所失,而失之东隅,必收之桑榆。"①

当然,萨维尼的这个结论也可以换个视角说:没有立法的制度修辞所致的东隅之失,也就不会有继续寻求通过实践完善立法的桑榆之收。

(三)立法作为一种约定,归根结底属于一种社会契约

尽管在不同的时代,立法作为社会契约的程度不同,但立法只要获得人们的接受,只要人们在利益比较中选取法律作为交往行为和利益获取的基本方式,那么,法律作为社会契约的属性就可以基本确定。但当我们说法律是社会契约时,仍然所坚持的是一种修辞态度,而不一定是逻辑必然。因为无论法律是种不完全性社会契约,还是完全性社会契约,②它都意味着对有些人意见的舍略。

在不完全的社会契约中,契约不过是有立法权的权力者的命令。长期以来,把法律视为"主权者的命令"这样的观点被广泛接受,特别是分析实证主义法学的观点,更受人青睐:

---

① [德]弗里德里希·卡尔·冯·萨维尼:《论立法与法学的当代使命》,许章润译,中国法制出版社2001年版,第16~17页。

② 法律作为契约,可以分为三种情形:其一是强制立法获得人们的接受(合法性基础是人们的利益考量);其二是代议制立法(选民推举和代议行为本身为选民们的接受提供合法性);其三是全民公决(合法性基础是选民的自由和全体参与)。严格来说,完全的社会契约只是后者,前两种社会契约都是不完全的。但即使不完全的社会契约,也意味着有法律胜于无法律。因为有法律意味着有预期、可预期,无法律意味着预期沦然、秩序荡然。

> “所有实际存在的由人制定的法，或者，我们径直而且严格地使用‘法’一词所指称的法，是由掌握主权的个人，或者群体，对独立政治社会之中的一名成员或一些成员制定的。掌握主权的个人，或者群体，在独立的政治社会中，是独一无二的，或者是至高无上的。换句话说，所有实际存在的由人制定的法，或者我们径直而且严格地使用‘法’一词所指称的法，是由独揽权力的主体，或者地位至高无上的主体，对处于隶属状态的一个人，或者一些人制定的。”①

奥斯丁这一结论的经验基础，无疑取决于史上立法中的事实，取决于不完全社会契约中法律通行的基本事实——法律既是由作为社会精英的立法者制定并推向社会的，又由社会精英负责法律的执行和纠纷的解决。因此，它是精英意愿被民众接受的结果，无论这种接受是自觉的还是被迫无奈的，也无论作为立法者的精英是钦命的官僚还是民选的议员。不完全社会契约的如上特征，十足地表明了此种社会契约的修辞之维——既然法律只是精英意愿的结果，那么，民众的接受就具有象征和修辞意义。然而，这种象征和修辞，并不是来虚的，反之，这种修辞一旦成为制度运行的逻辑前提，就必须把人们的行为结构安排到法律的规范结构和逻辑体系中去。因此，象征和修辞具有了实在意义。

至于完全的社会契约，尽管建立在全民公决的基础上，但全民公决也无可例外地需要遵循“少数服从多数”这一无可更改的现代民治原则。我们知道，在民治社会中，政治流动性就像货币流动性一样，理论上具有在所有人之间可能公平地流布的特征，但在实践中的流布，往往是“机会主义”的。选民的喜怒哀乐和市场的阴晴不定一样，都会以修辞效果影响甚至摆布政治市场，影响社会契约。所以，公决结果并不总是、甚至从来不是严谨的逻辑可以准确预知的。更何况即使在民治社会中，全民公决本身不过是人为设计的结果。公决的选项和内容，并非一个周延的逻辑命题，毋宁是一个预设的修辞命题，因此，其也只有修辞性，并无必然的逻辑性。更何况无数历史事实证明，公决或选举，在进行过程中总是很容易受人操纵、特别是金钱操纵的事：

> “选民受贿的事，简直很少国家能够免去的”；
>
> “跟着文明的进步，贿赂的方法在大多数国家里更能够逃

---

① [英]约翰·奥斯丁：《法理学的范围》，刘星译，中国法制出版社2002年版，第11页。

避人目。可用的方法多得很，常有许多情形，虽则确有理由疑人受贿，但是受贿的证据很弱而不能依法追诉”；

“由政治上绝对非法使用的金钱的方式，我们可以转到他种也是不佳妙的方式，例如处心积虑把公民的心思和意志的自然作用引入歧途……这些情形有一部分可以绳以法律；其余法律又置之不问……”①

布赖斯近九十年前的这个分析，至今看去也并没有过时，所以对我们今天看待完全社会契约的修辞特征也不无帮助。

上述种种皆表明，当立法试图简化复杂事物，并为人类提供方便的交往规则时，既意味着立法对多样性的人为剪裁或归纳，也意味着立法者（无论是专制立法者、代议立法者还是全民立法者）首先从方便自己的视角思考问题。这些都导致立法不可能不借助修辞的力量寻求人们的接受——尽管立法活动总是同时要通过对事物规定性的省察以寻求人们的接受。

二、立法，在逻辑与修辞（科学与艺术）之间

既然立法活动既是一个寻求事物规定性的活动，也是一个寻求规范可接受性的活动，也就必然意味着立法活动既是一项寻求逻辑合法性的科学工作，也是一项寻求修辞合法性（可接受性）的艺术活动。立法只有在逻辑和修辞，科学和艺术之间寻求到妥帖与平衡，通过立法而成的法律规范才可能被人们所接受，也才可能因为人们的接受、运用和遵守而化为活生生的实践秩序。但问题是，在逻辑与修辞、科学与艺术间，并非总是和睦融洽的。立法者对这两者的处理，也只能尽力所为，却很难一劳永逸地圆润两者之间的关系。所以，如何对待并把握立法中的逻辑和修辞、科学和艺术之关系，毫无疑问是立法的关键所系。

（一）立法的逻辑—科学之维和逻辑无缝化追求

试图把立法作为完全的科学工作看待——建立一种逻辑无缝的规范体系，从而为人们的行为确定准确无误的预期；为司法裁判提供输入案件事实、输出裁判结果的“自动售货机”；为所有的行政活动提供标准的行为格式，最终使人们的行为，只能按照法定的逻辑图样去“服从规则治理”，并不能有任何偏差和出入——的努力，一直是人类立法者的崇高理想。为了这一崇高理想的实现，人们或不惜在上帝（真主、佛陀）那里

① ［英］詹姆斯·布赖斯：《现代民治政体》（下册），张慰慈等译，吉林人民出版社2001年版，第973页、975～976页。

寻找灵感,从而神灵的法则长期以来支配人间的法则,甚至至今在不少地方依然如故,或不惜造出一个人云亦云的自然法概念来,统筹人间所有立法的价值取向与合法性基础,甚至连那些崇尚理性的人们,也笃信理性的伟力。

> "近代理性主义者则打破了这种对存在与存在认识的理解……依其见解,存在可以'几何学式地'、'清晰而明确地'……数学般地被精确认识……只有单义的、明确的(数学般的)概念,以供逻辑的涵摄操作。"①

诚然,要让法律获得人们的接受,就必须让法律成为具有逻辑规定性的常项或常量,而不能成为没有内在逻辑可循的变量,从而法律既不能朝令夕改、言出法随;也不能人存法在,人亡法毁。否则,法律不但不能结构人类交往行为秩序,反而只能解构人类秩序,法律不但不是秩序的缔造者,反而是秩序的毁坏者。在这个意义上,竭力让法律符合科学逻辑,保障法律的逻辑合法性和科学有效性,毫无疑问是立法者的基本使命。为了这一使命,为了一种确定不移的立法,人类曾上穷碧霄下穷泉,既探索天人之际的种种奥秘,也寻求群己之间的种种关联,还窥视身心之间的内在幽暗。相应地,自然科学、社会科学、人文科学蔚然而起,各种科学对立法的影响也渐渐推进,节节深入。法学中的"科学主义"思潮不断呈现,并直接或间接地影响到立法、法律和司法(通过司法的"立法")——尽管其如何"科学地"、"逻辑地"影响立法的思路大相径庭,也常常并未殊途同归。

如分析实证主义法学,尽管其严格区分了立法学和法理学的范围②,但在实质上仍既是以法律为根据建立一套学术规范体系,同时也是试图寻求一套可以验证的、合乎逻辑的、科学的立法和法律范式。

> "规范法学用以描述法律的陈述不同于法律社会学用以描述其对象的陈述。前者是'应当的陈述',后者则是像自然法则同一类型的'是的陈述'。但在规范法学描述法律的陈述和自然法则之间存在了某种类似……在自然科学、自然法则的陈述

---

① [德]考夫曼:《类推与"事物本质"——兼论类型学理论》,吴从周译,学林文化事业有限公司1999年版,第23页。

② 如凯尔森就强调:"把作为法学对象的法律规范、创造法律过程的产物同法学的陈述清楚地划分开来,是极端重要的。"参见[奥]凯尔森:《法与国家的一般理论》,沈宗灵译,中国大百科全书出版社1996年版,第184页。

中，条件是用‘是’与结果联系的；在规范法学，叙述意义上法律规则的陈述中，条件是用‘应当’与结果联系的。”①

凯尔森的如上论述，似乎把分析实证主义法学的命题仅仅限于实在法的范畴，但其结果却反而唤起了人们对实在法本身科学性、合法性的深刻思考。众所周知，这一思考不仅在分析实证主义法学之外展开，而且极大地冲击了分析实证主义法学本身的逻辑路向，使分析实证主义法学不再铁板一块，而将目光投向立法的科学、逻辑性。

再如被称为法律社会学的学术思潮，更是通过对人们交往行为中形成的活生生的社会事实、社会关系的描述，寻求实际生活中存在的“活法”，②并由此建立一套完全不同于分析实证主义的、“科学的”法学体系：

“因为法是一种社会现象，所以任何一种法学均属于社会科学，但真正的法律科学是理论的社会科学即社会学的一部分。法社会学是法的科学理论。”③

尽管法律社会学基于其独特的立场，对立法和立法者做了放大的理解，但其基本理论仍然是要寻求立法和法律的科学性和逻辑性。这种在立法上对科学和逻辑的趋之若鹜，甚至也让自然法学家们不能免俗。尽管自然法理论是一种形而上的主张，但新近的自然法学家们宁可借助经验、借助判例“实证”其主张，并以自然法本身的科学性建立立法、法律和司法的最终逻辑前提，为法律的合科学性、合逻辑性寻求别出心裁的方案。

这种寻求概念单一性、意义确定性和法律规范性、逻辑性的努力，不能不令人动容，但事实上能否实现，却是颇值怀疑和考量的话题。立法和法律的实际结果表明，按照确定不移、丁卯不差、逻辑无缪的原则来解决法律调整，寻求社会秩序，理想固然是理想，结果却常常事与愿违：逻辑无缝的规范体系只存在于先验理念中，不存在于经验事实中。

① [奥]凯尔森：《法与国家的一般理论》，沈宗灵译，中国大百科全书出版社 1996 年版，第 185 页。

② “活法不是法条中确定的法，而是支配生活本身的法。这种法的认识来源首先是现代的法律文件，其次是对生活、商业、习惯和惯例以及所有联合体的切身观察，这些事项既可能是法律所认可的，也可能是法律所忽视或疏忽的，甚至是法律所反对的。”参见[奥]欧根·埃利希：《法社会学原理》，舒国滢译，中国大百科全书出版社 2009 年版，第 545 页。

③ [奥]欧根·埃利希：《法社会学原理》，舒国滢译，中国大百科全书出版社 2009 年版，第 27 页。

(二)立法的修辞—艺术之维与修辞补强应对

立法是寻求事物规定性,包括天人关系的规定性(关涉人与自然关系的立法)、群己关系的规定性(关涉人类交往关系的立法)、身心关系的规定性(关涉对人类生命、思想和心理保障的立法)①的活动,是通过这些规定性来寻求“科学立法”的活动。无论是国家专门立法机关的立法、司法当局借助司法的立法(“法官造法”)还是社会团体内部的规范,也无论是国家正式法,还是国家并不反对且在公共交往和司法中被运用的民间法,都是为了寻求人们交往行为的规定性、科学性和逻辑性。

但问题是,上述的“立法”活动,只能在一定意义上表现事物关系的规定性,既不能穷尽与人类交往相关的全部事物关系的规定性,也无法在某一时空段上完全洞悉与人类交往相关的事物关系。因为法律对事物关系的应对,只能是一个近似的过程,用考夫曼的话说,是一个“当为与存在的对应”过程:

> “法是一种对应,因此法的整体并非条文的复合体,并非规范的统一体,而是关系的统一性:关系统一性。关系统一性,对应:这正意味着类推”;
>
> “此种本质不同者之间的对应的统一性,在当为与存在间,在规范与生活事实间对应的统一性,就是具体的、真实的法。照我的规定,‘法是当为与存在的对应。’因此可以说,‘在法之中,当为与存在既非同一亦非相异,而是类似地(对应地)联系在一起’——可以说:法的现实性本身是根基于一种类推,因此,法律认识一直是类推性的认识。法原本即带有类推的性质。”②

考夫曼对法的这一界定,在一定意义上表达了“科学立法”的无奈、甚至荒诞。因为与事物关系的规定这种科学要求相比较,与逻辑的周延性相比较,立法只能建立一种近似的逻辑观念,只能把近似的判断以及修辞当做逻辑的起点来使用,所以,法律归根结底是类推的结果。所谓

---

① 在一般观念中,法律主要涉及群己关系,也会涉及天人关系,但之于身心关系,似乎不在法律调整之列。但只要人们把人身的权利保护、人格的权利保护、思想的权利保护和心理健康的权利保护纳入观察的视野,并与相关的国家义务、团体义务结合起来,“认真对待权利”,那么,身心关系的法律调整就不但是一个事实,而且是法律调整不可或缺的内容。对此的初步论述参见谢晖:《法理学》,北京师范大学出版社 2010 年版,第 189 ~ 209 页。

② [德]考夫曼:《类推与“事物本质”——兼论类型学理论》,吴从周译,学林文化事业有限公司 1999 年版,第 21 页。

类推，只是、也只能是以所认知的有限的事物关系的规定性来概括未知的无限的事物关系的“规定性”。这种大胆的思维路径，本身就是借助拟制的修辞力量，对无限复杂的事务所做的有限简化处理。显然，立法的这种举措，是一个令人目眩的艺术活动。但也是立法的此种举措，让世间性格迥异、需求悬殊、价值立场相反的人们，都匍匐于“规则治理”之下。人们为什么必须服从这样的规则？仅仅靠权力的强制能满足法律的一般调整要求吗？对这些问题的回答，倘若不借助于修辞和艺术的进路，而纯粹依赖逻辑和科学的进路，则很容易被证伪。或许是在这里，立法中的“拟制”这个概念真正有了用场。

法律作为一种类推的规范体系，在一定意义上取决于立法者的内心确信。这种内心确信有时候是基于事实，基于对事物规定性的把握，但有时候是基于经验，基于如此这般的规定会对社会、对人们交往行为带来有效性。所以，法律及立法，与其说是立法者根据科学和逻辑原理作出的，不如说很多时候是根据经验判断，以及在这种经验判断之上的拟制作出的。或者进一步讲，所有概念，包括立法及法律概念，在本质上不过是人们拟制的概念。因此，有人认为：

> “根本没有任何知识存在，所有所谓的知识实际上都是拟制，亦即，都是一些为了掌握现实的恣意和有意的错误观念，都是一些非‘真实的’观念，但仍然具有一种‘效用价值’……准此，我们似应认为，传统的类推理论终究要遭到埋葬。然而它正好在拟制论中继续生存。当一种恣意的、有意的错误观念，亦即，一种非真实性，也证实是有实用性时，这或许也是对所有惊异的一种惊异……拟制并非歪曲现实的意思，相反地，‘拟制是无意识的表达一种经由构成要件内在的相似性，所引发之……相同评价之必然性’。拟制终究无非是类推。”①

这个不无精彩的论断，事实上表明立法中科学和逻辑的无奈，也在说明修辞和艺术在立法中的有效性和有用性。当然，这种有效和有用只有投射到法律运用、执行和遵守的实践中时，才能得到实证性判断，才能把拟制的修辞—艺术结果结构到实践的逻辑—科学体系中去，才能检验或验证立法的修辞—艺术性预设：类推或拟制的逻辑—科学可能性。

---

① ［德］考夫曼：《类推与“事物本质”——兼论类型学理论》，吴从周译，学林文化事业有限公司1999年版，第25页。

(三)行进在逻辑与修辞(科学与艺术)之间的立法

如上论述表明,立法活动,实质上只能行进在逻辑与修辞(科学与艺术)之间。为什么会如此?这不得不从立法作为人的认识结果谈起。归根结底,立法是人的智虑,而不是神的天启。尽管法学史上不乏把法律和神灵相勾连的种种学说,如古代中国的"率民以祀神"、"替天行道"、"替天作罚"、"秋决"等说法和做法,就典型地表达了法律的神启理念。而神学自然法学的种种观点,更是强调人类法律的产生、发展及功用,必须符合神启的永恒法或自然法精神:

> "上帝对创造物的合理指导,就像宇宙的君王那样具有法律的性质……这种法律我们称为永恒法";
>
> "一切法律只要与真正的理性相一致,就总是从永恒法产生的。"①

同样想说明的是,立法也是人的理性,而非因任自然的结果。尽管在法学史上,形形色色的自然法思想家、甚至当代的一些自由主义者都希望在事物的性质中寻求法,寻求事物的本质规定,并让这种本质规定凌驾于实在法之上,并成为实在法永恒不变的指导原则:

> "从最广泛的意义上来说,法是由事物的性质产生出来的必然关系。在这个意义上,一切存在物都有它们的法。上帝有他的法;物质世界有它的法;高于人类的'智灵们'有他们的法;兽类有它们的法;人类有他们的法";
>
> "由此可见,是有一个根本理性存在的,法就是这种根本理性和各种存在物之间的关系,同时也是存在物彼此之间的关系。"②

但不得不指出的是,无论是教法学家们强调神圣的永恒法对人类立法的种种优越性时,还是自然法学家强调自然法——超越人类智虑的理性对实在法的优越性时,他们本身预设了对人类智虑的怀疑、不信任和高度警惕,也意味着对人类立法的怀疑、不信任和高度警惕。问题是无论神圣的永恒法,还是理性的自然法,既是人类的立法所无法企及的,同时又像天眼一般照着人类立法的方方面面。人类立法的善恶与否,只能通过或神启、或理性的永恒法或自然法来验证。

---

① [意]托马斯·阿奎那:《阿奎那政治著作选》,马清槐译,商务印书馆 1982 年版,第 106 页、107 页。

② [法]孟德斯鸠:《论法的精神》(上册),张雁深译,商务印书馆 1982 年版,第 1 页。

这种对人类智慧的怀疑和警惕,其实恰恰建立在现实立法实践中立法者的捉襟见肘、顾此失彼上,也建立在科学立法的“实践不能”上。既然如此,立法者在逻辑和修辞之间为人类交往行为设定规矩,在科学和艺术之间为人类社会发展布道设序,就实际上只是主观对应客观、意识对应存在、规则对应规律有限的结果。恰恰是这种有限性,导致立法者“将计就计”地把有限的理性(科学)认知艺术化为理想的行为模式,把近似性、类推性、拟制性的修辞主张,升格为人们交往行为的规范前提,并进而让人类自觉地、顶礼膜拜地匍匐在这种游走于逻辑和修辞、科学与艺术之间的规范事业中。这既是立法的自负和自信,当然也是立法的作茧自缚。立法的这种情形,既体现于理性建构主义的立法模式中,也体现于经验进化主义的立法模式中。下文笔者将主要观察两种立法模式中的制度修辞问题。

三、理性建构主义立法与制度修辞

在人类近代思想中,有两种立场各异、走向相反的学术路径,其一是理性(建构)主义的学术路径,其二是经验(进化)主义的学术路径:

> “‘经验论’和‘唯理论’都是源出西方的名词,也译作‘经验主义’和‘理性主义’。这两种类型的思想,虽然在一定意义上可以说,无论古今中外,它们在人们的思想中都有不同程度、不同形式的表现,但作为较典型的认识论理论,并且形成了两个既互相对立、互相斗争,又互相影响、互相渗透的学派而在哲学史上出现,则是……十六世纪末至十八世纪中期的历史现象。当时的‘经验主义’以弗·培根、霍布斯、洛克、巴克莱、休谟为主要代表,他们都是英国哲学家,故也常称为‘英国经验主义’;‘理性主义’则以法国的笛卡尔、荷兰的斯宾诺莎、德国的莱布尼茨为主要代表,他们都是西欧大陆各国的哲学家,因此也被称为‘大陆理性主义’。”①

这两种不同的学术路径,其不仅是学术思想领域的分歧。这种学术思想分歧的实践回应,是两类不同的立法模式和法律制度,即理性建构主义立法模式和法律制度与经验进化主义立法模式和法律制度。② 同

① 陈修斋:《欧洲哲学史上的经验主义和理性主义·前言》,人民出版社1986年版,第1~2页。

② 对于法律和立法史上的这两种理论的批判性反思,参见[英]弗里德里希·冯·哈耶克:《法律、立法与自由》(第1卷),邓正来等译,中国大百科全书出版社2000年版,第1~51页。

样，两种立法制度与制度修辞之间具有紧密关联。先来看理性建构主义立法与制度修辞之间的关联。

（一）理性建构主义的思想基础与修辞的关联

理性建构主义立法的思想基础是前述理性建构主义理论，它相信人类的一切知识、一切经验都是拜理性所赐，因此，理性是经验和知识的源泉。法律也是一样，人类完全可以基于理性，建立一种完美崇高的法典。法典的制定，就在于人们对理性的笃信和崇尚。人们相信可以通过一种合乎逻辑的、形式合理性的立法，就能满足人们交往行为的一般需要和普遍需要，也能满足司法对纠纷解决的需要：

> “马克斯·韦伯认为，欧洲的法律具备逻辑性形式理性……特征。D. M. 特鲁伯克……把这个含义解释为：‘法律思维的理性建立在超越具体问题的合理性之上，形式上达到了这么一种程度，法律制度的内在因素是决定性尺度；其逻辑性也达到了那么一种程度，法律具体规范和原则被有意识地建造在法学思维的特殊模式里，那种思维富于极高的逻辑系统性，因而只有从预先设定的法律规范或原则的特定逻辑演绎程序里，才能得出对具体问题的判断。’因此，单一的法律渊源衍生而出的，预先设定的法律规范，才是法院判决的依据。”①

显然，这样一种立法和法律体系，乃是建立在演绎论的逻辑和思想基础上的。立法者的思维如何“超越具体问题”且具有合理性？这在一定意义上是难以实证，而只能靠感觉去应对的话题。我们知道，理性建构思想本身在无法说明理性究竟为何时，往往把人们的思维引向神灵世界，甚至在一定意义上，这种寻求理性的哲学努力，与神话同源：

> “哲学是对万物‘原则’之追寻，而这首先指的是对万物‘起始’或‘最初事物’的追寻。就此而论，哲学与神话并无不同……自然一经发现，区别于神话的哲学就出现了，第一位哲学家就是第一个发现自然的人。整个哲学史不是别的，就是记录了人们反复不断地试图充分把握那一至关重要的发现的内涵……要以无论多么粗浅的方式来理解那一发现的意义，人们就得从自然的观念返回到前哲学时期与其相对应的观念”；
>
> “如果把自然理解为‘现象之全体’的话，发现自然的要旨

① ［美］艾伦·沃森：《民法法系的演变及形成》，李静冰等译，中国政法大学出版社1992年版，第32页。

就无从把握，因为自然的发现恰恰在于把那一全体分成了自然的现象和不属于自然的现象：‘自然’是一个用于区分的名词……在前哲学时期，‘习惯’或‘方式’乃是‘自然’的对应物。”①

施特劳斯对哲学和自然的这种说明，自身既包含了对人类哲学（自然）认知能力的肯定，人们必须在分析基础之上获得哲学真知，又包含了对人类哲学（自然）认知能力的高度怀疑，人们只有回到原点、回到“最初事物”以回溯其认知，才能咀嚼自然发现的内涵。显然，这种认知的精神世界，永远是“在路上”的过程。既然如此，问题也就出来了：人们的哲学认知，并不是一个一劳永逸的整合化的建构体系，而是一个分析（区分）的碎片化、片段化的发现过程，那为什么要建立对芸芸众生具有普遍效力的法律体系？又能不能建立这种体系？显然，对这些问题的追问，并不能完全依靠理性和逻辑认知来回答，毋宁说“我”（立法者）之所以建立这样的体系，是来自“我”的内心确信，而不是可以验证的知识和哲学思想。既如此，则在立法和法律的世界，当以建构理性作为思想指导时，因建构理性本身不无浪漫的修辞品格，必然连带地影响到建构主义立法的浪漫修辞品格。

（二）包罗万象的法典与修辞的关联

众所周知，建构主义立法常常寻求建立一种包罗万象、规范方圆的法典体系。这样的努力，在中国古典的《唐律》这一法典范本中可以窥见，在古罗马的《国法大全》中更可以见其端绪，当然，在近、现代各国的所订立的众多法典中更是活生生地呈现，尤其在有些国家和地区颇为垂青的“六法全书”中，更是不难体察建构主义立法的这种努力。在历史上，人们不断对这类建构性立法不吝赞美之词，其中拿破仑对其法典的自负众所周知：

“我的光荣不在于打胜了四十多个战役，滑铁卢会摧毁这么多的胜利……但不会被任何东西摧毁的，会永远存在的，是我的民法典。”②

应当说，拿破仑的对其法典的自我评价，并不是自诩，自其制定200多年来，尽管人类交往关系的变化可谓天翻地覆，但一方面，该法典的精神、原则、甚至具体规则仍然是各国民法借鉴的模范样本。另一方面，世界各地的法典化情势不但未曾休止，反而更为广泛地展开。尊崇大陆法

---

① ［美］列奥·施特劳斯：《自然权利与历史》，彭刚译，三联书店2006年版，第83页。

② 《法国民法典·中译本代序》，马育民译，北京大学出版社1982年版，第1～2页。

系模式的国家自不必说，即使在美国这个曾长期受英国法深刻影响的国家，也不断尝试通过制定法典的方式，在分散的、零碎的判例法和相关法律理念中寻求法典化的法意。其中最典型者，莫过于卢埃林所主导的《统一商法典》。[①] 另外，即使在全球交往与合作中，国家之间仍然运用法典的方式规范国际政治、经济和文化交往关系。可见，"法典的理性"并未因世界的变动不居而降温，反之人们应对迅速变化的世界的方式仍然是法典。

但问题是任何法典，无论是古典的综合性法典，还是现代社会因为社会分工而建立的分门别类的法典，都立基于宏大的理性建构。那么这种理性建构是科学的吗？是完全符合逻辑的理性要求的吗？回答或许不应那么斩钉截铁，因为事实上，所谓法典体系，尽管是迎合社会实际需要的产物，是与科学需要有一定关联的产物，但它并非科学需要本身，反而无论在立法者的认知上，还是在对客观事实的剪裁上，都不能不受修辞和艺术的影响。例如，在立法者的认知方面，被称为和《拿破仑法典》双峰并峙的美国《统一商法典》的主持者卢埃林，其思想的局限性就不断被人们所诟病：

"经验法律科学的另一项重要前提是建立一个适当的概念框架；在卢埃林的理论性文章中，他明确意识到这种需要"；

> "不过，非常清楚的是，卢埃林自己从未能真正形成一套既能产生关于法律和社会制度的一般假设，也能指导将来的经验性研究的概念体系，他所使用的一些概念时常模糊不清。卢埃林的法律—工作说或理论，只是对法律制度所履行的基本职能的分析：这一理论并未提供对于这样一些重大因素（诸如社会和法律制度的结构、权力过程以及政策的制定）的研究……说的更简单一点，卢埃林掉进了常困扰功能主义者的陷阱，即偏向假定一系列先验的功能，然后再去寻找履行这些功能的社会制度。就卢埃林的情况而言，对社会制度的研究不是在邻近的社区进行的，结果产生的是这样一个概念体系，它只注意到了

---

① 对该法典的研究参见孙新强：《法典的理性——美国〈统一商法典〉法理思想研究》，山东人民出版社2006年版；《美国统一商法典及其正式评论》，孙新强译，中国人民大学出版社2003年版。

功能，实际制度也只是作为一种事后思考来处理的。"①

在笔者看来，上述种种，尽管指出了卢埃林理论的要害所在，但又透露出即使像卢埃林这样的法学巨匠，当其作为立法者时所面临的无奈。又有哪种完善理论能够逻辑无缝地处理理论和立法之间的紧张关系？在不能逻辑无缝地，也寻不到逻辑无缝地处理理论和立法之间轩轾冲突的方案时，作为立法者又该如何应对？因此而放弃立法，显然是面对逻辑困境的"逃跑主义"；坚持立法，就必须设法模糊理论的细节，从逻辑的牛角尖或科学的精确无误的迷梦中走出，寻求对逻辑智慧具有一定补强效果的修辞智慧，以所谓"模糊思维"来处理立法中所涉及的概念。这就是所谓法律的模糊性②——尽管模糊性可能带来种种问题，尤其使严格规则模式的法治受到冲击，但它至少为人类根据规则治理奠定了框架，更何况失之东隅，收之桑榆，严格规则的逻辑—科学主义法治被解构后，相应地推出了正当程序模式的法治！如果不固守这样的理念，而一定既要追求法典的包罗万象，又要寻求法典的逻辑无缝，在笔者看来，那只是对神的要求，而不是对作为人的立法者的要求。

（三）因为无以逻辑无缝、科学无间，所以必须诠释

在理性建构主义法学家们的笔下，法律不仅应被制定，且有实效，而且要追求实质正确性。众所周知，在亚里士多德那里，法治就被界定为如下两重含义：

> "已成立的法律获得普遍的服从，而大家所服从的法律又应该本身是制订得良好的法律……就服从良法而言，还得分别为两类，或乐于服从最好而又可能订立的法律，或宁愿服从绝对良好的法律。"③

在这里，亚氏不但强调人们在法治状态下人们服从的法律之前提——良法的关键性，而且在其有关"乐于服从最好而又可能订立的法律"的论述中，已经把"可能订立"这个问题作为服从良法的条件之一。但问题是"最好"和"可能订立"这两者之间从来就是不睦的概念。"最好"只存在于理念世界，而不存在与实践世界。即使在亚氏所崇尚的贵

---

① 孙新强：《法典的理性——美国〈统一商法典〉法理思想研究》，山东人民出版社2006年版，第87～88页。

② 参见［英］蒂莫西·A. O. 恩迪科特：《法律中的模糊性》，程朝阳译，北京大学出版社2010年版。

③ ［古希腊］亚里士多德：《政治学》，吴寿彭译，商务印书馆1965年版，第199页。

族政体中,也很难印证其法律就是“最好”的。而“可能订立”却是一个行为实践的世界。凡是“可能订立”的东西,一定是人类智慧所能及的,人类智慧所能及的,又与“最好”总是若即若离的。正因如此,在柏拉图的笔下,法治充其量不过是第二等好的政治,是所谓“断臂的维纳斯”。但尽管如此,作为一种理想,人们对立法和逻辑完美性、实质合法性的追求依然如故。阿列克西指出:

> “任何一种法哲学,都或明或暗地是一种对法概念的表达。所有法概念都来自对以下三个要素的解释和权衡:(1)正当制定性……(2)社会实效……(3)实质正确性。任何人在界定法概念时,如果仅仅关注正当制定性和社会实效,而忽略了实质正确性这一要素,他就在主张一种实证主义的法概念。”①

阿列克西对法概念必须坚持“实质正确性”要求,其实和亚氏坚持的法治的“良法”论,有异曲同工之效,尽管前者是说理论,后者直指实践。问题是他的理论,也和亚氏的“良法”论一样,往往是一个心向往之、实难能至的概念。这不取决于人类的道德品性,而取决于人类的认知能力。以这种理念来指导立法,固无不可,但以此种理念来强求立法,反倒会陷入全能主义的“致命的自负”中。正是在此意义上,不苛求立法和法律是一种完美无缺的体系,而强调立法和法律作为人的智虑必有缺陷,反倒为在法律实践中通过解释来弥补法律的缺陷,奠定了逻辑前提。这也表明,法律只能是一种诠释体系:

> “法律的帝国并非由疆界、权力或程序界定,而是由态度界定……它是一种谈及政治的阐释性的、自我反思的态度,它是一种表示异议态度,使每个公民都应该想象什么是他的社会对原则的公共承诺,而在新的情况下这些承诺要求的又是什么。法律的异议性质和私人决定的创造性作用由司法判决的回顾性判断的性质所确认,而且也得到调节性的假设所确认。这种假设认为,虽然法官必定拥有最后决定权,然而法官的最后判决却不因此而是最佳的决定。法律的观念是建设性的:它以阐释的精神,旨在使原则高于实践,以指明通往更美好的未来的最佳道路,对过去则持正确的忠实态度。最后,它是一种友好的态度,我们尽管对计划、利益和信念各持己见,但对法律的态

① [德]罗伯特·阿列克西:《法:作为理性的制度化》,雷磊编译,中国法制出版社2012年版,第1页。

度却表达了我们在社会中是联合在一起的。”①

正是法律无法做到逻辑无缝地对应存在,科学圆满地对接事实,中规中矩地解决纠纷,所以,必须在立法后根据存在、事实和纠纷的具体情形,对法律进行再解释。这种再解释的过程,一方面是法律实践对立法和法律的逻辑—科学完善活动;另一方面则是对立法企图寻求包罗万象,但又无所遗漏的一种证伪和修辞性补救措施。法律的诠释性绝不仅仅是一个逻辑—科学活动,毋宁说更是一种修辞—艺术活动。尤其是在理性建构主义的法律体系中,这点更为重要。所以,与其说理性建构主义的法律是一个完美封闭的体系,不如说它是一个不断修补的、百衲衣式的、修辞—艺术性的解释体系。即便法律解释是独断型的,②也不能排除理解和解释的“前见”因素,从而无法杜绝其多元性及由此导致的修辞性。

四、经验进化主义立法与制度修辞

经验进化理念作为一种思维方向,在古代社会就业已存在。人们耳熟能详的“路遥知马力,日久见人心”就典型地表达了经验论的特征。不过在古代人的论述中,分析的观念并非其所长,反倒是综合的观念常常能突出地显现。因此,清晰的经验进化和理性建构都不存在,每一位学术大家和思想领袖,其学术思想中都既含有经验进化的内容,也含有理性建构的因子。其中我国古代思想家荀况和古希腊思想家亚里士多德可谓典型。

明确的经验进化主义思想,乃是近代以来的产物,特别是英国的哲学思想家们——培根、霍布斯、洛克、休谟等的主张,颠覆了自亚里士多德以来深受人们尊重的演绎思维,转而在经验世界和归纳方法中寻求世界的真谛。这种经验进化主义哲学思潮,对英美普通法系的形成,对于判例法传统的维系具有直接的影响,以致形成了经验进化主义立法模式。然而,经验进化主义立法,尽管以经验的、科学实证的精神相标榜,但其照例离不开制度修辞的影响。

(一)经验进化主义的思想基础与制度修辞

如前所述,经验进化主义立法模式的思想基础是经验论哲学。经验论哲学在法学上的投射,不仅在影响着英美国家的法学者,而且直接影

① [美]罗纳德·德沃金:《法律帝国》,李常青译,中国大百科全书出版社1996年版,第366~367页。

② 参见洪汉鼎:《诠释学——它的历史和当代发展》,人民出版社2001年版,第15~21页。

响到欧陆国家的法学者。例如,对欧陆法学具有深刻影响的萨维尼的历史法学,就强调法律是发现的,而不是被创制的。再如,以埃利希为代表的法社会学,也强调“活法”的真正价值。对此,庞德曾评论道:

“历史派法学家认为通过人类经验发现人类行为或社会行为的原则并逐渐发展和以规则表示。所以历史法学否认法律是良知的产物或决定人类的意志。他们怀疑立法的影响,因为立法试图获得不可能获得的东西和创制不能创造的东西。他们认为法律的有机体是原理的著述和司法判例,正是靠这个民族的生命最初在其传统的法律规则中表达出来,并通过模制这些规则符合现今环境使其自身感受到逐渐在成长发展”;

“像历史法学派的法学家一样,19世纪末以来的机械社会学者用法律进化和延续变化的眼光观察法律,并试图把这些变化与社会本身的背后变化联系起来。历史法学派的法学家发现在这些变化背后的形而上学法则,机械社会学者代之以物理规律。”①

这些主要由欧陆法学家创造的具有明显经验论内涵的法学学说,随着全球经济贸易、文化交流和公共治理的发展,反过来又直接影响到以经验主义哲学为基础的普通法系,特别是影响到对美国这个既继受英国实行普通法,但又与英国国情迥然有别、高度开放的国家。甚至那些在欧陆开放出蔚为大观的学术体系的经验主义思想家们,也乐于在普通法国家寻求其学术灵感。② 尽管经验主义立法模式不断受到各种经验哲学的影响,但经验哲学之所以能如此深刻地影响经验主义立法,乃是因为一方面,普通法本身在一定意义上催生了近代经验主义思潮,从而其自身具有“经验哲学的规定性”,另一方面,英国经验主义哲学又反哺了普通法这种经验进化主义立法的发展,甚至形成其独特的经验主义的精神:

“普通法的原则是一种致力于经验的理性原则。它体现出经验将为行为的标准和判决的原则提供最满意的基础。它认为法律不是由君王意志的诏令武断地创制,而是由法官和法学家对过去实现或没有实现正义的法律原理、法律原则的经验中

① [美]罗斯科·庞德:《普通法的精神》,唐前宏等译,法律出版社2011年版,第113页。

② 最典型的要数奥地利思想家哈耶克了。这位93岁的长寿老人,生前拥有英国国籍达54年。

发现的。在经验中这样的原理获得的绝不仅仅是法律规则的解释和适用，而是在很大程度上对法律原理的确定必须留给法官作为惩戒的理性……法官受到理性的支配，其个人私虑受到抑制。”①

但不得不指出的是，经验进化主义立法模式在强调“经验的理性原则”时，已经陷自身于逻辑悖论中：既然是经验的，必然是有限的。在一种有限的事物中如何能推出穷尽一切事物后才可能产生的“理性”的结论？如果能推出来，那么，这一结论究竟是在何种意义上讲的？是在逻辑周延或逻辑无缝意义上的“科学”推论，还是在内心确信意义上，或者修辞意义上的“艺术”结论？在这里，法官——立法者的内心确信，本身就是一个几乎无证的命题。如果要证明它，人们只能又回到法官理性的预设和法官良心的期待上来。普通法的历史经验证明，无论理性对法官的支配、法官的基本良心、法官的职业荣誉感以及基于这一荣誉感之上的敬业精神等，都在“法官造法”中发挥着重要作用，但是，这一作用的前提显然不仅奠基于逻辑和科学，而且立基于理性预设、良心发现和荣誉感觉。这些都是具有明显修辞意味的概念。甚至在一定意义上来讲，经验主义立法的哲学基础——经验主义哲学，固然开创了从经验、实证归纳一般性、普遍性的逻辑路向，但是人类经验总处于进行时，总处于未完成状态，所以，其结论只能是一种大概的逻辑理性。这种大概的逻辑理性，已然在立法中对修辞开放了空间，让修辞在逻辑的边缘修饰、圆润逻辑规范的可能瑕疵。

(二)归纳逻辑路线、判例法形式与制度修辞

经验进化主义立法模式的逻辑基础是所谓归纳逻辑。我们知道，正是英国经验主义哲学，尤其是培根创造了一种有别于演绎逻辑的经验归纳逻辑。在培根那里，该逻辑被称为“新工具”。培根是这样论述他的“新工具”的。

“至于我的方法，做起来虽然困难，说明却很容易。它是这样的：我提议建立一系列通到准确性的循序升进的阶梯。感官的验证，在某些校正过程的帮助和防护之下，我是要保留使用的。至于那继感官活动而起的心灵动作，大部分我都加以排斥；我要直接以简单的感官知觉为起点，另外，开拓一条新的准

① [美]罗斯科·庞德：《普通法的精神》，唐前宏等译，法律出版社2011年版，第129页。

确的道路，让心灵循以行进。”①

显然，培根的归纳路线，保留了对感官知觉的信任，对心灵直觉的排斥。心灵直觉应依从于感官知觉的路向。问题是当感官知觉排斥了心灵直觉之后，通过什么方式获得真知？获得一般的结论？培根也在该书中自负地提出了他著名的归纳法：

“在建立公理当中，我们必须规划一个有异于迄今所用的，另一形式的归纳法，其应用不应仅在证明和发现一些所谓第一性原则，也应用于证明和发现较低的原理、中级的原理，实在说就是一切的原理。那种以简单的枚举法来进行的归纳法是幼稚的，其结论是不稳定的，大有从相反事例遭到攻袭的危险；其论断一般是建立在为数过少的事实上面。对于发现和论证科学方术真能得用的归纳法，必须以正当的排拒法和排除法来分析自然，有了足够数量的反面事例，然后再得出根据正面事例的结论。”②

以经验轮哲学为基础的立法——判例法，其工具基础就是这种归纳法。我们知道，在法庭上，无论是建立了陪审团的法庭，还是没有陪审团的法庭，都面临着在当事人诉求各异、主张各别、证据相反的情形下，通过激烈的争论、理性的表决来裁决案件的问题。激烈的争论，乃是法庭上意见表达的经验之维，面对这种经验表达，究竟如何形成有效的裁判？事实上，法官只能通过理性——符合正当程序的表决来作出决定。这一决定之不异的标准是少数服从多数。培根所谓排除法在这里的运用，不过是排除了和判决意见相反的少数人的意见，接纳了多数人的意见成为判决结论。因此，“法官造法”在这里和议会造法、全民公决造法一样，其真正的王道是获得多数的支持，只有多数的支持才恒久有效。

那么，多数的意见是否就是符合逻辑与科学的意见？可以说这完全是无须继续申论的问题。人类史上的不少思想家已经对多数决定论提出了严肃的检讨和批评。但我们仍然要说，批评归批评，行动归行动。不以多数意见行动、决策和立法，那么，以少数意见行动、决策和立法就一定符合逻辑与科学吗？尽管“真理往往在少数人手中”，但也仅仅是“往往在”，并不“总是在”，因此，也可以说“三个臭皮匠，顶一个诸葛亮”，也可以说“水可载舟，亦可覆舟”。事实上，判例法的决策机制是在

① ［英］培根：《新工具》，许宝骙译，商务印书馆1984年版，第2页。
② ［英］培根：《新工具》，许宝骙译，商务印书馆1984年版，第82页。

两利相权和两害相权之下的产物,它不过是在两利相权中选择了一种大利益,在两害相权中选择了一种小风险而已。这种权衡本身尽管不乏符合逻辑与科学("好利恶害"的人性)的方面,但同时也浸透了修辞和艺术的力量。这或许正是卢埃林不断把技艺这一因素作为普通法传统的重要内容而论述的原因吧?①

进言之,判例法形式的这种修辞特征,本源于归纳法内部本身存在的紧张。联系前文所引用的培根自负的主张,再对照培根在《新工具》中的下述论断,就不难发现其间的紧张:

"人作为自然界的臣相和解释者,他所能做、所能懂的只是如他在事实中或思想中对自然进程所已观察到的那样多:在此之外,他是既无所知,亦不能有所作为。"②

既然如此,那么,他对所谓"最普遍的原理"的追求,是不是纯属耽于修辞和艺术的呓语?倘若以这种内部充满紧张关系、必须满足预设条件的逻辑推理来要求法官造法,并且还要求其逻辑无缝、科学合理是不是对立法者(法官)的过于强人所难?鉴于此,无论制度设计者,还是判例法的立法者们,都只能降而求其次,把立法的过分的逻辑和科学要求稍作让位,让修辞和艺术在立法中能弥合逻辑和科学的不足和不能。

(三)先例识别、"现例"创造与法官造法中的制度修辞

经验进化主义的立法模式,其法律(判例法)的基本效力是建立在"遵循先例"基础上的。尽管以卢埃林等为代表的现实主义法学对这种过于自负的原则提出了尖锐的批评和具体的解构,但它至少在名义上、形式上仍然是判例法的基本原则。卢埃林是这样描述其所谓的"错误观念"(遵循先例原则)的,

"……一个先例或是众多相关先例实际上……简单地规定了眼下案件的判决……先例对于眼下案件的判决的确存在一定程度的规定性——这种规定性大大超过了那些认为眼下案件的判决并不受制于先例的人们所以为的那样。因为我们的法律辩论的风格已经浇铸成了独有的模型,并对工作和思维方式,态度取向以及如何进行选择性的观察等方面具有必然的影

① 参见[美]卡尔·N.卢埃林:《普通法传统》,陈绪纲等译,中国政法大学出版社2002年版。

② [英]培根:《新工具》,许宝骙译,商务印书馆1984年版,第7页。

响(虽褊狭但却有力)”。[①]

即使上述观念不像卢埃林批评的那样是“错误的”,但在经验主义立法模式中,一方面强调这种对先例的尊崇,否则,一个个碎片化的判例不成体系,很难系统地调整各类社会关系。但另一方面法院对当下案件(“现例”)的裁判本身不仅要遵循先例,而且要创造先例。就遵循先例而言,法官面临的与“现例”相关的先例绝非个别,反而是众多的,这些众多的先例在裁判上又各有千秋,绝非一个模子里刻出来那样简洁、方便,因此,这对法院和法官而言,不可能实现像庞德借别人的批评所检讨的19世纪欧陆法院的那种要求,

> “……19世纪欧洲大陆的法典理论使得法院成为一种司法自动售货机。这种必不可少的机器已用立法或已经接受的法律原则事先准备好。一个法官唯一能做的就是把案件事实从上面放上去,并从下面取出判决”。[②]

这种情形,事实上在理性建构主义立法模式下做不到,在经验进化主义立法模式下更做不到。原因就在于法官的“现例”所面对的先例不是唯一的。这种情形,迫使法官必须针对“现例”而在先例之间进行甄别,寻找最适合于“现例”的裁判方案。这种技术,就是先例识别技术。一旦法官在先例之间有了识别、有了选择,就意味着法官对先例有了解释权,也有了适用先例的自由裁量权。无论法官对先例的解释权还是自由裁量权,都意味着法官必须把创造性带入司法活动中。法官对“现例”的裁判,绝不是复制先例的内容,也不可能复制先例(因为先例众多且冲突)。法官对“现例”的裁判,有时候还是一个“规避”先例的过程,[③]是一个先例识别、先例解释和先例选择的过程,从而是一个综合创造的过程。

唯其如此,法官才能针对“现例”,创制新的先例,并让判例制度在陈陈相因的同时,也能够先后接续,让经验主义立法本身能够不断延展和壮大。然而,这种情形,使通过判例的经验进化主义立法,成为一种预测和验证预测的游戏,这种游戏既可能是符合逻辑的和科学的,但同时,

---

① [美]卡尔·N.卢埃林:《普通法传统》,陈绪纲等译,中国政法大学出版社2002年版,第71页。

② [美]罗斯科·庞德:《普通法的精神》,唐前宏等译,法律出版社2011年版,第119~120页。

③ 对此,卢埃林通过具体例证,做了仔细且精彩的论述。参见[美]卡尔·N.卢埃林:《普通法传统》,陈绪纲等译,中国政法大学出版社2002年版,第71~142页。

在更多时候则无不透露出修辞、艺术和信念的特征。卡多佐在谈及吴经熊对霍姆斯的研究时，强调其观点与霍姆斯观点“十分接近”，他们的观点其实共同指向这种人们对法律作为预测和验证这种预测的游戏之确信：

> “霍尔姆斯说‘预测法院实际上将会做些什么，此外再无奢求，这就是我要用法律一词来表达的意思’……‘法律是一种预期。它……不……是由已被认可并得到落实的规则所组成；它是由法院很可能认可或遵循的规则所组成……从心理学的角度说，法律是一门卓越的预言科学……’霍尔姆斯说：‘就法律的宗旨而言，权利只是预测性的假设——是对支撑着如下事实的一种实体的想象：公共力量将被用来对付那些其行为被认为侵犯触犯了这种权利的人；这就像我们说万有引力解释了物体在空间中的运动是一样的。’”①

霍姆斯、卡多佐这些既彪炳美国判例法史册，也彪炳英美法律学术史册的法官/法学家对判例法——经验进化主义立法特征的这种论述，不正说明强调先例识别、先例解释和“现例”创造的判例法，本身不仅在追求逻辑圆满性、科学正确性，而且也在追求修辞实用性、技艺可操作性吗？至于庞德在清教主义精神中寻求和阐释的符合“自由人的理性和良知”的那种“普通法的精神”，与其说它是可经验实证的，毋宁说它是一种先验的预设和精致的修辞——当然，不是说这种预设和修辞不妥或无用，而仅仅是说它是种修辞。

五、借修辞为法治设置逻辑前提并寻求可接受性结论

一般人们谈到修辞，总让人自然地联想到形式空泛、花里胡哨、巧言俏辞，甚至大而无当、蛊惑人心、妖言惑众等修辞弊端，似乎修辞仅仅是情感表达和包装的材料，是文学和艺术表现的手法，而与理性的法律活动并不相干。这也是有些偏向于哲理探究的学者之所以反对用修辞语言表达理性事物的原因所在。但是，修辞真的在理性行为，尤其在立法这种理性活动中没有用场吗？对此，笔者已经通过多篇文章做了论述。本文结合立法与制度修辞的关系继续想探讨的是，所谓立法活动，无论理性建构主义的立法，还是经验进化主义的立法，都是不可避免地要借助修辞的艺术手法，而曲折地迈向逻辑、迈向科学的

---

① ［美］本杰明·内森·卡多佐：《法律的成长》，刘培峰等译，贵州人民出版社 2003 年版，第 24～25 页。

活动。

(一)之于立法,修辞是有用的

论及修辞的作用,人们一般是在情趣意义上讲的,修辞可以唤起人们的情趣,且因此带给人们以某种情操和修养:或机智幽默、指桑骂槐,或豪情万丈、张弛有度。尽管修辞的这种作用对于人类的日常生活弥足珍贵,倘若人类的日常交往行为失去这种修辞智慧,自然令人类的生活陷于枯燥单调、索然无味的境地。不但如此,修辞在丰润人们的日常交往和生活的同时,也在布置和安排人类交往的秩序。因为毕竟人类秩序的原生所在,不是法学家、律师、法官或政治家(立法者)在休闲房里的苦思敏想或坐而论道,而是人们交往行为的日常生活,以及和这种生活相关的自由、奴役,快乐、烦恼,幸福、痛苦,充实、空虚,满足、贪婪,和谐、纠纷等。对如此丰富多彩、纷繁复杂的生活世界,难道是逻辑理性完全可以胜任愉快的吗?

事实上,根据逻辑行事的理性生活和交往方式,在人类文明史中,只是在个别文明(特别是罗马文明)和个别时代(主要指近代以来)才存在的事,在更多的文明和更多的时代,人们的生活和秩序世界,毋宁是修辞性的。即使在这样的时代和地方有法律,也是以修辞为主导的法律。譬如不同文明区域都曾广泛存在过的"神判"与"宗教裁判"制度,[①]就把人间的事物和纠纷,夸张地、修辞性地交由人们看不见也摸不着、无法通过逻辑推论,也难以进行经验归纳的神灵去执行。法律之所以必须被置于生活世界并表现生活世界的秩序和快感,乃是因为人在本质上是"游戏者",法律也只能站在"游戏者"的立场上,以符合生活需要的方式——这种需要既是逻辑的,也是修辞的——呈现,换言之,法律无非是种"逻辑化的修辞表达"。这样,源出于人们日常生活的法律自身也就不可避免地具有修辞—逻辑—游戏的特征:

> "最初看法,很少有比法律、正义、法理与游戏之间的差异更大的事物了。高度的严肃、极度的认真、个人和社会的重大利益,支配着与法律有关的每一事物。绝大多数表达法律与正义观念的词汇,其词源学的基础都存身于安置、固定、确立、规定、指定、控制、安排、选择、划分、约束等的领域之中,所有这些概念,似乎都显得与产生表示游戏词汇的语义学领域很

---

① 参见夏之乾:《神判》,上海三联书店1990年版;董进泉:《黑暗与愚昧的守护所——宗教裁判所》,浙江人民出版社1988年版等。

少联系或毫无联系(的却也正好相反)。然而,正如我们已经观察到的那样,一桩神圣严肃的行为是绝不排斥他的游戏性质的";

"在古希腊,诉讼被认为是一场比赛,即一种受某些固定规则支配并且有神圣仪式的竞赛,竞赛的双方要求仲裁人作出判决,此种诉讼的概念不可认为是一种后来的发展……";

"竞赛意味着游戏……被提升到神圣的严肃层面(这种严肃是每一社会为其正义所需的)的戏谑和竞赛,也仍然可见于现今法律生活的所有形式……"①

当法律被赋予了游戏且同时被赋予了神圣的意味时,无论如何,仅仅借助逻辑是无济于事的,而依赖于修辞是难以避免的。这时,法律不但在一般日常生活的感性经验意义上通过游戏形式与修辞勾连,而且跨越人的感性世界和理性世界,进一步深入人的信仰——灵性世界中。当法律一旦被作为信仰看待时,完全可以说,法律除了修辞,还是修辞。当法律从日常生活中的游戏升华为神圣严肃的游戏时,法律就直接进入人们的信仰和灵性世界。无论是正义、公平、自由、博爱、人权、衡平等抽象的理念,还是程序、婚姻、财产、犯罪、刑罚、争讼、论辩、裁判等具体的规定,都被结构进灵性的修辞之中。似乎也只有这样的法律才深入到人们的心魂。因此:

"普通法对立法抱如此偏见的原因不止一个。但在相当程度上是我们的法律形成时期清教的影响所致。'在清教看来',阿克顿勋爵说:'政府和制度像地球上的事物一样都要消失,而灵魂却永恒;自由与权力之比不亚于无穷与有限之比;因此,强制性命令的范围应当有规定的界限,权力当局受到限制,外部惩戒和有组织的暴力应有权限的划分,并应当忠实于自由人的理性和良知'。"②

但是,这种基于神圣理念和灵性信仰的法律(制度)修辞,并不能完全解决现代人心目中法律的一切,因此,精英仍坚守的这种法律(制度)修辞,却在日益世俗化并日渐具有参与精神的民众那里遇到了挑战。例如在普通法世界,精英与民众的法律信仰日益尖锐:

---

① [荷兰]胡伊青加:《人:游戏者——对文化中游戏因素的研究》,成穷译,贵州人民出版社1998年版,第76~77页。

② [美]罗斯科·庞德:《普通法的精神》,唐前宏等译,法律出版社2011年版,第31页。

> “律师们仍坚信法律是绝对永恒而具有普遍效力的基本准则，法律只能被发现，而不能被创制，而民众则深信，民众有权立法；在律师们看来，国家执行法律是因为被执行的是法律，而在民众眼里，法之所以为法，是因为反映民众意志的国家使然；对律师来说，法律超然任何意志，而对公众来说，法律只不过是公众意志的明确表达。因此，当律师们认为他们在执行法律时，公众却认为律师们在推翻法律。”①

然而，在笔者看来，这种尖锐，所呈现的仍然是两种不同信仰——灵性的对立，是坚持形而上的、超迈于任何意志的法至上，还是服从源出于公众意志的，表达了芸芸众生信仰的法至上？尽管这两种信仰是对立的，但是两者对修辞的依赖、对信仰的坚持、对灵性的爱惜都是一致的。就作用而言，或许正是这种冲突、甚至对立的修辞主张，为立法者的立法权衡营造了多视角的选择方案，同样，也为修辞之与立法的关联，做了另种注脚。

（二）修辞与建构主义立法中大前提的构造

以法典为基本立法形式的建构主义立法，笃信人类理性可以为人类建构事无巨细、包罗万象的法律体系，以节省人类交往行为的成本，方便人们的交往行为。这种在立法上对人类理性的自信，如果不建立在对传统的尊重和汲取上，毫无疑问是自负和自大的。对此，有人已经做过精彩的结论：

> “此前的民法学坚信，是法国民法典确立了所有权绝对原则、契约自由原则及无过失责任原则，并通过此近代民法三大基本原则之确立改变了以等级身份决定财产分配的封建法律传统，带领世界从身份社会走向了契约社会。……这并非真实。法国民法典的基本精神实际上是17、18世纪的自然法学思想；所谓民法三大原则只是自由主义法学者所作的不合原意的解释；法国民法典并没有改变历史，而是历史改变了法国民法典。”②

但即使如此，迄今为止，世界各国以及国际组织的立法者们还在不遗余力地通过构建法典而为人类交往提供权威方案，开挖交往道路。那么，支配这种行为的到底是理性逻辑还是修辞预设？即建构主义立法模

---

① ［美］罗斯科·庞德：《普通法的精神》，唐前宏等译，法律出版社2011年版，第69页。

② 傅静坤：《〈法国民法典〉改变了什么》，载《外国法译评》1996年第1期。

式的逻辑大前提究竟是逻辑的还是修辞的？在笔者看来，这是建构主义立法所涉及的最大问题。如果我们一味强调立法者的理性，并以这一理由推导法律的执行和落实，或许只能事与愿违。因为人们会发现所有立法者，无论是议会立法中的议员，还是全民公决立法中的公民，绝不是理想中的理性者，而只是不同利益集团或个人利益与私见的代表者，他们发出的声音、表达的立场，只有经过互动、交涉、辩驳、商谈或博弈时，才可能达成法律。在此意义上，所谓理性只在过程中，它既不是前提，也不是最终结果。进言之，立法的前提和结果都不是理性，只有过程才是理性，才符合逻辑。

既然立法的前提并不是理性，不是逻辑，那究竟应当是什么？人们为什么还要服从立法，服从法律？仅仅是因为立法和法律具有权力的强制这一后盾，以及权力强制背后的利害权衡吗？固然，人们服从立法、服从法律是利害权衡的结果，而权力强制背后本身蕴涵利害关系，但是，事情绝不尽然如此。在笔者看来，除了如上因素外，人们之所以服从立法和法律，还在于人们有一种坚定的信念或信仰：只有通过法律，才能获得利益；只有通过法律，才能方便交往；只有通过法律，才能通达正义；只有通过法律，才能安享幸福。

当这样探索人们对法律的依赖时，立法的前提就被建立在信念和信仰之上。它既是对立法者的信念或信仰，也是对法典理性的信念或信仰，还是对透过法律，必有所获的利益需要的信念和信仰。一旦立法的大前提建立在这种信念和信仰之上，那么，对立法者而言，他自信其行为会代表选民（议会议员）、或者会表达自我（选民），至于这种自信的具体事实根据和逻辑基础可以在所不问。对普罗大众而言，这种信念和信仰就是其满怀信心地期待立法，并根据法律交往行为的基本动力。论述到这里，笔者想继续说的是：

当把立法者制定法律且人们服从立法者制定的法律之前提落实到信念和信仰领域时，其实为修辞的作用创生了可行的通道。这样，立法合理性的大前提，就不再仅仅是逻辑合法或科学合理，而是建立在修辞大前提基础上的逻辑合法或科学合理。当人们强调“我坚信，包罗万象的法律是严谨严明的”；“只有法治，才能正义”；“通过法律寻求社会正义”等理念时，立法者、法律、法治等，都被当然地、毋庸置疑地、当然也是修辞性地作为运用、服从法律的大前提。自然，这也是根据法律组织社会交往，构建社会秩序的大前提。

至此我们不难得出这样的结论：建构主义立法模式的合理性的前提并不是出自逻辑，而是出自人们的信念和信仰，出自人们因为信念和信仰而生的假定。建构主义立法下的一切法律秩序，都是因为这一修辞性假定而展开的。在宏观上，这一假定开启了建构主义立法下法律秩序的逻辑大前提。所谓法典理性的法律秩序，都从这个大前提推论开去，无论是理论的推论，还是实践的模式，都是如此。在微观上，在这一前提下，立法者根据经验认知、逻辑推论和修辞润饰，所制定的法律本身既具有逻辑属性，也具有修辞属性。因为毕竟立法不是对社会事实及其规定性的复写，而只是对社会事实及其规定性斟酌、剪裁、选择的修辞结果。既如此，则无论在司法、行政还是日常交往中，当人们引经据典，据法说事/行事时，除了遵循逻辑之外，难道不也同时在遵循立法的制度修辞吗？

（三）修辞与经验主义立法中结论的归纳

经验进化主义的立法，尽管立基于经验归纳基础上，笃信经验，似乎不像理性建构主义立法那样迷信那种超迈的理性。不过这种立法在崇尚经验、笃信传统的意识里，本身蕴涵另一种理性，即“经验主义的理性”。所谓“经验主义理性”，就是经验归纳、传统积累、并由事实（本能、习俗、传统）所决定和支配的理性。这种理性及其秩序模式，在哈耶克笔下，被描述为“扩展秩序”：

> “经济学历来研究的就是，一个大大超出我们的视野或设计能力的甄别和选择的变异过程，如何产生出了人类交往的扩展秩序。亚当·斯密首先领悟到，我们碰巧找到了一些使人类的经济合作井然有序的方法，它处在我们的知识和理解的范围之外。他的‘看不见的手’，大概最好应当被说成一种看不见的或难以全部掌握的模式”；
>
> “……处在本能和理性之间的东西，在有关的说明中它常常被人忽略，因为人们假定在两者之间没有任何东西。我主要关心的是文化和道德的进化、扩展秩序的进化，它一方面……超越了本能，并且往往和它对立；另一方面……它又不是理性能够创造或设计的”；
>
> “正如本能比习俗和传统更久远一样，习俗和传统也比理性更久远。习俗和传统是处在本能和理性之间，无论从逻辑上、心理学上还是时间顺序上说都是如此。它们不是出自有时

称为无意识的因素，不是出自直觉，也不是出自理性的理解力……通过学习得到的道德规则和习俗日益取代了本能反应，但这并不是因为人利用理性认识到了它们的优越之处，而是因为它们使超出个人视野的扩展秩序之发展成为可能，在这种秩序中，更为有效的相互协调使其成员即使十分盲目，也能够养活更多的人口并取代另一些群体。”①

笔者不厌其烦地引述哈耶克有关“扩展秩序”的论点，不是强调经验进化主义立法不关注理性，而是要进一步说明在经验进化主义立法中，正是对这种“扩展秩序”的借鉴，才真正造成了后来以判例法（普通法）为基础的自由秩序。这或许在一定程度上是歪打正着，但在另一意义上又是逻辑必然。说其是歪打正着，在于它通过对只可意会、无以言传的经验累积式的扩展秩序的绍续，反而为日后渐进地打开经验—自由理性主义之门留下方便，避免了“善于破坏一个旧世界，也善于建设一个新社会”的“致命的自负”。这或许不仅仅出自经验理性主义国家的传统自觉、精神自觉和逻辑自觉，而出自某种偶然性。这种偶然性的歪打正着，让我们看到了后来普通法及其自由理性精神的发扬光大。说其具有逻辑必然，则意味着当农耕文明、手工文明的“扩展秩序”原理一旦进化到工商文明、机器文明的秩序时代，“扩展秩序”只有从只可意会，不可言传升华到既可意会，也可传言的“自由秩序”，才能既符合传统，也适应当下，从而使传统实现“创造性转换”。

对传统的遵从，实质上源于人类心智的有限性，尤其源于每一个具体的当下人们认知能力的有限性。赫伯特·西蒙认为，“当面对有限的信息、有限的时间、有限的认知时，每一个个体通常都会从经验出发，设计一个不完整但简便快捷的试探操作程序来解决问题”。② 同样，经验理性的自由秩序也是人类心智有限性的产物。建立在这一理念基础上的经验主义立法——判例法，既需遵循既有的先例，从而其对秩序的维护完全符合“扩展秩序”的原理，也需要先例识别和“现例创造”，从而符合自由秩序的创造理性，并同时符合在“扩展秩序”的运行中，“我”作为“扩展秩序”运行中的参与者和创造者而应有的贡献。因此，这是一种因

---

① ［英］F·A. 哈耶克：《致命的自负》，冯克利等译，中国社会科学出版社 2000 年版，第 10～11 页、19 页、21～22 页。

② Herbert Simon. *Models of Bounded Rationality* Vol. 2 . Cambridge：Mass MIT Press，1982，p. 54.

袭、接续和变革、创造的完美结合，是从“自然秩序”（“感觉秩序”）、“扩展秩序”到“自由秩序”①的符合逻辑的“理性进路”。所以，在哈耶克笔下，笔者在这里反复论述的经验进化主义立法——普通法，甚至仅仅是法律，而不是立法：

> “法律由形成自发市场秩序的规则构成，而立法指政府运用这些规则来调整自身的行动……只有当法律是从一个个案例决策中产生，源出于这样一个更深一层的自发演化秩序时，它才是最佳的，法律代表着一个自发的秩序化过程，它与市场平行，而又给市场过程的展开提供一个框架。相较而言，立法则是一整套行政命令，设计用以有意识地去指导具有一定目的的组织的运作”；
>
> “普通法的发展应当是任由包藏在自发的社会进程中的社会智能发展的事情，而不是立法者的有意设计。”②

但笔者仍然要说的是，经验进化主义的法律，站在法学的立场，仍然是一种立法，是一种遵循先例也发展先例的“法官造法”。它的理性，恰恰建立在对人类理性的充分不自信上，也建立在对人类经验和信念的确信上。对人类理性的不自信，让其不可能不关注模糊和修辞；不得不关注在有限的经验和事实中得出尽量可靠的结论。然而，对于“造法”的法官们而言，裁判结论及其规则既然需要以经验为基础，就必然意味着它不一定是逻辑圆满和无缝的——因为经验毕竟是有限的。因此，法官们的裁判，除了经验基础上结论的相对可靠性之外，在很大程度上还需要以当事人的接受为标准。如此一来，在经验进化主义立法中，既然法

① 有关“感觉秩序”、“自由秩序”，以及从“感觉秩序”到“自由秩序”的论述，参见[德]赫维茨：《从感觉秩序到自由秩序——论哈耶克理性不及之自由主义》，陈德中译，载《自由主义与当代世界》，三联书店2000年版，第203～225页。对于“感觉秩序”和“扩展秩序”的联系与区别，笔者专门请教了对此素有研究的冯克利先生，他给笔者的微信解释是：“此事还宜从哈耶克原文来理解。expanded order 和 sensory order 既有联系也有不同。前者是个社会学或人类学概念，后者是个心理学概念。前者在哈耶克的语境下是指人际交往中形成的秩序，其优劣可用其扩展能力来判断。后者是指心智（mind），即人的一切认知现象的神经学意义上的发生过程及其特点。哈耶克用它来解释神经元的复杂动作过程。两者也有相似性，一是皆为复杂现象，二是皆为开放系统，结果不可能事先为人所知，即理性所不及。”而笔者在此运用“感觉秩序”时，既不是把它和“扩展秩序”相勾连，也不把它和“自由秩序”相勾连，而毋宁是强调它所蕴含的“自然秩序”的特征。

② [德]赫维茨：《从感觉秩序到自由秩序——论哈耶克理性不及之自由主义》，陈德中译，载《自由主义与当代世界》，三联书店2000年版，第216页。

官——立法者不能提供完善的事实、整全的根据、无缝的逻辑，那么，让当事人接受的裁判结论，以及这一结论对后来的裁判者可能发挥的先例效应，除了关乎逻辑，怎能不关乎修辞呢？

（本文原载《甘肃社会科学》2015 年第 6 期）

图书在版编目(CIP)数据

制度修辞论/谢晖著.—北京:法律出版社,2017

ISBN 978-7-5197-1132-0

Ⅰ.①制… Ⅱ.①谢… Ⅲ.①司法制度—研究 Ⅳ.①D916

中国版本图书馆CIP数据核字(2017)第182529号

制度修辞论
ZHIDU XIUCILUN

谢 晖 著

策划编辑 周丽君
责任编辑 周丽君
装帧设计 贾丹丹

出版 法律出版社
总发行 中国法律图书有限公司
经销 新华书店
印刷 三河市兴达印务有限公司
责任校对 杜 进
责任印制 张建伟

编辑统筹 独立项目策划部
开本 720毫米×960毫米 1/16
印张 26.5
字数 470千
版本 2017年9月第1版
印次 2017年9月第1次印刷

法律出版社/北京市丰台区莲花池西里7号(100073)
网址/www.lawpress.com.cn
投稿邮箱/info@lawpress.com.cn
举报维权邮箱/jbwq@lawpress.com.cn
销售热线/010-63939792
咨询电话/010-63939796

中国法律图书有限公司/北京市丰台区莲花池西里7号(100073)
全国各地中法图分、子公司销售电话:
统一销售客服/400-660-6393
第一法律书店/010-63939781/9782
西安分公司/029-85330678
重庆分公司/023-67453036
上海分公司/021-62071639/1636
深圳分公司/0755-83072995

书号:ISBN 978-7-5197-1132-0
定价:65.00元